AF532565

suhrkamp nova

Nach vielen Jahren wissenschaftlicher Arbeit und Recherche, nach zahlreichen verdeckten Einsätzen glaubte Julia Ebner ihren Forschungsgegenstand zu kennen. Doch mit der Pandemie beginnt eine ungeahnte Eskalation. Nun scheren in jedem Freundeskreis, in jeder Familie Leute aus: Massenbewegungen, rekrutiert aus der Mitte der Gesellschaft, entstehen – Querdenker, QAnon, Impfgegner –, radikal und brandgefährlich. Für Julia Ebner folgen intensive Beobachtung, online wie offline, wissenschaftliche Auswertung, riskante Undercover-Missionen, um den Bauplan der Massenradikalisierung freizulegen und laut Alarm zu schlagen.

Julia Ebner, geboren 1991 in Wien, forscht am Institute for Strategic Dialogue in London sowie am Centre for the Study of Social Cohesion an der Universität von Oxford zu Extremismus. Als Expertin arbeitet sie mit Regierungsorganisationen und Polizeiorganen zusammen, berät UN, NATO und die Weltbank in Fragen des Extremismus. Der Öffentlichkeit ist sie durch Auftritte bei Markus Lanz, den *Tagesthemen* und dem *heute-journal* bekannt. Ihr Buch *Radikalisierungsmaschinen* wurde 2020 als »Wissenschaftsbuch des Jahres« ausgezeichnet, war SPIEGEL-Bestseller und stand auf der Sachbuch-Bestenliste.

Kirsten Riesselmann ist Journalistin und Übersetzerin, u. a. von Adrian McKinty, Elmore Leonard und DBC Pierre. Sie lebt in Berlin.

Julia Ebner

# *Massenradikalisierung*

## Wie die Mitte Extremisten zum Opfer fällt

Aus dem Englischen von
Kirsten Riesselmann

Suhrkamp

Erste Auflage 2023
suhrkamp taschenbuch 5314
Deutsche Erstausgabe

Umschlaggestaltung: Brian Barth, Berlin
Satz: Satz-Offizin Hümmer GmbH, Waldbüttelbrunn
Druck und Bindung: CPI books GmbH, Leck
Printed in Germany
ISBN 978-3-518-47314-6

www.suhrkamp.de

# *Massenradikalisierung*

# *Inhalt*

# Einführung

»Wann stürmen wir Capitol Hill, ich bin am Start«, schreibt Kevin am 5. Januar 2021. »Morgen wird's im Kapitol heiß hergehen, nicht nur in der Stadt«, kommentiert Tony.

Nachdem der abgewählte US-Präsident Donald Trump monatelang Wahlbetrugsvorwürfe lanciert hat, sind die Unterhaltungen in dem verschlüsselten *4Deep News*-Kanal voll von Emotion und gespannter Vorfreude. Tausende Online-Aktivisten der Pro-Trump-Chatgruppe auf der Gaming-App Discord bereiten sich darauf vor, ihre Wut hinaus in die reale Welt zu tragen. Sie sprechen über gebuchte Hotels und bereits getroffene Reisevorbereitungen, so als würden sie einen Kurzurlaub planen. »Im Trump-Hotel gibt's die besten Taco-Salate und die besten Chocolate Chip Cookies«, schreibt Kevin. Janet lässt von anderen in der Chatgruppe sogar ihre Reisekosten übernehmen.

Die meisten selbsternannten Patriotinnen und Patrioten treffen einen Tag vor der Erstürmung des Kapitols in Washington ein. Für die Mehrheit der Aktivisten aus der Chatgruppe ist es das erste Mal, dass sie sich begegnen. Unter den leidenschaftlichen Trump-Fans, die sich selbst als *the deplorables* bezeichnen (als ›die Bedauernswerten‹), herrscht eine Atmosphäre der Solidarität und der Unbesiegbarkeit. Alles scheint möglich. »Mein ganzes Hotel ist voll von Trump-Anhängern. Totaler Wahnsinn!«, schreibt Janet. Kevin bestätigt: »Mein Hotel ist eine einzige Party.« Jenn bekundet ebenfalls ihre Aufregung: »OMG, ein Paradies von Hotel! Auch unser Hotel ist voller Patrioten.« Wie viele von ihnen glauben tatsächlich, dass die Präsidentschaftswahl in den USA manipuliert worden ist? Und wie viele wollen eigentlich nur bei einem Experiment in politischer Machtausübung dabei sein? Das lässt sich nur sehr schwer sagen.

Keine vierundzwanzig Stunden später sieht man Mitglieder der neofaschistischen und frauenfeindlichen »Proud Boys«-Bewegung zum Kapitol marschieren. Sie versprechen: »Wir holen uns unser Land zurück!« In einem Park südlich des Kapitols ruft Trump kurz darauf seinen Anhängerinnen zu: »Wir kämpfen wie die Wilden! Und wer hier nicht wie ein Wilder kämpft, wird bald kein Land mehr haben!« Während der Kongress Joe Bidens Sieg bei der Präsidentschaftswahl 2020 bestätigt, wird die Menge auf der »Stop the Steal«-Demonstration stetig größer. »Fight for Trump! Fight for Trump! Fight for Trump!«, rufen die Protestierenden in Sprechchören, die wie ein Echo von Trumps eigenen Schlachtrufen klingen.

»Fickt euch, ihr Verräter!«, schreit ein Mann mit Army-Shirt, roter Mütze, Sonnenbrille und Stoppelbart einigen Polizeibeamten zu, die durch die Menge gehen. »Ihr Drecksäue!« Dann wendet er sich der Kamera zu, die gerade live über die Website der ›Young Patriot Society‹ streamt: »Wir werden keine Gewalt anwenden. Wir werden keine *tödliche* Gewalt anwenden. Wir werden diese Gewalt anwenden. Gottes Gewalt.« Der Mann spannt seinen Bizeps an. »Seht euch an, was für einen Schiss sie haben. Seht her, wie viele wir sind. Es wird ein Leichtes sein, den ganzen Ort hier einzunehmen.« Trunken vor begeisterter Erregung fährt er mit irrer Stimme fort: »Scheiß auf unsere Jobs, scheiß auf unsere Häuser, scheiß auf alles andere. Wir setzen uns jetzt zur Wehr. Denn wenn wir uns nicht zur Wehr setzen, verlieren wir alles. Einfach alles. Sollen sie uns doch erschießen. Sollen sie uns erschießen!«

»Ich bin am Kapitol«, schreibt Lori, eine Frau aus Baltimore, um 13.21 Uhr in die Chatgruppe von *4Deep News*. Eine halbe Stunde später fügt sie hinzu: »Also, ich stürme jetzt das Kapitol.« Tony antwortet: »Macht das, ihr Motherfucker. *Stop the Steal!*«

Um 12.53 Uhr fängt die Menge an, auf die Polizeiabsperrungen zuzumarschieren. Die Beamten der Capitol Police stehen tausenden *»Stop the Steal«*-, QAnon-, Kekistan- und Konföderierten-Fahnen gegenüber und sind massiv in Unterzahl. Die ersten Protestler durchbrechen bereits die Polizeilinien. Manche klettern über die Absperrzäune, andere feuern nur an und skandieren motivierende Sprechgesänge.

Aufnahmen von Körperkameras der Polizei zeigen die Kämpfe an den Frontlinien: Pfefferspray-Scharmützel und Auseinandersetzungen mit Schlagstöcken. Die Polizisten weichen zurück. Es gibt wehende Fahnen zu sehen und triumphierende Schreie zu hören, als die ersten Randalierer es bis zur Westtreppe des Kapitols geschafft haben und anfangen, die Stufen hinaufzulaufen. *»Fuck you, bitches!«*, zischt einer von ihnen, während der Mob im Hintergrund »USA! USA!« brüllt.

Um 13.45 Uhr setzt ein Polizist einen Hilferuf ab. Sie seien auf der Terrasse oben an der westlichen Treppe von beiden Seiten angegriffen und überrannt worden. Er fordert sämtliches militärisches Personal (*Military Personnel Divisions*, MPD) zur Unterstützung an. »Unsere Linie ist durchbrochen worden. Wir können unsere Linie nicht halten. An alle MPD: Zurück!« Es ist zu spät. Immer mehr Randalierer durchbrechen die Tore. Einige schlagen mit Stöcken so lange auf die Fenster des Kapitols ein, bis sie hineinklettern können. Dann treten sie von innen die Türen auf, um andere hinterherkommen zu lassen. »Das ist unser Haus!«, rufen sie, während sie an den Empfangsschaltern vorbei- und auf den Senatssaal zumarschieren, wo die formelle Bestätigung des Wahlergebnisses noch läuft. »USA! USA! USA!«

Der Secret Service beginnt umgehend mit der Evakuierung von Vizepräsident Mike Pence, der bis zu diesem Zeitpunkt den Sitzungsvorsitz geführt hat. Ein Stockwerk tiefer laufen die Randalierer bereits durchs Gebäude, auf der Suche nach dem Plenarsaal. Einige tragen Militäruniformen oder Milizkleidung. Aber die überwiegende Mehrheit direkt hinter ihnen sieht nach völlig durchschnittlicher Trump-Anhängerschaft aus. Als sie nur noch dreißig Meter von Mike Pence entfernt sind, stellt sich ihnen ein Polizist in den Weg. Rufe werden laut, Pence soll genauso aufgehängt werden wie Nancy Pelosi, die Sprecherin des US-Repräsentantenhauses.

Währenddessen drehen die Chatgruppen *4Deep News* und *God Emperor Trump* regelrecht durch. Die Mitglieder, die es nicht zur Demo geschafft haben, verfolgen die unterschiedlichen Livestreams der Protestierenden. Ihr Traum steht kurz davor, in Erfüllung zu gehen. Astrophel schreibt: »Ich hoffe irgendwie, dass die Demonstranten ins Kapitol einbrechen ngl.« Ein paar User geben zu, nicht zu wissen, wie man ›Capitol‹ richtig schreibt, während sie dabei zusehen, wie das wichtigste Symbol der Demokratie in ihrem Land erstürmt wird.

»Drin im Kapitol«, so das nächste Update von Lori.

Will kann es nicht so recht fassen. »Du willst mir jetzt nicht erzählen, dass ich mal für 10 Minuten eingepennt bin und wir das Kapitol erobert haben?«, schreibt er.

»Welp, das Kapitol wurde geschleift und wir sind im Krieg, so viel dazu«, kommt es von Susan.

Will möchte mehr wissen: »Was ist in den letzten 2 Stunden passiert? Sind irgendwelche Politiker vor dem Kapitol aufgehängt worden?«

»Ich dachte, die schnappen sich Pelosi im Kapitol drinnen«, kommentiert Tony.

»Sie ist verdammt schnell gerannt«, erwidert Susan.

Die Grenze zwischen Gewitzel und Anstiftung zur Gewalt wird sehr dünn.

»Die kriegt den Strick als Erste«, schreibt Kevin. Und das liest sich in diesem Augenblick wirklich nicht mehr wie ein Scherz.

»Wo bist du, Nancy?«, rufen einige der Randalierer. Sie versuchen, Pelosi ausfindig zu machen, und hämmern dabei gegen jede Tür, an der sie vorbeikommen. Pelosi ist gerade noch rechtzeitig aus dem Gebäude evakuiert und an einen sicheren Ort gebracht worden. Aber ihre Mitarbeiter verstecken sich immer noch unter den Tischen, ein paar Meter entfernt vom Mob. Sie haben sich in einem Konferenzzimmer verbarrikadiert und hören, wie die Randalierer die äußere Tür zu ihrem Versteck aufbrechen. Sie fürchten um ihr Leben.

Um 14.40 Uhr schreibt Sam: »GERADE WURDE NOCH EINE TÜR ZUM KAPITOL AUFGEMACHT.« Die Randalierer strömen jetzt auch durch das Portal an der Ostseite und verteilen sich im gesamten Gebäude. Die Sitzung im Plenarsaal ist unterbrochen worden, den Abgeordneten wurde gesagt, dass sie sich darauf vorbereiten sollen, ihre Gasmasken aufzuziehen. »Es sind Menschen in der Rotunde, die sich in unsere Richtung bewegen.« Nun hören die Mitglieder des Repräsentantenhauses, dass sie sich im Notfall unter ihren Stühlen verstecken sollen. Der demokratische Kongressabgeordnete Eric Swalwell schickt seiner Frau eine Nachricht: »Ich liebe dich und die Kinder. Bitte nimm sie für mich in den Arm.«

Durch die östliche Tür strömen immer mehr Menschen in die Rotunde und fluten die Korridore. Niemand weicht zurück, weder auf der Demonstranten- noch auf der Polizistenseite. Die Situation wird mit jeder Minute chaotischer. Wieder gibt es Kämpfe mit Schlagstöcken und Tränengas. Hinten schreit eine Frau »Stopp!«, und ein Mann mit MAGA-Kappe ruft: »Wir brauchen mehr Leute!«

Lori berichtet live vor Ort: »Da waren so Jungs, die Tränengas abgekriegt haben. Haben sich kurz die Augen ausgewaschen und sind direkt wieder rein ins Kapitol haha.«

»Hast du da die Scheiben am Kapitol eingeschlagen?« kommentiert Sam. »Gut gemacht!«

Es gibt nur sehr wenig Platz, und die Polizisten sind geradezu eingequetscht zwischen großen Menschentrauben, die sich ihnen in einem (schlecht) koordinierten Manöver entgegendrücken. In den vordersten Reihen fürchten sowohl Beamte als auch Randalierer um ihr Leben. Das schiere Gewicht des Mobs hätte sie zu Tode quetschen können. Die Menge mit den MAGA-Kappen und den Trump-Klamotten aber schiebt sich weiter und immer weiter vorwärts. »Du siehst mich doch. Du gehst jetzt nach Hause. Geh nach Hause!«, ruft ein Randalierer einem Polizisten zu, der vor Schmerz aufschreit.

Viele der Polizeibeamten, die am 6. Januar 2021 Dienst haben, verlassen das Kapitol schwer traumatisiert. Einer von ihnen ist Harry Dunn. Später berichtet er im britischen Fernsehen, er habe gedacht, dass er diesen Tag nicht überleben werde.

Die riesige Menschenmenge kam ihm vor wie eine Zombie-Horde. Manche riefen ihm das N-Wort zu, und er konnte nichts anderes mehr denken als: »Überleben und dann nach Hause!«

Einige wenige Leute in den rechtsextremen Discord-Kanälen sind nicht glücklich mit den Szenen, die sie zu sehen bekommen. Über Hunderte von Livestreams, die auf der libertären Social-Media-Plattform *Parler* von iPhone-Kameras geteilt werden, können sie den Ablauf der Ereignisse in Echtzeit verfolgen. »Findet ihr denn alle gut, was im Kapitol passiert?«, schreibt Cathy, als die Situation sichtbar eskaliert. Aber sie scheint in ihrer Gruppe in der Minderheit zu sein. Im Inneren des Gebäudes brüllt ein Mann mit MAGA-Jacke, MAGA-Sonnenbrille und MAGA-Kappe: »Ihr wollt kämpfen? Wir sind Hunderttausende!« Hinter ihm singt die Menge: *»We won't drop, we won't drop!«*, »Wir geben nicht auf, wir geben nicht auf!« Jetzt wird ein Polizist angegangen: »Zurück mit dir!« Der Beamte wirkt zwar eingeschüchtert, rührt sich aber nicht vom Fleck. Auch manche der Protestler, die es ins Gebäudeinnere geschafft haben, bekommen nun Angst. Einer sagt in die Kamera: »Wir versuchen, hier ein Zeichen zu setzen, aber eigentlich will ich mich nicht mit diesen Jungs anlegen.«

Wer bisher gedacht hat, es sei doch noch gar nichts eskaliert, sieht die Sache langsam anders. Randalierer schlagen auf eine abgeschlossene Glastür ein, die zur Lobby der Sprecherin des Repräsentantenhauses vor dem Plenarsaal führt. Sie haben dahinter James McGovern entdeckt, den Vorsitzenden des Geschäftsordnungsausschusses im Repräsentantenhaus, der versucht, den Plenarsaal zu verlassen. »Einschlagen, einschlagen!«, feuert die Menge den Randalierer an, der es mithilfe eines Schlagstocks geschafft hat, ein Loch in die Glastür zu hauen. Dann kommt der Ruf von einem anderen Randalierer: »Er hat eine Knarre!« Ein Polizist hat für den Fall, dass die Randalierer es durch die Tür schaffen, die Waffe auf sie gerichtet. Eine Frau ignoriert die Warnung. Sie wirft sich nach vorn und klettert an der Tür hoch, um durch das eingeschlagene Glas zu kommen. Dann fällt ein Schuss, und Ashli Babbitt bricht auf dem Boden zusammen. Sie bewegt sich kaum noch, aus ihrem Mund kommt Blut, der Polizist hat ihr in die Schulter geschossen.

Eine Stimme ruft: »Zur Seite! Sie braucht Hilfe, verdammt!« Mehrere Polizisten knien nun neben der sterbenden Frau und versuchen, die Blutung zu stoppen. Aber es ist zu spät. Ashli Babbitt hat nur noch wenige Stunden zu leben. Die Beamten bringen sie die Treppe hinunter, und sowohl Augenzeuginnen als auch Livestream-Zuschauer fangen nun endlich an, den Ernst der Lage zu begreifen. Hier stirbt eine Frau. Auf den verwüsteten Stockwerken des Kapitols liegen Papiere, Glasscherben, Müll und zertrümmerte Möbelstücke herum. Auf einem der Portale zum Kapitol steht: *»Murder the media«*, »Ermordet die Presse«.

Noch am selben Abend verstirbt Ashli Babbitt im Washington Hospital Center. Sie war eine 35-jährige Armeeveteranin und QAnon-Anhängerin aus der Gegend von San Diego. »Nichts kann uns aufhalten«, hatte sie am Tag vor der Erstürmung des Kapitols noch getwittert. »Sie können sich alle Beine ausreißen, aber der Sturm ist da und wird in weniger als 24 Stunden über DC hereinbrechen … Vom Dunkel zum Licht!« QAnon-Anhänger glauben, dass ›der Sturm‹ jener Tag ist, an dem Donald Trump den ›Pädophilenring der globalen Elite‹ entlarven und Amerikas wahre Größe wiederherstellen wird. Babbitt hatte, bevor sie auf die libertäre Seite überwechselte und zu einer überzeugten Trump-Anhängerin und QAnon-Verschwörungstheoretikerin wurde, Barack Obama gewählt.

In den rechtsextremen Discord-Gruppen schlagen die emotionalen Wellen hoch. Sofort wird Babbitt als unrechtmäßig getötete Patriotin und Märtyrerin dargestellt. »Gerechtigkeit für Ashli Babbitt!«, schreiben viele. »Dieses Gebäude muss niedergebrannt werden«, fordert Sam. Unterdessen bezeichnet Donald Trump alle Menschen am Kapitol als »große Patrioten«. Kurz nach Ashli Babbitts Tod twittert er: »So etwas passiert, wenn großen Patrioten, die schon zu lange schlecht & unfair behandelt werden, ein heiliger Erdrutsch-Wahlsieg kurzerhand & bösartig entrissen wird. Geht in Liebe & Frieden nach Hause. Erinnert euch immer an diesen Tag!«

Manche der User von *4Deep News* begreifen, dass die Krawalle am Kapitol nicht in Ordnung sind. Andere jedoch fügen die Ereignisse sofort in ihre größeren Verschwörungserzählungen ein. Ihrer Ansicht nach sind die Ausschreitungen ein vom FBI eingefädeltes Komplott bzw. ein groß angelegtes Täuschungsmanöver der Antifa, um die Bewegung polizeilicher Verfolgung und öffentlicher Kontrolle zu unterwerfen. Aber sogar manchen Mitgliedern des Discord-Kanals fallen hier Unstimmigkeiten auf. Einer bemerkt: »Ihr sagt selbst, ›Wir haben gerade das Kapitol gestürmt‹, behauptet aber gleichzeitig, das sei die Antifa in Trump-Verkleidung?« Verschwörungsmythen müssen keinen logischen Sinn ergeben, um unser Bedürfnis nach kognitiver Schließung zu stillen.

Beim Sturm aufs Kapitol ging es um die Idee der Wahlfälschung. Es ging um eine vollkommen unbegründete These. Eine These, die allerdings von 40 Prozent aller Bürgerinnen und Bürger der USA vertreten wird.

Die Ereignisse vom 6. Januar zeigen, wie weit verbreitet radikale Ideen in der Mitte der Gesellschaft bereits sind. Die US-Amerikanerinnen und -Amerikaner, die im Zusammenhang mit dem Aufstand am Kapitol festgenommen wurden, gehörten nicht zum typischen rechtsextremen Mob. Eine investigative Analyse des *Chicago Project on Security & Threats* fand heraus, dass von den 716 Personen, die wegen unrechtmäßigen Betretens des Kapitols am 6. Januar 2021 angeklagt wurden, 90 Prozent keine eindeutige Verbindung zu rechten Milizen oder rechtsextremen Gruppierungen wie den *Proud Boys*, den *Oath Keepers*, den *Three Percenters* oder der *Aryan Brotherhood* hatten.

»Es ist eine breit aufgestellte Massenbewegung, deren Kern die Gewaltbereitschaft ist«, schrieb Robert Pape, der Leiter des Forschungsprojekts. Die Mehrheit des Mobs am Kapitol bestand aus Geschäftsinhabern und Berufstätigen aus angesehenen Berufen, aus Ärzten, Anwältinnen, Ingenieuren und Managerinnen. Nur 7 Prozent der Verhafteten waren arbeitslos. Ashli Babbit war bei weitem nicht die einzige Frau, die an der Belagerung des Kapitols beteiligt war. Ein Jahr nach den Ereignissen vom 6. Januar sind 102 Frauen für damit in Zusammenhang stehende Straftaten verhaftet worden. Die Randaliererinnen kamen aus 28 US-Bundesstaaten und waren im Durchschnitt 44 Jahre alt, fünf Jahre älter als ihre männlichen Pendants.

Trotz dieses Profils, das die sogenannte ›Mitte der Gesellschaft‹ zu repräsentieren scheint, war die Gewaltbereitschaft unter den Aufständischen hoch. 30 Prozent der Festgenommenen wurde tätlich verübte oder angedrohte körperliche Gewalt zur Last gelegt. Was bringt Menschen dazu, das Risiko einzugehen, alles zu verlieren? Und das, obwohl sie einen guten Job und eine liebende Familie haben, die zuhause auf sie wartet?

Guy Reffitt war einer jener Randalierer, die bereit waren, Gewalt anzuwenden. Reffitt wurde in fünf Anklagepunkten schuldig gesprochen, darunter Behinderung der Justiz, unerlaubter Waffenbesitz und unerlaubtes Führen von Schusswaffen mit Benutzungsabsicht. Auf während der Ausschreitungen aufgenommenen Livekamerabildern trägt der 48-jährige Texaner einen Helm und augenscheinlich eine schusssichere Weste. Sein eigener Sohn, Jackson Reffitt, zeigte ihn beim FBI an. Einige Wochen vor dem Aufstand am Kapitol rief Jackson bei der örtlichen Polizei an und sagte, er mache sich Sorgen, weil sein Vater davon spreche, »etwas Großes« zu tun. Noch während die Ausschreitungen im Gange waren, bestätigte Jackson dem FBI, sein Vater sei Teil des Mobs, der das Kapitol stürme.

Als Jacksons Vater nach Hause kam, sagte er warnend zu seiner Familie: »Wenn ihr Verräter seid, werdet ihr erschossen.« Da ging der 19-Jährige auf Tauchstation. »Ich habe das als eine an mich persönlich gerichtete Drohung empfunden«, erklärte Jackson. Er sprach kaum noch mit seinen Eltern, seine Mutter bezeichnete ihn als »die Gestapo«. Jackson sagte: »Ich will nicht um mein Leben fürchten, aber ich glaube auch, dass ich das nicht mehr lange tun muss, denn ich weiß, wie viele Leute hinter mir stehen.« Bis heute kann er nicht fassen, was aus seinem Vater geworden ist. »Früher war er einer der besten Daddys aller Zeiten. Er hat aus mir den Menschen gemacht, der ich heute bin. Er hat mir beigebracht, ehrlich zu sein, nicht zu klauen, diesen ganzen Klischee-Kram. Ich glaube, es liegt an seiner Erziehung, warum ich getan habe, was ich getan habe.«

Der Aufstand kam nicht aus dem Nichts. Er war der Kulminationspunkt eines sich über Wochen und Monate, ja wahrscheinlich über Jahre vertiefenden antidemokratischen Ressentiments in rechten, trumpistischen und verschwörungstheoretischen Netzwerken. Viele der selbsterklärten Patrioten sprachen schon im Jahr 2019 sehr offen von ihren radikalen Träumen, das Kapitol einzunehmen. Jonny beispielsweise postete in der Discord-Gruppe ›God Emperor Trump‹: »Bevor ich den Vorsitzenden des Democratic National Committee auf dem Dach des Kapitols enthaupte, werden sie mir das Gesicht und das Auge aufschlitzen.« Kurz darauf wurde sein Account gelöscht. »Stürmt das verdammte Kapitol!«, wies Sam seine Discord-Freunde am 3. Dezember 2020 an. Was Martin an Heiligabend 2020 folgendermaßen kommentierte: »Wahrscheinlich wäre es besser, jeden Regierungssitz einzunehmen, nicht nur den in Washington.«

In den Tagen nach den Ausschreitungen blieb die Stimmung angespannt. Am 7. Januar fragte Tim: »Wie können wir sie zur Rechenschaft ziehen? Sie haben all unsere Rechte verletzt, uns unsere Wahl gestohlen und uns dann ins Gesicht gelacht, während sie den Sturm aufs Kapitol inszeniert haben.« Kevins Kommentar: »Das gesamte Kapitol sollte sofort in die Luft gesprengt werden.«

»Wir müssen allen sagen, dass sie sich zu ihrem nächsten Regierungsgebäude begeben sollen und sich da dann anwesendes Führungspersonal um alles Weitere kümmert«, schrieb Tim. »Ihr solltet alle längst wissen, wie ihr zu eurem jeweiligen Kapitol kommt. Während wir uns hier unterhalten, trommle ich auf jeden Fall Leute zusammen.« Dann ergänzte er: »Wir nehmen jetzt erst mal jedes Regierungsgebäude ein ... Danach erklären wir unsere Bundesstaaten für konservativ, und alle anderen müssen raus.«

Viele User fanden das gut. Manche riefen sogar zum Bürgerkrieg auf: »Krieg!!! Krieg!!! Krieg!! Kein Gelaber mehr, wir holen uns alles zurück, ich breche heute auf zu meinem Kapitol und hoffe, ihr alle entscheidet euch auch dazu, für unsere Sache einzustehen«, schrieb Kevin. »Zieht in den Krieg!«, forderte ein anderer. »Der Krieg steht bevor«, kommentierte der Nächste. »Zeit für Krieg«, verkündete ein Dritter. »Bürgerkrieg!«, schloss der Vierte.

Führende Personen in den Politikwissenschaften stellten sich die Frage, ob die USA wohl am Rand eines Bürgerkriegs stehen. Barbara Walter – eine der weltweit renommiertesten Bürgerkriegsexpertinnen, die sich mit den Kriegen in Myanmar, Nordirland, Ruanda, Sri Lanka, Syrien und Jugoslawien beschäftigt hat – kam zu dem Schluss, dass in den heutigen USA alle Anzeichen dafür vorliegen, dass es zu weiteren gewaltsamen Auseinandersetzungen kommen wird. In einer nachbereitenden Studie zum Aufstand am Kapitol befragte das Team des Chicago Project on Security & Threats eine repräsentative Gruppe von US-Amerikanern, ob sie den Einsatz von Gewalt befürworten würden, wenn das Trump wieder ins Weiße Haus brächte. 9 Prozent bekundeten umstürzlerische Gedanken und befürworteten den Einsatz politischer Gewalt. Was in den USA einer Menge von 23 Millionen Menschen entspricht.

Angefangen beim Sturm auf die Bastille 1789 bis hin zur Erstürmung des Winterpalasts in Sankt Petersburg 1917: Gewaltsame Aufstände gegen zentrale staatliche Institutionen sind ein Kennzeichen für kurz bevorstehende oder bereits laufende Revolutionen. Im Unterschied zu Bastille und Winterpalast, wo die Menschen für die Überwindung monarchistischer Strukturen kämpften, versuchte der Mob vom 6. Januar, eine demokratisch gewählte Regierung abzusetzen. In die geschlossene Gruppe schrieb Bob, ein weit rechts stehender Armeeveteran, der bis heute auf unterschiedlichen Militärbasen arbeitet: »Beim nächsten Sturm aufs Kapitol werden es Hunderttausende sein, nicht nur ein paar Idioten.« In einem Punkt hatte Bob wahrscheinlich recht: Die radikalen Ideen, die die Aufständischen motivierten, werden die Trump-Ära ziemlich sicher überleben. »Wann kapieren die Leute endlich, dass es gar nicht um Trump geht?«, kommentierte Serenity. »Trump hat eine Bewegung ins Leben gerufen, er war das Gesicht dieser Bewegung. Diese Bewegung aber bleibt, und gerade hat sie das Regierungsviertel gestürmt.«

Wenn man die Bilder von dem Mann mit dem gehörnten Kopfschmuck sieht und daneben die in QAnon- und MAGA-Flaggen gehüllten Randalierer, könnte man schnell den Fehler machen, die Aufständischen für ein paar harmlose Trolle zu halten, die eher durch Zufall einen Schritt zu weit gegangen sind. Doch wenn man genauer hinsieht, wird überdeutlich, dass wir Verschwörungserzählungen wie die vom ›Großen Austausch‹ und QAnon ernst nehmen müssen: Umfragen haben ergeben, dass diese beiden Narrative die zentralen ideologischen Säulen der US-Bürger waren, die Bereitschaft zeigten, Gewalt anzuwenden. Beide Ideen haben im Laufe der letzten Jahre in ganz Nordamerika, in Großbritannien, Europa und Australien Millionen von Anhängerinnen und Anhänger gefunden.

Die Vereinigten Staaten sind auch ganz sicher nicht die einzige westliche Demokratie, der gewaltsame Revolution und Bürgerkrieg drohen: Wenige Monate vor dem Aufstand am Kapitol wurde der deutsche Reichstag von einer Menge rechter, unter dem Einfluss von QAnon stehender Verschwörungstheoretiker und so genannter ›Reichsbürger‹ gestürmt. Im Dezember 2022 wurde ein deutschlandweites Netzwerk von etwa fünfzig Reichsbürgern und Querdenkern aufgedeckt, die einen gewaltsamen Umsturz der Regierung und die Errichtung ihres eigenen Alternativstaates geplant hatten. Die Verbreitung von radikalem Gedankengut ist nicht auf die USA begrenzt, sondern hat an vielen Orten der Welt die gesellschaftliche Mitte erobert. Wie aber konnte es nur so weit kommen? Wie kann es sein, dass unsere liberal-demokratischen Gesellschaften so anfällig geworden sind? Welche menschlichen Faktoren sind es, die uns alle näher an Radikalisierung und Polarisierung herangerückt haben? Und was können wir tun, um unsere Demokratien vor dem Zerfall zu bewahren?

# 1 Mainstreaming

## *Von den Radikalisierungsmaschinen zur Massenradikalisierung*

Ich bin Claire Lafeuille. Ich bin eine britisch-französische Journalistin und Mutter von zwei kleinen Kindern. Vor meiner Selbstständigkeit habe ich Marketing studiert und in der Modebranche gearbeitet. Aus meinen Social-Media-Profilen wird ersichtlich, dass ich mich leidenschaftlich für die Meinungsfreiheit einsetze und auf meiner Website kontroverse Themen wie Ethnische Zugehörigkeit, Religion, Gender und Klimawandel verhandele. Wo ich selbst stehe? Auf den ersten Blick gebe ich nicht allzu viel preis, aber wer genauer hinsieht, begreift, dass ich eine Gegnerin von Black Lives Matter, von Aktivismus gegen den Klimawandel und von Coronaimpfungen bin.

Ich bin Alex Williamson. Ich bin ein arbeitsloser weißer US-Amerikaner, der die Schnauze voll hat vom Feminismus. Ich bin Ende zwanzig und unglücklich Single. Seit mehr als zehn Jahren bin ich auf der Suche nach einer Freundin oder zumindest einer Sexpartnerin. Meine Brüder sind beide verheiratet, und ich versuche verzweifelt zu begreifen, was ich falsch mache. Im Lockdown habe ich 20 Kilo zugenommen und wieder mit dem Zocken angefangen, womit ich nach meinen Teenagerzeiten eigentlich aufgehört hatte. Bald darauf habe ich mich der frauenfeindlichen Incel-Community angeschlossen. An Politik bin ich nicht wirklich interessiert, ich will eigentlich nur von meinem Frust mit den Frauen abgelenkt werden und irgendein Mittel finden gegen meine Angst vor Zurückweisung.

Ich bin Maria Petrova. Ihr könnt mich auch Mary nennen. Ich komme aus Bayern, habe aber russische Wurzeln und studiere Philosophie. Meine Freunde und ich stehen seit Beginn des Ukrainekriegs ganz klar auf Seiten Russlands. Der deutschen Presse oder der deutschen Regierung, die behauptet, mich zu repräsentieren, traue ich nicht mehr. Ja, ein paar Freundschaften sind in den Diskussionen zum Ukraine-Thema kaputtgegangen. Doch glücklicherweise haben deutsche QAnon- und Impfgegner-Gruppen das entstandene soziale Vakuum gefüllt. Kein Tag vergeht, an dem ich nicht mit ihnen chatte oder bei einer Protestkundgebung mit dabei bin, die sie organisieren.

Ich bin Julia Ebner. Und das bin jetzt wirklich *ich*. Ich bin eine österreichische Wissenschaftlerin, die am Londoner Institute for Strategic Dialogue sowie am Centre for the Study of Social Cohesion an der Universität von Oxford arbeitet. Mich hat schon immer fasziniert, wie radikale Subkulturen an Einfluss und Macht gewinnen. In den vergangenen Jahren habe ich die Vereinten Nationen, die NATO, die Weltbank und diverse europäische und US-amerikanische Geheimdienste beraten. Wenn ich ausgehend von meiner Forschung einen zentralen Trend fürs kommende Jahrzehnt benennen sollte, würde ich sagen: das Mainstreaming von radikalem Gedankengut.

Um verdeckt ermitteln bzw. undercover arbeiten zu können, braucht es viel Zeit, Aufwand und Empathie. Eine stimmige Geschichte erzählt ja nicht nur, wer du heute bist, sondern auch, wie du zu dem geworden bist und wer du in Zukunft sein willst. Als Nächstes musst du deine Geschichte verinnerlichen, um immer glaubwürdig, also in deiner Rolle zu bleiben. Und wenn du Kontakte knüpfen willst mit Menschen, die radikal andere Ansichten haben als du, ist schließlich noch viel Einfühlungsvermögen vonnöten.

Ich bin eine wissenschaftsbegeisterte, antirassistische Feministin. Aber für dieses Buch habe ich mich mit Antifeministen, Rassisten, Klimawandelleugnern und Verschwörungstheoretikern getroffen. Ich habe mich falscher Identitäten bedient, um in die Netzwerke von Neonazis und weißen Rassisten aufgenommen zu werden, um in die Frauenhasser-Community der Incels eintreten und mit Mitgliedern der internationalen Verschwörungsbewegung QAnon Interviews führen zu können. Ich wollte wissen, wie es bestellt ist um die radikalsten Ränder der Gesellschaft heute, schließlich sind es ihre Ideen, die langsam bis in die Mitte durchsickern und diese besetzen. Welche Mainstreaming-Strategien nutzen Extremisten, und wie kann es sein, dass sie so viel Erfolg damit haben? Wer ist für ihre radikalen Gedanken am empfänglichsten und warum? Auf welchen Schauplätzen vollzieht sich derzeit die stärkste gesellschaftliche Polarisierung und in welcher Form haben Extremisten diese Pole in Beschlag genommen?

Im Laufe der letzten zehn Jahre habe ich dabei zusehen können, wie viele obskure und zunächst unbedeutend kleine Bewegungen zu mächtigen Akteuren eines politischen, gesellschaftlichen und kulturellen Wandels wurden. Wer hätte gedacht, dass QAnon eines Tages weltweit Millionen von Menschen binden, politische Vertretung finden und Wahlergebnisse beeinflussen würde? Als ich 2017 zum ersten Mal beitrat, hatte QAnon nicht mehr als ein paar tausend Mitglieder, die meisten davon in den USA. Ganz ähnlich steckten auch jugendzentrierte weiße identitäre Bewegungen wie White Lives Matter und toxische Männlichkeitssubkulturen wie die ›Mannosphäre‹ noch in den Kinderschuhen. Heute nehmen sie Einfluss auf die Politik, verändern die kulturellen Codes und drücken unserer Sprache ihren Stempel auf. Ihre Kampagnen haben Begriffen wie ›Feminismus‹, ›Diversity‹ und ›Globalismus‹ im öffentlichen Diskurs einen negativen Beigeschmack verpasst, während sie selbst Begriffe wie ›Freiheit‹, ›Demokratie‹ und ›Menschenrechte‹ gekapert und für ihre Zwecke umgedeutet haben.

Ich habe mich schließlich gefragt: Wie bewegen sich Ideen von den radikalsten Rändern in den Mainstream hinein? Und was bedeutet das für den Kampf gegen Ungerechtigkeit, Diskriminierung und Desinformation? Als Gesellschaft haben wir ein relativ klares Bild davon, wie ein Radikalisierungsprozess im Einzelfall vonstattengeht. Es gibt viele Bücher darüber, wie vulnerable Individuen in die Fänge von gewalttätigen, extremistischen und terroristischen Bewegungen geraten. Was aber passiert, wenn wir alle plötzlich vulnerabel sind und, beispielsweise in Krisenzeiten, Bereitschaft zeigen für radikale Veränderungen? Seitdem ich im Jahr 2015 damit angefangen habe, auf dem Feld der Terrorismusbekämpfung zu arbeiten, haben wir eine Beschleunigung genau jener politischen und gesellschaftlichen Trends gesehen, die Terroristen mit ihren Anschlägen lostreten wollen. Wir haben miterleben müssen, wie liberale Demokratien sich entlang unterschiedlichster Achsen selbst zerreißen. Am vielleicht schockierendsten aber ist es, dass die politische Mitte Stück für Stück erodiert, dass gesellschaftliche Fortschritte zurückgeschraubt werden und die Demokratie sich selbst delegitimiert.

Wie viele von Ihnen, die Sie dieses Buch lesen, haben wegen

Meinungsverschiedenheiten beim Thema Maskenpflicht, Corona-Lockdown oder Covid-Impfstoffen einen Freund verloren oder sich mit einem Familienmitglied zerstritten? Wie viele haben über Klimawandel diskutiert? Über Feminismus? Über Rechte für Transgender-Personen? Den Ukrainekrieg? Studien haben ergeben, dass die meisten über mindestens eines dieser Themen hitzige Debatten im Freundeskreis oder innerhalb der Familie geführt haben. 71 Prozent der Deutschen hatten mindestens einmal wegen Corona einen Streit mit Verwandten oder Bekannten, 56 Prozent sogar mehrmals. Impfstoffe, insbesondere deren Wirksamkeit oder Nebenwirkungen, sind bei 64 Prozent der Deutschen ein Konfliktthema im privaten Umfeld, Kontaktbeschränkungen und 3G-Regulierungen bei 59 Prozent.

Die Impfdebatte ist ein gutes Beispiel für eine zweipolige Schwarz-oder-Weiß-Diskussion, die mittlerweile untrennbar mit Identitätskonflikten zwischen zwei sich unversöhnlich gegenüberstehenden Gruppen verbunden ist: Man trifft nicht bloß eine Entscheidung darüber, ob man sich impfen lässt, man ist gleich Teil der sogenannten »Impfdiktatur« oder eben »radikaler Impfgegner«. Der Brexit und die letzten Präsidentschaftswahlen in den USA verhielten sich ähnlich binär. In Großbritannien war man ein ›Leaver‹ oder ein ›Remainer‹, in den USA stimmte man entweder *für* oder *gegen* Antirassismus, Geschlechtergleichheit und Umweltschutz. Ein Dazwischen schien es nicht mehr zu geben.

Die letzte Bielefelder »Mitte-Studie« zeigt anschaulich, wie weit extreme Ideen auch bis in die Mitte der deutschen Gesellschaft vorgedrungen sind. Antidemokratische Einstellungen nehmen in Deutschland zu. Fast ein Viertel der Deutschen glaubt an eine Medienverschwörung, und etwa 16 Prozent sind der Ansicht, die Bundesrepublik ähnele einer Diktatur mehr als einer Demokratie. Über 20 Prozent der Bevölkerung sind der Meinung, es würde »zu viel Rücksicht auf Minderheiten« genommen, und fast ein Viertel denkt, im nationalen Interesse dürften »nicht allen die gleichen Rechte gewährt werden«. 16 Prozent befürworten sogar teilweise eine Machthierarchie nach Hautfarbe. Die Leipziger Autoritarismus-Studie kam zu ähnlichen Ergebnissen: Alte Ressentiments gewinnen eine neue Radikalität und die Begriffe ›gemäßigt‹ und ›Mitte‹ sind nicht mehr notwendigerweise synonym. Ein Drittel der Deutschen etwa denkt, die Bundesrepublik sei »durch die vielen Ausländer in einem gefährlichen Maße überfremdet«. Auch Islamophobie, Antisemitismus, Sexismus und Antifeminismus sind stark angestiegen.

Die Ursachen für die rasante Verbreitung menschen- und demokratiefeindlicher Ideen liegen in der globalen Vertrauenskrise. Das Edelman Trust Barometer, eine jährlich weltweit durchgeführte Umfrage, zeigt für 2022 deutlich den Zusammenbruch des gesellschaftlichen Vertrauens in Politik, Medien und Wissenschaft in liberalen Demokratien. So vertraut in Deutschland, Großbritannien, Spanien und den USA weniger als die Hälfte der Bevölkerung den etablierten Institutionen ihres Landes. Bedenken rund um *›Fake News‹* sind auf dem höchsten Niveau aller Zeiten. In Deutschland wie in anderen Ländern ist Misstrauen die Standardemotion. Es gibt zwei klare Gewinner dieser Krise: rechtspopulistische Parteien wie die AfD und staatliche Akteure wie Russland, die ein geteiltes Interesse an der Erschütterung der liberalen Demokratien und existierenden Machtverhältnisse haben. Ihre Propaganda baut darauf, das Misstrauen gegenüber den Institutionen weiter zu schüren. Die Wahlerfolge der Fratelli d'Italia und der Schwedendemokraten im Herbst 2022 haben gezeigt, wie erschreckend schnell neofaschistische Parteien mit dieser Taktik wieder in politische Machtpositionen kommen können.

Wir stehen am Beginn eines Jahrzehnts der Massenradikalisierung und der Hyperpolarisierung. Nach nur drei Jahren sind die 2020er Jahre bereits von gesellschaftlichen Gräben durchzogen, die sich entlang der Kampflinien um Antirassismus, Geschlechtergleichheit, Queer-Rechte, Maßnahmen gegen den Klimawandel, Impfstoffakzeptanz und Ukrainekrieg rasant immer weiter auftun. Auf der ganzen Welt sind Black-Lives-Matter-Proteste von White-Lives-Matter-Aktivisten mit rassistischer Gewalt beantwortet worden. Anti-Feministen haben Einschüchterungskampagnen gegen Feministinnen gestartet, und für queere Rechte eintretende Menschen sind von Anti-LGBTQ-Aktivistinnen angegriffen worden. 2021 erschoss ein Sympathisant der gewaltbereiten, misogynen Incel-Community fünf Menschen in Plymouth, während in Frankreich tödliche Hassverbrechen gegen Transgender-Personen ein noch nie dagewesenes Ausmaß erreichen. In Bratislava wurde im Oktober 2022 ein tödlicher Anschlag auf die LGBTQ-Community verübt, bei der zwei junge Männer erschossen wurden. Klimawandelleugner ziehen mit Desinformationskampagnen gegen Umweltschutzbewegungen ins Feld, und verschwörungstheoretisch eingestellte Impfgegner verüben Anschläge auf wissenschaftliche Einrichtungen. In Deutschland ermordete ein QAnon nahestehender Coronaleugner nach einem Streit über die Gesichtsmaske den jungen Mitarbeiter einer Tankstelle.

Rückwärtsgewandte Bewegungen versuchen, Anspruch auf

alte Privilegien zu erheben und den in den vergangenen hundert Jahren erzielten gesellschaftlichen und wissenschaftlichen Fortschritt zurückzudrehen – mit schockierenden Erfolgsquoten. Viele der polarisierenden Gruppierungen von heute sind exklusiver und gefährlicher als frühere. Aber ihr radikales Gedankengut kursiert nicht mehr nur in den dunklen Ecken des Internets oder bei extremistischen Geheimtreffen. Es findet Widerhall in den Parlamenten und ist bei Großdemonstrationen auf der Straße zu hören. Schritt für Schritt erobert es die gesellschaftliche Mitte. Was diese radikalen Ideen gemein haben, ist ein Gefühl der Machtlosigkeit und der Entmündigung. Wir können momentan in Echtzeit beobachten, wie sich der tief empfundene Frust über den Status quo in brandgefährliche antidemokratische Aktivitäten übersetzt. Die Erstürmung des US-Kapitols und der Sturm auf den deutschen Reichstag, ausgeführt jeweils von Koalitionen aus unzufriedenen Bürgerinnen und Bürgern, zielten als Angriff direkt aufs Herz der demokratischen Institutionen. Die Zahl der gewaltsamen Anschläge auf Lokalpolitiker und Journalistinnen hat in jüngster Zeit in vielen europäischen Ländern ein Rekordhoch erreicht. Der beinahe tödliche Angriff auf Paul Pelosi, den Ehemann von US-Spitzenpolitikerin Nancy Pelosi, im Oktober 2022 ist ein aktuelles Beispiel für die Gewalt, der Politiker und ihre Familien ausgesetzt sind. In den letzten Jahren gab es eine deutliche Häufung rechtsextrem motivierter Morde an Lokalpolitikerinnen und -politikern, die sich für Migrations-, Feminismus- und LGBTQ-Themen eingesetzt hatten. Die britische Anti-Brexit-Politikerin Jo Cox, der Bürgermeister der polnischen Stadt Gdańsk, Pawel Adamowicz, sowie der Kasseler Regierungspräsident Walter Lübcke fielen solchen Verbrechen zum Opfer.

Gleichzeitig haben extremistische, im Internet beheimatete Subkulturen Vorlagen geliefert für eine ganze Reihe gamifizierter Terroranschläge mit dem Ziel, einen weltweiten Bürgerkrieg auszulösen. In allerjüngster Zeit sind Verschwörungstheoretiker aus der QAnon- und der Querdenker-Szene bei prorussischen Demonstrationen auf die Straße gegangen, um den »Krieg gegen die NATO und die westlichen Werte« zu verklären.

In *Radikalisierungsmaschinen*, meinem letzten Buch, habe ich in einigen Feldstudien nachgezeichnet, wie Radikalisierung bis hin zu Gewaltbereitschaft und Terrorismus vonstattengeht. Aber Terroristen sind nur die extremsten Stellvertreter deutlich weiter gefasster Konflikte ihrer jeweiligen Zeit. In diesem Buch hier untersuche ich nun sich näher an der Oberfläche unseres Lebens abspielende Identitätskonflikte – und wie diese von den extremsten Positionen innerhalb der jeweiligen Debatten beeinflusst werden. Ich wollte direkt mit den Personen sprechen, die an vorderster Front von zunehmend feindselig geführten Kulturkämpfen stehen. Meine Avatare Claire, Alex, Mary und mein echtes Ich sind also losgezogen, um sich – sowohl on- als auch offline – rund um den Globus mit einer ganzen Reihe radikaler Aktivisten und Aktivistinnen zu treffen. Manche sind in Großbritannien, Europa oder den USA aktiv, andere sitzen in der Antarktis oder im Darknet.

Ich bin überzeugt davon, dass wir der menschlichen Seite aller Radikalisierten Aufmerksamkeit schenken müssen, ganz egal, wie extrem oder kontrafaktisch ihre Beweggründe auch sind. Natürlich steht die Wissenschaft häufiger auf der einen Seite der Diskussion als auf der anderen: Die Argumente von Klimawandelleugnern, Rassistinnen und Impfgegnern sind fehlerbehaftet und beruhen meist auf Falschinformationen und Verschwörungsmythen. Es ist alles andere als einfach, jemandem, der gerade erzählt, alle im Buckingham Palace seien Reptilien und tränken das Blut unschuldiger Kinder, um ewig jung zu bleiben, mit Ruhe und Geduld zuzuhören. Manchmal wusste ich nicht, ob ich lachen oder weinen sollte. Ähnlich abgestoßen war ich, wenn ich den Hasstiraden von Incels oder weißen Rassisten zuhörte. Ein Incel sagte mir mal, er wolle sich an Frauen rächen, indem er sie vergewaltige und ermorde. Aber sogar die radikalsten Individuen, die mir begegnet sind, haben emotionale Geschichten, die es wert sind, angehört zu werden. Zu begreifen, welche Identitätskrisen den Hintergrund extremer Ideologien bilden, scheint mir vor allem wichtig, seitdem wir erleben, dass gesellschaftliche Polarisierung sich verschärft, weil politische Gegner sich gegenseitig nicht mehr als Menschen behandeln. Ebenjener Incel, der Gewalt gegen Frauen gelobt hatte, war gleichzeitig ein tief verletztes, verunsichertes Individuum, das nach Sicherheit, Liebe und Zugehörigkeit in seinem Leben suchte.

Was mir bei meinen Undercover-Recherchen aber am meisten Sorgen bereitet hat, war nicht der gehäuft vorkommende Terrorismus und die zunehmende Zahl an Hassverbrechen, die sich aus dem wachsenden Einfluss extremistischer Communitys ableiten lassen. Noch erschreckender fand ich die langfristigen Auswirkungen, die das Mainstreaming radikaler Ideen auf die Grundpfeiler der Demokratie haben kann. Bei meiner täglichen Arbeit untersuche ich Prozesse der Massenradikalisierung und frage mich wiederholt, was wir von der Zukunft erwarten sollen: weniger Vertrauen in die zentralen demokratischen Institutionen? Mehr tribalistisches Wahlverhalten?

Größere Bereitschaft, die Menschenrechte zum Schutz der eigenen Gruppe in den Wind zu schlagen? Als Einzelne, als Gruppe oder als Gesellschaft müssen wir – gerade vor dem Hintergrund der noch nie dagewesenen Herausforderungen und der sich so rasant ändernden Formen sozialer Interaktion – unsere demokratischen Einrichtungen und Prozesse auf eine grundlegende Veränderung in unseren Identitäten vorbereiten. Werfen wir also einen präzisen Blick auf den derzeit zu beobachtenden Trend in Richtung Massenradikalisierung und fragen wir uns: Was können wir tun, um die Eskalation aktueller Identitätskonflikte hin zu Gewalt, Terrorismus und Krieg zu verhindern?

## 2 Subkulturen etablieren

### *Undercover bei den Incels*

Am Anfang war eine Subkultur.

Meine Knie zittern etwas, als ich aufstehe, um meinen Laptop ganz hinten in meinem Schrank zu verstauen. Versteckt hinter meinen Socken werde ich ihn immerhin für ein paar Stunden nicht mehr ansehen müssen. »Früher oder später werden wir vernichtet«, hat mir gerade jemand anonym über Twitter geschrieben und dazu Fotos von mir und einem Friedhof geteilt. Nicht dass das so außergewöhnlich wäre. Es ist nur die letzte in einer ganzen Reihe von Drohbotschaften, die ich erhalten habe, nachdem ich öffentlich über das Erstarken des Antifeminismus gesprochen habe.

In den 2020er Jahren gibt es für Frauen, die beruflich in der Öffentlichkeit stehen, beim Thema Online-Belästigung kein Entkommen. Eine Studie der Vereinten Nationen hat im Jahr 2021 901 Journalistinnen aus 125 Ländern befragt. Das Ergebnis: Fast drei Viertel der Befragten haben in irgendeiner Form Missbrauch und Hetze im Internet erlebt. Ein Viertel hat sexuelle Drohungen und Morddrohungen erhalten. Zu den anderen häufig angeführten Vorfällen gehören öffentlich gemachte private Daten, Belästigung der Familien und zielgerichtete Hacker-Angriffe.

Im Laufe der letzten zehn Jahre ist antifeministischer Hass im Mainstream angekommen. Und ich möchte verstehen, warum. Der beste Ausgangspunkt, um die Zunahme der Frauenfeindlichkeit im Mainstream-Diskurs zurückzuverfolgen, ist eine der radikalsten Subkulturen, die es im Internet gibt: die Incels. Weltweit haben die Incels einige zehntausend Mitglieder. Viel von der misogynen Hetze und den Verschwörungsmythen, die sich in Hasskampagnen gegen Frauenrechtsaktivisten, Influencerinnen und Politikerinnen finden, entstammt dieser obskuren Subkultur.

Um Teil der Incel-Szene zu werden, muss man zunächst verstanden haben, was innerhalb dieser exklusiven Community geht und was nicht. Obwohl die Incels mit der Absicht gegründet wurden, Menschen eine Heimat zu bieten, die das Gefühl haben, nicht in die Gesellschaft zu passen, ist das Forum mittlerweile ironischerweise zu einem der exklusivsten Orte geworden, die sich im Internet finden lassen.

Regel Nr. 1: Die meisten Frauenfeinde wollen nicht mit Frauen reden. Also logge ich mich im Forum der Incels mit einem männlichen Account ein.

> Hi, ich bin Alex. Ich bin Mitte 20 und habe die letzten 10 Jahre versucht, eine Freundin zu finden. Ich möchte einfach nur ein ganz normales Mädchen, ich habe ja gar keine hohen Ansprüche. Aber trotzdem: Ich habe einfach keinen Erfolg, egal, was ich mache. Ich habe zwei ältere Brüder, die besser aussehen als ich und die mittlerweile beide glücklich verheiratet sind. In den Lockdowns 2020 und 2021 habe ich zwanzig Kilo zugenommen und jede Hoffnung auf eine Beziehung oder wenigstens eine Sexpartnerin aufgegeben.

Die Entscheidung für eine männliche Identität ist glücklicherweise richtig. Frauen werden nämlich, wie ich später erfahre,

»ohne Ausnahme sofort gesperrt«. Es gab bereits etliche Versuche, weibliche Incels, so genannte ›*Femcels*‹, offiziell zuzulassen, aber die Administratoren des Forums verwahrten sich bislang strikt dagegen. Homo- und Transsexuellen ist der Zugang ebenfalls verboten.

Regel Nr. 2: Man sollte ein Romantik-Nihilist sein. Als Bestandteil meiner Bewerbung muss ich angeben, ob Alex ›*bluepilled*‹, ›*redpilled*‹ oder ›*blackpilled*‹ ist.

*Bluepill* ist der Glaube daran, dass Paare sich aufgrund persönlicher Kompatibilität finden und genetische Mängel vernachlässigbar werden, wenn Männer sich Frauen gegenüber freundlich und respektvoll verhalten.

*Redpill* ist die Theorie, dass Menschen ausnahmslos einigen natürlich vorgegebenen Gesetzmäßigkeiten folgen: Alle Frauen fliegen auf das größte Alpha-Männchen (aggressiv, dominant, körperlich stark, einflussreich, reich, mächtig etc.). Schlechte Gene lassen sich daher kompensieren, indem man ein Alpha wird.

*Blackpill* ist die Vorstellung, dass der gesellschaftlich erreichte Status den biologischen Status niemals aufwiegen kann und dass Frauen ausschließlich Männer mit überragenden Genen attraktiv finden.

Ich wähle ›*blackpilled*‹, was für die Moderatoren die einzig richtige Antwort ist. »Willkommen. Incels ist ein Forum für Menschen, die Schwierigkeiten damit haben, eine Partnerin fürs Leben zu finden.«

Wer nicht ›unbeliebt‹ genug ist, wird ziemlich wahrscheinlich nicht angenommen. Als einer mal schrieb, dass sich nur übergewichtige und deutlich ältere Frauen für ihn interessierten, wurde er sofort als ›*Fakecel*‹ angeprangert. Den Moderatoren zufolge kriegt ein wahrer Incel nie ein Match und wird auch nie von irgendwem sexuell interessant gefunden. Die meisten Incels behaupten, dass sie es schon auf unterschiedlichste Art und Weise versucht haben – sich duschen, mal zum Friseur gehen oder ein paar modische Klamotten kaufen –, aber alles nichts geholfen hat.

Regel Nr. 3: Du musst Frauen, insbesondere Feministinnen, verachten wie dich selbst. Auf die Frage »Warum seid ihr Jungs eigentlich Incels?« lautet die Standardantwort: »Wegen der feministischen Unterjochung und mangelhafter genetischer Rekombination.«

»Alles, was nichts mit Frauen zu tun hat, ist gut«, schreibt Steve aus Finnland. Die Incels-Mitglieder, die mir begegnen, haben ihren Profilen Slogans verpasst wie »General des Incel-Kriegs«, »Brustkrebs-Fan« oder »Atomschlag gegen die verschwulte Erde«. Ich selbst entscheide mich für »Anti-Alphamännchen auf der Suche nach *blackpilled* Ablenkung«. Wie viele der Incels leidet auch mein Avatar an tiefsitzenden Ängsten vor Zurückweisung, Demütigung und Statusverlust.

Die frauenfeindliche Netz-Community ist deutlich diverser, als ich vermutet hätte. Allein die Incels haben Männer mit einem breit gefächerten demografischen, ethnischen und religiösen Hintergrund angezogen. Auch das Bildungsniveau ist sehr unterschiedlich. Steve zum Beispiel hat einen Master in Rechnungswesen. Andere sind LKW-Fahrer oder arbeiten im Supermarkt und räumen dort Regale ein. Viele Incels sind Ende 20, arbeitslos und wohnen noch bei ihren Eltern. Manche sind frustriert von der Wirtschaft: »Uni-Abschlüsse sind doch weitestgehend wertlos, die ganze heutige Ökonomie ist hoffnungslos.« Andere sind davon überzeugt, dass ihr miserables

Aussehen dafür verantwortlich ist, dass sie keine Arbeit finden. Nur die LKW-Fahrer finden, dass sie sich für den richtigen Job entschieden haben: »Trucker zu sein ist für einen kleinen, hässlichen Mann die beste Möglichkeit, eine Arbeit zu haben. LKW zu fahren ist ungewollt zum Zufluchtsort vor Diskriminierung aufgrund von Körpergröße und Aussehen geworden.«

Die Incel-Community ist in den letzten Jahren schnell gewachsen. Da ein typisches demografisches Profil fehlt, ist das Merkmal, das den meisten Incels eignet, die mangelhafte Sozialkompetenz und das fehlende Selbstbewusstsein. Ein Incel schreibt: »Es fällt mir schwer, menschliche Gefühle und soziale Hinweise zu kapieren, aber irgendwie ist mir das auch egal. Es macht mir Spaß, meine Zeit mit Zocken und IQ-Tests im Netz zu verschwenden.« Die Moderatoren des Forums geben zu, dass »manche Incels auch mit psychischen Erkrankungen, Behinderungen und anderen gesundheitlichen Problemen zu kämpfen haben«.

»Bewertet mich und gebt mir Tipps«, schreibt Allan und stellt ein Foto von seinem Gesicht ins Netz. Er erhält folgende Rückmeldungen:

»o.«

»Hoffnungslos.«

»Lass dir mal die Hängelider machen. Sonst siehst du aus, als hättest du einen extrem niedrigen IQ.«

»Dazu fällt mir echt gar nichts mehr ein, Bro.«

Ein Kennzeichen der Incels ist die schon pathologische Fixierung auf den ›*Lookism*‹, also die Annahme, dass es Vorurteile und Diskriminierungen aufgrund des äußerlichen Erscheinungsbilds gibt. In den Foren Lookism.net und Looksmax.org stellen sich manche Incels mit Sätzen wie »Ich bin ein Vergewaltiger« oder »Hi, ich bin ein autistischer Psychopath« vor. Hier können Mitglieder Fotos von sich posten und sich von anderen auf einer Skala von 0 bis 10 bewerten lassen. Im Anschluss bekommen sie ausgefeilte Tipps, was sich an ihrer äußeren Erscheinung verbessern lassen könnte. Haben Sie sich je gefragt, wie ein ›maskulin geformter Kopf‹ oder ›verführerische Männeraugen‹ im besten Fall aussehen sollten? Ich nicht. Den Incels zufolge gibt es jedoch gerade für Männer sehr klar definierte Schönheitsideale: breite Wangenknochen, Jägeraugen, dichte Augenbrauen, kantiges Kinn, symmetrische Nase, markante Kieferpartie und schlanker Körperbau. Gutaussehende Männer, die mit einer hohen Punktzahl bewertet werden, heißen hier »Chads«, attraktive Frauen hingegen »Stacys«.

Eine der Grundlehren der Community ist die ›80/20-Regel‹, die Hypothese nämlich, dass »80 Prozent der attraktivsten Frauen auf 20 Prozent der genetisch überlegenen Männer fliegen«. Diese Vorstellung hat zu einer stark ausgeprägten Kultur des ›Looksmaxxing‹ geführt, die im Grunde nichts anderes ist als das Streben nach visueller Selbstverbesserung, das von ›Softmaxxing‹ bis hin zu ›Hardmaxxing‹ reichen kann. Softmaxxing bedeutet: Veränderungen in Bezug auf den Kleidungsstil, den Haarschnitt, die Körperpflege, die verwendeten Hautprodukte und das Workout. Die Incels behaupten, fast alle Frauen betrieben ab dem Teenageralter Softmaxxing, indem sie Makeup auflegen, sich vorteilhaft kleiden und Haar- und Hautpflege routinemäßig in ihr Leben integrieren. Manche Incels gehen in ihren Versuchen, die ›Looks-Leiter‹ hochzuklettern, schockierend weit und steigen von einer niedrigen sexuellen Bewertung zu höheren Punktzahlen auf. Hardmaxxing kann bedeuten, anabole Steroide einzunehmen oder sich Schönheitsoperationen zu unterziehen – wozu Kieferfüllungen, Kinnaufbau, Nasenkorrekturen und Wangenknochen-OPs genauso gehören wie Penisdehnungen, Schädelimplantate und Nasenloch- und Ohrenverkleinerungen. Um ehrlich zu sein: Ich wusste nicht mal, dass es all diese chirurgischen Eingriffe gibt.

Es geht aber nicht nur um Äußerlichkeiten. Natürlich liegen viele der Unsicherheiten tiefer: »Diese ständige Zurückweisung, die ich erlebe, ist wirklich entmutigend«, schreibt einer der User. »Deswegen zittern meine Hände mittlerweile schon, wenn ich nur jemand Neues anschreiben will, und zwar so schlimm, dass ich mein Handy fallen lasse oder alles über meiner Tastatur verschütte. Mit Looksmaxxing kann ich meinem emotionalen/mentalen Zustand zumindest ein bisschen entgegenarbeiten.«

Wenn man sich eine Zeitlang in den Looksmaxxing-Foren aufgehalten hat, fällt es schwer, nicht selbst verunsichert zu sein. Etwas, das an einem selbst besser, schlanker oder attraktiver sein könnte, findet sich immer. Ich kann dabei zusehen, wie mancher User stetig unzufriedener mit sich wird, je länger er im Forum unterwegs ist. Auch bei denjenigen, die sämtliche Kriterien erfüllen, finden manche Forumsmitglieder trotzdem noch einen Grund, ihnen eine schlechte Bewertung zu verpassen. Ein einigermaßen gutaussehender Mann, der sein Profilfoto teilt, bekommt folgende Rückmeldung: »Ich finde, du siehst ganz passabel aus, aber obwohl du eigentlich über alle Chad-Merkmale verfügst, wirkt dein Gesicht zu vertrauensselig. Vielleicht fehlen dir die Jägeraugen, denn ich kann den Schmerz in deinen Augen sehen, und es scheint, als würdest du dich unwohl fühlen. Trotzdem würde ich töten, um so auszusehen wie du.«

Manche Incels fühlen sich mit ihrem Aussehen derart unwohl, dass sie behaupten, ihre Wohnung seit Jahren nicht verlassen zu haben. Studien belegen, dass *Lookism* existiert und dass es tatsächlich universelle Attraktivitätsmerkmale gibt. Menschen, die im Vergleich mit den in einer bestimmten Zeit gültigen Schönheitsidealen als weniger attraktiv gelten, stoßen in vielen alltäglichen Situationen auf Vorurteile und Diskriminierung. Es ist Stand der Forschung, dass Menschen, die als weniger schön wahrgenommen werden, weniger Gehalt und weniger wahrscheinlich einen Job bekommen. Außerdem werden sie häufiger vor Gericht verurteilt als Menschen, die als gutaussehend gelten. Je attraktiver der Delinquent, desto niedriger sein Strafmaß. Und vice versa.

Allan ist einer der User, die es aufgegeben haben mit dem Looksmaxxing. Allan ist Mitte zwanzig und empfindet seinen Körper als Gefängnis, aus dem es kein Entrinnen gibt. »Dass unsere Vorfahren keine Eugenik betrieben haben, macht mich echt krank«, schreibt er in einem geschlossenen Incel-Thread. »Frauen mit guten Genen und einer guten Vererbungslinie hätten zur Fortpflanzung gezwungen werden und so was wie 8 Kinder kriegen müssen. Frauen mit gesundheitlichen Problemen und/oder genetisch schlechten Vererbungslinien hätten sich die Eileiter abklemmen lassen sollen.« Er findet außerdem, dass ungesunde Babys »eliminiert hätten werden sollen«.

»Ich fühle mich wirklich, als ob ich mich einfach umbringen sollte«, schreibt Allan. »Eine meiner größten Wunschvorstellungen im Leben ist, dass ich mich umbringe und dann als Geist meine Familie beobachte und von der Tatsache bestärkt werde, dass mein Tod ihnen absolut gar nichts bedeutet, dass ich ihnen sowieso nur eine Last war. Ich würde echt gern sehen, wie viel besser ihr Leben wäre, wenn ich tot wäre.« In der Incel-Sprache ist er jemand, der beschlossen hat, nur noch zu *»LDAR«* (steht für: *»lay down and rot«*, also »sich hinzulegen und zu verfaulen«). Es ist unter Incels nicht ungewöhnlich, so depressiv, einsam und hoffnungslos zu werden, dass Selbstmord als Lösung vorstellbar wird.

Ich lehne mich zurück und versuche, auf irgendeine Idee zu kommen, die Allan aufheitern könnte. Aber bevor ich auch nur die Chance habe zu antworten, kommen schon die Kommentare der anderen User, und wieder läuft es mir eiskalt den Rücken hinunter. Ich muss für ein paar Minuten vom Computer weg, bevor ich mir ein Herz fasse und mich wieder vor den Bildschirm setze. Die anderen Incels schicken Allan als Rückmeldung auf seinen Post Hinweise und Links zu Publikationen wie »Ein praktisches Selbstmord-Handbuch«, »Seinen Frieden machen mit dem Tod«, »Wie man sich aufhängt«, »Schmerzfreies Ertrinken« und »Die Zwei-Knoten-und-Tüte-Methode«. Sie ermutigen ihn dazu, Selbstmord zu begehen. Nur ein einziger User kommt mit einem anderen Ansatz um die Ecke: »Ich bringe mich erst dann um, wenn ich mich an der Gesellschaft gerächt habe.«

Wo auch immer ich hinschaue: Der Hass auf den Feminismus und die Frauen ist allgegenwärtig in der Incel-Szene. Frauen werden als roboterhafte Kreaturen angesehen – als *»femoids«* oder kurz *»foids«* –, die nur mit Gewalt gezähmt werden können. Manche User sprechen von ihnen auch als »Toiletten« oder »Löchern«. Steven zum Beispiel schreibt: »Männer mit niedrigem SMV (*Sexual Market Value*) haben gar keine andere Möglichkeit, als über Mord oder Vergewaltigung Macht auszuüben. Das ist der einzig wahre Aufstieg. Du musst einer Foid über Gewaltanwendung ihre Macht entreißen. Dann wird die Gesellschaft endlich Interesse zeigen.« Objektivierung und Entmenschlichung machen aus Frauen legitimere Ziele für Gewalt, schließlich werden sie gar nicht mehr als Menschen gesehen.

Es stimmt, dass die Incels sich gegenseitig zu immer radikaleren Meinungen anstacheln. Aber je länger ich sie beobachte, desto klarer wird mir, dass ihr Frauenhass und ihre Gewaltfantasien oft mit Selbsthass und Selbstmitleid ihren Anfang nehmen. Sowohl Allan als auch Steve sind überzeugt davon, dass Männer die Opfer einer zunehmend weiblich dominierten Gesellschaft sind. Allan schreibt: »Das Leben einer Frau ist 10 × besser.« Steve pflichtet ihm bei: »Es wird nicht mehr lange dauern, bis die nächsten Generationen merken, wie schlecht unattraktive Männer es haben.« Die Schuld an ihrer eigenen Unzufriedenheit geben sie Feministinnen und mächtigen Frauen. »Die Lügen des Feminismus haben aus dir einen Incel gemacht, Frauen haben nichts als Vergeltung verdient!«

Am 12. August 2021 erschießt der 22-jährige britische Kranführerlehrling Jake Davison in Plymouth fünf Menschen, darunter seine eigene Mutter und ein dreijähriges Mädchen, bevor er sich selbst tötet. Es ist seit über zehn Jahren die furchtbarste Schusswaffenattacke in Großbritannien. Die Ermittlungen ergeben, dass Davison von der Incel-Ideologie zu seiner Tat angeregt wurde und in Videos, die er auf YouTube unter dem Alias »Professor Waffle« hochlud, Bezug nahm auf »Inceltum« und »Blackpilling«. Zusätzlich war er Trump-Fan und Parteigänger des britischen Ablegers der Libertarian Party.

Die zutiefst misogynen Unterhaltungen, die ich im Internet verfolgt habe, haben in den letzten Jahren zu einer regelrechten Serie von Incel-inspirierten Hassverbrechen und Terroranschlägen geführt. Aber Ideologie ist nie der einzige Motor für Gewalt. Terrorismus passiert dann, wenn radikales Gedankengut auf eine private Krise trifft. Davison war voller Hass auf seine Mutter, ein Hass, der sich bei ihm auf alle alleinerziehenden Mütter ausgeweitet hatte. Das Gefühl, sein gesamtes bisheriges Leben sexuelle und romantische Erfahrungen verpasst zu haben, war umgeschlagen in tiefe Verachtung. Zuerst gab er sich noch selbst die Schuld daran. In einem YouTube-Video sagte er: »Ich bin noch Jungfrau, und ich bin fett und hässlich, da könnt ihr sagen, was ihr wollt.«

Dann richtete er seinen Hass zurück auf die Frauen. In einem seiner letzten Online-Chats mit einer Jugendlichen schrieb er, Frauen seien »arrogant und über alles Vorstellbare hinaus überheblich«.

Wie so viele andere war Jake Davison ein zutiefst einsamer Mann, der in die Incel-Foren kam, um dort bei virtuellen Freunden eine neue Familie zu finden. Aber natürlich können die Incels kein reales Vakuum füllen. Extremistische Foren schaffen die Illusion von festen Beziehungen und lassen zwischen ihren Mitgliedern geradezu familiäre Gefühle entstehen. Aber anders als bei echten Freundschaften entwickeln sich diese Beziehungen kaum jemals weiter, aus temporärer, anonymer und unverbindlicher Interaktion wird selten etwas Nachhaltiges und Manifestes. Statt eine stabile Form von Liebe und Zugehörigkeit zu finden, verbringen die User irgendwann ihre Nächte und Wochenenden ausschließlich umgeben von Lebensnihilisten, was psychische Probleme wie Depressionen und Angststörungen tendenziell verschärft. In den Incel-Chatrooms lässt sich diese Abwärtsspirale bis hin zur völligen Hoffnungslosigkeit gut beobachten. »Ich bin mittlerweile krass niedergeschlagen, das scheiß Leben hat mich kleingekriegt«, sagt Davison in einem seiner letzten YouTube-Videos. »Mein früherer Antrieb ist weg.« Sein Selbstekel war zu Hass auf andere mutiert, und seine tiefgreifende Perspektivlosigkeit fand ein Ventil in einem letzten Akt der Rebellion.

Der Anschlag in Plymouth war lediglich der jüngste in einer jahrelangen Serie von durch die Incels inspirierten Attacken, von denen manche verhindert, manche aber auch erfolgreich durchgeführt wurden. Diverse Festnahmen innerhalb der erweiterten englischen und schottischen Incel-Szene gingen dem Anschlag voraus. 2018 tötete der junge Kanadier Alek Minassian zehn Menschen und verletzte weitere sechzehn schwer, als er in einer belebten Straße in Toronto (meist weibliche) Fußgängerinnen mit einem Lieferwagen anfuhr. Er hatte sich in Incel-Foren im Internet radikalisiert und wollte seine Forumsmitnutzer mit einer hohen Zahl an Todesopfern beeindrucken. Seinem Psychologen erzählte Minassian, es mache ihn »sehr aufgeregt und glücklich«, wenn über seine Tat gesprochen werde. Er wolle einen Weltrekord aufstellen. Er behauptete, es an die Spitze einer von ihm oft bewunderten Internet-Weltrangliste von Massenmördern zu schaffen, wenn er hundert Menschen umbrächte.

Der beliebteste Held der Incels aber ist Elliot Rodger, ein frauenhassender Terrorist, der für viele der Angreifer der jüngeren Zeit Inspiration und Vorbild ist. Das Codewort »Go ER«, das Bezug nimmt auf die Initialen von Elliot Rodger, wird bis heute in den betreffenden Kreisen als Aufruf zu gewalttätigen Terroranschlägen genutzt. Rodger hat 2014 mehrere Anschläge verübt, unter anderem tötete er auf der kalifornischen Isla Vista sechs Menschen. Er war zu diesem Zeitpunkt 22 Jahre alt und noch Jungfrau. Er hatte noch nie einen anderen Menschen geküsst und quälte sich mit Gefühlen der Zurückgewiesenheit. »Anderen Männern haben Mädchen ihre Zuneigung, Sex und Liebe geschenkt, aber mir nie«, sagt er in einem YouTube-Video, das er ins Netz stellte, kurz bevor er zum Angriff überging. »Ich wollte nie etwas anderes, als euch zu lieben und von euch geliebt zu werden (...) Wenn ich euch nicht haben kann, Mädchen, dann werde ich euch eben vernichten.« Er lacht laut auf und fährt fort: »Ihr habt mir ein glückliches Leben verwehrt, und deswegen werde ich euch im Gegenzug euer Leben verwehren. Was nur gerecht ist.« Sein Manifest liest sich wie eine Autobiografie, die um sehr ähnliche Kernpunkte gestrickt ist wie die Geschichte von Jake Davison: Scheidungskind, grundsätzlich mangelndes Vertrauen in die Welt und das konstante Gefühl persönlichen Scheiterns.

Die ideologische Position männlicher Überlegenheit wird in den programmatischen Erklärungen rechtsextremer Terroristen oft übersehen. So geschehen bei dem norwegischen Antidschihadisten Anders Breivik wie auch bei den deutschen Attentätern von Halle und Hanau 2019. Breivik warf Feministinnen in seinem Manifest vor, »Krieg gegen Jungen« zu führen, Frauen zu unterdrücken und für niedrige Geburtenraten in der weißen Bevölkerung verantwortlich zu sein. Auch im Manifest des Attentäters von Hanau finden sich eindeutige Bezugnahmen auf die Incel-Community, und der Attentäter von Halle hatte vorher einen Song gehört, der auch als ›Incel-Hymne‹ bezeichnet wird. Im Liedtext finden sich Zeilen wie: *»Hoes suck my dick while I run over pedestrians.«* – »Nutten lutschen meinen Schwanz, während ich Fußgänger überfahre.«

Die expliziten Frauenfeinde und die extreme Rechte haben eine erhebliche Schnittmenge, die sich aus weiß-männlichen Opfernarrativen, antifeministischen Verschwörungsmythen und sogar politisiertem Satanismus ergibt. 2020 erstach der 18-jährige Danyal Hussein zwei Schwestern in Nord-London, wegen eines angeblich geschlossenen Teufelspakts mit Lucifuge Rofocale. In einem handschriftlichen Vertrag gelobte Hussein, »jedes halbe Jahr mindestens sechs Opferungen durchzuführen, solange ich frei und körperlich dazu imstande bin«. Die dahinterstehende Idee war, »nur Frauen zu opfern«, um »in romantischer Hinsicht für Frauen attraktiver zu werden«.

Durch die Incel-Bewegung inspirierter Terrorismus hat den Bekanntheits- und Beliebtheitsgrad misogyner Netz-Communitys effektiv erhöht. Vor allem in der Zeit nach dem Anschlag von Plymouth wurde dieser Zusammenhang offensichtlich. Eine von der *Times* und dem Centre for Countering Digital Hate (CCDH) gemeinsam durchgeführte Analyse zum Datenverkehr hat ergeben, dass sich die Zugriffe aus Großbritannien auf die drei größten Incel-Foren zwischen März und November 2021 mehr als verfünffacht haben. In nur neun Monaten intensivierte sich der Traffic auf diesen Websites von 114 420 Besuchen monatlich auf 638 505 Besuche im November.

Terrorismus ist jedoch nur die Spitze des Eisbergs. Während der Pandemie haben Bewegungen, denen es um männliche Vorherrschaft geht, im Netz weiter Boden gutgemacht und ihre Reichweite vor allem in Europa vergrößert. Ein steiler Anstieg von sexualisierten Drohungen und Gewalt gegen Journalistinnen, Autorinnen, Politikerinnen und Aktivistinnen ist die Begleiterscheinung des misogynen Hasses, der sich in Online-Subkulturen verbreitet. Im Laufe der vergangenen Jahre haben Femizide weltweit zugenommen. Das Jahr 2022 brachte einen TikTok-Trend hervor, in dem männliche Nutzer sich über Frauenmorde lustig machen und ihre Fantasien artikulieren, wie sie Frauen bei einem ersten Date ermorden würden. Zeitgleich berichteten Lehrerinnen und Lehrer in Großbritannien von einem Anstieg der ausdrücklichen Leugnung von Vergewaltigung und der Entschuldigung von Vergewaltigungen durch ihre Schüler.

Eine aktuelle Studie vom Centre for Countering Digital Hate belegt, dass in einem Incel-Forum alle 29 Minuten Vergewaltigungsfantasien geteilt werden. Zudem sprechen sich mehr als die Hälfte aller Incels für Pädophilie und die Sexualisierung von Kindern unter 18 aus.

Toxische Narrative über Feminismus und progressive Geschlechterrollen sind aber nicht nur auf radikale Foren im Internet begrenzt. Genauso begegnet man ihnen in Klassenzimmern und Parlamenten, in Wohnzimmern und in den sozialen Medien. Sie haben einen Weg zurück gefunden in die Politik und in den Mainstream-Diskurs und drohen mit der Rücknahme all dessen, was Frauenrechtlerinnen im vergangenen Jahrhundert erreicht haben. Der antifeministische Aktivismus der jüngsten Zeit hat all die frauenfeindlichen Unterströmungen wieder aufleben lassen, die in unserer Gesellschaft nie ganz weg waren. Zu begreifen, dass der Hass auf Frauen nicht in einem Vakuum existiert, sondern fest verwurzelt ist in den kulturellen Normen der Mainstream-Gesellschaft, ist das Gebot der Stunde. Forscherinnen und Forscher am Institute for Research on Male Suprematism stellten fest: »Auch wenn frauenfeindliche Incels eine extrem entmenschlichende Sprache benutzen und Gewaltanwendung verherrlichen, entwickeln sich ihr Glaubenssystem und ihre Ideologie doch aus dem kulturell-gesellschaftlichen Kontext, in dem sie leben.«

Ich bin aufgewachsen als Angehörige der Millennials. Die Frauen dieser Generation wurden in dem festen Vertrauen darauf erzogen, dass sie alles erreichen können, was Männer erreichen können, dass sie die gleichen Rechte und auch die gleichen Chancen haben. Als ich zum ersten Mal nach Großbritannien kam, wurde mein Glauben an die Geschlechtergerechtigkeit erst mal nur noch größer. Als berufstätige Frau Anfang zwanzig fühlte ich mich unterstützt, handlungsbefugt und stark. Journalistinnen, Wissenschaftler und Politikerinnen nahmen mich ernst, weder mein Geschlecht noch mein Alter waren Anlass zu Skepsis. In meinem Heimatland Österreich, wo immer noch alte Hierarchien bestimmen, wie viel Respekt jemand bekommt, wäre das so nicht der Fall gewesen. Für mich war Großbritannien eine Bastion der Frauenrechte.

Aber auch hier lauerten Frauenfeindlichkeit und Sexismus an jeder Ecke. Nach zwei Jahren in meinem ersten Job stürmte Tommy Robinson, der Gründer der rechtsextremen Organisation ›English Defense League‹, mein Büro, um mich einzuschüchtern. Er behauptete, ich hätte ihn beleidigt, indem ich ihn in einem Artikel, den ich für den *Guardian* geschrieben hatte, mit »Rechtsextremismus« in Verbindung gebracht hätte. Hochgradig sexualisierte Drohungen und auf mein Geschlecht abzielende Beleidigungen regneten vonseiten seiner Anhänger auf mich herab. Jedes Mal, wenn ich mein Telefon zur Hand nahm, hatte mich über die sozialen Medien eine neue Nachricht erreicht – und es ging immer in Richtung von »Dieser nutzlosen Schlampe sollte mal eine Lektion erteilt werden!«

oder »Kann nicht mal jemand dieser Frau Kinder machen, damit sie für die Welt wenigstens irgendwie von Wert ist?«. Mein Chef bat mich darum, mich bei Robinson zu entschuldigen, aber ich hielt das nicht für den richtigen Weg. Und schon steckte ich, ohne dass ich das bemerkt hätte, im nächsten Machtkampf. Wenige Tage später wurde mir gekündigt, weil ich mich geweigert hatte, die Anweisungen meines Vorgesetzten zu befolgen. Aufgrund schwerwiegender Sicherheitsbedenken musste ich aus meiner Wohnung ausziehen.

Ich stand also plötzlich ohne Job und ohne Wohnung da, während sich die sexistischen Beleidigungen in meinem Posteingang stapelten. Um von der schwierigen Situation in Großbritannien wegzukommen, ging ich für mehrere Wochen nach Japan. Aber auch in meinem traditionellen Ryokan auf der anderen Seite der Welt riss der ständige Fluss demütigender und unanständiger Kommentare nicht ab. Ganz im Gegenteil. Jetzt erreichten mich die Drohbotschaften mitten in der Nacht. Ironischerweise bedienten sich viele japanischer Anime- und Manga-Figuren in hypersexualisierten Kontexten. In der frauenfeindlichen Alt-Right-Bewegung ist es geradezu Tradition, die Kunst der japanischen Popkultur für ihre Kommunikation zu kapern und zu instrumentalisieren. Ich loggte mich bei all meinen Social-Media-Kanälen aus, aber nur, um mich wenige Stunden später wieder einzuloggen und nachzusehen, wie es weitergegangen war mit dem *Hatestorm*. Es ist nicht leicht, einfach abzuschalten, wenn es um den eigenen Ruf und vielleicht sogar um die Sicherheit der eigenen Familie geht.

Als ich nach England zurückkam, unterhielt ich mich mit anderen Frauen, die erlebt haben, dass Frauenfeindlichkeit ein

Begleiteffekt ihrer Arbeit ist. Alle stellten sich dieselben Fragen: Soll ich aufhören, zu kontroversen Themen zu forschen oder zu recherchieren? Wäre ich nicht besser dran, wenn ich nicht mehr öffentlich meine politischen Ansichten vertreten würde? Und sogar: Wäre es nicht klüger, Männer keinen Anlass zu Verärgerung zu geben? Soll ich ihnen nicht manche Bereiche einfach überlassen? Solche Fragen sind es, die dem erbitterten Kampf zwischen Feministinnen und Antifeministen heute zugrunde liegen, aber sogar jenseits der Linien, an denen sich die mit diesen Kämpfen Befassten frontal gegenüberstehen, würden überraschend viele Leute diese Fragen mit einem klaren »Ja« beantworten. Eine Studie der in Großbritannien ansässigen Organisation Hope not Hate kam zu dem Ergebnis, dass die Hälfte aller Männer zwischen 16 und 24 finden, der Feminismus sei »zu weit gegangen«.

Die Incels sind nur eine Fraktion in der gesamten so genannten ›Manosphere‹ oder auch ›Mannosphäre‹, einem Mosaik antifeministischer Subkulturen im Internet. Die Mannosphäre beheimatet beispielsweise auch die ›Pick Up Artists‹ (PUAs), die Frauen so zu manipulieren versuchen, dass sie Sex mit ihnen haben, das ›Men's Rights Movement‹ (MRM), das gegen ungerecht wahrgenommene Gesetze (wie das Sorgerecht und die Aufteilung ehelichen Vermögens) zu Felde zieht, sowie die Bewegung ›Men Going Their Own Way‹ (MGTOW), die unter allen Umständen Kontakt zu Frauen zu vermeiden sucht. Es gibt in der Mannosphäre sogar weibliche Einflussnahme: Die Community der ›Trad Wives‹ (für: *Traditional Wives*, also Traditionelle Ehefrauen) zum Beispiel ist ein weltweites Netzwerk von zehntausenden Antifeministinnen.

Der durchaus populäre kanadische Psychologe Jordan Peterson hat dem modernen Antifeminismus eine quasi akademische Legitimität verpasst. »Die Vorstellung, dass Frauen in der Geschichte immer unterdrückt waren, ist eine widerwärtige Theorie«, so seine Worte. Es seien die Feministinnen, die »unterbewusst den Wunsch nach brutaler männlicher Herrschaft« hätten. Auf YouTube hat Peterson fast vier Millionen Follower, er hat mehr als fünf Millionen Bücher verkauft. Petersons Erfolg hat die misogyne Mannosphäre deutlich stärker werden lassen. Er hat aus dem Antifeminismus als einer im sozialen Umgang unbeholfenen Subkultur eine globale Massenbewegung gemacht. Natürlich spricht Peterson vor allem junge weiße Männer an, aber er hat auch weibliche Fans. Eine Umfrage aus dem Jahr 2021 hat ergeben, dass nur eine von fünf deutschen Frauen (22 %) sich selbst als Feministin bezeichnen würde. Die weiblich-antifeministischen Subreddits /RedPillWomen und /RedPillWives haben annähernd 75 000 Mitglieder.

Der konservative US-Talkmaster Rush Limbaugh war ebenfalls ein einflussreicher Fürsprecher des Antifeminismus. Er war der Erste, der in den 1990er Jahren das Schimpfwort »Feminazi« benutzte, um »einen bestimmten Typ Feministin« zu brandmarken. Die Popularisierung dieses Begriffs hatte zur Folge, dass sich die öffentliche Wahrnehmung von Feminismus verschob. In den letzten Jahren wurde der Begriff international von einer weiter gefassten alternativen Rechten übernommen, die ihn als einen ihrer Schlachtrufe gegen sämtliche Frauenrechtsaktivistinnen nutzte.

Auch TikTok-Influencer stimmen mittlerweile in diese Rufe mit ein. Der amerikanisch-britische Ex-Boxer und *Big Brother*-Teilnehmer Andrew Tate ist ein Beispiel für eine in der gesellschaftlichen Mitte angekommene toxische Männlichkeit. *Tates* frauenfeindliche Videos auf TikTok wurden 11,6 Milliarden Mal angesehen. Er posiert hier mit Männlichkeitssymbolen wie Autos, Pistolen und Zigarren. Für ihn gehören Frauen nicht nur ins Haus, sondern sind auch männlicher Besitz. Er spricht davon, Frauen, die fremdgehen, schlagen und strangulieren zu wollen. In einem seiner Videos sagt er: »Dann holst du die Machete raus, schlägst ihr ins Gesicht und packst sie am Hals. Halt's Maul, Schlampe!« Er gibt an, vor allem mit Frauen zwischen 18 und 19 Jahren zu schlafen, »um sich einzuprägen«. Außerdem plädiert er dafür, dass Vergewaltigungsopfer die Verantwortung für den Übergriff selbst übernehmen sollen.

Im Laufe der letzten Jahre ist die Beschimpfung und Misshandlung von Frauen in Berufen mit öffentlicher Sichtbarkeit sowohl online als auch offline in vielen Ländern, darunter in Großbritannien, in den USA und Deutschland, geradezu außer Kontrolle geraten. Egal welche viral gehende Kampagne gegen eine Parlamentsabgeordnete und Journalistin ich in ihrer Entwicklung auch beobachtete: Immer konnte ich die Sprache und die Memes entdecken, die mir aus radikalen Frauenhasser-Online-Subkulturen längst bekannt waren. Ich fühlte mich an die Hasskampagne erinnert, die sich seinerzeit gegen mich richtete. Mittlerweile aber hat koordinierter Frauenhass seinen Weg in den öffentlichen Diskurs gefunden. Incel-Terminologie und Incel-Bebilderung werden seit Neuestem von vollkommen durchschnittlichen Social-Media-Nutzern aufgenommen und benutzt.

Die Einschüchterungstaktik, Frauen mit zielgerichteten Online-Kampagnen zu belästigen, wurde zum ersten Mal während der #Gamergate-Kontroverse im Jahr 2014 von männlichen Nutzern des Imageboards 4Chan angewendet. In einer konzertierten Aktion wollte man sich gegen den feministischen Einfluss in der Videospielindustrie wenden. Männliche Gaming-Fans und Internet-Trolle bliesen dann zum Angriff auf Spieleentwicklerinnen wie Zoë Quinn und Videospiel-Journalistinnen wie Anita Sarkeesian. Viele der Opfer erhielten Vergewaltigungs- und Morddrohungen. Manche wurden gedoxt. Das heißt, dass ihre privaten Daten inklusive ihrer Wohnadressen und Telefonnummern ins Netz gestellt wurden.

Im üblichen Fall fängt Hass gegen Frauen mit misogynen Stereotypen an, wird dann aber gern mit anderen (ob zutreffend oder erfunden, das spielt kaum eine Rolle) Identitätsmerkmalen wie Hautfarbe, Religion, sexuelle Orientierung, gesellschaftliche Schicht, Alter oder Behinderung kombiniert. Herkömmliche Hasskampagnen bedienen sich häufig so genannter ›Cheap Fakes‹ wie manipulierte Fake-Pornobilder oder Memes, die einer Frau falsche Zitate in den Mund legen. Es braucht nicht allzu viel technisches Know-how, um in einem pornografischen Bild einen Kopf zu ersetzen oder ein Zitat in ein Foto zu basteln.

Ob in den britischen Houses of Parliament, im deutschen Bundestag oder dem US-Kongress: Vorfälle von Frauenhass, sexueller Belästigung und Einschüchterung werden als allgegenwärtiges Problem beschrieben. In vielen Ländern ist sowohl das Ausmaß als auch die Art des speziell auf Frauen gerichteten Hasses im Vergleich zu dem, was ihre männlichen Pendants abkriegen, noch deutlich schwerwiegender. Viele prominente Politikerinnen wie Heidi Allen von den Liberaldemokraten und Nicky Morgan von der Conservative Party haben wegen des

»schrecklichen Missbrauchs« bei der Wahl in Großbritannien 2019 ihre Kandidaturen zurückgezogen. Im deutschen Bundestagswahlkampf wurde Spitzenkandidatin Annalena Baerbock 2021 zehn Mal häufiger Opfer zielgerichteter Desinformation, die sie mit Verschwörungstheorien in Zusammenhang brachte, als ihre beiden männlichen Mitbewerber auf das Kanzleramt. In der Zwischenzeit verklagte Sigi Maurer, die Vorsitzende der österreichischen Grünen, einen Wiener Kioskbetreiber, nachdem sie via Facebook-Messenger eine ganze Reihe sexistischer Hassbotschaften von ihm erhalten hatte. Genau dieser Mann ermordete später seine Ex-Freundin und wird wohl demnächst zu einer lebenslangen Freiheitsstrafe verurteilt. Im April 2022 wurde Sigi Maurer in einem Restaurant in der Wiener Innenstadt erneut attackiert, von einem Lockdown-Gegner, der sie erst verbal anging und dann ein Glas nach ihr warf.

Der kaltblütige Mord an der britischen Labour-Abgeordneten Jo Cox im Jahr 2016 war ein Weckruf für Großbritannien. Im Vorfeld des Brexit-Referendums gerieten Politikerinnen ins Zentrum sexistischer Belästigungskampagnen. Die Abgeordnete Jess Phillips bekam über Twitter angeblich 600 Vergewaltigungsdrohungen in einer einzigen Nacht. Jo Cox wurde mit ähnlichen Nachrichten bombardiert, und ihr Personenschutz war gerade erst erhöht worden, als in ihrem eigenen Wahlkreis auf sie geschossen und sie dann erstochen wurde. Nur wenige Jahre zuvor wurde die US-Kongressabgeordnete Gabrielle Giffords fast von einem Mann getötet, der fand, dass Frauen nicht an der Macht sein sollten. Beide, Gifford und Cox, waren Symbolfiguren des Feminismus. Strebten nach Gleichberechtigung und politischer Macht in Frauenhand. Schließlich offenbarte der von dem britischen Polizeibeamten Wayne

Couzens ausgeführte Mord an Sarah Everard ein großes Problem mit aggressivem Sexismus innerhalb der Polizei. Dieser Mord demonstrierte, wie tief verwurzelt institutionalisierte gewaltförmige Misogynie ist.

Trotz alldem haben die meisten Länder keinen gesetzlichen Rahmen geschaffen, um gewalttätige Frauenfeindlichkeit als Hassverbrechen strafrechtlich verfolgen zu können. Der ehemalige britische Premierminister Boris Johnson hat deutlich gemacht, dass er den Vorstoß, gewaltförmige Misogynie zum Hassverbrechen zu erklären, nicht unterstützt. In Deutschland und Österreich wird darüber bislang noch nicht mal diskutiert. Kanada ist eines der wenigen Länder, die gewaltförmige Misogynie auf die Liste der terroristischen Bedrohungen gesetzt haben. Aber auch hier führen die Ermittlungen manchmal ins Nichts, und die Beweislast liegt in der Regel auf der Opferseite.

Was in der Mitte der Gesellschaft angekommener Frauenhass bewirkt, ist erschreckend. Viele Frauen im Journalismus, in der Politik und im politischen Aktivismus haben angefangen, sich selbst zu zensieren, oder haben sich ganz aus ihrem Beruf zurückgezogen. Aufs Geschlecht bezogene Belästigung zielt auf die Karriere und den Ruf ab, mit dem erklärten Ziel, Frauen zu diskreditieren und zum Schweigen zu bringen. So zieht sie sehr effektiv eine neue gläserne Decke ein. Dabei hat die alte gläserne Decke ja auch erst höchstens ein paar Risse bekommen und ist alles andere als zerbrochen. Weibliche Subordination resultiert aus der »reproduktiven Sklaverei«, wie Simone de Beauvoir bekanntermaßen argumentierte: »Was aber das Schicksal der Frau als Dienerin so undankbar macht, ist die Arbeitsteilung, die sie völlig dem Allgemeinen und Unwesentlichen verhaftet.«

Bis zum heutigen Tag teilen sich weniger als 7% der in Großbritannien lebenden Paare die Hausarbeit zu gleichen Teilen. Sogar in Beziehungen, in denen die Frau berufstätig ist, verwendet sie pro Tag durchschnittlich 1,5 Stunden mehr auf Hausarbeit, Kinderbetreuung und Lebensmitteleinkäufe. Eine Studie kam zu dem Ergebnis, dass eine Mutter in Deutschland nach zehn Jahren 61 Prozent weniger verdient als in dem Jahr, bevor sie ihr Kind bekommen hat. Nur 18 Prozent der Frauen in Deutschland kehren in Vollzeit zu ihrem früheren Arbeitgeber zurück, 20 Prozent gehen in Teilzeit und 13 Prozent wechseln den Job. Wer sich solche Zahlen ansieht, erkennt, dass die Mutterrolle von heute immer noch viel mit der in den 1950er Jahren zu tun hat. In den vergangenen 70 Jahren hat sich sowohl auf dem Papier als auch in den Einstellungen der Menschen viel zu wenig geändert. Bis 1977 mussten deutsche Frauen noch die Einwilligung ihres Ehemanns einholen, um außerhalb des Hauses arbeiten zu dürfen. In diesem Punkt haben wir zwar Fortschritte gemacht, aber in mehr als einem Dutzend Ländern gibt es solche Einschränkungen bis heute.

In seinem YouTube-Video »Career versus Motherhood« (»Karriere versus Mutterschaft«) bezeichnet Jordan Peterson »die Vorstellung, mit der die meisten neunzehnjährigen Frauen gefüttert werden, dass nämlich ihre Karriere der Hauptzweck ihres Lebens ist«, als »eine Lüge«. In Wahrheit aber ist die Vorstellung eine Lüge, dass Frauen, die sich für beides entscheiden, nämlich Beruf und Mutterschaft, strukturell unterstützt werden. Alte Stereotype sind immer noch tief in unserer Sozialisation verankert, was sowohl bei Frauen als auch bei Männern unrealistische Erwartungen schürt. Egal, ob es um die Gesundheitsversorgung, die Elternzeit-Regelungen, die Anreizstrukturen in Unternehmen oder das Bildungssystem geht: Die Verantwortung der Mutter als primäre, vielleicht sogar ausschließliche Kinderbetreuerin wird nicht in Frage gestellt. Wie soll ein Vater in eine neue Elternrolle finden, wenn sogar die Beschäftigten im Gesundheitssystem der Mutter automatisch jegliche Verantwortung zuweisen?

Am 24. Juni 2022 kippte der Oberste Gerichtshof der USA das Urteil *Roe v. Wade*, das seit 1973 als Verfassungsgrundsatz das Recht schwangerer Frauen schützt, sich für eine Abtreibung zu entscheiden. Dreizehn US-Bundesstaaten hatten schon im Vorfeld der Entscheidung so genannte ›*trigger bans*‹ (›Trigger-Gesetze‹) vorbereitet, also Abtreibungsverbote, die automatisch 30 Tage nachdem der Supreme Court *Roe v. Wade* gekippt hatte, in Kraft traten. Frauen flehten das Personal in Abtreibungskliniken an, ihnen zu helfen, und boten dicke Geldbündel für eine Abtreibungspille. Es wirkte geradezu surreal, dass ein Frauenrecht, das seit so langer Zeit Bestand hatte, derart leicht wieder aufgehoben werden kann. Aber so scheint es zu sein: Der juristische, politische und gesellschaftliche Fortschritt, den Feministinnen in den letzten Jahrzehnten errungen haben, ist zunehmend bedroht.

In den vergangenen Jahren haben viele liberaldemokratische Länder Rückschläge für die Frauenrechte hinnehmen müssen. In Polen sind Frauen an septischen Schocks gestorben, weil Ärzte sich geweigert haben, eine Abtreibung vorzunehmen, die ihr Leben gerettet hätte, solange der Fötus noch am Leben war. In Ungarn spiegelt sich in der Politik, die die ultranationalistische Fidesz-Partei von Premierminister Victor Orbán zuletzt gemacht hat, eine geradezu archaische Sichtweise auf Geschlecht wider, z.B. die Idee, dass die Rolle der Frau auf

Hausarbeit und Kinderkriegen bzw. Kindererziehung beschränkt sein sollte. Die Entscheidung im Fall *Roe v. Wade* zeigt, dass Frauenrechte »nie garantiert« sind, wie britische Parlamentsabgeordnete warnten. Wenn populistische Parteien an die Macht gewählt werden, könnten sie in ganz Europa ultrakonservative Gesetze verabschieden, die geschützte Frauenrechte wieder aufheben. In Deutschland will die AfD die Hürden für Abtreibungen hochsetzen, für Familien mehr Anreize schaffen, viele Kinder zu bekommen, und sich gegen Familienmodelle positionieren, die im Widerspruch stehen zum traditionellen Familienbild.

Die Idee, dass der Feminismus zu weit gegangen ist, reicht bis ins 19. Jahrhundert zurück. Damals traten Männer gegen das Wahlrecht, Berufsfreiheit, Bildungs- und Besitzrechte für Frauen ein. Heute haben misogyne Online-Subkulturen diese alte Idee neu aufbereitet und mithilfe von ansprechenden Memes und geschickten Kampagnen an die jüngsten Generationen des 21. Jahrhunderts gebracht. Aber das Jordan-Peterson-Phänomen zeigt, dass das potenzielle Publikum für solche Thesen deutlich größer ist als nur diese subkulturelle Welt. Der Trend, alte patriarchalische Strukturen für vernünftig und Kritik am Feminismus damit für legitim zu erklären, ist längst da.

Für Pauline Harmange ist klar, dass der Feminismus nicht weit genug gegangen ist. Pauline sieht aus, wie man sich eine französische Feministin vorstellt. Die 28-jährige Bloggerin, Autorin und Aktivistin trägt eine zeitlose runde Brille und einen lockigen braunen Kurzhaarschnitt. Abgesehen von subtil aufgetragenem Lippenstift ist ihr Look natürlich. Ihre unrasierten Achseln sind politischer Ausdruck und nicht das Ergebnis von

Faulheit. Pauline ist in den sozialen Medien politisch aktiv, seitdem sie fünfzehn war. Wenn sie nicht gerade schreibt, arbeitet sie ehrenamtlich bei L'Échappée, einer Organisation, die sich gegen sexuelle Gewalt einsetzt. Sie hat mit eigenen Ohren viele Geschichten junger Frauen gehört, die von Männern vergewaltigt, missbraucht, belästigt oder unterdrückt wurden.

»Auch wenn Antifeministinnen und Männerrechtsaktivisten etwas anderes behaupten: Unsere Gesellschaft ist weit davon entfernt, feministisch zu sein«, erklärt mir Pauline. »Dafür gibt es bis heute noch viel zu viel Ungerechtigkeit.« Der immer noch vorhandene Gehaltsunterschied zwischen Frauen und Männern, sowohl im öffentlichen wie im privaten Sektor fehlende weibliche Repräsentation in Führungspositionen sowie die starke Schlagseite zugunsten von Männern bei Gesundheitsversorgung und Datenerhebung sind nur einige wenige Beispiele. Eine Studie des Meinungsforschungsinstituts Pew Research Center kam zu dem Ergebnis, dass 42 Prozent aller Frauen im Job aufgrund ihres Geschlechts diskriminiert werden und dass eine von vier Frauen weniger als ein Mann verdient, der exakt den gleichen Job macht.

Privilegien sind unsichtbar für diejenigen, die sie haben, so lautet die Diagnose des amerikanischen Soziologen Michael Kimmel. Eine im Jahr 2020 durchgeführte Studie mit Studierenden der mathematischen, ingenieurwissenschaftlichen, naturwissenschaftlichen und technologischen Fächer (MINT) kam zu dem Ergebnis, dass weiße Männer sich der Auswirkungen, die ihr Geschlecht und ihre Hautfarbe auf ihre Karrierechancen haben, weitestgehend nicht bewusst sind. In einer anderen, von der NGO Catalyst durchgeführten Studie geben fast drei Viertel aller Gleichstellungsbeauftragten in Unternehmen an, die von ihnen gecoachten Männer machten sich entweder »keinen Kopf über Themen wie Geschlechtergerechtigkeit« oder sähen »keinen zwingenden Grund dafür, sich aktiv in Gender-Initiativen einzubringen. Oder beides.«

Vielen Antifeministen erscheint es ungerecht, immer nur Frauen als Opfer zu sehen und Männer dabei systematisch zu dämonisieren. Sie führen eine gewisse Doppelmoral an, zum Beispiel, dass Männer bei einem Date immer bezahlen müssten. »An Frauen werden doch heutzutage gar keine Erwartungen gestellt«, sagen sie. Männer hingegen müssten viel zu viel Last schultern. Dann kommen sie mit Statistiken, die belegen sollen, »dass Männer es gar nicht so gut haben, wie Feministinnen immer behaupten«. Hohe Selbstmordraten, Obdachlosigkeit und mangelnde Unterstützung für männliche Missbrauchsopfer werden dann als einige der größten Ungleichheitsprobleme angeführt, mit denen Männer zu kämpfen haben. Laut vielen Antifeministen hat »die gesellschaftliche Durchsetzung von feministischen Überzeugungen die Situation für Männer verschlechtert«.

Dass auch Männer Opfer sind, streitet Pauline nicht ab. Aber sie seien nicht Opfer des Feminismus oder der Frauen allgemein. »Sie sind Opfer einer Gesellschaft, die von ihnen erwartet, dass sie leiden, ohne dass sie ihnen beibringt, wie sie ihren Gefühlen Ausdruck verleihen können. Auch das ist nicht die Schuld des Feminismus, sondern ein Manko des patriarchalischen Systems«, sagt sie mir gegenüber. »Antifeministen verstehen die Rolle und die Ziele des Feminismus völlig falsch. Die Männer leiden derzeit nicht wegen irgendwelchen feministischen Forderungen, sondern wegen ihrer Sozialisation. Was da gerade passiert, ist ein Erdbeben, und das macht vielen Männern eben Angst, weil sie es nicht gewohnt sind, dass ihre Privilegien auf den Prüfstand gestellt werden.«

Welchen gesellschaftlichen Ausdruck dieses »Leiden« findet, darüber weiß Pauline Harmange alles. Sie selbst hat erlebt, wie oft Frauen mit starken Meinungen sowohl von Männern als auch von Frauen auf der anderen Seite des politischen Spektrums eingeschüchtert, zum Schweigen gebracht oder angeprangert werden. »Für mein Erscheinungsbild bin ich tausendfach beleidigt worden«, erzählt sie mir. »Mit Photoshop bin ich viele, viele Male zu Hitler gemacht worden, und ich habe aus der ganzen Welt Morddrohungen erhalten. Das Originellste war noch eine Sprachnachricht, die mir ein Spanier auf Instagram geschickt hat. Ganz höflich sagte er: ›Hallo, Pauline. Ich hoffe, dass du stirbst, und wenn ich dir begegnen sollte, wirst du schon sehen, was ich damit meine.‹«

Die Schlussfolgerung, die sie daraus zieht, ist, dass Frauenfeindlichkeit Männerfeindlichkeit rechtfertigt. »Frauen sollten das Recht haben, Männer zu hassen«, sagt sie mir auf Französisch. Ihr Buch *Ich hasse Männer* (*»Moi les hommes, je les déteste«*) löste 2020 in Frankreich eine massive literarische Kontroverse aus. Sie forderte darin explizit, Männer nicht zu mögen und Männern nicht zu vertrauen. Zunächst wurde das Buch bei dem Kleinstverlag Monstrograph veröffentlicht und in einer Auflage von nur 400 Stück gedruckt. Es schien sich vor allem an Paulines Freundinnen und Follower zu richten. Aber innerhalb weniger Tage zeigte sich deutlich, dass sie mit ihrem Traktat einen Nerv getroffen hatte. Am Tag der Veröffentlichung verlangte Ralph Zurmély, ein Sonderberater des französischen Ministeriums für die Gleichstellung der Geschlechter, das Verbot des Buchs, weil es zum geschlechtsspezifischen Hass aufstachele. Auch wenn das Ministerium sich in der Folge von Zurmély distanzierte, der später seinen Job auch ganz aufgab, gab es doch ausführliche Berichterstattung in der Presse und viel öffentliche Aufmerksamkeit. *Ich hasse Männer* wurde zu einem internationalen Bestseller und verkaufte sich zehntausendfach. Paulines Ansichten sind am anderen radikalen Ende des Spektrums angesiedelt; die meisten Feministinnen sind keine überzeugten Männerhasserinnen.

»Zwischen Frauenhass und Männerhass gibt es einen Unterschied«, erzählt mir Pauline. »Frauenhass wird von Menschen in privilegierten Positionen benutzt, um weiterhin von den durch sie Unterdrückten zu profitieren.« Männerhass hingegen, so erklärt sie mir, sei eine Verteidigungsstrategie, um sich vor misogynen und unterdrückerischen Männern zu schützen. Pauline ist überzeugt, dass Wut, Empörung und sogar Hass notwendig sind, um Fortschritte zu erzielen. »Ohne tiefreichende Wut auf das System können wir nicht gegen etwas kämpfen.« Sie zitiert einen berühmten Satz von Malcolm X: »Was du nicht hasst, wirst du irgendwann hinnehmen.« Für Pauline ist es nicht nur unerlässlich, das patriarchalische System zu hassen. Gehasst werden müssen auch diejenigen, die dieses System erschaffen haben, die es aufrechterhalten und die von ihm profitieren: die Männer. »Du kannst beides nicht voneinander trennen. Wir werden ja nicht vom System vergewaltigt, sondern von den Männern.«

Pauline plädiert für eine starke schwesterliche Verbundenheit unter Frauen, um mit der offensiv gepflegten männlichen Verbrüderungskultur mithalten zu können. Es könnte ja auch eine weibliche Ausgabe von ›Men Going Their Own Way‹ geben. »Frauen brauchen Männer für ihre Kämpfe nicht wirklich.

Wir können uns aktiv entscheiden und Frauen beispielsweise den Vorzug geben bei den Büchern, die wir lesen, bei den Filmen, die wir anschauen, und bei den Beziehungen, die wir im Alltag führen.« Trotzdem aber findet Pauline, dass der Feminismus tendenziell ein Exklusivitätsproblem hat. Feministische Kreise akzeptierten oft nur Frauen, die bereits Feministinnen und Teil einer intellektuellen Elite sind. »Die Reaktionäre auf der anderen Seite können das Vakuum, das sich daraus ergibt, nutzen und für den Antifeminismus werben.«

Die Erwartungen, die die Gesellschaft an sie stellt, machten es Frauen aber tatsächlich ziemlich schwer, ein Leben ohne Männer zu leben. Das räumt auch Pauline ein. Familien und Freunde beäugten diejenigen, die sich dafür entschieden, »ihren Weg zu gehen«, immer noch eher missbilligend. Für die Mehrheit der Frauen definiere sich ein erfolgreiches Leben immer noch darüber, die Ehe mit einem Mann einzugehen und Kinder von einem Mann zu haben. »Wegen dieser allem vorausgehenden Sozialisation hin zu männerdominierten Normen brauchen wir eine weibliche Emanzipationsbewegung, die noch viel radikaler ist und noch klarer mit alten Mustern bricht«, so Paulines Schlussfolgerung. Und das sei für niemanden eine einfache Aufgabe. Aber die feministische Autorin Helen Lewis beschreibt das Schwierig-Sein als Kernelement des Feminismus: »Die Geschichte ist immer interessanter, wenn sie vertrackt ist«, so Lewis. »Die Kämpfe sind schwierig, und entsprechend müssen auch wir schwierig sein.«

Antifeministen denken, der heutige Feminismus sei geprägt von »einer massiven Verleugnung dessen, wie die Biologie und die menschliche Psyche funktionieren«. Um die angeblichen Unterschiede zwischen dem männlichen und dem weiblichen

Körper herauszustellen, wird dann aus Studien zitiert, die belegen, dass Männer pflichtbewusster sind als Frauen, was dann der angebliche Grund dafür ist, warum mehr Männer höherrangige Positionen mit mehr Verantwortung innehaben. Andere wissenschaftliche Studien allerdings sind zu dem Ergebnis gekommen, dass Frauen beim Thema Pflichtbewusstsein besser abschneiden als Männer. Und sogar dann, wenn eine soziale Hierarchie zwischen Männern und Frauen biologisch vorgegeben wäre, wäre sie nicht notwendigerweise gerecht oder wünschenswert.

Unsere körperlichen Unterschiede, was Größe und Anatomie anbelangt, mögen offensichtlich sein. Aber die psychologischen Unterschiede zwischen Frauen und Männern sind deutlich uneindeutiger und umstrittener. Wissenschaftlerinnen und Wissenschaftler sind zu der Erkenntnis gelangt, dass der Unterschied zwischen den Gender-Charakteren eher vergleichbar ist mit dem Unterschied zwischen North und South Dakota – und nicht mit dem zwischen Venus und Mars. Simone de Beauvoir schrieb schon in *Das andere Geschlecht*: »Man kommt nicht als Frau zur Welt, man wird es.«

Traditionelle Vorstellungen von Männlichkeit und Weiblichkeit existieren, damit Männer und Frauen in unsere heutigen gesellschaftlichen Strukturen hineinpassen, entgegnet Pauline Harmange: »Männer, die mit Make-up einfach nur experimentieren oder angeblich feminine Gefühle oder Charakterzüge an den Tag legen, ziehen immer noch Häme auf sich. Die aktuell gültigen Gendernormen machen es so gut wie unmöglich, ohne ein gewisses Moment der Toxizität als männlich wahrgenommen zu werden.« Männlichkeitsbilder seien immer noch an dominantes, unterdrückerisches Verhalten gebunden, und Weiblichkeit werde immer noch damit assoziiert, nachgiebig, anpassungsfähig und unterwürfig zu sein. »Wir sollten unser Mann- oder Frau-Sein sehr viel freier ausdrücken können.«

»Ist es dann nicht unmöglich, sowohl Feminität als auch Feminismus zu leben?«, frage ich und denke an das androgyne Bild, das die Medien häufig von radikalen Feministinnen zeichnen. Pauline antwortet: »Natürlich können wir sowohl fraulich als auch feministisch sein, aber dann stellen wir die Codes der Weiblichkeit eben schon deutlich stärker infrage, bevor wir sie uns aneignen.« Das Problem sei, dass viele Männer sich immer noch als Ernährer und Brötchenverdiener definierten und entsprechend Hilfe dabei bräuchten, neue Rollen erfüllend zu finden. Dabei müssten wir ihnen helfen, sonst bekämen Männerrechte-Ideologen wie Jordan Peterson nur noch mehr Zulauf.

Warum ist Jordan Peterson beim Internet-Publikum der weltweit populärste Universitätsprofessor? Wie konnten Wörter wie »Feminazi« viral gehen? Viele der radikalsten Subkulturen haben heute gesellschaftlich und politisch erheblichen Einfluss. Sie bedienen sich weit verbreiteter Missstände und konterkarieren Einsamkeits- und Erniedrigungsgefühle sowie Existenznöte, indem sie den Leuten Gemeinschaftsgefühle und den Eindruck von echtem politischem Wandel geben. Darüber hinaus haben auch die sozialen Medien eine Machtverschiebung bewirkt, indem sie es subkulturellen Randerscheinungen möglich machen, sich unverhältnismäßig stark und langfristig auf die Gesellschaft auszuwirken und damit auch die Zukunft der Politik zu beeinflussen.

#Gamergate 2014, Donald Trumps Wahlsieg 2016 und die

Aufhebung von *Roe v. Wade* 2022 waren alles Rückschritte für die Würde US-amerikanischer Frauen. Diese Ereignisse markieren Landgewinne für extreme Subkulturen, die daran arbeiten, Formen männlicher Dominanz zurückzuerobern. Misogynie ist vielleicht die älteste Ausprägung von Vorurteil und Hass, die auch mit dem Aufkommen der Frauenrechtsbewegung im 19. und den feministischen Bewegungen im 20. Jahrhundert nie ganz verschwunden ist. Die Frauenfeindlichkeit schlummerte in Subkulturen, die im Laufe des vergangenen Jahrzehnts wieder aufgewacht sind.

Die Mannosphäre hat Frauen in den zurückliegenden Jahren auf nichts als ihren »sexuellen Marktwert« und ihre »Fortpflanzungsfunktionen« reduziert. Ein Echo dieser rückwärtsgewandten Perspektive auf Geschlecht findet sich mittlerweile schon in offizieller Politik und im Diskurs der Mitte. Fünfzig Jahre nachdem das Recht auf Abtreibung von der US-amerikanischen Verfassung geschützt wurde, haben Frauen die Freiheit, über ihren eigenen Körper zu entscheiden, erneut verloren. Hundert Jahre nachdem Nancy Astor in Westminster zur ersten britischen Parlamentsabgeordneten gewählt wurde, machen weibliche Kandidatinnen vor Wahlen wieder Rückzieher, weil sie sich neuen Wellen frauenfeindlicher Gewalt ausgesetzt sehen. Warum nur konnte die Rücknahme von manchen der bedeutendsten Meilensteine in der Geschichte der Frauenrechte nicht verhindert werden?

Die Antwort liegt in der so genannten ›Breitbart-Doktrin‹. »Politik ist der Kultur nachgelagert«, sagte Andrew Breitbart, konservativer Journalist und Gründer von *Breitbart News*, bekanntermaßen. Die Mannosphäre-Bewegung ist nicht nur mit dem Politischen, sondern auch mit einem ganz bestimmten

Lebensstil verquickt. Ihr Insider-Vokabular, ihre Memes und kulturellen Referenzen sind in andere Online-Subkulturen wie Gaming-, Anime- und Porno-Communitys eingesickert. In linguistischen Analysen haben Forscher längst nachgewiesen, dass Incels und die Nutzer von Mainstream-Porno-Seiten sich derselben extremen, misogynen Sprache befleißigen. Sowohl in Incel- als auch in Porno-Foren werden Frauen entmenschlicht, indem sie mit Tieren, Kreaturen und Maschinen gleichgesetzt werden.

Viele Expertinnen und Experten haben den aktuell verbreiteten Frauenhass als gängigen Einstieg in die rechtsextreme Radikalisierung beschrieben. Kurz: Misogyne randständige Subkulturen erreichen deutlich mehr Menschen als nur ein paar einsame Männer, denen Sex versagt bleibt. 2011 veröffentlichten Erica Chenoweth und Maria J. Stephan ihr überaus einflussreiches Buch *Why Civil Resistance Works*. Sie evaluierten Hunderte von gewaltfreien Kampagnen und entwickelten daraus die so genannte »3,5-Prozent-Regel«. Diese Regel besagt, dass eine soziale Bewegung, die es schafft, 3,5 Prozent der Bevölkerung zu mobilisieren, den Lauf der Geschichte zu ihren Gunsten verändern kann.

Der globale Einfluss antifeministischer, in der Mannosphäre geborener Ideen zeigt, wie deviante Subkulturen zu machtvollen Netzwerken anwachsen können, die gesellschaftlich zunehmend akzeptabel werden und politische Repräsentation finden. Wenn eine Subkultur erst einmal erfolgreich etabliert ist, folgt als zweiter Schritt im Prozess der Massenradikalisierung die Netzwerkpflege, wie im folgenden Kapitel gezeigt werden soll.

# 3 Netzwerke aufbauen

## *Unter Klimawandelleugnern*

Subkulturen fassen Fuß, indem sie sich als globale Netzwerke von Gleichgesinnten zusammenschließen. Die Klimawandelskeptiker sind ein Beispiel dafür, wie Aktivistinnen weltweit mächtige Netzwerke aufgebaut haben, um ihr radikales Gedankengut in die Mitte der Gesellschaft zu tragen. Ihre Verbindungen erstrecken sich über Wirtschaft, Politik und Zivilgesellschaft und haben ganze Ökosysteme aus alternativer Wissenschaft und klar parteiischem Journalismus groß werden lassen.

Seit ihren ersten Auftritten als Galionsfigur der #FridaysForFuture-Bewegung hat sich die junge Umweltaktivistin Greta Thunberg wiederholt im Zentrum international koordinierter Belästigungskampagnen wiedergefunden. Solche Kampagnen kommen und gehen in Wellen. Umfangreiche Online-Datenbanken haben sich dem Sammeln und Zurverfügungstellen von Memes verschrieben, die sich über Gretas Asperger-Syndrom lustig machen oder die Greta mit absurden Verschwörungstheorien in Verbindung bringen. Unsere Recherchen am Institute for Strategic Dialogue haben ergeben, dass Versuche, die Umweltbewegung zu denunzieren oder lächerlich zu machen, so gut wie immer in Verbindung zu bringen sind mit den Organisationen ›Heartland Institute‹ und ›Committee for a Constructive Tomorrow (CFACT)‹. Beide arbeiten daran, das öffentliche Vertrauen in die Klimawissenschaft zu zerstören, und beide haben seit Langem bestehende Kontakte zur fossilen Brennstoffindustrie. Der Einfluss von Klimawandelskeptikern auf den Mainstream-Diskurs ist exponentiell gewachsen, seit die Szene internationale Netzwerke bildet und von grenzüberschreitender Kooperation profitiert.

Auch Carola Rackete ist als Aktivistin bereits ins Fadenkreuz von rechtsextremen Gruppierungen, Klimawandelleugnern und deren Verleumdungskampagnen geraten. Die Anfang-Dreißigjährige engagiert sich leidenschaftlich für die Antarktis, für Biodiversität und Klima. Außerdem ist Carola Rackete eine der weltweit berühmtesten Kapitäninnen. Größte Bekanntheit erlangte sie durch ihr Engagement für die Seenotrettung. Im Jahr 2019 legte sie mit dem Seenotrettungsschiff *Sea-Watch 3*, das 40 Geflüchtete an Bord hatte, ohne Erlaubnis im italienischen Hafen von Lampedusa an und kam so in die internationalen Schlagzeilen. Mit einem umstrittenen Dekret hatte Italiens damaliger Innenminister Matteo Salvini die Häfen des Landes erst wenige Tage zuvor für Migrantenrettungsschiffe schließen lassen, während zur selben Zeit Dutzende Migrantinnen und Migranten im Mittelmeer ertranken.

Carola Rackete hätte mit der *Sea-Watch 3* woanders hinfahren können, aber Lampedusa war der nächste sichere Hafen, und die Passagiere, darunter Schwangere und Kinder, waren erschöpft. Als sich die Situation an Bord verschlechterte, fingen manche Menschen an, sich selbst zu verletzen, und Rackete fürchtete, es könne zu Suiziden kommen. Ihr Schiff kollidierte mit einem Polizeiboot, das versuchte, ihren Weg zur Mole zu blockieren. Salvini bezeichnete ihr Manöver als kriegerischen Akt und ließ sie verhaften. Die Untersuchungsrichterin entschied, die junge Aktivistin habe zugunsten der Sicherheit ihrer Passagiere gehandelt, damit läge kein Rechtsbruch vor. Daraufhin wurde Rackete aus dem Hausarrest entlassen.

Insgesamt engagierte sie sich sechs Monate als Kapitänin in der Seenotrettung. Aber jahrelang war sie davor in der Forschung, im Naturschutz und als Umweltaktivistin aktiv. Seit 2011 bereist sie im Rahmen wissenschaftlicher Expeditionen des Alfred-Wegener-Instituts, Helmholtz-Zentrum für Polar- und Meeresforschung, als Navigationsoffizierin die Polarregionen. Schon acht Mal war sie in der Antarktis. Im Umweltschutz engagiert sie sich erst, seit sie mit eigenen Augen die Auswirkungen der globalen Erwärmung gesehen hat. »Auf dem Gymnasium gründeten Mitschüler eine Greenpeace-Ortsgruppe, aber daran hatte ich kein Interesse.« Ihre erste Reise als Navigationsoffizierin brachte sie im Sommer 2011 an den Nordpol. »Ich hatte ein klares Bild davon im Kopf, wie es dort aussehen würde und wie schwer es sein würde, dort hinzukommen. Aber es war viel einfacher als in meiner Vorstellung, weil so wenig Eis da war.«

Sie unterhielt sich mit Expeditionsteilnehmerinnen und Wissenschaftlern, die schon seit zwanzig Jahren zum Nordpol fuhren und das Abschmelzen der Polkappen beobachtet hatten. »Als mir klar wurde, wie wenig Eis in der zentralen Arktis noch existiert, habe ich begriffen: Der Klimawandel ist nicht nur ein Thema für die Zukunft, sondern passiert längst.« Heute ist Carola Rackete ständig unterwegs. Die Ortsangabe ihres Twitter-Accounts sagt lediglich »migrierend«. Als ich mit ihr sprach, war sie gerade auf einer wissenschaftlichen Expedition in Finnland und arbeitete bei einem Renaturierungsprojekt mit. »Wenn man durch Finnland fährt, sieht man nicht einen einzigen intakten Wald, so gut wie alles ist Plantage«, sagt sie. 96 Prozent der finnischen Wälder unter dem Polarkreis sind keine Primärwälder mit endemischen Baumarten mehr, sondern forstwirtschaftliche Gebiete. Die Hälfte der finnischen Moore sind zerstört, die Torflandschaften wurden entwässert, um Wälder pflanzen zu können, oder der Torf wurde verbrannt.

Laut Carola Rackete ist das Problem sehr viel größer als nur ›Klima‹. Als sie Naturschutz studierte, wurde ihr bewusst, wie eng verknüpft Wirtschaftswachstum und Umwelt sind. »Es ist unmöglich, in einem System, das gesellschaftliche Ungerechtigkeit produziert, Frösche oder Menschen zu retten«, sagt sie mir. »Die Trennung zwischen Bruttoinlandsprodukt und ökologischer Zerstörung ist nicht möglich. Wir müssen also die Funktionsweise unseres ökonomischen Systems verändern. Macht, Ressourcen und politische Teilhabe müssen neu verteilt werden.« Es sind die alten Machtstrukturen, die es von traditionellen Industrien finanzierten Organisationen erst möglich machen, per großangelegten Kampagnen gegen Greta Thunberg und Carola Rackete ins Feld zu ziehen. Besonders gut kommen sie bei jenen Teilöffentlichkeiten an, die am meisten Angst davor haben, Einschnitte hinnehmen zu müssen, die ihren Lebensstil und ihre Privilegien betreffen: bei reichen weißen Männern.

Carola Rackete beobachtet eine Verlagerung der ökologischen Probleme. Alternative Energien sind hier nur ein Beispiel. Der russische Angriffskrieg in der Ukraine hat europäische Investitionen in alternative Energieträger beschleunigt, weil die Abhängigkeit von fossilen Brennstoffen aus Russland verringert werden soll. Viele alternative Energieträger aber bergen ihre ganz eigenen Herausforderungen für die Umwelt. Das Lithium für Batterien muss irgendwo produziert und entsorgt werden und richtet in Ländern wie Bolivien und Chile sowie in der Tiefsee ökologischen Schaden an. Deswegen brauchen wir so etwas wie den ›Green New Deal‹, so Racketes Schlussfolgerung. »Aber ohne diese ewige Dimension des wirtschaftlichen Wachstums. Die Ölindustrie und der Globale Norden werden Verantwortung übernehmen müssen für den von ihnen verursachten ökologischen Schaden, sie müssen Kompensationszahlungen für ihre Umweltschulden leisten.«

Carola Rackete glaubt, dass ein radikaler Wandel notwendig sein wird. 1988, in dem Jahr, in dem sie geboren wurde, wurde im US-Senat zum ersten Mal auf der Grundlage von wissenschaftlichen Erkenntnissen vor dem Klimawandel gewarnt. Der damalige NASA-Wissenschaftler James Hansen sagte bei einer Anhörung vor dem Kongress, er könne »mit 99-prozentiger Sicherheit« sagen, dass der sprunghafte Temperaturanstieg menschengemacht sei. »Aber egal, ob man sich die $CO_2$-Emissionen, die Entwaldung oder die Überfischung ansieht – in den letzten 30 Jahren hat sich nicht viel getan«, so Rackete. In ihrem optimistischsten Szenario werden im Globalen Norden progressive sozialdemokratische und grüne Parteien an die Macht gewählt, was den Eintritt in eine Phase des »gerechten Übergangs« einläutet. Global vernetzte Bewegungen wie #FridaysForFuture und Extinction Rebellion könnten hier Druck machen und diesen Prozess beschleunigen. Das Mainstreaming funktioniert für radikal progressive Ideen ja genau gleich. Sehr viel wahrscheinlicher aber wird der Fortschritt in der Klimadebatte mit einer Eskalation der weltweiten »Kulturkriege« einhergehen. »Ich fürchte, dass wir noch mehr gesellschaftliche Polarisierung sehen werden, wenn die Machtstrukturen sich endlich zu verschieben beginnen«, so Rackete.

Es ist ein warmer Juni-Tag, als Sam Knight und ich auf der Terrasse des nachhaltigen Cafés Caravan in Fitzrovia Hafermilch-Lattes bestellen. Sam ist Schauspieler, Schriftsteller und Umweltaktivist. Außerdem ist er Mitbegründer des Londoner Ablegers von Extinction Rebellion. Aufgewachsen ist er in Warwickshire. 2017 zog er mit 22 Jahren nach seinem Abschluss in Englischer Literatur an der Universität Cambridge nach London. Hier arbeitete er dann in mehreren Call-Centern und war auf der Suche nach dem, was ihm im Leben wichtig ist.

An Umweltthemen hatte er kein gesteigertes Interesse, bis er 2018 den Sonderbericht des Weltklimarats las. »Da bin ich aufgewacht, wie viele andere auch«, erzählt er mir. Sam fing dann an, sich eingehender mit Studien zum Klimawandel und wissenschaftlichen Evaluationen zu beschäftigen. »Vorher dachte ich, bei der Klimakrise dreht sich alles um Eisbären auf Eisbergen.« Aber nachdem er sich mit Expertinnen und Experten unterhalten und sich mit der Literatur befasst hatte, wurde ihm klar, dass es per se um das menschliche Leben sowie um Gleichheit, Freiheit und Gerechtigkeit geht. »Ich bin regelrecht zusammengebrochen und habe mich schuldig gefühlt, weil ich das Thema so lange ignoriert hatte.« Jetzt gab es keine Entschuldigung mehr, er stieg ein in die Kampagnenarbeit für aktiven Umweltschutz. Damals war Extinction Rebellion noch ein winziges Grüppchen von rund einem Dutzend Leuten hauptsächlich aus Bristol und Stroud.

Heute ist Extinction Rebellion eine dezentral organisierte Massenbewegung mit Ortsgruppen in 78 Ländern und weltweit Zehntausenden von Followern und Unterstützerinnen. In Deutschland ist Extinction Rebellion neben Fridays for Future und »Letzte Generation« eine von mehreren Klimabewegungen, die der Klimakrise entgegenwirken wollen. Mit den Mitteln des gewaltfreien zivilen Ungehorsams versucht die Bewegung, das Massenaussterben zu stoppen und das Risiko eines gesellschaftlichen Kollapses so klein wie möglich zu halten. Protestierende haben sich an Regierungsgebäuden festgeklebt und den Verkehrsfluss gestört, um die Politik dazu zu zwingen, etwas zu unternehmen. In Pakistan marschierten sie in einem Protestzug durch die Hauptstadt, in Österreich blockierten sie Straßen, in Chile lagen sie mitten auf der Straße. In Großbritannien legten sie in London zentrale touristische Orte für zehn Tage lahm und leimten sich im Eingangsbereich der Londoner Börse fest.

Im Herbst 2018 rief Sam die Gründer von Extinction Rebellion an und sagte zu ihnen: »Solltet ihr je nach London kommen wollen: Ihr könnt mein Wohnzimmer als Ort für ein Treffen haben.« Eine Woche später klopften zehn Leute an seine Tür, um einen Protest in London zu organisieren. Daraus wurde die *Declaration of Rebellion*, eine längere Protestaktion, die im November 2018 tausend Menschen auf den Parliament Square zog. Was für eine Gänsehaut er hatte, als er die Treppe aus der U-Bahn hochkam, wird Sam nie vergessen: »Es fühlte sich an, als ob wir genau im richtigen Moment am richtigen Ort waren und eine Energie anzapfen konnten, die dringend nach einer Form suchte, um einen Ausdruck zu finden.«

Woche für Woche riefen sie zu neuen Protestaktionen auf, und die Zahl der Teilnehmenden stieg und stieg. Nur einen Monat später beteiligten sich schon 6000 Menschen an einer Demo, die sechs Brücken in der Londoner Innenstadt lahmlegte. Der größte Erfolg von Extinction Rebellion war es, als Großbritannien als erstes Land der Welt den Klimanotstand ausrief, was als Ergebnis ihrer Bemühungen angesehen wurde. Sie hatten es geschafft, eine Bewegung ins Leben zu rufen, die in der Lage war, sich mit den mächtigen Netzwerken der fossilen Brennstoffindustrie und ihrer politischen Vertreter anzulegen.

Für sein Engagement für den Klimaschutz musste Sam Knight privat einige Opfer bringen. »Du bekommst eine irre Menge Hass ab, und das ist dir auch mehr als bewusst.« Zu Beginn kam die plötzliche internationale Medienaufmerksamkeit für die Aktivistinnen und Aktivisten von Extinction Rebellion überraschend. Die Bewegung hatte noch keine strategische Kommunikation, niemand war darauf vorbereitet, mit einem derart hohen Interesse umzugehen. Sehr lange noch landete jede E-Mail in Sams privatem Posteingang. Tagtäglich gingen so Morddrohungen direkt bei ihm ein, oft von radikalen Gegnern jeglicher Klimaschutzmaßnahmen. »Die nach unseren privaten Mailadressen fahndeten und uns dann Nachrichten schickten, waren nicht diejenigen, die in Straßenblockaden feststeckten«, erzählt er mir. »Das waren Klimawandelleugner, die zu viel Zeit haben, und Leute, die denken, dass wir ihnen ihre Burger und Autos wegnehmen wollen.«

Im Februar 2019 wurde Sam verhaftet, weil er sich an die Tür eines Hotels klebte, in dem eine Konferenz der Brennstoffindustrie stattfand. In dem acht Monate dauernden Prozess wurde er wegen schweren Hausfriedensbruchs und Sachbeschädigung angeklagt. Statt sich einen Anwalt zu nehmen, verteidigte er sich vor Gericht selbst. »Keinen Anwalt zu haben, bringt Vorteile«, sagt er mir. Er konnte so Argumente vorbringen, die der Richter jemandem mit einem juristischen Hintergrund nicht darzulegen erlaubt hätte. Ihm aber wurde gestattet, ausführlich über Menschenrechtsverletzungen und kriminelle Machenschaften der Fossilenergieunternehmen zu sprechen. Er verteidigte sein Handeln vor diesem Hintergrund mit dem Argument, größeren Schaden abwenden zu wollen. Schlussendlich wurde er von allen Anklagepunkten freigesprochen.

Seitdem er Umweltschutzaktivist ist, hat Sam seinen Lebensstil verändert. Heute ist er Vegetarier und versucht, seinen Energieverbrauch so gering wie möglich zu halten. »Ich glaube nicht, dass du Klimaaktivist sein kannst, ohne die Art und Weise deiner Interaktion mit der Welt fundamental zu ändern«, sagt er. »Ein systemischer Wandel kann nur passieren, wenn auch privat ein Wandel stattfindet. Wir werden die Landwirtschaftsindustrie nur dann reformieren, wenn wir auf pflanzenbasierte Ernährung umstellen.«

Die provokanten Kampagnen von Extinction Rebellion sollen sowohl bei Politikerinnen und Politikern als auch in der breiten Öffentlichkeit das Bewusstsein schärfen und Verhaltensänderungen sowie politische Reformen bewirken. Friedlicher ziviler Ungehorsam hat eine lange Tradition in Bürgerrechtsbewegungen. Für Sam ist er eine wichtige Strategie, die die Umweltschutzbewegungen viel zu lange nicht auf dem Schirm hatten. »Der Blick zurück in die Geschichte zeigt: Niemand damals fand gut, was die Suffragetten gemacht haben. Erst jetzt, im Rückblick, können wir sagen, dass ihre Aktionen im Kontext ihrer Zeit wahrscheinlich notwendig waren.«

Es braucht Mut und Beherztheit in der Gegenwart. Viele haben Extinction Rebellion für die Strategie kritisiert, mit Regeln zu brechen. Manche Mit-Umweltschützer hatten Angst davor, es sich mit dem radikalen Bruch mit dem *business as usual* bei denjenigen zu verscherzen, die eigentlich mit dem Klimaaktivismus sympathisieren. Sam ist sich durchaus bewusst, dass die Taktik der Bewegung polarisiert: »Trotzdem bin ich davon überzeugt, dass das Ausmaß der Krise nach radikalen Strategien verlangt, um die Mächtigen zur Rechenschaft zu ziehen.« Wie Sam nehmen die meisten Aktivisten das Risiko in Kauf, in Schwierigkeiten zu geraten. »Wenn du da mitmachst, weißt du, dass du mit hoher Wahrscheinlichkeit verhaftet wirst.« Nicht abzusehen allerdings war für ihn, wie sich sein Engagement auf seinen Freundeskreis, seine Familie und sein Berufsleben auswirken würde. Die größte Rolle, die ihm in seinem Job als Schauspieler je angeboten wurde – eine Hauptrolle in einem Spielfilm der BBC –, verlor er, weil keine Versicherung für ihn haften wollte.

Wie groß das Risiko ist, das die Aktivisten und Aktivistinnen eingehen, hängt natürlich auch von ihrem jeweiligen Land ab. »Du kannst ja in Ghana nicht dieselbe Taktik anwenden wie im Vereinigten Königreich«, sagt Sam. Mancherorts begibt man sich ja schon in Lebensgefahr, wenn man nur friedlich demonstriert. Aber sogar in Europa hatten manche Aktivisten Angst, die Regierung gegen sich aufzubringen und mit harten Auflagen konfrontiert zu werden. In Polen begriffen die Leute von Extinction Rebellion sehr schnell, dass sie die Strategien, wie sie in liberaleren Demokratien verfolgt werden, hier nicht eins zu eins kopieren konnten. In Großbritannien wurde Extinction Rebellion vom Innenministerium und von der Metropolitan Police als ›extremistische Organisation im Inland‹ eingestuft. Neben Dschihadisten und Neonazis landete die Bewegung auf der Liste der Bedrohungen für die nationale Sicherheit. 2019 wurde Sam vom Labour-Parteitag ausgeschlossen, obwohl er Mitglied der Partei ist.

Sam selbst steht den radikalsten Stimmen innerhalb der Bewegung mit Skepsis gegenüber. »Manche Leute in unserer Bewegung erlauben ihren Egos, mit ihnen durchzugehen. Diejenigen, die die meiste mediale Aufmerksamkeit bekommen, sind oft diejenigen mit den streitbarsten Positionen und der am wenigsten durchdachten Strategie«, erzählt er mir. Roger Hallam, einer der Gründer von Extinction Rebellion, wurde aus der Bewegung ausgeschlossen, nachdem er den Holocaust als »nur einen weiteren Scheiß in der Menschheitsgeschichte« heruntergespielt hatte.

Manche Aktivistinnen und Aktivisten wollen den zivilen Ungehorsam zu immer extremeren Formen treiben. Wegen der Uneinigkeit darüber, wie weit man gehen kann, ist die Bewegung mittlerweile zersplittert. Im Oktober 2019 klebten sich Aktivisten der ›Extinction Rebellion Youth‹ am Bahnhof Canning Town während der morgendlichen Rushhour aufs Dach einer U-Bahn. Die radikale Intervention löste viel öffentliche Empörung aus und wurde scharf kritisiert, schließlich wurde ein Bahnhof zur Zielscheibe, der in einem traditionell armen Arbeiterviertel von East London liegt. Videoaufnahmen zeigen wütende Pendler, die versuchen, Extinction-Rebellion-Aktivistinnen von der Bahn zu zerren. Diese Aktion wurde von einem kleinen Teil der Bewegung geplant und stieß bei der überwältigenden Mehrheit von Extinction Rebellion nicht auf Gegenliebe, so erzählt es mir Sam. Trotzdem wurde die Aktion durchgeführt, weil in einer dezentralen Bewegung eben alle Engagierten grundsätzlich auf eigene Faust aktiv werden dürfen.

Zu Beginn kamen die Rufe von Extinction Rebellion nach direkter Aktion aus einer privilegierten Position. Indem ein Vorgehen favorisiert wurde, das zu Festnahmen führen würde, wurde die Gruppierung unausweichlich zu einer Bewegung für die weiße Mittel- und Oberschicht. »Das Problem mit dem weißen, liberalen Engagement, das marginalisierte Gruppen vor den Kopf stößt, haben Umweltbewegungen schon immer gehabt«, erklärt mir Sam. »Erst im Zuge der Black-Lives-Matter-Proteste musste sich auch die Umweltschutzbewegung zwangsläufig mit ihrer eigenen Geschichte von rassifizierter Gewalt und Rassismus auseinandersetzen.« Wie bei den Protesten im Rahmen der ›People's Assembly Against Austerity‹ im Juni 2021 zu sehen war, marschieren Extinction Rebellion und Black Lives Matter heute Seite an Seite. Ihre Schnittmengen finden sie in der Ablehnung der Polizei und ihrem Ruf nach einem radikalen Systemwechsel.

Ans Ende unseres Gesprächs stellt Sam einen ziemlich düsteren Ausblick: »Vom Verstand her bin ich sehr pessimistisch.« Die Netzwerke derjenigen, die die Leugnung des Klimawandels guthießen und unterstützten und die sich fürs Untätig-Bleiben starkmachten, seien zu mächtig. »Weitere rechtsautoritäre Reaktionen auf die Klimadiskussion stehen uns ganz bald ins Haus. Und auch wenn sich ein paar Regierungen an ihre laschen Klimaziele halten: Es wird für uns alle in einer unvorstellbaren Tragödie enden.«

An diese Tragödie glaubt Matt Ridley nicht. Bis Ende 2021 war Matt gewählter konservativer Abgeordneter im britischen Oberhaus. Als ich 2021 mit ihm telefoniere, sagt er, Extinction Rebellion erzähle »einen Haufen Lügenmärchen«. Er hat ein Buch geschrieben, *The Rational Optimist*, in dem er behauptet, der Klimawandel könne »gut für uns sein«. Zu diesem Buch hält er heute Vorträge und schreibt Meinungsbeiträge.

»Ich bin ein Klimawandel-Ja-aber-Sager«, beschreibt er sich selbst. Dass die globale Erwärmung der jüngsten Zeit real und wahrscheinlich auch menschengemacht ist, glaubt er schon. Aber er findet eben nicht, dass wir uns deswegen Sorgen machen müssten. Seiner Ansicht nach wird das Ausmaß überzogen dargestellt. Die Statistiken, auf die sich Tausende von Wissenschaftlerinnen und Wissenschaftlern beziehen, seien fehlerhaft. Er nennt das ›Klimaalarmismus‹.

Matt selbst wollte kein Wissenschaftler werden. »Ich habe an der Universität von Oxford in Biologie promoviert, aber mir war schnell klar, dass ich lieber über Wissenschaft schreibe, als dass ich Wissenschaft betreibe«, erzählt er mir. Also wurde er Wissenschaftsredakteur beim *Economist* und kommentierte 35 Jahre lang Naturwissenschaft und Technologie. 2013 wurde er Mitglied im britischen Oberhaus.

»Ich habe einen rebellischen Instinkt. Immer wenn mir ein ›So ist es aber!‹ begegnet, möchte ich dort hineinpiksen«, gesteht er. »Aber ich gebe keine Widerworte nur um der Widerworte willen.« Schuld an der Polarisierung der Öffentlichkeit trügen die Medien: Der *Telegraph* sei nach rechts, der *Guardian* nach links gerückt. »Wer im Journalismus überleben will, muss mittlerweile fast notwendigerweise eine radikale Position einnehmen. Wer auf einem immer volleren Platz gehört werden will, muss etwas irgendwie Extremes von sich geben, dann funktioniert es viel eher.«

Der libertäre Brexit-Verfechter, Politiker und Journalist beschreibt sich selbst als passionierten Naturliebhaber und Vogelbeobachter. Obwohl er in Indien und Pakistan an Artenschutzprojekten teilgenommen hat, glaubt er nicht, dass es mit dem Aussterben der Arten noch schlimmer werden wird.

Schon seit den 1990er Jahren steht er der Klimawissenschaft skeptisch gegenüber. In seiner Erinnerung war der Umkehrmoment für ihn gekommen, als das Hockeyschläger-Diagramm veröffentlicht wurde, das auch als »der am kontroversesten diskutierte Graph der Wissenschaft« bezeichnet wird.

Erstmalig wurde das Hockeyschläger-Diagramm 1999 von dem Klimawissenschaftler Michael Mann und zwei weiteren Forschern veröffentlicht. Das Diagramm stellte den Versuch dar, die Temperaturen auf der Erdoberfläche während der vergangenen zwei Jahrtausende auf der Grundlage von Klimaproxys wie Baumringen, Seesedimenten, Eiskernbohrungen und Korallen zu rekonstruieren. Das Diagramm, das zeigt, dass die Temperaturen heute dramatisch schneller ansteigen als je zuvor, erinnert der Form nach an einen Hockeyschläger: Erst kommt eine lange Periode mit relativ geringen globalen Temperaturschwankungen (»der Schaft«). Dann aber folgt ein plötzlicher, steiler Anstieg (»die Klinge«).

Direkt nach der Veröffentlichung des Diagramms gerieten sowohl Michael Mann als auch seine Forschungsmethoden und Datenquellen unter Beschuss. Man warf Mann den Versuch vor, Temperaturrückgänge absichtlich zu kaschieren und nur die Datensätze herauszufiltern, die Ausschläge nach oben anzeigen. Aber nachfolgende Publikationen, denen noch weitreichendere und präzisere Datensätze sowie bessere Methoden zur Verfügung standen, stützten Manns Ergebnisse. In der Klimawissenschaft herrscht unverändert ein Konsens: Die globalen Durchschnittstemperaturen steigen in noch nie dagewesener Geschwindigkeit.

Ein weiterer »überaus wichtiger Moment« für Matt war die ›*Climategate*‹-Kontroverse im Jahr 2010. Nur einen Monat bevor im Dezember 2009 in Kopenhagen die UN-Klimakonferenz stattfinden sollte, gab es einen Hackerangriff auf das Klimaforschungszentrum der University of East Anglia. Der professionell durchgeführte Angriff brachte die Hacker in den Besitz von tausenden E-Mails und Dokumenten. Klimawandelleugner wie der englische Journalist James Delingpole, heute Chefredakteur beim rechten Breitbart News Network, sprachen umgehend von einem ›Climategate‹ und machten diesen Begriff populär. Sie warfen Klimawissenschaftlern fälschlicherweise vor, Daten manipuliert zu haben und Teil einer globalen Verschwörung zu sein, die die Erderwärmung nur behaupte.

Acht verschiedene Gremien, darunter der Wissenschafts- und Technologieausschuss des britischen Unterhauses, das US-Wirtschaftsministerium und die National Science Foundation, haben die Vorwürfe untersucht. An keiner Stelle wurden Beweise für wissenschaftliches Fehlverhalten gefunden. Es zeigte sich, dass der Hackerangriff und die grob verfälschende Darstellung der erbeuteten E-Mails eine weltweilt koordinierte Schmutzkampagne war, die die Sabotage der Kopenhagener Klimakonferenz zum Ziel hatte. Es ist der hohe Grad an internationaler Vernetztheit, der die Lobby der Klimawandelleugner in den Stand versetzt, die Richtung des politischen Diskurses zu bestimmen und politische Gegner in der Öffentlichkeit zu diskreditieren.

Mit den Jahren wurde Matt immer skeptischer. Nicht dass er den Treibhauseffekt und die steigende $CO_2$-Konzentration in Frage stellt. »Das alles ist real«, räumt er ein. Auch, dass Menschen die Verursacher all dessen sind, zieht er nicht in Zweifel: »Auch das stimmt – höchstwahrscheinlich.« Er ist allerdings skeptisch, ob die in die Berechnungsmodelle eingebauten positiven Rückkopplungen gerechtfertigt sind. »Ohne diese Rückkopplungen wird der Klimawandel nur moderate, langsam voranschreitende und verschwindend geringe Effekte haben, die uns über die nächsten hundert Jahre eine Erwärmung von höchstens 1,5 oder 2 Grad bescheren.«

Am Telefon macht es den Anschein, als ob ein Statement der WHO von 2015, in dem der Klimawandel als die größte Bedrohung für die menschliche Gesundheit im 21. Jahrhundert beschrieben wird, bei Matt regelrechte Empörung auslöst: »Das ist eine Beleidigung für alle, die in Afrika an Malaria und HIV sterben! Und auch für diejenigen, die als Raucher sterben«, sagt er mir gegenüber.

Dass Matt den erneuerbaren Energien ablehnend gegenübersteht, ist allseits bekannt. Zu mir sagt er: »Die Maßnahmen, die da ergriffen werden, können uns mehr schaden als nutzen.« Er glaubt nicht, dass es einen Wert hat, auf Diesel- und Elektroautos umzusteigen oder Energiespar-Glühbirnen zu benutzen. Er ist gegen den Bau von Windkraftanlagen, die seiner Ansicht nach »unzuverlässig und teuer sind und enorme Flächen an Land oder im Meer verbrauchen«. Aber seine Ablehnung der Erneuerbaren hat einen Hintergrund: Seine eigene Familie schlägt Profit aus dem Kohlebergbau im Nordosten Englands. Aufgrund dieses klaren finanziellen Interesses bezeichnen ihn viele Kritiker und Kritikerinnen mittlerweile als Lobbyisten der Kohleindustrie.

Was auch seine defensive Haltung am Telefon erklären würde: »Ich hoffe, ich habe mir jetzt keine Schwierigkeiten eingebrockt«, sagt er am Ende unseres Gesprächs. Gleichzeitig bekennt er, noch nie weniger erfolgreich darin gewesen zu sein, Menschen argumentativ auf seine Seite zu ziehen, als bei den

Themen rund um den Klimawandel. Aber er sieht einfach das große Potenzial, dass noch gefährlichere Stimmen die Debatte beherrschen: »Ich denke, es wird in den nächsten Jahren einen heftigen Zusammenstoß geben zwischen grünen Politikern und weniger grünen Wählerschichten. Das könnte einem Populisten wie Nigel Farage die Gelegenheit verschaffen, sich gegen die Klimawandel-Obsession in Stellung zu bringen. Ich sehe in naher Zukunft eine ziemlich heftige Polarisierung auf uns zukommen.«

Matts Ansichten sind sehr viel mainstreamiger als das, was mir radikalere Vertreter der Bewegung erzählen werden. Tatsächlich sind sie derart mainstreamig, dass sich viele Klimawandelleugner, die die Erderwärmung für erfunden halten, schon über ihn ärgern. Trotzdem hat seine Art des Abwiegelns und »Ja, aber«-Sagens den Skeptizismus gegenüber den Klimawissenschaften in die Breite getragen und gesamtgesellschaftliche Unterstützung für Umweltschutzmaßnahmen untergraben. In einer Umfrage im Jahr 2021 kam heraus, dass einer von fünfzehn Abgeordneten der britischen Konservativen den Klimawandel für einen »Mythos« hält. Die Netzwerke von Klimawandelleugnern und »Ja, aber«-Sagern überschneiden sich stark. Während konservative Parteien wie die Torys in Großbritannien und die CDU/CSU in Deutschland breiteren Widerstand gegenüber klimafreundlichem Fortschritt an den Tag gelegt und oft dem Untätig-Bleiben das Wort geredet haben, bestimmen Verzögerungs- und Leugnungsnarrative einen wesentlichen Teil der Kommunikationsstrategien von rechtspopulistischen Parteien. Von führendem deutschen AfD-Personal über den früheren US-Präsidenten Donald Trump bis hin zum ehemaligen brasilianischen Präsidenten Jair Bolsonaro: Eine ganze Reihe weit rechts außen stehender populistischer Politikerinnen und Politiker hat für ihre Wahlkampagnen bewusst die hyperpolarisierte Klimadiskussion genutzt.

Auch die deutsche Bundestagswahl 2021 war geprägt von der Debatte über den Klimawandel. Nie zuvor hat Klimapolitik auf der Agenda einer deutschen Wahl so weit oben gestanden. Umfragen zeigten, dass die Klimapolitik für 43 Prozent der Bevölkerung bei ihrer Wahlentscheidung ausschlaggebend war. Unsere am Institute for Strategic Dialogue durchgeführte Wahlanalyse kam allerdings zu dem Ergebnis, dass die klimawandelskeptischen Social-Media-Posts der AfD eine deutlich größere Reichweite hatten als die Beiträge anderer Parteien, die sich für eine aktive Klimapolitik aussprachen. Die Anti-Klimaschutz-Tweets der AfD hatten bis zu 237 Prozent mehr Shares als die der Grünen und der Mitte-Parteien. Die Dämonisierung von Klimaschutz-Aktivisten war eine Schlüsselstrategie rechter Wahlkämpfer, wobei häufig Begriffe wie »Ökoradikale«, »Klimahysteriker« und »grüne Terroristen« benutzt wurden. Diese Muster, die wir in Deutschland beobachten konnten, ähnelten den Kommunikationsstrategien, wie wir sie schon zuvor im Kontext von Anti-Klimaschutz-Kampagnen in den USA, in Großbritannien und in Polen gesehen hatten.

Damian Carrington, Umweltredakteur beim *Guardian*, unterteilt die Leugnerinnen und Leugner der Klimawissenschaft in vier Kategorien: Lockvögel, Trickbetrüger, Egomanen und Ideologieidioten. Auch wenn diese vier voneinander abweichende Motivationen haben und ihre Narrative jeweils unterschiedlich gestrickt sind, haben sie im Normalfall doch allesamt finanzielle Interessen in der Industrie für fossile Brennstoffe, die politische Rückendeckung rechter Parteien sowie gemeinsame alternative Informationsökosysteme. Um den etablierten Konsens der Klimawissenschaften in Zweifel zu ziehen, hat man systematisch ein einflussreiches Netzwerk aufgebaut.

In jüngster Zeit haben die bereits etablierten Netzwerke der Klimawandelskeptiker Begriffe, die sich eigentlich auf Corona beziehen, auf Klimathemen übertragen. Das wiederum bedeutet, dass weitverbreitete, von der Pandemie hervorgerufene Ängste und Frustrationen angezapft und thematisch in Richtung Klimaschutz umgelenkt werden. Im April 2020 war Steve Milloy, Direktor der pseudowissenschaftlichen, konservativlibertären Denkfabrik Heartland Institute, der Erste, der den Begriff »Klima-Lockdown« benutzte. Er zitierte aus einem Artikel im *Guardian*, der sich gegen die Vorstellung wandte, einfach wieder zurückzukehren zur alten Normalität, und warnte seine Follower auf Twitter, dass »die Klima-Bettnässer den #Coronavirus-Lockdown zu einem Klima-Lockdown machen wollen«. Es dauerte nicht lange, bis sich dieses Narrativ in den klimawandelskeptischen Netzwerken der Influencer und Kommentatorinnen verbreitet hatte. Kurz darauf sprach Laura Ingraham in einem Kommentar auf Fox News über den ›Klima-Lockdown‹, und auch auf Breitbart stand etwas dazu. Die Verschwörungstheorie eines kurz bevorstehenden ›Klima-Lockdowns‹ wurde dann wenige Monate später auf Fox News in aller Breite diskutiert und erreichte Millionen von Menschen.

Der Klimawandelskeptiker, mit dem ich als Nächstes sprach, ist das ultimative Beispiel dafür, wie die Klimawandelleugnerszene sich über den effektiven Einsatz von sozialen Medien, politischen Sprachrohren und der Finanzierung durch die Industrie selbst popularisiert hat. Er war einer der ersten Influencer, die den Begriff ›Klima-Lockdown‹ im Netz haben viral gehen lassen, und ist einer der weltweit prominentesten Klimawandelleugner. Seine Unterstützer nennen Marc Morano den »König der Skeptiker«, seine Gegner hingegen führen ihn als einen der *top five* »Verbrecher gegen die Menschheit, ja gegen den Planeten Erde selbst«. Das Magazin *Rolling Stone* bezeichnete ihn als »den Matt Drudge des Klimawandelleugnens«.

Nachdem ich seine Bücher *The Politically Incorrect Guide to Climate Change* und *Green Fraud* gelesen hatte, wollte ich mit ihm persönlich sprechen, um mehr darüber zu erfahren, was ihn antreibt. Am Telefon klingt er nett und hat einen ausgeprägten amerikanischen Akzent, was gut passt zu seinem Erscheinungsbild als weißer Mann Anfang 50, der meist in einem hellgrauen Anzug steckt. Er mag extravagante Krawatten und lebt in Washington, D.C.

Für Marc ist die globale Erwärmung ein Nicht-Problem. »Das ist ja schon zu einer neuen Religion geworden«, sagt er mir gegenüber. Wissenschaftliche Forschung zum Klimawandel, so Morano, gehöre ins Reich der »Magie« und der »Märchen«. Er bestreitet alle angeblich heißesten Jahre seit Beginn der Messungen, er weist die Behauptung zurück, es gebe ein Massenaussterben und der Meeresspiegel steige, und den Begriff ›Klimakrise‹ findet er lächerlich. Den Klimanotstand beschreibt er als »Vorwand der progressiven Linken«, um »ihre Ziele zu erreichen«. Der Green Deal ist für ihn »ein Zehnjahresplan, um das Verhalten der Menschen zu kontrollieren, die Vorherrschaft der weißen Rasse zu bekämpfen und den Reichtum neu zu verteilen, eine Bedrohung für unsere Freiheit und Souveränität also«.

Was die globalen Meeresspiegel anbelangt, führt Marc das Argument an, die Spiegel stiegen »seit 20 000 Jahren, und der Anstieg hat sich seitdem nicht beschleunigt«. Daten der NASA belegen allerdings, dass der Anstieg des Meeresspiegels eine der Hauptauswirkungen des Klimawandels ist. Die mittlere globale Meeresspiegelhöhe ist von 0,5 mm im Jahr 1993 auf 97 mm im Jahr 2021 gestiegen. Andere Studien haben längerfristige Einflussfaktoren wie die Änderung des Meerwassergesamtvolumens, zu Veränderungen in Größe und Form der Meeresbecken führende Bodenbewegungen und Verschiebungen des Meeresgrunds sowie dynamische Faktoren wie Winde, Atmosphärendruck, Meeresströmungen und Wellen in die Betrachtung mit einbezogen. Aber alle Daten weisen eindeutig darauf hin, dass sich die Zuwachsrate der Meereshöhe zwischen 1993 und 2009 fast verdoppelt hat. Eine Studie im Jahr 2019 verdreifachte die bisherigen Schätzungen zur Gefährdung durch den Anstieg des Meeresspiegels und die dadurch verursachten Überflutungen der Küstengebiete.

Auf dem Gebiet des Klimawandels hat Marc keinerlei wissenschaftliche Erfahrung. Aber er hat die ganze Welt bereist und war bei Konferenzen zum Klimawandel. Zum UN-Klimagipfel 2016 in Marrakesch kam er mit einem Donald Trump in Pappe, mit dem Pariser Klimaabkommen und einem Reißwolf. In einer Überraschungsaktion schredderte er mit seinem Papp-Trump direkt vor Ort das Pariser Klimaabkommen und wurde von Sicherheitsbeamten hinauseskortiert.

Früher arbeitete Marc als Kommunikationschef für den republikanischen Senator James Inhofe, berühmt-berüchtigt für seine Aussage, die Erderwärmung sei »der größte Schwindel, mit dem das amerikanische Volk je hinters Licht geführt werden sollte«. Als Teil seines Engagements gegen die Umweltschutzbewegung setzte Marc dann die Website ClimateDepot.com auf, ein Projekt der konservativen US-Denkfabrik ›Committee for a Constructive Tomorrow‹ (CFACT). Hier werden bevorzugt Klimawissenschaftler zum Ziel seiner Häme. In einem seiner Blogposts schrieb er: »Gegen Wissenschaftler, die am Boden liegen, sollten wir extra noch mal nachtreten. Sie haben es verdient, öffentlich ausgepeitscht zu werden.« Auf die öffentliche Kritik hin reagierte er mit: »Ach, war doch nur ein dummer Spruch.«

Marc möchte ungern ›Klimawandelleugner‹ genannt werden, weil ihn das an das Wort ›Holocaustleugner‹ erinnert. Er bevorzugt das Wort ›Klimaskeptiker‹ oder ›Querdenker‹. Sein beruflicher Hintergrund in der Kommunikationsbranche hat ihm das Werkzeug an die Hand gegeben, das er für ein subtileres Framing seiner Überzeugungen und Intentionen braucht. »Mir ist unsere Umwelt nicht egal«, sagt er mir gegenüber mit Nachdruck. »Mir ist auch die Zukunft meiner Kinder und Enkel nicht egal.« Seine rhetorische Stärke im Zusammenspiel mit seinem vehementen Eintreten gegen jegliche Veränderung des westlichen, weißen Mittelschichtslebensstils hat ihn fast zu einer Mainstream-Figur werden lassen, die in den USA sowohl bei konservativen als auch bei libertären Republikanerinnen und Republikanern beliebt ist.

Auf Twitter hat Marc an die 35000 Follower, seine Bücher sind sämtlich Bestseller geworden. Die USA sind der weltweit zweitgrößte Tummelplatz der Klimawandelleugnerszene, direkt hinter Indonesien. Die Situation in Indonesien ist allerdings eine spezielle: In den letzten Jahrzehnten musste das Land einen starken Anstieg an Naturkatastrophen hinnehmen.

Obwohl die meisten Menschen an den Klimawandel glauben, gehen viele nicht davon aus, dass er menschengemacht ist – was in Teilen an weitverbreiteten islamischen Lehren liegt, die Naturkatastrophen als Anzeichen für das Ende der Zeiten werten.

Je länger wir uns unterhalten, desto leidenschaftlicher wird Marc. Geradezu wütend erzählt er mir: »Viele denken ja, dass ich von der Ölindustrie bezahlt werde. Aber das ist nicht der Fall.« Er bestreitet, als Sprecher der Fossilenergieunternehmen zu fungieren. »Mit denen haben wir doch überhaupt nichts zu tun!«, brüllt er ins Telefon. Recherchen haben jedoch ergeben, dass sein ehemaliger Chef, Senator Inhofe, im Wahlzyklus 2001/2002 Hunderttausende an Spendendollar aus dem Öl- und Gassektor erhalten hat, mehr als jeder andere Senator. CFACT, Marcs derzeitiger Arbeitgeber, hat ebenfalls Geld bekommen: von ExxonMobil, von Chevron und von Stiftungen, die Verbindungen haben zu den Öl- und Aluminium-Investoren der Familie Mellon.

Marc sagt mir, früher sei er ein republikanischer Umweltschützer und Journalist gewesen. Er sei häufig im Wald gewesen, habe liebend gern gezeltet, geangelt und sei wandern gegangen. »Dann bin ich in diese Amazonas-Regenwald-Angstmühle geraten«, erzählt er und gibt zu, anfänglich nur deswegen skeptische Artikel zum Klimawandel geschrieben zu haben, weil es bei diesem Thema noch ein Vakuum gab, das er füllen konnte. »So wenige standen den Umweltschützer-Berichten kritisch gegenüber, dass ich eben genau da meine Nische gefunden habe.«

Entwaldung ist seiner Ansicht nach überhaupt kein Problem. Wenn mehr Bäume wirtschaftlich genutzt würden, bekomme der Markt doch auch das Signal, mehr Bäume zu pflanzen. Wer aber jemals einen Baum gepflanzt hat, weiß, dass ein Baum Zeit braucht, mehr Zeit zumindest, als die schnelle Abholzung kostet. Im Durchschnitt dauert es 80-100 Jahre, um einen Baum zu ersetzen. Genauso wenig kann das Pflanzen neuer Bäume alle negativen Auswirkungen von Entwaldung kompensieren. Wenn Bäume gefällt werden, wird gespeicherter Kohlenstoff freigesetzt, außerdem ändern sich ganze Wälder und die Böden. Naturnahe Ansätze wie die Wiederaufforstung werden von den großen Konzernen als Verzögerungstaktik benutzt, die vor allem dem Greenwashing ihres Images nutzt. Oft kommen dabei Monokulturen heraus, die sich auf die Biodiversität und die Tierwelt zerstörerisch auswirken.

Marc Morano scheint sich als Nonkonformist und Querdenker zu gefallen. Die ersten beiden Kapitel seines Buchs lesen sich wie das LinkedIn-Profil von jemandem, der sich viel einbildet auf die diversen Negativ-Titel, die die Medien ihm schon verliehen haben. »Es macht mir nichts aus, wenn auch Sie mich mit Schmutz bewerfen«, sagt er zu mir. Immer wenn seine Argumente als sachlich falsch dargestellt werden, nutzt er diese Kritik für seine alles andere überwölbende Geschichte von den hyperpolarisierten Medienhäusern, vom politisch und finanziell vereinnahmten Wissenschaftsbetrieb und von den korrupten Vereinten Nationen.

»Warum schenken denn die Leute den wissenschaftlichen Institutionen und der politischen Führung kein Vertrauen mehr?« Plötzlich klingt er begeistert. »Da will ich mich zunächst bei Al Gore bedanken, zum 15. Jahrestag. Wenn du eine parteipolitisch gebundene Figur hast, die sich fürs Klima engagiert, hast du die andere Hälfte der Bevölkerung sofort auf der misstrauischen Seite. Wenn man die Leute eigentlich dazu kriegen will, bei einer Klimaschutz-Agenda mitzumachen, dann war das mit Al Gore PR-technisch eine Vollkatastrophe.« Marc also nutze »dieses Geschenk an die Klimaskeptiker« – so sagt er – und bilde eine Kommandozentrale, von der aus er gegen die von Demokraten, Medien und Vereinten Nationen aufgestellten Behauptungen zum Klimawandel vorgehe. »Der größte Verlust nach Trumps Amtsantritt war, dass es keine Diskussionen mehr gab.« Alle, die den Klimawandel bestritten, würden von den Medien nicht mehr in Diskussionsrunden eingeladen, weswegen sie sich auf andere Methoden der Gegenrede verlegt hätten. Man organisiere jetzt internationale Treffen hinter verschlossener Tür oder in zugangsbeschränkten Chaträumen im Internet, tausche dort Ideen aus und plane Mainstreaming-Kampagnen.

Während einer ganztägigen Zugfahrt durch die nebligen Novemberlandschaften des ländlichen Deutschlands bereite ich mich auf die Klimawandelleugner-Konferenz vor, die ich besuchen will: die ›14. Internationale Klima- und Energiekonferenz‹. Die zweitägige Konferenz wird jährlich vom Europäischen Institut für Klima und Energie (EIKE) organisiert und versammelt die weltweit prominentesten Kritiker der Klimawissenschaft.

Von großzügigen Spenden aus der Öl- und Brennstoffindustrie mal abgesehen: Warum man die Umwelt nicht schützen wollen sollte, habe ich noch nie begriffen. Schließlich geht es um unseren und den Lebensraum unserer Kinder, und dafür müsste uns doch jeder Aufwand und jede Mühe recht sein – sogar in dem extrem unwahrscheinlichen Fall, dass der Klimawandel sich doch als großer Schwindel entpuppt. Stellen wir uns vor, wir würden die kommenden Jahre dafür verwenden, unsere Ozeane sauberer, unsere Länder grüner und unseren Energieverbrauch nachhaltiger und gleichzeitig weniger abhängig von größenwahnsinnigen Autokraten zu machen. Wenn wir dann feststellen sollten, dass es den Klimawandel gar nicht wirklich gibt: Wären unsere Investitionen nicht trotzdem gut gewesen? »Nicht das Klima ist bedroht, sondern unsere Freiheit!«, so lautet das Motto eines Instituts, das den wissenschaftlichen Konsens zum menschengemachten Klimawandel zurückweist. EIKE, das Europäische Institut für Klima und Energie, hat seinen Sitz in Deutschland. Gegründet wurde das Institut 2007 in privater Initiative von Dr. Holger Thuß, einem deutschen Historiker und früheren AfD-Politiker. Es ist mehr ein Lobby-Netzwerk als ein wissenschaftliches Forschungsinstitut und hat in ganz Europa und Nordamerika eine große politische Unterstützer-Community aufgebaut.

Ich will herausfinden, wie viel Einfluss die transnationalen und ideologieüberschreitenden Netzwerke der Klimawandelleugner inzwischen haben. In Gera, einer Kleinstadt in Thüringen, die für ihre Neonazi-Musikszene bekannt ist, steige ich aus dem Zug. Auf dem Weg zum Kultur- und Kongresszentrum komme ich an einem Auto vorbei, dessen Nummernschild mit »EIS« beginnt. Hier muss es sein, denke ich.

Drei Türsteher am Eingang wollen meinen Personalausweis und meinen Impfpass sehen. Für die Konferenz hatte ich mich mit dem Namen Christiane Ebbner registriert. Meinen echten Namen wollte ich nicht angeben, denn ich gehe davon aus, dass die Organisatoren mir sonst die Eintrittskarte wieder abgenommen hätten. Aber wegen der Corona-Checks vor Ort muss mein Name nah genug an meiner wahren Identität sein, damit mein Impfpass akzeptiert wird. Ich habe mich für einen Kompromiss entschieden: Christiane ist tatsächlich mein zweiter Vorname, und ›Ebbner‹ könnte auch einfach ein Tippfehler sein.

»Danke«, sagt einer der Männer, gibt mir meine Dokumente zurück und winkt mich hinein.

Ich betrete das Gebäude und zögere sekundenlang. »Soll ich die Maske aufsetzen?« »Nicht wirklich«, sagt er und grinst, als ob ich eine lächerliche Frage gestellt hätte. Als ich die Treppe nach oben gehe, weiß ich auch, warum. Tatsächlich trägt niemand hier eine Maske, obwohl zu diesem Zeitpunkt medizinische Masken an öffentlichen Orten deutschlandweit vorgeschrieben sind. Das hätte ich mir denken können: Auch EIKE äußert seit Beginn der Pandemie Zweifel an der Wahrhaftigkeit von Covid. Der Veranstaltungssaal ist weiträumig, die Tische sind für ein elegantes Abendessen gedeckt. Geldsorgen kennt man bei EIKE wohl nicht, denke ich. Die Konferenz wird vom Heartland Institute finanziell unterstützt, dieser von der fossilen Brennstoffindustrie finanzierten US-Denkfabrik.

Ich sehe mich um und sofort wird mir klar, dass ich als Außenseiterin erkennbar bin. Die große Mehrheit der ungefähr 250 Konferenzteilnehmer besteht aus alten weißen Männern in Anzügen. Ich gehe an der einzigen anderen jungen Frau vorbei, die Anfang zwanzig sein muss und nervös in eine Kamera spricht.

»Was für ein schönes Haarband Sie tragen«, sagt da eine Männerstimme hinter mir. Ich drehe mich um. »Darf ich Sie für ein kleines Interview entführen?«

Der Mann, der sich geriert, als sei er mindestens so wichtig wie die Organisatoren, lächelt freundlich.

»Äähm«, stottere ich. »Jetzt sofort, meinen Sie?«

»Ja, wir müssen dringend zeigen, dass wir hier eine völlig legitime Veranstaltung machen, und von daher ist es wichtig, dass alle Teilnehmer ihre Erfahrungen teilen.«

»Aber ich bin gerade erst angekommen«, sage ich. »Kann ich noch eine Nacht drüber schlafen?« Auf der verzweifelten Suche nach Gründen, warum ich auf einer Konferenz von Klimawandelleugnern kein Interview geben kann, improvisiere ich: »Ich habe eine kleine Augenentzündung, und das sieht vor der Kamera sicher nicht so gut aus.«

»Natürlich, aber morgen komme ich wieder auf Sie zurück.« Kein Wunder, denke ich, schließlich muss ich eine der höchstens fünf EIKE-Teilnehmerinnen sein, die Frauen unter 50 repräsentieren.

»Jeden einzelnen Tag wird in Deutschland, diesem Bildungs- und Wissenschaftsland, frischer Unsinn wie dieser einfach hingenommen«, eröffnet der EIKE-Vizepräsident und AfD-Politiker Michael Limburg die Konferenz. Der gelernte Elektrotechniker wollte an der Universität Leipzig in Physik und Geowissenschaften promovieren, seine Doktorarbeit wurde 2010 aber mit der Begründung der wissenschaftlichen Unhaltbarkeit abgelehnt. Michael Limburg leugnet den Klimawandel nicht vollständig, glaubt aber, dass Menschen sich an die steigenden Temperaturen einfach anpassen und schließlich überall Klimaanlagen installieren können.

Zwischen Getränken und Häppchen liegen Exemplare der sehr rechten Zeitungen *Epoch Times* und *Junge Freiheit* herum. Ich nehme mir eine Ausgabe der *Epoch Times* und setze mich.

»Sind Sie Journalistin?«, fragt der Mann neben mir aus dem Blauen heraus.

Sehe ich wirklich derart verdächtig aus? »Nein«, antworte ich ein bisschen übereilt.

»Und was machen Sie dann?«, fragt er und hat das Interesse offenbar schon etwas verloren.

»Ich arbeite im Marketing und studiere nebenher noch Zoologie, aber das ist eher ein Hobby.«

Er mustert mich. »Mein Spezialgebiet sind Eisbären«, setze ich hinzu und wecke so sein Interesse wieder. Die Community der Klimawandelleugner behauptet nämlich, die Eisbärpopulationen hätten rekordverdächtige Höchststände erreicht. »Wir haben heute mehr Eisbären als je zuvor«, erzählt mir auch einer der Konferenzteilnehmer.

Das stimmt so nicht. Tatsächlich ist die Datenlage zu den Eisbärpopulationen unzureichend, weil der Lebensraum von Eisbären flächenmäßig sehr groß und von der Forschung kaum ganz zu überwachen ist. Nur in wenigen Gegenden kennt man exakte Zahlen: In Kanada zum Beispiel sieht es so aus, als sei die Population stabil, aber niemand weiß, ob die Bären, die gezählt werden, nicht alle aus anderen Regionen eingewandert sind, wo das Meereis abtaut. Alles in allem sind die Bärenpopulationen aber durch die globale Erwärmung gefährdet, denn ihr Lebensraum ist davon bedroht.

Der World Wildlife Fund (WWF) führt Eisbären nicht als eine der unmittelbar vom Aussterben bedrohten Arten, aber doch als »gefährdet«. Es gibt sicher vom Klimawandel und seinen Nebenwirkungen deutlich gefährdetere Arten wie den Amur-Leoparden, das Spitzmaulnashorn und den Borneo-Orang-Utan. Ebenfalls gefährdet sind der Blauwal, der Blauflossen-Thun und viele andere Tiere. Klima-»Querdenker« kommen aber typischerweise mit den Eisbären, um das Massenaussterben der Arten zu leugnen. Die wissenschaftliche Beforschung hat jedoch eindeutig ergeben, dass unser Planet in den letzten vierzig Jahren die Hälfte seiner Wildtiere verloren hat. Natürlich hat es auch in der Vergangenheit schon Massenaussterben gegeben, das derzeit stattfindende ist das sechste in der Geschichte der Erde.

In einer von Experten geprüften Studie wurde festgestellt, dass »fast die Hälfte der 177 untersuchten Säugetierarten zwischen 1900 und 2015 mehr als 80 % ihrer Verbreitung verloren haben«. Sogar in den konservativsten Schätzungen ist die Rate, mit der Wirbeltiere ein für alle Mal verloren gehen, deutlich höher als bei den letzten fünf Massenaussterben. Artenschützerinnen und Artenschützer warnen davor, dass sich der Mix aus Umweltverschmutzung, Bevölkerungswachstum und invasiven Arten längst katastrophal auf die Artenvielfalt auf der Südhalbkugel ausgewirkt hat.

Das Rednerpult bei der Konferenz ist sehr international besetzt. Manche Redner sind live vor Ort, andere schalten sich per Skype aus den USA, aus Kanada und aus Australien zu. Ich kann mit eigenen Augen beobachten, wie weit die Netzwerke der Klimawandelleugner schon in die Wissenschaft, die Politik und die Zivilgesellschaft hineinreichen. Unter denjenigen, die über den Atlantik gereist sind, um bei dem internationalen Treffen in Gera dabei zu sein, ist auch James Taylor, der Präsident des Heartland Institute.

Für genügend Geld würde James Taylor jedwede Kampagne fahren. Im Dezember 2019 gaben sich zwei deutsche Investigativjournalisten als PR-Agenten aus und behaupteten, ihre Kunden in der Automobil- und Energiebranche wünschten sich ihn als Kampagnenführer, wofür sie ihm eine große Summe

Geld böten. Umgehend teilte Taylor seinen ganzen Werkzeugkasten voller Klima-Desinformationstaktiken mit ihnen und erklärte, wie Kunden vollkommen anonym über den umstrittenen Dienst ›Donor's Trust‹ Geld geben könnten, auch, wenn sie große Summen an die Organisation spenden wollten. Denn genau über diesen Weg kommt das Heartland Institute an den größten Teil seiner Finanzmittel. Taylor gab preis, dass das jährliche Budget des Instituts bei ungefähr 6 Millionen Dollar liege. Zwischen 2016 und 2020 arbeitete man eng mit der Trump-Administration zusammen.

Zu Beginn seiner Rede verkündet James Taylor: »In den USA gewinnen wir dazu. Annähernd die Hälfte aller Amerikaner glaubt nicht an die so genannte Klimakrise.« Was – wie das Meiste, was auf dieser Konferenz verlautbart wird – nicht der Wahrheit entspricht. Eine Umfrage im Jahr 2020 stellte fest, dass 21 Prozent der US-Bevölkerung glauben, dass sich das Klima nicht verändert bzw. dass der Mensch nicht verantwortlich für den Wandel ist. 21 Prozent sind immer noch viel. Die Leugnung des Klimawandels ist definitiv kein Randphänomen, auch wenn wir gemeinhin davon ausgehen.

James Taylor ist überzeugt, dass die »Klima-Realisten« mit ihrer Erzählung in Europa, wo ein größerer Anteil der Bevölkerung an den menschengemachten Klimawandel glaubt, bislang nicht erfolgreich genug waren. Gäbe es Organisationen wie EIKE nicht, »würde die Wahrheit vollständig verloren gehen«, so schließt er. ›Wahrheit‹ liegt für Taylor weit weg von wissenschaftlichem Konsens. Forscherinnen und Forscher, die zu einer mehr als 14 000-köpfigen Wissenschaftlergruppe gehören, erklärten im Juli 2021, dass wir nicht mehr nur in einer Klimakrise stecken, sondern weltweit einen akuten Klimanotstand haben. Laut des Forschungsteams stehen mehrere Kipppunkte unmittelbar bevor. In einem wissenschaftlichen Aufsatz in der Zeitschrift *Bio-Science* warnten sie, die Hinweise auf die ernsthafte Gefährdung der planetaren Gesundheit seien eindeutig, angefangen bei der Entwaldung über die Gletschereisschmelze und die Treibhausgasemissionen bis hin zur Ausdehnung des Meereises – von 31 Merkmalen verzeichneten in ihrer Analyse gleich 18 derzeit ein Rekordhoch oder -tief. Darüber hinaus stellten sie eine »beispiellose Zunahme« von Naturkatastrophen fest, die mit dem Klima in Zusammenhang stehen: verheerende Überflutungen in Südamerika, Südostasien und Europa, alle Rekorde brechende Hitzewellen, Buschbrände in Australien und den USA sowie zerstörerische Wirbelstürme in Afrika und im Süden Asiens.

Während James Taylor spricht, sind in Glasgow an die 120 Staatsoberhäupter und tausende Delegierte dabei, die UN-Klimakonferenz zu beschließen. »Diese Leute sind Heuchler«, so Taylors Worte zu Glasgow. Sein Argument: Joe Biden sei mit der Air Force 1 in Edinburgh angekommen, Aktivisten seien von überall her eingeflogen, damit sei die Konferenz zum größten $CO_2$-Superspreader-Event der Weltgeschichte geworden. »Das ist nichts anderes als Greenwashing und Heuchelei.«

Natürlich lässt sich dieses Argument mit Fug und Recht anführen, aber das Lager der Klimawandelleugner setzt das Wedeln mit dem moralischen Zeigefinger schon länger zielgerichtet und systematisch ein, um die Community der Klimaaktivisten anzugreifen. Die Attacke auf Joe Biden ist nur ein weiterer Schritt in einer langen Geschichte des *›Carbon Shaming‹* gegenüber engagierten Menschen wie Al Gore, Leonardo Di Caprio, Prinz Harry, Barack Obama und Greta Thunberg. *The Daily Caller*, ein von dem konservativen Fox-News-Kommentator Tucker Carlson gegründeter Nachrichtensender, erzählte seinen Zuschauern, das Haus von Al Gore verbrauche 34 Mal mehr Energie als ein durchschnittlicher US-Haushalt. In den letzten zehn Jahren hat *The Daily Caller* 3,5 Millionen Dollar von den Stiftungen der Familie Koch und dem Charles Koch Institute erhalten. Laut Greenpeace haben die Koch-Brüder zwischen 1997 und 2018 15 Millionen Dollar ausgegeben, um 90 Gruppierungen zu finanzieren, die Klimawissenschaft und -politik angreifen.

Das ›*Carbon Shaming*‹ wird als Strategie von allen Netzwerken angewandt, die grünem Engagement entgegenarbeiten. Die Entwicklung dieser Strategie zeigt, wie funktionierende Mobilisierungsideen von einer Gruppe an die nächste weitergegeben werden. Der Erfolg des ›*Carbon Shaming*‹ als Strategie gründet darin, dass die Aufmerksamkeit weggelenkt wird von jenen Konzernen, die den größten Anteil an Treibhausgasen freisetzen. Eine Analyse des Climate Accountability Institute kam zu dem Ergebnis, dass lediglich 20 Unternehmen des fossilen Brennstoffsektors in Verbindung gebracht werden können mit mehr als einem Drittel aller $CO_2$-Emissionen. Wenn sich jedoch am Verhalten der Klimaaktivisten nichts Kritikwürdiges finden lässt, verlegt sich die Anti-Klimaschutz-Lobby auf den persönlichen Angriff. Große Netzwerke von Internet-Trollen haben versucht, Greta Thunberg aufgrund ihres Alters und ihres Asperger-Syndroms zu diskreditieren und anzugreifen. EIKE-Vizepräsident Michael Limburg hat Greta Thunberg als »behindert« bezeichnet und gefordert, man solle ihre Eltern bestrafen. Der ehemalige brasilianische Präsident Jair Bolsonaro nannte Greta Thunberg unterdessen eine »Göre«. Und Donald Trump äußerte, sie habe wohl ein »Problem mit ihrer Wut«.

»Die Demo von Fridays for Future vor dem Veranstaltungszentrum war lächerlich klein«, sagt ein Konferenzteilnehmer zu mir, bevor er eine fünfminütige Tirade gegen die Umweltschutzbewegung vom Stapel lässt. Ich widerstehe der Versuchung, ihn darauf hinzuweisen, dass EIKE den Ort der Konferenz erst in allerletzter Minute mitgeteilt hat. Öffentlich genannt wurde die genaue Adresse gar nicht, der Veranstaltungsort wurde lediglich per E-Mail an angemeldete Konferenzteilnehmerinnen und -teilnehmer kommuniziert.

Auch wenn ich bei dieser Konferenz weiße Haare sehe, egal wo ich hinschaue: Die Klimawandelleugner haben doch begriffen, dass sie auch jüngere Stimmen für sich gewinnen müssen. Einer Avaaz-Umfrage zufolge sehen weltweit 75 Prozent der jungen Menschen zwischen 16 und 25 Jahren der Zukunft mit Sorge entgegen. Annähernd vier von zehn jungen Menschen zögern aufgrund ihrer Ängste wegen der Klimakrise, selbst Kinder in die Welt zu setzen. Die Daten zeigen, dass hier ein Generationenkonflikt vorliegt. Aber die Netzwerke der Klimawandelleugner bemühen sich in jüngster Zeit enorm darum, an Jugendkulturen anzudocken und ein jüngeres Publikum zu erreichen.

Und welches Tool wäre hierfür besser geeignet als die sozialen Medien? Während der letzten Jahre haben sich die alten Strukturen der Klimawandelleugner-Lobby geradezu revolutioniert, um sich nun auch an die nächste Generation zu richten. Die mehrheitlich alte, männliche Community hat begriffen, dass junge YouTube-Influencer rekrutiert werden müssen, wenn der eigene politische und gesellschaftliche Einfluss noch größer werden soll. Wenn Greta Thunberg der Star der Fridays-for-Future-Bewegung ist, dann ist die 21-jährige deutsche Influencerin Naomi Seibt das Maskottchen der Klimawandelleugner. Finanziert vom Heartland Institute, teilt das Mädchen mit den langen, blonden Haaren und dem sehr exakt aufgetragenen Make-up aus gegen Klimaschutz, Corona-Impfstoffe und Abtreibungsrechte. 2020 trat Seibt bei der ›Conservative Political Action Conference‹ auf, der größten jährlichen Zusammenkunft der Konservativen in den USA.

Die vernetzte Propagandamaschine der Rechten funktioniert eindrucksvoll: Naomi Seibt wurde schnell berühmt und spricht heute auf YouTube zu Hunderttausenden von Zuhörerinnen weltweit. Mittlerweile wird die junge Deutsche ›Anti-Greta‹ genannt, weil sie ihr Publikum gegen Greta Thunberg aufhetzt: »Wem glaubt ihr mehr?«

Beim Konferenz-Dinner mache ich einen Fehler. Ich entscheide mich für den jüngsten Tisch, besetzt mit Männern von 20 bis Anfang 30. Hätte ich mir denken können, dass ich bei einer Konferenz von Klimawandelleugnern auf Sympathisanten der Neuen Rechten treffe? Wahrscheinlich schon. Aber bei ungefähr 200 Anwesenden entscheide ich mich just dafür, mich neben einen Neonazi zu setzen. Ich werde ihn hier Tom nennen.

Das ist das Erste, was Tom der ganzen Tischrunde genau in dem Moment erzählt, als ich meinen Teller neben seinen stelle: »Die haben mich aus der Studentenverbindung geschmissen, nur weil ich gesagt habe, Deutschland soll weiß bleiben.«

Ich versuche, mich auf mein Essen zu konzentrieren, während das Tischgespräch vor allem um die Themen ›Migranten‹ und ›nichtweiße Minderheitscommunitys‹ kreist. Nicht die besten Einstiegsthemen für mich. Die identitäre Szene in Deutschland kennt mich von meinen vorhergegangenen Undercover-

Recherchen in ihren Kreisen nur allzu gut. Bei dieser Konferenz sollte es doch eigentlich gar nicht um weißen Nationalismus gehen!

Aber es gibt mehr Überschneidungen zwischen der Szene der Klimawandelleugner und rechtsextremen, ultranationalistischen Kreisen, als ich gedacht hatte. Eine Studie des Oxford Internet Institute fand 2020 heraus, dass die politische Unterstützung für rechtspopulistische Parteien eng verbunden ist mit dem Skeptizismus gegenüber Klimathemen und der Opposition zu klimafreundlicher Politik.

»Ich trage einen Anzug, um mich klar von diesen grünen Linken abzugrenzen«, verkündet einer der jungen Männer stolz und lacht.

Ich schaue hinunter auf meinen schwarzen Blazer, bin froh über meine Kleiderwahl und versuche, das große Stück Fleisch auf meinem Teller herunterzuwürgen. Am Büfett bin ich mit meinem Teller erst automatisch zum Gemüse gegangen, fürchtete dann aber, dass eine vegetarische Mahlzeit zu verdächtig wirken könnte.

»Arbeitest du im Bereich Klima?«, frage ich den Identitären neben mir.

»Nein, ich bin nur wegen ein paar Freunden hier.« Er zeigt auf die andere Seite des Tisches. Einer der jungen Männer, Moritz, ist Mitglied bei EIKE.

Er erzählt uns, man habe sich aus gutem Grund für Gera entschieden. »Die Umstände in Thüringen sind, sagen wir, besondere. Wir haben genügend Connections vor Ort, um so was hier durchzuführen. Eigentlich dürfen Konferenzen dieser Größe ja gerade nicht stattfinden, vor allem nicht in einem öffentlichen Gebäude wie dem hier. Aber nun ja, es ist hilfreich, Freunde in der Regierung zu haben.« In der thüringischen Landtagswahl von 2021 hat die AfD die meisten Stimmen bekommen.

Der Rest der Abendunterhaltung geht eher in die Richtung, wie ich sie erwartet habe: Klimavorhersage-Modelle, $CO_2$-Emissionen und Meerwasserspiegel. »Je weiter man in die Zukunft schaut, desto schwieriger und unpräziser werden die Wettervorhersagen«, sagt der Mann zu meiner Linken. »Wieso glauben Wissenschaftler, sie könnten die Temperaturen für 2050 vorhersagen?«

Im Normalfall sprechen Klimawissenschaftlerinnen und -wissenschaftler übers Klima und nicht übers Wetter. Wetter kann sich stündlich ändern und bildet kurzfristige Veränderungen in der Atmosphäre ab, der Begriff ›Klima‹ jedoch beschreibt über eine längere Zeitperiode (< 30 Jahre) beobachtbare Wettermuster in einer bestimmten Region. Selbstverständlich ist das Wetter langfristig gesehen hochgradig unvorhersehbar, aber allgemeine Klimamuster lassen sich mithilfe von Trends aus Vergangenheit und Gegenwart durchaus berechnen.

Dann kommen wir zum zweitliebsten Thema der Klimaskeptiker-Szene, dem $CO_2$. Forschungen haben ergeben, dass Kohlenstoffdioxid nicht der einzige Auslöser für die globale Erwärmung ist. Trotzdem erachtet ihn die überwiegende Mehrheit der Klimawissenschaftler für den ausschlaggebenden. Darüber hinaus löst die Bindungsfreudigkeit der unterschiedlichen Variablen von $CO_2$ eine Kettenreaktion von Faktoren aus, die zusammengenommen die Erderwärmung noch verstärken. Die Freisetzung von Treibhausgasen wie Kohlenstoffdioxid, Methan und Distickstoffoxid bedingt also globale Erwärmung und führt zu damit in Zusammenhang stehenden Auswirkungen wie zur Versauerung der Ozeane. Historische

Analysen weisen darauf hin, dass Veränderungen im Kohlenstoffzyklus der Erde für Massenaussterben in der Vergangenheit offenbar die mit Abstand wichtigste Ursache gewesen sind.

Klimawissenschaftsskeptiker jedoch ziehen die so genannte Keeling-Kurve, die die Akkumulation von Kohlenstoffdioxid in der Erdatmosphäre abbildet, in Zweifel. »$CO_2$ ist nicht der Bösewicht, als der es dargestellt wird«, wird da gerne mal gesagt und bekommt umgehend Beifall von den Lobbyisten der Ölindustrie. Manche der Teilnehmer auf der EIKE-Konferenz glauben, dass die Auswirkung von $CO_2$ nur marginal ist und der Klimawandel von hunderten unterschiedlichen Faktoren bestimmt wird, darunter Ozeanzirkulation, vulkanische Aktivität und Flächennutzung. Andere glauben, die steigenden Temperaturen würden von schwankender Sonnenaktivität verursacht. Eine dritte Fraktion hingegen glaubt noch nicht einmal daran, dass die Temperaturen weltweit steigen. In diese Gruppe gehört auch James Taylor, der uns bei der Konferenz erzählt: »Man kann doch nicht von Erderwärmungskrise sprechen, wenn die Temperaturen so abnormal niedrig sind.«

So eifrig EIKE auch dabei ist, das eigene Netzwerk weiterzuentwickeln, so bewusst versuchen sie auch, Einblicke von außen und Infiltration unmöglich zu machen. Die Organisatoren der Konferenz haben ihr Möglichstes getan, um durch Hintergrundrecherchen zu allen Teilnehmenden negative Überraschungen auszuschließen. Und obwohl ich alles versucht hatte, um nicht aufzufallen, komme ich nicht durch die EIKE-»Sicherheits-Checks«. Am zweiten Tag der Konferenz werde ich nach Hause geschickt und des Veranstaltungsgeländes verwiesen. Als ich am nächsten Morgen wieder am Ort des Geschehens eintreffe, schauen mich die Security-Leute verunsichert an und rufen den Veranstalter. Der kommt dann von der anderen Seite der Empfangshalle auf mich zu, und so, wie er mich ansieht, weiß ich sofort, dass sie herausgefunden haben, wer ich bin. Die Wut in seinen Augen verrät mir, dass sie das nicht witzig finden, und für einen kurzen Augenblick bin ich versucht, mich umzudrehen und wegzurennen. Dann atme ich tief durch und zwinge meine Füße, an Ort und Stelle stehen zu bleiben. »Warum darf ich denn nicht mehr hinein?«, frage ich höflich, während meine Zehen sich für den Abstoß zu einem kurzen Sprint bereitmachen. »Es gab ein Problem mit dem Namen«, sagt er. »Mein Name, okay. Können wir das nicht einfach korrigieren?« Er schüttelt den Kopf und zeigt Richtung Tür. Auf meine Frage, ob ich aus politischen Gründen rausgeworfen werde, heißt es: Nein. Aber ich habe den starken Verdacht, dass das nicht stimmt. Schließlich ist es eine geschlossene Networking-Veranstaltung für Gleichgesinnte.

Um zu kompensieren, dass ich einer Klimawandelleugner-Organisation 55 Euro für den Eintritt zu ihrer Konferenz bezahlt hatte, spende ich den doppelten Betrag an Greenpeace. Glücklicherweise haben die Netzwerke der Umweltschützer immer noch mehr Einfluss als die der Klimawandelleugner. Aber der wachsende Einfluss der Klimawissenschaftsskeptiker und ihr Vermögen, Fortschritt zu blockieren, bedeutet für die Kampagnenmacherinnen der Umweltschutzbewegung, dass sie sich immer radikalerer Strategien bedienen müssen, um noch Gehör zu finden. Aus meinen Gesprächen sowohl mit Umweltschützern als auch mit Klimawissenschaftsleugnerinnen habe ich mitgenommen, dass es in den kommenden Jahren wichtig sein wird, einen irgendwie gearteten Dialog zwischen den beiden sich eher konträr gegenüberstehenden Gruppen zustande zu bringen, vor allem, weil das Thema im Vorfeld von Wahlen zunehmend politisiert werden wird und positiver Wandel nur mit umweltfreundlichen Regierungen an der Macht vonstattengehen kann.

Die Wissenschaft steht unbestreitbar auf der Seite des Klimaschutzaktivismus, dessen Warnungen vor dem kurz bevorstehenden Klimanotstand von tausenden Studien gedeckt werden. Und trotzdem ist es den Klimawandelleugnern und ihren Sympathisanten gelungen, in globalem Maßstab Desinformation über unsere Umwelt zu verbreiten. Die Argumente der Klimawandelleugner klingen vielleicht erst mal überzeugend, vor allem dann, wenn man sich vorher nicht mit der Datenlage und den wissenschaftlichen Studien auseinandergesetzt hat, die die Sorgen, die wir uns über unsere Zukunft machen müssten, eigentlich nur erhärten. Journalistinnen und Politaktivisten müssen darauf vorbereitet sein, von Klimawandelleugnern vorgebrachte unwissenschaftliche bzw. falsche Argumente als falsch entlarven und widerlegen zu können. Je weiter ich mich ins Lager der Klimawandelleugner vorgewagt habe, desto klarer wurde mir, dass deren Strategie weitgehend darauf beruht, über ihre weltweiten Lobby-Netzwerke systematisch Halbwahrheiten verbreiten zu lassen.

## 4 Alternative Medien stärken

### *Bei den Aktivisten von ›White Lives Matter‹*

Woher bekommen extremistische und kontrafaktische Ideen ihren Sauerstoff? Wenn global vernetzte Subkulturen ihre eigenen Alternativmedien etablieren, können sie Einfluss nehmen auf die Denkprozesse, Einstellungen und Verhaltensweisen breiterer Bevölkerungsteile. Aus erster Hand weiß ich, welchen strategischen Aufwand die neue Rechte und die Alt-Right-Bewegungen für ihre Kommunikation betreiben. Sie wollen sich von den herkömmlichen Neonazis unterscheiden und seriöser auftreten. Ihr Zielpublikum ist auch deutlich größer als die prekarisierte ländliche Unterschicht, die sich als Globalisierungsverlierer wahrnimmt. Sie erreichen gleichermaßen junge, gebildete und urbane Bevölkerungsschichten.

Als ich ›White Lives Matter‹ beitrete, weiß ich nicht allzu viel darüber. 2016 in den USA in Reaktion auf die Black-Lives-Matter-Proteste gegründet und von der gemeinnützigen US-Organisation Southern Poverty Law Center zur Hassgruppe erklärt, ist die Bewegung inzwischen zu einem einflussreichen Netzwerk aus hunderttausenden Einzelpersonen und weltweit vielen assoziierten Gruppierungen geworden. Als ich dem Kanal ›White Lives Matter Official‹ beitrete, bekomme ich als Erstes Folgendes zu lesen: »Wir erklären dem anti-weißen System und allen, die uns unterdrücken wollen, den Krieg. Wir sind vereint in unserem Blut, unserer Kultur und unserem Geist und werden uns gegenseitig niemals aufgeben.«

Das Profil meines Avatars Claire sieht aus wie das einer typischen pro-weißen Aktivistin: patriotisches Logo, der schlichte Claim »Meinungsfreiheit!« darunter, dazu Kommentare voller in der Alt-Right-Szene sofort verstandener Symbole und Abkürzungen: das »OK«-Handzeichen, »YWNRU« (für: »You will not replace us«; übersetzt: »Ihr werdet uns nicht ersetzen«) und das Lambda der Identitären Bewegung. Claire hat schon in vielen weiß-identitären Gruppen ihre europäische Abstammung sowie ihre Loyalität der ›weißen Rasse‹ gegenüber nachweisen müssen.

Kurz nachdem ich bei White Lives Matter eingestiegen bin, werden ich und andere Neulinge von den Administratoren der Gruppe dazu gedrängt, sich regelmäßig »pro-weiß« zu engagieren, sowohl on- als auch offline:

»Unterstütze uns in unserem Bestreben, Weißes Bewusstsein wiederzubeleben, und nimm dir mindestens zwei Stunden pro Monat Zeit, um dich mit anderen Pro-Weißen zu treffen und mit ihnen in den brüderlichen Kampf zu ziehen. Solltest du körperliche Beeinträchtigungen haben, kannst du auch nur diesen Text im Internet teilen. Wenn du nicht weißt, wie man Banner macht, kannst du Aufkleber ausdrucken. Wenn du es nicht zu einem Protestmarsch schaffst, kannst du deine Familie und deine Freunde dazu bringen, sich *Europa – The Last Battle* anzusehen.«

Daraufhin erhalte ich eine offizielle Anleitung für mein Engagement. Im Open-Security-Guide der Gruppe stehen Tipps sowohl für die Online- als auch für die Offlinekommunikation: »Wir tun alles in unserer Macht Stehende, damit du keinem Risiko ausgesetzt bist, aber es gibt ein paar Regeln, an die DU dich in dieser immer stärker anti-Weißen Welt halten solltest.«

ONLINE

- Nutze ein seriöses VPN, das keine Logs aufzeichnet.
- Nutze eine alt./anon. Telefonnummer, die sich nicht zu dir zurückverfolgen lässt.
- Schalte alle App-Einwilligungen und Lokalisierungssettings aus.
- Benutze oder veröffentliche im Internet niemals deinen wahren Namen, deine Telefonnummer, deinen Wohnort oder deine Arbeitsstelle.

OFFLINE

- Kleidung: Maske im Sturmhauben-Stil, Sonnenbrille, Mütze/Kappe, nicht identifizierbare Klamotten
- Maßnahmen fürs körperliche Erscheinungsbild: Tattoos verbergen, wiedererkennbare Piercings herausnehmen
- Vorsicht, wann und mit wem du über deine Meinung und deine politischen Standpunkte sprichst. Sag nichts, was du nicht sagen musst. Trage keine Hakenkreuze oder irgendetwas anderes an dir, was ein offensichtlicher Neonazi tragen würde.
- Sei immer darauf vorbereitet, dich oder andere zu verteidigen. Trage vorzugsweise eine Handfeuerwaffe bei dir. Manchmal aber gilt es auch, mit einem Messer, einem Schläger, einem Elektroschocker o. ä. klarzukommen. Im besten Fall hast du immer ein paar Optionen.

In den einführenden Materialien geht es aber nicht nur um die gängigen Kommunikationsstrategien und Sicherheitsmaßnahmen. Jedes Neumitglied erhält auch klare Anweisungen dazu, wie in veröffentlichten Texten und Kampagnen über den »White

Genocide« und den »Großen Austausch« gesprochen werden soll. Das Kernargument ist: »Weiße Menschen stellen aktuell nur 8 Prozent der Weltbevölkerung. Eine Weiße Person in Amerika wird mit einer Wahrscheinlichkeit von 45 zu 200 eher von Nicht-Weißen angegriffen oder getötet als andersherum.«

Von anderen Mitgliedern des Kanals höre ich immer wieder: »In den Medien wird nicht die Wahrheit gesagt.« Donald Trumps wichtigster Beitrag zur Verschiebung von abseitigen Rechtsaußen-Vorstellungen in die diskursive Mitte war seine unverhohlene Feindseligkeit gegenüber den traditionellen Medien, allen voran gegenüber den linksliberalen oder im politischen Zentrum angesiedelten. Auf dem ganzen Erdball haben Rechtspopulisten und rechtsextreme Kommentatoren Trumps Strategie der Medienverunglimpfung nachgeahmt und einen Modus Operandi etabliert, in dem verlässliche und vertrauenswürdige mediale Quellen als »Fake News« und »Lügenpresse« abgekanzelt werden.

Die Konsequenz daraus? Das in die Medien gesetzte Vertrauen ist weltweit gering. Das der US-Amerikanerinnen und -Amerikaner sank im Jahr 2021 auf den zweitniedrigsten Wert seit Beginn der Aufzeichnungen – nur fünf Zähler über dem Rekordtief von 2016 mit 32 Prozent. Nur 7 Prozent aller Erwachsenen in den USA gaben an, sie hätten »viel« Vertrauen in die Berichterstattung von Zeitungen, Radio und Fernsehen. Während in Deutschland durchgeführte Studien in den vergangenen Jahren ein allgemein einigermaßen stabiles Vertrauen in die klassischen Medien verzeichneten, gaben im Jahr 2022 doch 41 Prozent der Deutschen an, der Journalismus habe für sie seit Ausbruch der Pandemie an Glaubwürdigkeit eingebüßt.

Vor dem Hintergrund dieses wachsenden Misstrauens gegenüber den traditionellen und etablierten Medien hat sich eine vollkommen neue Informationslandschaft aus rechtsextrem-alternativen Websites und News-Channels in den sozialen Medien entwickelt. Als Ganzes betrachtet bezeichne ich diese als ›Alt-Media‹. Die extreme Rechte setzt dieses Arsenal an neuen Nachrichtenquellen und -kanälen, die sich sämtlich als Verfechter der freien Meinungsäußerung und als anti-elitäre, bürgerjournalistische Plattformen verkaufen, strategisch ein. Das reicht von den englischsprachigen alternativen Nachrichtenportalen *Breitbart*, *Infowars*, *The Gateway Pundit* und *Westmonster* über die deutschen identitären Verlage *Junge Freiheit*, *Epoch Times* und *Compact* bis hin zu den von den Russen finanzierten internationalen Ablegern von *RT* und *Sputnik*. Die Kanäle rechtsextremer Meinungsmacherinnen und Influencer auf alternativen Social-Media-Plattformen wie Bitchute, Substack, Odysee, Gab, Parler, Truth Social, Gettr, Telegram und Discord fungieren dann als Verbindung zwischen den Nachrichten und der Basis.

Sobald randständige Ideen in der Alt-Media-Sphäre breiten Anklang finden, schaffen sie es leicht auch ins erweiterte Informationssystem. Längst werden zahllose Tropen aus rechtsextremen Websites, Foren und verschlüsselten Chats in Massenmedien wie *Fox News* und der *Daily Mail* wiederholt, gebilligt und popularisiert. Tucker Carlson, der Host der Late-Night-Show »Tucker Carlson Tonight«, die Sendung mit den höchsten Einschaltquoten auf *Fox News*, hat die weiße Vorherrschaft jüngst als »Hirngespinst« bezeichnet. Er verteidigte außerdem den Slogan »It's okay to be White« (IOTBW; »Es ist in Ordnung, weiß zu sein«), der auf dem Alt-Right-Board *Politically Incorrect (/pol)* auf 4Chan seinen Ursprung hat, und beschrieb Iraker als

»halbgebildete, primitive Affen«. Auf ebendiesem Weg erreichen ehemals randständige Ideen und Haltungen mittlerweile eine große Gemeinde aus Paläokonservativen, Rechtslibertären und Neoreaktionären. Der rechtslastige Podcaster Joe Rogan ließ in seiner Show, die elf Millionen Zuhörer erreicht, bereits das N-Wort fallen. Eric Deggans, Filmkritiker im *National Public Radio (NPR)*, warf Rogan den Gebrauch rassistischer Sprache vor und sagte, er litte unter dem »Bigotterie-Leugnungssyndrom«, also der irrigen Vorstellung, man selbst sei immun dagegen, etwas Fanatisches, Vorurteilsbehaftetes oder Rassistisches zu sagen oder zu tun.

Unter demselben Syndrom leidet offenbar auch Kanye West, der sich mittlerweile Ye nennt. Der Schwarze US-amerikanische Rapper und Trump-Unterstützer sorgte in der Antirassismus-Community international für einen Aufschrei, als er mit einem ›White Lives Matter‹-Shirt bei der Pariser Fashion Week aufkreuzte. Er sagte zudem, Sklaverei sei keine Misshandlung der Schwarzen Bevölkerung gewesen, sondern deren freie Wahl. Ye ist bekannt für seine hochkontroversen und oft menschenverachtenden Aussagen. Auch antisemitische Verschwörungstheorien über »die jüdischen Medien« und die angebliche »jüdische Agenda« verbreitet er gern, u. a. suggerierte er, die Musikindustrie werde von »den Juden« kontrolliert. Auf Instagram postete er: »Entweder, ich bringe die jüdischen Geschäftsleute dazu, ihre Verträge fair zu gestalten, ODER ich sterbe bei dem Versuch.« Nach wiederholten Verstößen gegen Hassrede-Vorschriften wurden seine Accounts auf Twitter und Instagram gesperrt, Adidas kündigte den Werbevertrag mit ihm. Laut CNN beschäftigt sich Ye obsessiv mit Nazi-Deutschland und wollte sein 2018er Album sogar nach Adolf Hitler benennen. Sein kryptischer Tweet »Wenn ich aufwache, mache ich jüdische Menschen ›death con 3‹« konnte eigentlich nur als Gewaltandrohung gegenüber Juden interpretiert werden. Yes Statements haben schnell Konsequenzen in der realen Welt gehabt: In L. A. wurden bald nach dem Tweet seine antisemitischen Äußerungen gemeinsam mit dem Hitlergruß auf der Straße vernommen.

Weltweit gibt es Unter- und Ortsgruppen von White Lives Matter: in allen US-Bundesstaaten, in allen europäischen Ländern, in Australien, Neuseeland und Kanada. Ausgehend von meinen Recherchen schätze ich die Zahl der Mitglieder auf mehrere Hunderttausend. Unter-Kanäle widmen sich dem »Christlichen Arianismus« und der »Adamischen Aufklärung«. Auf anderen Kanälen geht es thematisch mal um Religion, Gesundheit und Homeschooling, mal um Nachrichten und Memes, aber auch um Anthropologie und Kunst. Einer der vielen Kanäle der weiß-identitären Basisbewegung ist ›White Lives Matter Official‹. Die 6500 Abonnentinnen und Abonnenten dieser Telegram-Gruppe glauben, »die realen anti-weißen Kräfte mit noch realerem pro-weißem Geist bekämpfen zu müssen«. Ein Gruppenadministrator versprach: »Der Sieg wird unser sein. Freiheit oder Tod!«

WIR SIND DIE GANZ NORMALEN WEISSEN,
DIE DIESES LAND AM LAUFEN HALTEN.
WIR SIND DIE STEUERZAHLER.
WIR SIND DIE KIRCHGÄNGER.
WIR SIND DIE ›NORMALOS‹.
WIR SIND DIE ›MANIPULIERBAREN‹.
WIR SIND DER ORGANISCHE KÖRPER,

VON DEM SICH DIE PARASITEN ERNÄHREN.
WIR SIND IHR SCHLIMMSTER ALPTRAUM.
WHITE LIVES MATTER

Ist man erst mal auf einem der entsprechenden Telegram-Kanäle, öffnet sich die Büchse der Pandora: Man bekommt Einladungen und Empfehlungen für andere Kanäle. Die WLM-Gruppe, die sich vor allem auf die EU und auf Großbritannien konzentriert, teilt ein Propagandavideo aus den Vereinigten Staaten, in dem Aktivisten – gemäß dem Open-Security-Guide der Bewegung – Sturmhauben, Sonnenbrillen und Kappen tragen und im ganzen Land provokante Flyer und QR-Codes anbringen. »Ihr habt die Wahl. Die Zukunft liegt in euren Händen.« Der Host der europäisch-britischen WLM-Gruppe schreibt: »Wollt ihr ein passives Leben leben, in dem euer Glück immer nur vom nächsten ›Ereignis‹ in irgendeinem obskuren Forum abhängt? Oder seid ihr reif genug, um Verantwortung zu übernehmen und einen Beitrag zu leisten für die Rettung unseres Volkes?«

White Lives Matter brieft seine Aktivisten, keine Schimpfwörter, Neonazi-Symbole oder Gewalt einzusetzen, um die Botschaft der Bewegung zu verbreiten. Der Host einer Gruppe schreibt: »Wie etwas rüberkommt und die ›Optik‹ sind wichtig.« In der Kommunikation der Gruppe in die Öffentlichkeit spiegelt sich eine Strategie, die weit rechtsaußen stehende Aktivisten in den vergangenen Jahren häufig angewandt haben: Damit ihr radikales Gedankengut in den Mainstream-Diskurs einsickern kann, bekommen ihre Kampagnen einen neuen Markenkern verpasst, ihre Hassbotschaften bekommen ein satirisches Mäntelchen umgehängt. Die US-amerikanische Extremismusexpertin Cynthia Miller-Idriss hat in ihrer Forschung nachgewiesen, wie sich die Rechte »wegbewegt von dem klar erkennbaren, scharfkantigen Skinhead-Style und sich kommerziell und modisch auftretender Marken bedient, die wiederum kodierte extremistische Symbolik zum Einsatz bringen«. Im Vorfeld der tödlichen Protestmärsche weißer Rassisten in Charlottesville 2017 war ich undercover bei den Organisatoren und wurde Zeugin ausführlicher Diskussionen darüber, wie man für ein Massenpublikum attraktiv erscheinen könnte. Kampagnen in Presse und den sozialen Medien wurden sorgfältig darauf zugeschnitten, in der Bevölkerung weitverbreitete Ängste in Bezug auf Meinungsfreiheit und das kulturelle Erbe aufzunehmen und so einen Widerhall zu erzeugen.

Ideen aus dem weiß-identitär-rassistischen Kontext sind bereits in den Diskurs des politischen Mainstreams eingesickert. Der so genannte »Große Austausch« – die Vorstellung also, dass Weiße Schritt für Schritt durch Nicht-Weiße ausgelöscht werden, um einem weltweit agierenden, elitären Geheimbund an die Macht zu verhelfen – tauchte im Jahr 2010 erstmals als radikaler Verschwörungsmythos auf. Der Begriff ›*grand remplacement*‹ wurde von dem Franzosen Renaud Camus geprägt, einem ehemaligen Schriftsteller und heutigen Politaktivisten. Der Mythos von einem geplanten Genozid an der weißen Bevölkerung ist mittlerweile derart im Mainstream-Diskurs angekommen, dass sogar Spitzenkandidaten in ihren Wahlkampagnen von ihm Gebrauch machen. Siehe Eric Zemmour: Der Kandidat für die französische Präsidentschaftswahl im Jahr 2022 propagierte den rassistischen Verschwörungsmythos sowohl im Fernsehen als auch in den sozialen Medien. Eine Umfrage ebenfalls aus dem Jahr 2022 ergab, dass fast die Hälfte der Wählerschaft der Republikaner zumindest zu einem gewissen Grad mit der These übereinstimmt, dass gebürtige US-Amerikanerinnen und -Amerikaner absichtlich durch Einwanderer ersetzt werden.

Woher kommt dieses Wiederaufleben von rechtem, weiß-identitärem Aktivismus? In der Folge des Erstarkens von Black Lives Matter nach der Ermordung von George Floyd hat es in der Welt eine massive Gegenreaktion gegen Schwarze Menschen gegeben. »Wir dürfen nicht zulassen, dass unser Land zu Haiti wird ... Es ist an der Zeit, den wilden Bestien das Handwerk zu legen. Black Lives Matter abschaffen!«, so formulierte es Rebecca Barnette, Vorsitzende der Frauenabteilung des ›National Socialist Movement‹ und Mitbegründerin von White Lives Matter. Die Black-Lives-Matter-Demonstrationen im Sommer 2020 haben in vielen Ländern eine Verschiebung hin zu biologistisch-rassistischen Themen zur Folge gehabt, darunter in den USA, in Großbritannien und in Deutschland. Rechte News-Websites und Fernsehsendungen haben die Black-Lives-Matter-Aktivisten systematisch dämonisiert und entmenschlicht sowie den Hass und die Verachtung ihrer Leserinnen und Zuschauer auf die Schwarze Community gelenkt. Bis zum Frühjahr 2021 hat es in weltweit mehr als 70 Ländern Black-Lives-Matter-Proteste gegeben. Eine Analyse von über 7700 Demos im Sommer 2020 ergab, dass 93 Prozent aller Black-Lives-Matter-Demonstrationen friedlich verlaufen waren.

Als Folge von negativer medialer Berichterstattung waren Politikerinnen und Politiker allerdings schnell bei der Hand, Black Lives Matter als gewalttätig und gefährlich und als Bedrohung für weiße Communitys darzustellen. Der konservative britische Parlamentsabgeordnete Rajid Javid sagte, Black Lives Matter sei »keine Kraft für das Gute«. Die politische Verurteilung von Black Lives Matter hat die sozialen Spannungen rund um das Thema ›antirassistisches Engagement‹ also eher noch verschärft. Eine von YouGov im Auftrag der Organisation ›More in Common‹ durchgeführte Studie fand heraus, dass 35 Prozent aller Britinnen und Briten Black Lives Matter als eine negative Kraft sehen, während 46 Prozent die Bewegung als eindeutig positiv wahrnehmen.

Hat Black Lives Matter die Spannung zwischen Teilen der Bevölkerung also erhöht? 55 Prozent der Britinnen und Briten glauben, dass dem so ist. Die Organisatoren der Bewegung allerdings vertreten die Position, dass durch die Proteste lediglich längst bestehende Bruchstellen sichtbar geworden sind. Diese zunehmend im Diskurs der Mitte ankommende Polarisierung hat Menschen, die die Überlegenheit der weißen Rasse vertreten, die Macht verschafft, eine neue Generation von Sympathisanten an die ihnen treuen alternativen Medienkanäle zu verweisen. So wurde ein immenser gesellschaftlicher Backlash gegen Black Lives Matter initiiert – alles unter dem Banner von »White Lives Matter« (WLM) oder eben »All Lives Matter«.

Der Kanal von White Lives Matter brachte mich auf direktem Wege zu Mark Collett, einem der prominentesten WLM-Propagandisten in Großbritannien. Collett ist Gründer der ›Patriotic Alternative‹, der heute größten ultranationalistischen Bewegung in Großbritannien, die es allein seit 2019 zu Ablegern im ganzen Land, Hunderten aktiv Engagierten und mehreren zehntausend Anhängerinnen und Anhängern gebracht hat. Aufgewachsen ist der 41-jährige Vater und selbsterklärte Patriot in Leicestershire. Bei der British National Party war er Leiter der Öffentlichkeitsarbeit sowie Vorsitzender der Parteinachwuchsorganisation. Bekannt ist Collett schon seit 2002, als er Aids als »freundliche Krankheit« bezeichnete, die »ja nur Schwarze, Drogenabhängige und Schwule haben«. 2020 organisierte er am Internationalen Tag der indigenen Völker weltweite White-Lives-Matter-Demonstrationen.

In unser Gespräch steigt er so ein: »Offenkundig werde ich hier und da falsch verstanden von manchen Leuten.« Seine Stimme klingt sanft und ruhig, fast ein wenig zu ruhig für das, was er mir gleich sagen wird. Für ihn bin ich Claire Lafeuille, eine französisch-britische Kämpferin für die Meinungsfreiheit mit klaren Sympathien für ultranationalistische Bewegungen und eine Bürgerjournalistin, kurz davor, eine eigene Podcast-Serie zu kontroversen Themen zu starten. Ist Claire also mit allem einverstanden, was Mark sagt? Nein. Aber da sie einen etwas naiven Eindruck macht, hat Mark einem Gespräch unter vier Augen zugestimmt.

»Fangen wir an mit einem Assoziationsspiel«, sage ich und beiße mir auf die Lippe, weil ich höre, wie schrecklich zittrig meine Stimme klingt.

Ich gebe Collett immer ein Stichwort, auf das er, ohne groß zu überlegen, mit einer kurzen Assoziation reagieren soll. Also los.

»Black Lives Matter«, sage ich.

Mark Colletts Antwort kommt nach dem Bruchteil einer Sekunde: »Eine kommunistische Erhebung mit dem klaren Ziel, den Westen zu ruinieren und weiße Menschen zu verhassten Bürgern zweiter Klasse zu machen.«

»Feministinnen«, mache ich weiter. Menschen wie er werfen dem Feminismus und den Frauenrechten vor, die Geburtenrate der Weißen zu senken.

»Ein Angriff auf die traditionelle Familie«, bricht es aus ihm hervor, und dann, nach einer kurzen Pause, »mit dem Vorsatz, Frauen zu etwas zu machen, wozu sie nicht gemacht sind und womit sie auch niemals glücklich werden.«

Ich schlucke schwer und habe Mühe, das nächste Stichwort zu finden.

»Joe Biden«, sage ich nach ein paar Sekunden.

Wieder kommt seine Antwort sofort, er klingt geradezu amüsiert: »Ein Marionettenpräsident, der nicht weiß, was er tut, und wahrscheinlich unter Demenz leidet, was ziemlich sicher zu einer Politik führen wird, die so anti-weiß und so anti-traditionell ist wie noch niemals zuvor.«

Was er wohl denkt zu: »Corona.«

Selbstbewusst verkündet er: »Eine Fake-Pandemie, die benutzt wird, um Angst zu verbreiten und eine drakonische neue Gesetzgebung zu institutionalisieren, die den Menschen auf der ganzen Welt ihre Rechte nimmt.«

»Das Letzte«, sage ich. »Klimawandel.« Und wieder antwortet er ohne das geringste Zögern: »Ein künstlich fabriziertes Problem, das dazu da ist, die Steuern erhöhen zu können, und das weiße Menschen vor lauter Schuldgefühlen dazu bringen soll, keine Kinder mehr zu bekommen. Die wahre Bedrohung für die Umwelt aber ist das Bevölkerungswachstum und nicht der Klimawandel.«

Mark Collett schafft es irgendwie, dass es bei allem um den so genannten »weißen Genozid« geht, egal, ob bei Feminismus, Corona oder Klimawandel.

Während er mir eine Privatstunde zu seinen radikalen Überzeugungen erteilt, frage ich mich, wovor genau er eigentlich Angst hat. Er sagt: »Wir sehen ja nicht nur diesen massiven demografischen Wandel, bei dem die indigene Bevölkerung der meisten europäischen Staaten zur Minderheit wird. In Großbritannien wird dieser Zeitpunkt um 2066 gekommen sein.« Auf der Website der Patriotic Alternative gibt es sogar einen Countdown, der die Tage zählt, bis Großbritannien angeblich nicht mehr weiß sein wird. Düster fährt Collett fort: »Gleichzeitig sehen wir aber auch ununterbrochene Angriffe auf weiße Menschen, auf den Traditionalismus, auf gesunde moralische Werte und auf die grundlegenden Bausteine unserer westlichen Zivilisation.«

Es ist nicht einfach, mit Menschen wie Mark Collett zu diskutieren. Er ist überzeugt davon, dass der demografische Wandel für so gut wie jedes Problem in Europa verantwortlich ist: Messerattacken, Schlepperbanden, steigende Immobilienpreise und die Zerstörung naturnaher Grünflächen – all das steht auf seiner Liste. Es scheint ihm nicht in den Sinn zu kommen, dass diese Probleme ihre Wurzeln vielleicht eher in ökonomischer Ungleichheit haben statt in ethnischen oder kulturellen Unterschieden. Eine umfangreiche Studie in Großbritannien konnte 2020 keinen Zusammenhang feststellen zwischen ethnischem Hintergrund und Jugendkriminalität. Sie kam stattdessen zu dem Schluss, dass Indikatoren wie negative Kindheitserlebnisse, eine fragile mentale Gesundheit, Diskriminierungserfahrungen und sozioökonomische Probleme am ehesten Rückschlüsse zulassen auf die Tendenz, auf der Straße gewalttätig zu werden oder in Messerstechereien oder Gangkriminalität verwickelt zu sein. Ein Bericht des britischen Innenministeriums entlarvte Behauptungen, dass Schlepperbanden mehrheitlich aus Schwarzen und Asiaten bestehen, 2020 als falsch. »Die Straftäter haben ganz unterschiedliche Hintergründe«, so das Ergebnis, aber die Gruppen bestünden tendenziell aus Männern derselben ethnischen Gruppe.

Die Geschwindigkeit und Eloquenz, mit der Mark Collett mein Assoziationsspiel spielt, ist ein Schock für mich. Es kommt mir vor, als habe er das Spiel schon sehr oft geübt. Seitdem er zwanzig ist, engagiert er sich aktiv für ultrarechte, nationalistische Anliegen. Vielleicht hat er deshalb sein Studium der Betriebswirtschaft an der Universität Leeds nicht mit Bestnoten abgeschlossen. Statt an Ökonometrie und Unternehmensführung war er einfach stärker daran interessiert, seine Ideen für einen Übergang in eine rein weiße britische Gesellschaft weiterzuentwickeln.

Ethnische Unterschiede seien ihm schon zu Schulzeiten stark bewusst gewesen, sagt er mir gegenüber. Aufgewachsen sei er in einem ausschließlich von Weißen bewohnten Dorf, aber Leicester, die nächstgelegene Großstadt, sei die erste Stadt in Großbritannien gewesen, in der Weiße zur Minderheit wurden. »Ich habe damals erkannt, dass es unterschiedliche Lebensweisen gibt«, erinnert er sich. Und das habe ihm Angst gemacht. »Mir wurde damals klar, dass ich etwas dagegen unternehmen will, weil es sich so weitreichend auswirkt auf alle, die im Vereinigten Königreich leben, auch auf meine zukünftigen Kinder.«

Heute hat Collett tatsächlich selbst ein Kind und konzentriert sich darauf, junge Menschen für die Patriotic Alternative zu gewinnen, die erklärtermaßen das Ziel verfolgt, alle nichtweißen Menschen aus Großbritannien zu entfernen. Mir gegenüber sagt er: »Wir machen ganz viel Gemeinwesenarbeit und Flugblattaktionen. Aber Engagement kann auch kleiner ausfallen: Schon mit der Familie und mit Freunden zu sprechen, ist viel wert.« Er geht indirekt davon aus, dass Menschen europäischer Abstammung ihren Gemeinsinn verloren haben, wohingegen »Juden, Muslime und Afrokariben ihre Community und ihr Identitätsgefühl von unserer Regierung gefördert bekommen«.

»Es ist Zeit, deine Rolle zu übernehmen«, so steht es auf der Website, dazu die Unterzeile: »Wir suchen neue Mitglieder in Südengland.« Ortsgruppen der Patriotic Alternative organisieren an jedem Wochenende Rekrutierungsaktivitäten: Sie bieten Campingreisen, Wanderungen, Fitnessclubs, Exkursionen zur Vogelbeobachtung und Paintball-Events für weiße britische Jugendliche an, um »Communitys aufzubauen«. Sie wissen, wie sie das Interesse junger Menschen wecken können. In einem ihrer Posts heißt es unter Fotos von einem großen englischen Frühstück und von Gewichthebern am Strand in Nordschottland: »Nach einem anstrengenden Morgen mit Sandläufen und Hanteltraining ist unser Team für ein wohlverdientes Frühstück in die Stadt gefahren.«

Mark Collett hält regelmäßig »Call of Duty«-Videospielturniere ab. Vordergründig geht es dabei ums wettbewerbsmäßige Zocken, das Nebenprodukt davon ist jedoch politische Indoktrinierung. Manchmal sind sogar Minderjährige unter den Spielern. Manche User schreiben, für sie sei demnächst »Bettzeit«, oder erwähnen, dass sie ja am nächsten Morgen in die Schule müssten. Für die meisten von ihnen fühlt sich die eigene Radikalisierung kurz vorm Schlafengehen wohl nur wie ein Spiel an. »Hallo Freunde«, grüßt ein User, der sich ›Adolf Hitler‹ nennt, die anderen Spieler. »Heil Mark«, kommentiert ein weiterer. »Wie traurig, dass England nicht mehr weiß ist.«

Barkley Walsh ist einer derjenigen, die Mark Collett schon sehr jung für die Patriotic Alternative gewonnen hat. Barkley folgt Mark, seitdem er 13 ist, und hat heute seine eigene Show im Netz, »Zoomer Talk«, die über den YouTube-Kanal der Patriotic Alternative live gestreamt wird. »Ich habe mir letztens eine bescheuerte Meme-Compilation angeschaut«, sagt er da, halb im Scherz, »und Scheiße, ja, das hat dann dazu geführt, dass ich mit den berühmtesten Neonazis des Landes im Lager gelandet bin.« Der ›Gen Z‹-Rekrut ist überzeugt davon, dass junge Leute sich für ihre ›Rasse‹ erheben müssten, und warnt: »Man sieht unsereins ja nicht mal mehr in der Werbung. Überall nur Mixed-Race-Paare. Am Ende des Tages ist das nichts anderes als die Auslöschung von allem Weißen.« Seinen Auftrag für die Organisation sieht er darin, junge Menschen in gleichgesinnte »Zoomer-Nationalisten« zu verwandeln. In einem Interview sagte er mal: »Die PA ist unsere Zukunft.« Eine verdeckte Ermittlung der Sendung *Channel4 Dispatches* konnte festhalten, wie er antimuslimische Schimpfworte benutzte und einem jüdischen Lehrer einen antisemitischen Kommentar an den Kopf warf.

Wie viele andere ultrarechte Bewegungen hat auch die Patriotic Alternative während der Pandemie massiv an Zulauf gewonnen. Ihre Haupt-Accounts auf Facebook und Instagram wurden im Frühjahr 2021 abgeschaltet, nachdem sie über 16 000 Follower hatten. Aber die Gruppierung ist auf Twitter, Telegram und Gab weiter aktiv geblieben. Die Bewegung hat es geschafft, die zersplitterte britische Ultrarechte wiederzuvereinigen und Menschen mit unterschiedlichen Hintergründen bei sich aufzunehmen, angefangen bei den gemäßigteren Anhängerinnen und Anhängern von Tommy Robinson, dem Gründer der English Defense League, bis hin zu ehemaligen Mitgliedern der Terrororganisation National Action.

Auf der Website der Patriotic Alternative stand, der Lockdown sei »für Nationalisten ein Segen«. Um die Mobilisierung während der Pandemie voranzutreiben, entwarfen White-Lives-Matter-Aktivisten sogar alternative Homeschooling-Lehrpläne für weiße Kinder, die sie über ihre alternativen Social-Media-Plattformen verbreiteten.

Als ich in den nächsten White-Lives-Matter-Kanal gehe, werde ich folgendermaßen begrüßt: »Willkommen beim Ministerium für Heimschulunterricht. Wir laden Sie ein, bei uns mitzumachen und uns bei unserem Vorhaben zu unterstützen, uns und den zukünftigen Generationen Weißer Kinder zu helfen.«

Ursprünglich hieß diese Gruppe »Nationalsozialistischer Buchclub«. Aber während der Pandemie widmeten die Organisatoren sie zu einem Homeschooling-Gruppenchat für weiße Eltern um.

»Worum genau geht es in diesem Kanal?«, frage ich.

»Dieser Kanal möchte Material und Informationen sowie Statistiken zum Thema Heimschulunterricht zur Verfügung stellen und Menschen dabei unterstützen, ihren Kindern Homeschooling möglich zu machen«, erfahre ich.

Die White-Lives-Matter-Aktivisten haben vor, »ein übersichtliches, vollständiges Heimschulhandbuch sowie Lehr- und Didaktikbücher zu erstellen«, die ein Themenspektrum von Kartografie über Biologie bis hin zu Wirtschaft und Waffenkunde abdecken sollen.

Voller Entsetzen überfliege ich die empfohlenen Heimschul-Materialien. Die Lektüreliste beginnt noch fast moderat mit *An Aryan Classical Education: Understanding The Greek Foundations of Western Philosophy*. Das ›Ministerium für Heimschulunterricht‹

betrachtet die Literatur der Alten Griechen offenkundig als notwendigen Ausgangspunkt für »arische Kinder«. Als Nächstes stehen die klassisch-lateinischen Rhetoriker auf der Liste: Ovid, Caesar, Augustus. Nach dieser dezenten Einführung in die westliche Philosophie geht es allerdings so richtig zur Sache. Dann kommen Bücher wie *The Negro: A Mencace to American Civilization* und *Anti-Semitic Legends*. Diese zutiefst rassistischen Machwerke werden beide zur »unerlässlichen Lektüre« für Oberstufenschülerinnen und -schüler erklärt.

Die Administratoren des Kanals haben gewöhnliche Mathematikunterlagen mit Texten zu biologischem Rassismus und antisemitischen Legenden in einem Unterrichtsbuch für Eltern zusammengeführt. Ich lese: »Wenn sie es erfolgreich bewältigen, wird allein dieses Buch Ihre Kinder alles lehren, was sie jemals wissen müssen. Zugang zu anderen Bildungsressourcen braucht es nicht mehr.« Das Buch könne, so versichert das ›Ministerium für Heimschulunterricht‹, als Ersatz der oder als Ergänzung zur Standardbildung genutzt werden, auch um »die große Bandbreite von Bildungsfeldern abzudecken, die vom System nicht genügend beachtet oder völlig übergangen werden«. Genauso könne es »die Propaganda des korrupten Bildungssystems sichtbar machen und durchbrechen«.

Die Patriotic Alternative verschickt sogar einen Vordruck, den Eltern nutzen können, um ihre Kinder aus der Schule zu nehmen. Die Homeschooling-Unterlagen zielen auf Kinder im Alter von fünf bis sechzehn Jahren, darunter ist Lehrmaterial für den Unterricht in Mathematik, in angelsächsischer Geschichte, Naturkunde und im Werk von Charles Dickens. Der Lehrplan bringt Kinder mit rassistischem Liedgut in Kontakt, und ein Kurs namens »The People of England« (»Das Volk von

England«) erzählt den Schülerinnen und Schülern, alle englischen Menschen hätten weiße Haut.

»Wer also sind die Engländer?«, lautet eine Frage auf einem Arbeitsblatt, auf dem ansonsten Bilder von weißen Mädchen zu sehen sind. »Wir haben nationale und auch regionale Traditionen; wir alle haben weiße Haut, aber manche von uns haben rote oder braune Haare, schwarze oder blonde; manche von uns haben blaue Augen, manche grüne oder braune – im englischen Volk gibt es jede Menge echte Unterschiede!«

Eine Unterrichtseinheit mit dem Titel »Sei stolz auf dein Volk« stellt Fragen wie »Wer war der erste Mensch am höchsten Punkt der Erde? Wer hat als Erster den Nordpol erreicht und wer den Südpol? Wer den tiefsten Punkt des Meeres?« Die richtige Antwort auf jede dieser Fragen lautete »Weiße«.

James drückt auf die Hupe, als eine Schwarze Frau vor uns die Straße überquert. Sie trägt eine schwarze Sonnenbrille und hat ein »Black Lives Matter«-Schild in der Hand.

Als wir an ihr vorbeifahren, murmelt James etwas Unverständliches. Auch wenn ich ihn nicht richtig hören kann, ist seine Wut durch die Plastikscheibe, die den Fahrersitz von der Rückbank trennt, doch deutlich sichtbar.

Ich räuspere mich. »Die Straßen sind ganz schön voll heute, oder?«

Der Taxifahrer atmet vernehmlich aus und wirft einen Blick auf die Menschenmenge, die sich am Piccadilly Circus versammelt. »Ich verstehe nicht, warum sie diese Leute immer noch protestieren lassen.«

»Black Lives Matter?«, frage ich nach.

Er nickt. Und fügt, als ob er meine Gedanken lesen könnte,

hinzu: »Wissen Sie, ich bin kein Rassist. Wirklich nicht. Ich habe Schwarze Nachbarn, und das sind freundliche und höfliche Leute. Als meine Kinder noch kleiner waren, haben sie sich manchmal um sie gekümmert. Aber diese Black-Lives-Matter-Protestler machen doch nichts als Probleme. Ausschreitungen, Staus, Auseinandersetzungen mit der Polizei. Nicht das geringste bisschen Respekt für die öffentliche Ordnung.«

Er hupt erneut, diesmal wegen des Fahrers vor uns, der offenbar zu beschäftigt damit ist, Textnachrichten zu beantworten, um mitzubekommen, dass die Ampel auf Grün gesprungen ist.

»Aber wenn man Kritik an ihnen äußert, wird man ja sofort als Rassist beschimpft.«

Als er das sagt, sucht James über den Rückspiegel meinen Blick. Ein Anflug von Angst liegt in seinen Augen, aber der Rest seines Gesichts bleibt unverändert. Vermutlich befürchtet er, von mir verurteilt zu werden oder weniger Trinkgeld zu bekommen.

»Mit dem Brexit war es ja genauso«, fährt er mit rauer Stimme fort. »Wer für ›Leave‹ gestimmt hat, wurde ja auch sofort als Rassist beschimpft. Meine Kinder haben über einen Monat nicht mehr mit mir und meiner Frau gesprochen, weil sie so sauer auf uns waren. In den ersten vier Wochen nach dem Referendum haben sie kein einziges Mal angerufen. Ich weiß, dass sie enttäuscht waren, aber was hätten wir denn tun sollen? Für ›Remain‹ stimmen, nur um die Auseinandersetzung zu vermeiden? Sie anlügen und ihnen erzählen, dass wir nicht für ›Leave‹ gestimmt haben? Dafür bin ich ein viel zu ehrlicher Mensch.«

Er verstummt, und zwischen uns bleibt ein unbehagliches Schweigen zurück. Ich beschließe, mir Mühe zu geben, ihm mein Mitgefühl für seine unzweifelhaft schwierige familiäre Situation auszudrücken und sage: »Das tut mir leid.«

Der Abstand, den die Corona-Schutzscheibe aus Plexiglas künstlich zwischen uns erzeugt, kommt mir schon gleich deutlich geringer vor. »Ich bin mir sicher, dass die Zeit auch die Brexit-Wunden heilen wird. Ich habe mich selbst mit einem Freund zerstritten, weil er für den Brexit gestimmt hat. Ich war zuerst sehr wütend auf ihn. Aber mittlerweile ist aus meiner Wut eine Art von Akzeptanz geworden.«

James nickt und gibt ein zustimmendes Geräusch von sich. Dann sehen wir beide eine Zeitlang aus dem Fenster und warten, dass die Ampel auf Grün umspringt.

»Ihrem Akzent nach sind Sie nicht von hier. Woher kommen Sie?«, fragt er. »Ich bin Österreicherin«, sage ich. »Aber ich fühle mich in London zuhause und habe jetzt auch einen festen Wohnsitz hier. Ich werde also bleiben, so leid es mir tut.« Ich zwinkere ihm zu, und er lächelt ein Lächeln, das echt auf mich wirkt. »Ganz ehrlich, es ist mir egal, woher Sie kommen, solange Sie Ihre Steuern bezahlen und sich anstrengen, eine gute Bürgerin zu sein. Sorgen bereiten mir die Leute, die ihre Kultur und ihre Kriminalität mit herbringen. Letztes Jahr ist ein Sudanese meiner Tochter bis vor die Haustür gefolgt. Er hat sie auf der Straße in Südlondon angesprochen. Sie ist erst sechzehn. Wir haben einen derartigen Schreck bekommen, dass wir die Polizei gerufen haben, aber die haben absolut gar nichts unternommen. Und ihre Ermittlungen hinterher haben auch zu nichts geführt.«

Er schaltet in einen anderen Gang. »Wissen Sie, manchmal erkenne ich mein eigenes Land nicht wieder. Ich bin im Peak District aufgewachsen, einem Ausländer bin ich zum ersten

Mal begegnet, als ich nach London gezogen bin. Ich finde es toll, dass man hier auf so viele verschiedene Communitys trifft. Aber ich möchte nicht, dass wir Teile unserer Identität verlieren. Sehen Sie sich doch bloß an, was im Fußball passiert.«

Die Diskussion über Fußballer, die auf die Knie gehen – eine Geste, die Black Lives Matter populär gemacht hat –, ist zu einem zentralen Element im Kulturkrieg zwischen Liberal-Progressiven und rechtsgerichteten Konservativen geworden. Der Tory-Abgeordnete Lee Anderson boykottierte im Vorfeld der Europameisterschaft 2020 alle England-Spiele und behauptete, dieses Hinknien sei für ihn gleichbedeutend mit der Unterstützung einer Organisation mit »ziemlich finsteren Absichten«.

Aber Rassismus im Fußball ist die Realität. Während der Europameisterschaft 2020 verfolgte ich die Hass-Postings gegen die Schwarzen englischen Spieler Bukayo Saka, Marcus Rashford und Jadon Sancho. Als sie beim Elfmeterschießen nicht trafen, folgte eine massive Welle rassistischer Beschimpfungen und Beleidigungen. Sie wurden von den Fans ihrer eigenen Mannschaft angegriffen. Bukayo Sakas Instagram-Feed quoll über von Kommentaren wie »Geh zurück nach Nigeria!« oder »Raus aus meinem Land!«. Manche User bezeichneten ihn sogar mit dem N-Wort und teilten Memes, die ihn als Affen darstellten. Die Hasskampagne gegen Spieler der englischen Nationalmannschaft waren irgendwann derart zielgerichtet und schwerwiegend, dass die Metropolitan Police Ermittlungen einleitete. Der englische Fußballverband verurteilte die rassistische Verunglimpfung Schwarzer Spieler harsch: »Wir können es gar nicht deutlich genug sagen: Wer ein solch widerwärtiges Verhalten an den Tag legt, ist nicht willkommen, unserem Team zu folgen. Wir werden alles in unserer Macht Stehende tun, um die betroffenen Spieler zu unterstützen, und fordern härteste Strafen für alle hierfür Verantwortlichen.«

Die Europameisterschaft hat England noch nie gewonnen, und die letzte gewonnene Weltmeisterschaft war 1966. Abgesehen von David Beckhams auch im Ausland wirksamer Sixpack-Attraktivität waren die letzten Jahrzehnte für den englischen Fußball geprägt von eher bescheidenen Erfolgsgeschichten. Deswegen überraschte es mich umso mehr, in welchem Ausmaß die landesweite Euphorie über die herausragende Leistung bei der Europameisterschaft 2020 von Rassismus und Fremdenfeindlichkeit überschattet wurde. Hooligans und selbsterklärte patriotische Bewegungen benutzten die englische Niederlage im Finale, um Hass gegen ethnische Minderheiten zu schüren. »Im Finale stand Afrika«, kommentierte beispielsweise die rassistische Telegram-Gruppe ›White Well-Being‹. Und ein Post in der europäischen Identitären-Gruppe ›Defend Europa‹ las sich so: »Der größte Schwachpunkt Englands ist die Diversität.«

Rassismus im Fußball ist nicht nur ein toxischer Einfluss auf den öffentlichen Diskurs. Auch auf die Leistung der davon betroffenen Spieler wirkt er sich negativ aus. Eine Analyse des *Economist* stellte fest, dass nichtweiße Spieler besser spielten, als die Stadien während der Corona-Lockdowns leer blieben. Expertinnen und Experten sehen hier einen Zusammenhang mit den ausbleibenden rassistischen Beschimpfungen während der Spiele sonst.

James sagt mir im Taxi, »die glorifizierende Darstellung von Black Lives Matter in den Mainstreammedien« gefalle ihm einfach nicht. Weswegen er sich auf alternative Informationsquellen verlegt habe. Mir war sofort klar, welche Quellen er meinte. Er fuhr fort: »Was sollen diese ganzen verdammten Lügen darüber, dass die Royals Rassisten sind? Diese Diskussion führt doch zu nichts, haben wir denn keine größeren Probleme in diesem Land? Was bitte ist aus der Meinungsfreiheit geworden, wenn wir uns nicht mal mehr einen kleinen Scherz erlauben dürfen?«

Am Trafalgar Square fährt James seitlich ran. Da sind sie wieder, die Black-Lives-Matter-Logos. Wenn er wüsste, dass ich mich den Protestierenden anschließen will. Ich sehe, wie James auf eines der Schilder starrt, auf dem steht: »*Kill the Bill!* Weg mit dem Gesetz! NEIN zu mehr polizeilichen Befugnissen!« Von etwas weiter weg hören wir, wie jemand laut »Black Lives Matter!« in ein Megafon ruft.

James schüttelt ungläubig den Kopf. »All lives matter, finden Sie nicht?« Darauf antworte ich nicht. Sein nervöses Lächeln sagt mir, dass er mein Schweigen richtig deutet: dass ich seine Meinung nicht teile. Ich zahle.

Der Slogan ›All Lives Matter‹ ist die gemainstreamte Variante von ›White Lives Matter‹. James war kein antidemokratischer, gefährlicher Extremist. Er machte auf mich den Eindruck eines netten Familienvaters und gesetzestreuen Bürgers. Politische Unterstützung für die Aussage ›All Lives Matter‹ hat den Kämpfen um weiße Identität eine öffentliche Plattform gegeben. Sogar Donald Trump hat diesen Slogan in einer seiner Wahlkampfreden 2016 benutzt und Black Lives Matter gleichzeitig als »rassistisch« geschmäht.

»Was ist denn jetzt eigentlich nicht in Ordnung mit ›All Lives Matter‹?«, frage ich Dr J.

»Die Leute von ›All Lives Matter‹ weigern sich, sich anzuhören, was wir zu sagen haben«, entgegnet mir die Black-Lives-Matter-Aktivistin. »Wir legen die Tatsache offen, dass es, was den grundsätzlichen Wert menschlichen Lebens anbelangt, schon viel zu lange ein Ungleichgewicht gibt.« Natürlich sei auch die Vision von Black Lives Matter, dass *alle Leben gleich viel zählen*, erklärt sie weiter. Hätten weiße Menschen auch in den letzten hundert Jahren schon gesagt, »All Lives Matter!«, dann wäre die Situation eine andere. Aber da All Lives Matter eine Reaktion auf Black Lives Matter sei, vermisse sie die Glaubwürdigkeit. »Mit der Botschaft ›All Lives Matter‹ sagen sie in der aktuellen Situation eigentlich nichts anderes, als dass ihnen egal ist, wie es uns mit der Positionalität von *Blackness* auf der ganzen Welt geht. Sie behaupten nur wieder den Wert ihres eigenen Lebens und weigern sich, uns zuzuhören, weil das, was wir sagen, eine Kränkung für sie ist.«

Jamila Lyiscott aka Dr. J ist Pädagogin für Rassismusfragen, Spoken-Word-Künstlerin und Harry-Potter-Fan. An der Universität von Massachusetts, Amherst, ist sie Dozentin für die Didaktik sozialer Gerechtigkeit, außerdem ist sie eine der führenden Stimmen der Black-Lives-Matter-Bewegung. »Manchmal unterbreche ich in meinen Vorlesungen den intellektuell klingenden Flow und frage: ›*Yo! Why dese books neva be about my peoples?*‹« So rappte sie in einem TED-Vortrag, der viral gegangen ist und mehr als vier Millionen Mal angesehen wurde. Sie fährt fort: »Ja, ich habe beschlossen, alle meine drei Sprachen als gleichwertig zu behandeln, schließlich bin ich ›wortgewandt‹.« Ihr TED-Talk ist nicht nur extrem unterhaltsam, sondern hat auch einen Nerv getroffen.

Man müsse gar nicht so weit gehen und sich weiß-nationalistisches, rechtsextremes Homeschooling-Material ansehen, um rassifizierte Identitätsnarrative zu finden. Auch das ganz normale Bildungssystem mitsamt seiner Pädagogik sei im Kolonialismus noch stärker verhaftet, als den meisten von uns bewusst sei, erklärt mir Dr. J. In ihrem Buch *Black Appetite, White Food* schreibt sie: »Obwohl unser Appetit nach einer Welt verlangt, die vielfältige ethnische und kulturelle Identitäten als gleichwertig bejaht, werden wir in unserem Alltag doch mit *Whiteness* zwangsernährt, was auf Kosten der reichen Gestaltungsmöglichkeiten geht, die unsere Differenzen der Welt zu bieten haben.« Heute versucht sie, Klassenzimmer zu Orten zu machen, an dem alle ihre eigenen Vorurteile und ihr Schubladendenken erforschen können. »Man muss die Leute aus ihrer Komfortzone kriegen.«

Dr. J ist im New Yorker Stadtteil Brooklyn aufgewachsen. In welchem Ausmaß Weiße im Alltag privilegiert sind, ist ihr erst nach und nach bewusst geworden. Hineingeboren wurde sie in eine Familie, die mit Stolz afro-karibisch war. »Die Energie bei uns zuhause – die Musik, die Einrichtung, das Essen – war so Schwarz und afrozentriert, dass das, was mir dann im Lehrplan der Schule begegnete, die empfundene kognitive Dissonanz nur noch größer machte«, erzählt sie mir. Sie aber liebte ihre Kultur und wollte, dass sie in ihr Leben hineingehörte, hatte aber das Gefühl, dass dafür kein Raum war. »Du merkst, dass du fehlst im Narrativ, du spürst, wie unvollständig das Narrativ ist. Und dann fängst du an zu begreifen, dass von dir verlangt wird, dein ganzes Sein in Teilbereiche zu zergliedern.« Mit dem Gefühl, an der Schule nicht sie selbst sein zu können, ging sie eben in ihrer Freizeit zu Poetry Slams und Spoken-Word-Competitions. Sie bekam mit, dass Gewinner unter tausenden Teilnehmenden aus ganz New York City es mit der Kraft ihrer Worte bis auf Broadway-Bühnen schafften, gleichzeitig aber im Englischunterricht an ihren Highschools schlechte Noten schrieben. Wieder spürte sie die kognitive Dissonanz und fragte sich, wie so etwas möglich sein konnte.

Eine kürzlich an der University of California, Berkeley, durchgeführte Studie fand heraus, dass die USA 2019 ethnisch segregierter waren als in den 1990er Jahren. 2014 hatten 75 Prozent aller weißen US-Amerikanerinnen und -Amerikanern keine nichtweißen Freunde, und 65 Prozent der Schwarzen Menschen in den USA hatten keine weißen. Dr. J. sagt, »die Schwarz-Weiß-Polarität« in Politik, Popkultur und Bildungssystem sei immer noch tief verankert. Die Reinheit des Weißseins werde gegen die Verkommenheit des Schwarzseins gehalten. Die amerikanischen Schönheitsideale zum Beispiel seien bis heute eurozentristisch und weiß: »Hellere Haut, glattere Haare und schlankere Körper« würden als erstrebenswerter erachtet als »dunklere Haut, krausere Haare und kurvigere Körper«. Viele Menschen seien ja nicht vorsätzlich rassistisch. Unsere Vorstellung von Rassismus sei viel zu sehr auf Intention statt auf Wirkung fokussiert, so Dr. J. Aber auch, wenn jemand dir unabsichtlich auf den Fuß tritt, ändert das nichts an der Tatsache, dass es weh tut.

Tatsächlich halten 85 Prozent der BAME-Britinnen und -Briten – also jener Menschen in Großbritannien, die der Schwarzen, der asiatischen oder einer anderen ethnischen Minorität angehören – das Vereinigte Königreich immer noch für ›sehr‹ oder ›in gewissem Maße‹ rassistisch und finden, die Situation habe sich in den vergangenen drei Jahrzehnten für ethnische Minderheiten kaum verbessert. Die Zahlen sprechen für sich. Die Säuglingssterblichkeit ist in Großbritannien bei Schwarzen Babys doppelt so hoch wie bei weißen. Schwarze Mütter sterben mit fünfmal höherer Wahrscheinlichkeit bei der Geburt als weiße. Schwarze Menschen sind mit doppelter Wahrscheinlichkeit von Arbeitslosigkeit betroffen, werden im Vergleich zu weißen Menschen mit zehnmal höherer Wahrscheinlichkeit von der Polizei angehalten und durchsucht und viermal wahrscheinlicher festgenommen. Schwarze machen 3% der Bevölkerung aus, aber 8% aller im Polizeigewahrsam Verstorbenen. Sieben von zehn Schwarzen Britinnen und Briten halten die Londoner Polizei für rassistisch.

Rein statistisch gesprochen zählt ein Schwarzes Leben in vielen Ländern nicht so viel wie ein weißes. Und das ist auch der Grund, warum sich der Satz ›All Lives Matter‹ für viele Schwarze Menschen wie eine Beleidigung liest. Denn er trägt der systemischen Ungerechtigkeit, die Schwarze Menschen und andere ethnische Minderheiten erfahren, keine Rechnung. Er nimmt ihre Forderung einer gerechteren und inklusiveren Gesellschaft nicht ernst genug. ›All Lives Matter‹ streitet also das Ausmaß von gegen Schwarze Menschen gerichtetem Rassismus, von Diskriminierung und Gewalt ab oder spielt es herunter. ›White Lives Matter‹ geht hier noch einen Schritt weiter. Statt anzuerkennen, dass Schwarze Menschen einer singulären Form von Diskriminierung ausgesetzt sind, macht diese Aussage weiße Menschen zu Opfern. ›All Lives Matter‹ mag ignorant sein, ›White Lives Matter‹ aber ist eindeutig rassistisch.

Genau ein Jahr nach dem Tod von George Floyd treffe ich Marielle zum Mittagessen, eine 24-jährige Österreicherin mit Wurzeln in der Elfenbeinküste. Ihre eigene Suche nach Identität hat sie dazu gebracht, an der Universität Wien Afrikanische

Geschichte zu studieren und sich später der dortigen Black-Lives-Matter-Bewegung anzuschließen.

Bevor die BLM-Proteste im Frühjahr 2020 über die ganze Welt schwappten, war Marielle politisch nicht aktiv. In ihrem Wiener Dialekt erzählt sie mir: »Plötzlich empfand ich Dinge, die ich noch nie zuvor empfunden hatte – weil ich von Schicksalen hörte, von denen ich noch nie zuvor gehört hatte. Als eine in Österreich Aufgewachsene habe ich lange nicht allzu viel über meine Identität nachgedacht, schließlich bin ich in einer ausschließlich weißen Umgebung groß geworden.«

Sie holt tief Luft. »Zu akzeptieren, dass ich anders bin und dass dieses Anderssein etwas Positives sein kann, war ein hartes Stück Arbeit für mich.« Als Jugendliche wollte sie nur dazugehören. Sie versuchte, ihre Haare zu glätten, und passte ihren Kleidungsstil dem ihrer Freundinnen an. »Ich denke, diese Angst vor sozialer Zurückweisung fing sehr früh an. Schon als Kind wollte ich mit meinem Vater nicht Französisch sprechen, weil ich eben nicht anders sein wollte.« Heute trägt sie stolz einen Afro. Er ist für sie sehr viel mehr als eine Frisur – ein politisches Statement nämlich.

Während sie sukzessive begriff, was es bedeutet, in einer mehrheitlich weißen Gesellschaft Schwarz zu sein, wurde aus einem liberal eingestellten erst ein politischer Mensch und dann eine Radikale. »Ich habe meine Identität erst über Umwege verstanden. Vielleicht sind meine Ansichten deswegen heute radikal. Eben weil mir klargeworden ist, was institutionalisierter, struktureller und individueller Rassismus Menschen antun kann.«

Die Beschäftigung mit dem Schmerz ihrer Vorfahren ließ Marielle politisch aktiv werden. Sie begann, zu Polizeiverbrechen an Schwarzen Menschen und zum vorurteilsbehafteten, tendenziösen Rechtswesen in den USA zu recherchieren. Während sie immer tiefer grub, wurde ihr klar, dass Österreich keine Ausnahme darstellt, was Polizeigewalt gegen Schwarze und andere Minderheiten anbelangt.

1999 und 2000 führte die österreichische Polizei ihre größte Operation seit dem Zweiten Weltkrieg durch. Die *Operation Spring* war eine systematische, gegen die Schwarze Community gerichtete Razzia. 127 Menschen afrikanischer Herkunft wurden wegen Drogenhandels, illegaler Einwanderung und anderer Straftaten verhaftet – viele von ihnen ohne jedes Beweismittel. Ungefähr ein Drittel der Festgesetzten wurde kurze Zeit später wieder auf freien Fuß gesetzt. Ein Großteil der Zielpersonen von *Operation Spring* gehörte zur Schwarzen Wiener Aktivistenszene, die Proteste gegen Polizeigewalt organisiert hatte, nachdem der nigerianische Immigrant Marcus Omofuma von drei Polizisten getötet worden war.

Marielle begann, über ihre eigenen Erfahrungen mit Rassismus zu bloggen, um ignorante oder schlicht unwissende Freundinnen zu erreichen, die sich nicht für Politik interessierten. »Ich versuchte, ihnen zu erklären, warum es sich manche Menschen einfach nicht leisten können, sich politisch nicht zu engagieren, schließlich haben wir tagtäglich mit den Konsequenzen von Politik zu tun.« Die Resonanz war gewaltig.

Manche ihrer Freunde entschuldigten sich bei ihr, dafür, dass sie früher rassistische Sprache benutzt oder schlechte Witze gemacht hatten. Aber Marielle hat für ihren politischen Aktivismus auch viel Hass einstecken müssen: Beleidigungen, den Vorwurf des umgekehrten Rassismus, einige ihrer Freundinnen hat sie auch verloren.

Schon als kleines Kind hat Marielle Rassismus erlebt, was ihr heutiges Selbstbewusstsein, aber auch ihre Zweifel an ihrer Identität bestimmt: »Manchmal merke ich in den Öffis, dass niemand neben mir sitzen will. Gleichzeitig greifen mir ständig fremde Leute in die Haare. Meistens bin ich in einem solchen Moment aber viel zu überrumpelt, um mich zu beschweren.«

Auf dem Land sei es besonders schlimm, berichtet sie. Wenn sie in den Ferien bei ihrer Großmutter in Kärnten sei, gehe sie nicht gern allein einkaufen oder spazieren. Sie habe gelernt, die Blicke der Leute zu lesen, höre es aber durchaus auch manchmal murmeln: »Was machen denn diese Schwarzen hier?«

Schwarze Frauen erführen in der Regel sogar noch mehr Unterdrückung und Marginalisierung als Schwarze Männer, »was daran liegt, dass patriarchalische Strukturen in afrikanischen Kulturen und von daher auch in den diasporischen Communitys oft noch ausgeprägt sind«, erklärt mir Marielle. Die ›Black Panther‹-Bewegung zum Bespiel war zutiefst sexistisch und frauenfeindlich. Die Schwarze Kommunistin und radikale Feministin Claudia Jones bezeichnete dieses Phänomen als »Super-Exploitation«: Schwarze Frauen erfahren wegen ihrer Hautfarbe, ihres Geschlechts und ihrer sozialen Klasse eine Dreifachdiskriminierung.

Marielle geht davon aus, dass Österreich europaweit zu rassistischsten Ländern gehört. Studien zeigen tatsächlich, dass rassistischer Hass online, ›Racial Profiling‹ bei Polizeikontrollen und verringerte Arbeitsmarktchancen Schwarzen Österreicherinnen den Alltag enorm erschweren. Aber dass die Black-Lives-Matter-Bewegung innerhalb weniger Jahre weltweit so groß geworden ist, zeige doch, dass das Problem mit Rassismus und Diskriminierung keine staatlichen Grenzen kenne.

In den USA ist der Antirassismus tief verwoben mit dem Kampf gegen Waffengewalt. Aaalayah Eastmond hat schon früh in ihrem Leben begriffen, wie schwerwiegend sich Tötungsdelikte mit Schusswaffen auf Schwarze Communitys auswirken. Ihr eigener Onkel wurde als 18-Jähriger in Brooklyn erschossen, als sie selbst erst zwei war.

Ursprünglich kommt die ebenfalls bei Black Lives Matter engagierte Aktivistin aus Brooklyn, New York. Als Aalayah acht Jahre alt war, zog ihre Mutter mit ihr nach Florida, wo sie dann an der wohlhabenden, mehrheitlich weißen Stoneman Douglas High School eine von nur wenigen Schwarzen Schülerinnen war. In der Mittelstufe war sie schüchtern und spielte in ihrer Freizeit hauptsächlich Geige. »Ich war zurückhaltend und sagte meine Meinung nur, wenn ich danach gefragt wurde«, erzählt mir Aalayah. Und ergänzt: »Gefragt wurde ich allerdings nur selten, weil viele Lehrer die Schwarzen Schüler sowieso eher nicht aufriefen.« Dass hin und wieder auch ein rassistischer Spruch von einem Lehrer kam, ignorierte sie.

Aber alles änderte sich mit dem 14. Februar 2018. Aalayah war sechzehn, als ein Bewaffneter an ihrer Highschool in Parkland, Florida, das Feuer eröffnete. Siebzehn Menschen starben. Aalayah überlebte, weil sie hinter der Leiche eines Klassenkameraden in Deckung ging. Diese traumatische Erfahrung wurde für sie zum Ausgangspunkt ihres politischen Aktivismus. Heute ist sie eine der wichtigsten US-amerikanischen Stimmen bei der Prävention von Waffengewalt und bei Fragen des Antirassimus. Ihre Mutter sagte ihr, ihre Geschichte könne das Leben von Millionen Menschen verändern. Und genau das machte sie sich zum Ziel. Kurz nach dem Amoklauf fing Aalayah an, sich aktiv zu engagieren, und wurde 2018 zu einer der Anführerinnen der US-weiten Proteste gegen Waffengewalt. Nach dem Mord an George Floyd wurde sie zur Mitbegründerin der Bürgerinitiative ›Concerned Citizens of DC‹ und organisierte federführend mehrere Black-Lives-Matter-Demonstrationen gegen Polizeibrutalität.

Heute studiert Aalayah in Washington Strafrecht. Mehrfach ist sie vor dem US-Kongress als Zeugin aufgetreten. »Nur zwei Prozent aller Gewaltvorfälle mit Schusswaffen sind Amokläufe«, sagt sie. »Schusswaffengewalt ist ein viel größeres Problem, das die Schwarzen Communitys unverhältnismäßig stark betrifft.«

Laut Amnesty International sterben weltweit täglich mehr als 500 Menschen durch Waffengewalt. Schwarze US-Amerikaner, vor allem junge Schwarze Männer, sind überproportional stark von Tötungsdelikten mit Schusswaffen betroffen. 58,8 Prozent aller US-Amerikaner, die ihr Leben durch Schusswaffen verlieren, sind Schwarz. Erschossen zu werden ist die Haupttodesursache für Schwarze Jungen und Männer zwischen 15 und 34 Jahren, sie kommen zehn Mal wahrscheinlicher bei einer Schießerei ums Leben als weiße Jungen und Männer derselben Altersgruppe. Die meisten Kinder, die in den USA durch Schusswaffen ums Leben kommen, gehören ethnischen Minderheiten an.

»Ich kann gar nicht beschreiben, wie frustrierend es sein kann, wenn die Gesetzgeber dir nicht zuhören, obwohl du etwas zu sagen hast, oder wenn die Verteidiger des *Second Amendment* von vornherein ihre Ohren und Augen verschließen.« Es sind die aufgebauten Beziehungen zu anderen Überlebenden von Schusswaffengewalt oder zu Müttern, die ihre Söhne bei Schießereien verloren haben, die sie in ihrem Engagement festhalten lassen.

Aber sie muss erhebliche Opfer bringen und Risiken in Kauf nehmen. Sie erzählt: »Als ich im vergangenen Jahr in Washington die Proteste angeführt habe, wurde meine gesamte Familie auf Twitter gedoxxt.« Wie so viele andere Antirassismus-Aktivistinnen auch, ist sie zum Hass- und Zielobjekt der White-Lives-Matter-Szene geworden. »Meine Adresse wurde im Internet geleakt und ging an alle weißen Rassisten und Neonazis raus. Als ich meine Mutter in Florida besucht habe, habe ich einmal nicht richtig nachgedacht und auf Instagram gepostet, ich sei zuhause. Und gleich in der Nacht hat jemand versucht einzubrechen. Was dazu geführt hat, dass meine Mutter umziehen musste.«

Die verschärfte gesellschaftliche Polarisierung beim Thema Antirassismus hat zu einer neuen Welle von Gewalt gegen Minderheiten geführt, und zwar sowohl in Form von Hassverbrechen im Internet als auch in Form von realem Terrorismus.

In der Rassistengruppe *World Elite*, die fast 9000 Mitglieder hat, schreibt Jack: »Ich würde liebend gern Sadiq Khan umbringen. Ich war ja sowieso schon wegen Mord im Knast. Wäre also keine große Sache für mich!« Wegen seiner Hautfarbe und Religion ist Londons Bürgermeister die Hassfigur weißer Nationalisten.

White Lives Matter hat rechtsextreme Gruppierungen angezogen, die schon lange einen Rassenkrieg herbeisehnen. Über den Nachrichtendienst Telegram haben Rassistengruppen offene Gewalt gegen Black-Lives-Matter-Aktivisten organisiert. Im Juni 2020 fuhr der selbsterklärte Ku-Klux-Klan-Führer Harry Rogers in Virginia mit einem Auto in eine Gruppe von BLM-Demonstranten. Und das war nur einer von mehreren Anschlägen, die gewaltbereite Gegenprotestler mit Fahrzeugen durchgeführt haben.

Auch wenn sich die Patriotic Alternative – zumindest bis zum jetzigen Zeitpunkt – noch nicht ausdrücklich für Gewalt ausspricht, gibt es doch einige Überschneidungen mit den Ideologien gewaltbereiter rechtsextremer Terroristen. Die Verschwörungstheorie vom ›Großen Austausch‹ hat in den vergangenen Jahren viele tödliche Terroranschläge zur Folge gehabt, von dem Anschlag auf zwei Moscheen in Christchurch (Neuseeland) über den Angriff auf die Synagogen in Halle (Deutschland) und Poway (USA) bis hin zu den gegen Latinx und Schwarze gerichteten Attacken in Supermärkten von El Paso (USA) und Buffalo (USA): Die Ideologie vom ›Großen Austausch‹ wurde in jedem dieser Fälle von den Tätern als Argument angeführt.

Eine der Gefahren dieser Ideologie ist ihre apokalyptische Perspektive. Patriotic-Alternative-Gründer Mark Collett hatte mir erzählt, er sei davon überzeugt, dass die Geschichte nur zwei mögliche Ausgänge kenne, ein Dazwischen gebe es für sein Dafürhalten nicht. Im ersten Szenario bekennen sich die eingeborenen Völker Europas und Großbritanniens zu ihren traditionellen Werten sowie zur Moral und verteidigen sich und ihre Kinder. Im anderen Szenario werden sie »zu einer degenerierten und von den Menschen gehassten Minderheit, die hierherkommen und infiziert sind von diesem Anti-Weißtum«.

Laut Menschen wie Collett wird »anti-weißer Rassismus«

in den Medien gepredigt, in unserem Bildungssystem vermittelt und vom »Establishment« propagiert. Er schließt daraus, dass »die wenigen Weißen, die übrig bleiben, aufgrund ihres Weißseins zu Opfern gemacht werden«. Was seiner Ansicht nach nur zwei Möglichkeiten ergibt, was er so auch seinen Schülern und Schülerinnen vermittelt: Man kann sich entweder seiner Ideologie anschließen – oder wird eben langsam ausgerottet.

Der gegen Schwarze gerichtete Rassismus der heutigen Zeit geht oft Hand in Hand mit antisemitischen Verschwörungstheorien. »Diejenigen, die uns austauschen wollen, gehören zu den globalen Eliten«, fügt Collett beiläufig hinzu, als erzähle er, was er zum Frühstück gegessen habe.

»Wer sind denn diese globalen Eliten?«, frage ich ihn und versuche, so naiv wie möglich zu klingen.

»Sie verfügen über den Löwenanteil allen Reichtums, die Medien gehören ihnen, und sie besetzen Machtpositionen. Sie wissen: Die größte Gefahr für ihre Macht sind Menschen mit europäischer Abstammung. Um zu verhindern, dass wir uns zusammentun, müssen sie uns also loswerden. Denn sie haben Angst vor unserem revolutionären Geist.«

Er glaubt, dass die für diesen demografischen Wandel Verantwortlichen ihre Position partout behalten wollen, eine Position, in der sie nie angegriffen werden, sondern in der sie die Schlüssel zur Macht auf ewig in den Händen halten. »All das wird auf internationaler Ebene koordiniert«, so seine Schlussfolgerung.

Die Vorstellung einer weltweiten jüdischen Verschwörung, die die Übernahme der Gesellschaft plant, ist natürlich alles andere als neu. In den 1930er und 1940er Jahren kamen ebensolche Geschichten in der antisemitischen Propaganda Hitler-Deutschlands häufig zum Einsatz. Aber an den Holocaust glaubt Mark Collett ja auch nicht.

An einem milden herbstlichen Sonntagabend des Jahres 2021 setze ich mich mit anderen Extremisten an einen Runden Tisch. Vielleicht hätte ich lieber Sonntagsbraten essen gehen sollen, aber ›Our Subverted History‹ (in etwa: ›Unsere verdrehte Geschichtsschreibung‹), eine internationale Zusammenkunft von Ultranationalisten, interessiert mich einfach zu sehr. Ich bin eine von 60 Teilnehmenden, die sich überall auf der Welt in die geschlossene Telegram-Gruppe *The Great British Debate* eingeloggt haben. Der rechtsextrem-rassistische Kanal gibt an, sich »mit aktuellen Ereignissen, der Corona-Plandemie, mit Geschichte, Tierrechten, Umwelt- und Glaubensfragen« zu beschäftigen.

Es ist für mich das erste Mal, dass ich einem Gespräch zwischen einem britischen Ultranationalisten, einem in den USA beheimateten »Naturopathen« und zertifizierten Ernährungsberater sowie einem die Vorherrschaft der weißen Rasse proklamierenden Schriftsteller aus Südafrika beiwohne. Charlie, Dresden Berns und Cuan Elgin haben also nicht viel gemeinsam – mit der einen Ausnahme, dass sie alternative Medien konsumieren. Alle drei, die da auf dem Panel sitzen, haben kein Vertrauen mehr in die öffentlich-rechtlichen Radio- und Fernsehsender oder in die großen Tageszeitungen dieser Welt.

Dieser Runde Tisch war in geschlossenen Chat-Foren in den sozialen Medien beworben worden, um Mitglieder von White Lives Matter international zusammenzubringen. Angekündigt waren Redner aus Großbritannien, den USA und Südafrika. Das Ankündigungsfilmchen zu der Veranstaltung versprach, es würde über »kritische Fehlannahmen in der Geschichtserzählung ihrer Nation« und über »die Wahre Geschichte« gesprochen, die »die Welt eigentlich kennen sollte«. Etablierte Medienhäuser wurden als »Propagandamaschine der Juden« denunziert. Die Frage dieses Zusammentreffens war also: Wie lassen sich weiß-identitäre Narrative an eine breitere Öffentlichkeit tragen?

»Was derzeit in Europa passiert, ist wahrscheinlich das größte soziale Experiment, das jemals mit einem Volk durchgeführt worden ist«, verkündet Charlie, Ortsgruppenleiter der Patriotic Alternative, mit starkem irischem Akzent zu Beginn der Konferenz. »Unseren Völkern wird ihr Gemeinschaftssinn, ihr Ethnozentrismus und ihre Präferenz für die eigene Gruppe ausgetrieben. Durch propagandistische Maßnahmen werden sie dazu gebracht zu glauben, dass jeder ein Brite, Deutscher oder Franzose sein kann.«

Die weißen Nationalisten sprechen darüber, wie der ›Globalismus‹ von »ihnen«, also von »den Eliten« befördert werde. Charlie stellt klar, er habe den Glauben nicht nur an die Medien, sondern auch ans demokratische System verloren: »Sie werden einfach nicht zulassen, dass wir uns unseren Ausweg herbeiwählen.« Darum, so sagt er, müssten wir uns »erheben und uns als Engländer, Schotten, Iren, Waliser kollektiv zusammenschließen. Dasselbe gilt für die Deutschen, die Franzosen, die Spanier.« Er empfiehlt den Weißen, nur zu unterstützen, was gut für sie ist, und sich umeinander zu kümmern. »Nur dann können wir wiedererlangen, was unsere Feinde uns genommen haben«, fährt er fort. »Andernfalls wird es uns ergehen, wie es Südafrika derzeit ergeht: Wir werden zu einer verachteten Minderheit inmitten der Nationen, für die unsere Vorväter ihr Leben gaben.«

Ein Teilnehmer namens ›Handsome Truth‹ (in etwa: ›gutaussehende Wahrheit‹), unter dessen Name noch ein Banner mit dem Motto »Benenne den Juden oder stirb!« steht, meldet sich zu Wort: »Ich bin in den USA, und hier sind die Gesetze ein klein wenig anders.« Ich weiß sofort, dass er als Nächstes etwas Widerwärtiges sagen wird. »Wenn es eine Volksgruppe gibt, die über 1030 Mal aus 190 Ländern vertrieben wurde« – er atmet schwer –, »dann wissen wir doch, wo das Problem liegt. Es ist dieser Parasit, der uns von Nation zu Nation folgt und uns benutzt und missbraucht. Sie beherrschen all unsere Medien, sie zwingen unseren Kindern Pädophilie und Homosexualität auf.«

Solche antisemitischen Falschmeldungen sind Jahrhunderte alt. Juden und Jüdinnen stellen nur circa 0,2 Prozent der Weltbevölkerung. Und trotzdem kursieren schon seit sehr langer Zeit Vorstellungen darüber, dass »die Juden« die Medien, die Finanzwelt und die politischen Institutionen kontrollieren und nebenher im Verborgenen noch dunkle Menschenhandelsnetzwerke betreiben. Juden sind für die größten Krisen der Menschheitsgeschichte verantwortlich gemacht worden: angefangen bei der Pest im 14. Jahrhundert über die Große Depression im Jahr 1929 bis hin zu 9/11 und der Finanzkrise im Jahr 2008. Die aus dem frühen 20. Jahrhundert stammende Schrift *Die Protokolle der Weisen von Zion*, in der die zusammenfabulierte Idee von den nach der Weltherrschaft strebenden Juden ausgebreitet wird und die schon Hitler und der NSDAP als Anregung diente, ist bis heute wirkmächtig. Antisemitische Anspielungen treten heutzutage allerdings öfter in Form von Memes oder manipulierten Infografiken auf, zum Beispiel als Schaubilder der Personalorganigramme von CNN, *New York Times* oder BBC, auf denen Journalistinnen und Journalisten mit dem Davidstern gekennzeichnet werden, um angeblich zu beweisen, sie alle seien jüdisch. Auch das Manifest des Attentäters von Buffalo enthielt genau solche Grafiken. Der Terrorist schrieb dazu: »In allen Medien verbreiten sie ihre Lügen.«

›Handsome Truth‹ behauptet, schon seit geraumer Zeit als Aktivist und Journalist tätig zu sein, der »diese Juden enthüllt«. Er bekennt, bereits zu jüdischen Einrichtungen marschiert und dort Juden belästigt, sie als Kinderschänder bezeichnet und ihnen gesagt zu haben, dass sie die USA zu verlassen hätten. »Ich kann kein Auto mehr mieten und darf Airbnb nicht mehr nutzen. Mir wurde das Bankkonto gesperrt und mein Geschäftskonto auch. Ich darf Paypal nicht nutzen. Diese ganzen Antifa-Leute waren vor meinem Haus, aber die Antifa ist ja sowieso eine jüdische Miliz.« Er fährt fort: »Es läuft doch darauf hinaus: Wir müssen so langsam mal die Eier haben, diese Leute zu entlarven, und dürfen nicht auf die niedrig hängenden Früchte hereinfallen, die die Juden als Spielfiguren einsetzen: Feminismus, die Homos oder die Mexikaner, die unsere Grenze überfluten. Auf nichts sollten wir uns so sehr fokussieren wie darauf, die Juden aus unserem Land zu kriegen.«

Ebenfalls diskutiert wird, wann der beste Zeitpunkt gekommen sei, um zu gewaltsamen Mitteln zu greifen. Charlie warnt davor, Gesetze zu brechen oder sich zu früh auf Gewalt zu verlegen: »Wir haben nur überschaubar viele Leute in unserem Umfeld, die so denken wie wir und die verstehen, was für ein Spiel da gegen unser Volk gespielt wird. Wir sollten sie keinem unnötigen Risiko aussetzen. Wir brauchen euch außerhalb der Gefängnismauern, wir brauchen euch körperlich fit und wir wollen, dass ihr euch auf lokaler und auf nationaler Ebene mit Gleichgesinnten vernetzt. Mehr sollt ihr *für den Moment* nicht tun.«

Handsome Truth pflichtet ihm bei: »Ganz genau, der erste Schritt ist es, euch mit euren Brüdern an eurem jeweiligen Standort zusammenzutun – und dann Einfluss drauf zu nehmen, was so passiert.«

Die erste weibliche Stimme, die sich in der Diskussion zu Wort meldet, gehört einer Frau, die unter dem Namen ›Apotheke‹ eingeloggt ist. »Hier wird doch ein Psycho- und Kulturkrieg geführt, der noch unheilvoller, gefährlicher und geheimer ist als der Zweite Weltkrieg. Haben wir im Zweiten Weltkrieg vielleicht den falschen Feind besiegt?«, fragt sie und verkündet voller Leidenschaft: »Die Kriegstreiber und Sklavenhalter sind die gleichen geblieben. Unsere Generation ist überqualifiziert und nicht in Arbeit zu vermitteln. Der direkte Weg in die Sklaverei führt über die institutionalisierte Bildung.« Ich kann es kaum fassen, dass eine Gruppe ausschließlich weißer Menschen darüber spricht, Opfer von Sklaverei zu sein.

Charlie pflichtet Apotheke bei: »Sklaverei gibt es bis heute – und es geht ihr blendend. Wenn man sich die aktuelle Politik vor Augen hält, dann sind wir eindeutig Sklaven: Unser Geld wird recycelt, unsere Arbeitskraft kommt nur den Eliten zugute, die wiederum abertausende Migranten importieren.« Dresden Berns ergänzt: »Die Eliten heben die Kriminalität von Europäern hervor und lassen die von Nichteuropäern unter den Tisch fallen. Dann dürfen wir uns schuldig fühlen und Nicht-Weiße können einen Opferkomplex entwickeln. Was wiederum ein marxistisches Unterdrücker-und-Unterdrückte-Narrativ entstehen lässt.«

Nach dieser angsteinflößenden Konversation habe ich ein Bedürfnis nach etwas Optimismus, nach Ansätzen gemeinsamer Lösungen. »Was Sie da perspektivisch an den Horizont zeichnen, ist ja eher düster«, sage ich zu Mark Collett. »Können wir die Risse zwischen Liberalen und Rechten denn nicht irgendwie kitten?« Erneut zögert der Ultranationalist nicht eine Sekunde: »Nein.« Er prophezeit, dass sich die Polarisierung aufgrund der größer werdenden, unüberbrückbaren Differenzen immer weiter verschärfen wird. »Da werden wir keinen Kompromiss finden, auf den wir uns einigen können.«

An diesen Kompromiss glauben auch viele antirassistische Aktivisten nicht mehr. Zu viel ist passiert, seit Donald Trump 2016 zum US-Präsidenten gewählt wurde und der latent unter der Oberfläche vor sich hin köchelnde Rassismus in den USA und in Europa in Form der internationalen Alt-Right-Bewegung wieder hervorgetreten ist. Zu wenig ist passiert, seit 1619 die ersten Sklaven Point Comfort in Virginia erreichten.

Dr. J. und Marielle haben nichts gegen Polarisierung. Dr. J. sagt mir gegenüber: »Schon die schlichte Aussage ›Black Lives Matter‹ – wie dreist von den Schwarzen Menschen! – hat unsere Nation in ihren Grundfesten erschüttert. Das Ausmaß der Entrüstung ist ungewöhnlich. Wenn es also schon zu einer Polarisierung führt, wenn ich sage, dass mein Leben etwas wert ist, dann müssen wir offenbar polarisiert werden, ja.« Sie kritisiert, dass genau das jetzt BLM vorgeworfen werde – und nicht den Weißen, die die Schwarzen in den vergangenen Jahrhunderten unterdrückt haben. Dass jetzt gesagt werde, »Ach

Mensch, jetzt schaut euch bloß mal an, was ihr da getan habt: unser Land in zwei Lager geteilt!«, sei doch schräg. Sie vergleicht diese Dynamik mit einer Missbrauchsbeziehung, in der die missbrauchte Person endlich den Mund aufmacht und der Täter bzw. die Täterin darauf so reagiert, dass er/sie, um von dem Missbrauch abzulenken, behauptet, jetzt gebe es häusliche Spannungen.

Die Black-Lives-Matter-Bewegung hat Themen wie ethnische Identität, Machtverhältnisse und Privilegien auf die Tagesordnung der politischen Debatte gesetzt. Sie hat Communitys, die seit Jahrzehnten sozialer und institutioneller Diskriminierung ausgesetzt sind, auf der ganzen Welt Hoffnung gegeben. Die meisten, die gesehen haben, wie George Floyd unter dem Knie eines Polizisten erstickt ist, haben erkannt, wie hochnotwendig die Anliegen dieser Bewegung sind. Und es gibt auch eine echte Chance, den strukturellen Rassismus, der für mehr als zehn Millionen Menschen in den USA und Europa bis heute die Realität ist, zu bekämpfen.

Aber genauso real ist die drohende Gefahr, dass eine auf Hautfarbe basierende Mobilisierung den Graben zwischen liberalen und illiberalen Kräften immer größer werden lässt. Der in den vergangenen Jahren prognostizierte demografische Wandel bringt viele Weiße dazu, um ihre Position – eine Position relativer Macht und Privilegiertheit – zu fürchten. Vor allem diejenigen, die sich schon auf der Verliererseite der Globalisierung wähnen, sind empfänglich für rassistisch motivierte Propaganda. Am wirksamsten lässt sich die öffentliche Meinung nämlich beeinflussen, wenn zutiefst menschliche Emotionen wie Angst oder Wut getriggert werden.

Die von ultrarechten, weißen rassistischen Bewegungen geschaffenen alternativen Mediensysteme haben mit ihrem Einfluss die Sorge um die Zukunft einer weißen Identität künstlich genährt. Vernetzte Kommunikationsstrukturen sind ein zentraler Bestandteil der »Metapolitik«-Strategie der Neuen Rechten. Gesellschaftlich vorherrschende Einstellungen sollen dekonstruiert und Weltanschauungen umgeformt werden, damit eine kritische Masse entsteht, die echten politischen Wandel bewirken kann.

# 5 Backlashs provozieren

## *Eine Untersuchung der Transphobie*

Was passiert, wenn extremistische Gruppierungen ihre Netzwerke und Informationssysteme strategisch erfolgreich einsetzen? In einer Zeit, in der sich große Teile der Zivilgesellschaft schwer damit tun, mit der Geschwindigkeit des kulturellen und gesellschaftlichen Wandels Schritt zu halten, lässt sich die öffentliche Meinung besonders leicht manipulieren. Der nächste Schritt im Mainstreaming-Prozess ist dann ein weitreichender gesellschaftlicher Backlash.

In Deutschland gab es in den vergangenen Jahren einen drastischen Anstieg an Gewalt gegen die LGBTQ-Community. Im Jahr 2020 wurden laut Bundesinnenministerium über 200 transfeindliche Straftaten gemeldet, darunter 35 mit Körperverletzung. Die Dunkelziffer wird auf ein Vielfaches geschätzt.

In den späten 1960er und den 1970er Jahren wurde einer der zentralen Kulturkämpfe rund um die Homosexualität ausgefochten. Heute ist der Geschlechtsausdruck eines der am meisten polarisierenden Themen überhaupt. Das Ausmaß der Queerfeindlichkeit und Transphobie ist in den meisten liberalen, westlichen Ländern zutiefst schockierend. Am 20. November 2021, dem *International Transgender Day of Remembrance*, würdigte US-Präsident Joe Biden Dutzende Opfer anti-queerer Gewalt. Das Jahr 2021 war für nicht-binäre und Transgender-Personen in den USA das bislang tödlichste. In Großbritannien haben sich seit 2015 die transphoben Straftaten vervierfacht. Eine von vier trans Personen hat hier transphob motivierte körperliche Gewalt erlebt. Wie konnte es so weit kommen?

Auf meinem iPhone poppt eine Nachricht auf: »Wer Fette hasst, ist ja nicht gleich fettphobisch, so wie man auch nicht gleich transphob ist, wenn man Transen hasst«, postet Simon im Telegram-Kanal ›Great British Debate‹. Und weiter: »Phobie steht ja für Angst. Ich fürchte mich aber nicht, weder vor der einen noch vor der anderen widerwärtigen Gruppe, ich kann sie nur einfach nicht ausstehen.« Ich schließe Telegram und sehe mich um.

Hier stehe ich, mitten im Bois de Boulogne. Ich habe einen sehr frühen Zug von London nach Paris genommen, um bei der Protestkundgebung dabei zu sein, die hier gleich in diesem Park am Pariser Stadtrand starten soll. Es ist ein kühler Tag im Oktober, aber gerade bricht die Sonne durch die wenigen Wolken am ansonsten blauen Himmel. Die Pariser, die mit mir aus der Metro gestiegen sind, setzen sofort ihre Sonnenbrillen auf und gehen selbstbewusst in unterschiedliche Richtungen davon, offenbar auf für sie alltäglichen Wegen. Es ist schwer vorstellbar, dass dieser Ort zum Nummer-eins-Hotspot für transphobe Hass-Attacken mit tödlichem Ausgang in Europa geworden ist.

Für französische Verhältnisse bin ich wohl früh dran. Laut den Social-Media-Postings von ›Acceptess-T‹, einer Initiative für Transgender-Rechte, hätte die Demo schon vor ein paar Minuten beginnen sollen. Ich nähere mich einer kleinen Gruppe von Menschen, die aussehen, als ob sie sich alle kennen. Manche haben eindeutig viel Zeit in Glitzer-Outfits, aufwändiges Make-up oder ihren Dragqueen-Style investiert. Andere sind einfach in Jeans und T-Shirt da. Einer der Demonstrierenden trägt ein provokantes T-Shirt mit der Aufschrift »Gender Terrorist«.

Drei Frauen mit aufeinander abgestimmtem Glitter-Lidschatten, bleichem Make-up, schwarzem Lippenstift, zum Regenbogen gefärbten Haaren und extravaganten Hüten mit Schleiern winken mir zu. Sie haben offenbar wahrgenommen, dass ich ganz alleine da bin und etwas verlegen neben den lebhaft plaudernden Grüppchen stehe, die sich mittlerweile gebildet haben. »Wir sind die *Sœurs de la Perpetuelle Indulgence*«, sagt eine der Frauen auf Französisch zu mir und klimpert mit ihren falschen Wimpern. Die Schwestern der Perpetuellen Indulgenz sind eine Wohltätigkeits- und Straßen-Performance-Bewegung, die 1979 in Iowa City in den USA entstanden ist. Ihre Mitglieder – zu Anfang bestand die Gruppe lediglich aus ein paar Männern – verkleideten sich damals als Nonnen, um aufmerksam zu machen auf die sozialen Probleme im berühmten Stadtviertel The Castro von San Francisco. Mit den Jahren haben sich die Schwestern über ganz Nord- und Südamerika bis nach Europa und Australien ausgebreitet. Heute organisieren ihre Aktivistengruppen internationale Kampagnen, um vor sexuell übertragbaren Krankheiten, Drogenmissbrauch und Hassverbrechen zu warnen.

Die Schwestern verwickeln mich in ein vertrautes Gespräch, während um uns herum die Menge schnell anwächst. Innerhalb von fünf Minuten werden aus zehn Menschen hundert, nach weiteren fünf Minuten sind es 500. Die queere Community von Paris will ein Zeichen setzen. Seit 2018 hat Frankreich einen dramatischen Anstieg transphob motivierter Gewalt erlebt. Mehrere trans Frauen wurden genau hier, im Bois de Boulogne, attackiert und ermordet.

Aus der Entfernung entdecke ich ein kleines Grüppchen von Menschen mittleren Alters, die ein großes Banner halten: »Unsere Kinder sind transgender – respektiert sie!« Ich gehe zu ihnen hinüber, offenbar sind sie alle Eltern, und lächele eine der Frauen an. Sie stellt sich als Carole vor und erklärt mir: »Wir sind hier, um Gerechtigkeit zu fordern und Diskriminierung zu bekämpfen.« Carole ist die Mutter von Mathilde, einer jungen Frau, die sich in der Corona-Zeit wegen mangelnder Perspektive und Unterstützung für trans Personen mit 19 Jahren das Leben genommen hat. Carole erzählt mir von der Diskriminierung und Stigmatisierung, mit der ihre Tochter im Alltag zu kämpfen hatte, in der Schule, im Krankenhaus, beim Sport. »Transphobie ist im Gesundheits- und Bildungssystem, ja sogar im Justizsystem tief verankert.« Sie hält ihr Schild in die Höhe – »Trans-Rechte sind Menschenrechte« steht darauf –, und Mathildes Vater tätschelt ihr die Schulter. Abgesehen von diesen Familienmitgliedern der Opfer sind nur wenige cisgender Personen bei der Kundgebung.

Mathilde habe immer gegen Ungerechtigkeit und Diskriminierung gekämpft, erzählt mir Carole später. »Aber am Ende hat sie für sich keine Zukunft mehr gesehen. Ihr endloses Bemühen kam zu keinen Lösungen. Sie hat geglaubt, dass sie auch in zwanzig oder dreißig Jahren noch kämpfen müsste.« Carole wird von ihren Gefühlen überwältigt. Aber sie schenkt den Tränen, die sich in ihren Augenwinkeln sammeln, keine Beachtung und fährt fort: »Und das war für sie einfach zu viel. Sie war erschöpft. Erschöpft im Alter von 19 Jahren.« Carole und ihr Mann hatten entschieden, sie aus der Schule zu nehmen, aber da war es schon zu spät.

Ich erfahre, dass Mathilde sich das Leben genommen hat,

bevor sie ihren Identitätswechsel vollziehen konnte. Da sie ihre neue Geschlechtsidentität vor ihrem Tod noch nicht offiziell angenommen hatte, weigerte sich der Bürgermeister, das weibliche Pronomen auf die Gedenktafel ihres Grabes zu setzen. »Es ist hart für junge Menschen. Die Angleichung kann lange dauern, sie werden kaum respektiert und müssen um ihre basalsten Menschenrechte kämpfen«, fasst Carole zusammen. »Wir verlangen aber, dass unsere Kinder respektiert werden. Wir fordern, dass die Gesellschaft aufhört, ihre Existenz in Frage zu stellen. Alle sollen das Recht haben, der- oder diejenige zu sein, die sie sein wollen.« Ich denke an meinen eigenen kleinen Sohn und hoffe, dass die Situation eine andere sein wird, wenn er seine Geschlechtsidentität entdeckt. Eine im Jahr 2015 vom ›National Center for Transgender Equality‹ durchgeführte Studie hat ergeben, dass 40 Prozent aller Transgender-Personen mindestens einen Selbstmordversuch hinter sich haben, was die Quote innerhalb der Gesamtbevölkerung um das Neunfache übersteigt.

Eine großgewachsene Frau kommt auf mich zu. »Vous êtes qui?«, fragt sie, und ich kann ihr das Misstrauen ansehen. Ich erkläre, dass ich aus London nach Paris gekommen bin, um bei der Kundgebung dabei zu sein, weil ich zur wachsenden Feindseligkeit gegenüber der Trans-Community recherchiere.

»Ah, verstehe. Ich kenne nämlich eigentlich die Gesichter derjenigen, die zu unseren Protestmärschen kommen. Die Presse berichtet nie über unsere Demos, weswegen wir Menschen außerhalb der Community gar nicht gewohnt sind.« Sie schenkt mir ein Lächeln. »Ich bin Giovanna und leite die Organisation ›Acceptess-T‹.« Mit ihren langen blonden Locken, der vollen, tiefen Stimme und dem leichten spanischen Akzent ist Giovanna Rincon eine recht eindrucksvolle Erscheinung. Sie räuspert sich und geht los, um sich vor die versammelte Menge zu stellen und am Mikrofon eine Rede zu halten:

»Wir haben es in Frankreich mittlerweile mit einer dramatischen Situation zu tun. Seit 2018 haben wir viel zu viele unschuldige Leben durch gewaltförmige Transphobie verloren.« Die Menge ist verstummt. »2018 wurde hier in diesem Park Vanesa Campos ermordet. 2020 haben wir Jessyca Sarmiento verloren, die ebenfalls hier getötet wurde. Im letzten Jahr mussten wir eine noch nie dagewesene Zahl von trans Personen verzeichnen, die sich das Leben genommen haben. Und erst vor zwei Wochen ist Ivanna Macedo Silva auf bestialische Art und Weise in ihrer eigenen Wohnung ermordet worden. Sie wurde von ihrer Familie und in ihrer Community sehr geliebt.« Giovanna geht ein paar Schritte auf ihr Publikum zu. »Unsere Emanzipation ist nicht verhandelbar. Sie sollte selbstverständlich sein. Wir müssen jetzt Druck auf die Politik machen.«

Dann reicht die Trans-Aktivistin das Mikrofon an Marilyn weiter, Ivannas Schwester.

»Hallo in die Runde.« Marilyn hält ihre Ansprache in ihrer Muttersprache, auf Spanisch. Sie ist extra für die Protestkundgebung aus Peru angereist, dem Heimatland ihrer Familie.

»Meine Schwester hätte hier nicht sterben sollen. Sie wurde von gewalttätiger Transphobie ermordet.« Marilyn hält inne, um Luft zu holen und die Schluchzer zu unterdrücken, die ihr unkontrolliert aus dem Mund kommen. »Danke an alle, die heute hier sind, danke an die Community für die Unterstützung. Ich fühle mich jetzt nicht mehr so allein.« Sie erzählt, ihre Mutter sei in Peru geblieben. »Sie ist in einem schlechten Zustand.« Das Mikrofon in ihrer Hand zittert. »Sie ist sogar in einem ganz furchtbaren Zustand.« Ihr bricht die Stimme, und mir laufen die Tränen übers Gesicht, ich kann es nicht verhindern. »Ich kann einfach nicht glauben, dass meine Schwester tot ist«, sagt Marilyn und gibt das Mikrofon zurück.

»Gerechtigkeit für Sasha! Gerechtigkeit für Ivanna!«, ruft die Menge, während sie durch die an den Bois de Boulogne grenzenden Stadtviertel zieht. *»Trans assassinés, État complice!«* Die Protestierenden geben dem Staat die Schuld an der steigenden Zahl getöteter trans Personen, weil er darin versagt habe, der Community Sicherheit zu geben. Laut einer EU-Studie finden vier von fünf trans Personen, dass zum Schutz der Menschenrechte von trans Personen in ihrem jeweiligen Land entweder latent oder eindeutig zu wenig getan wird. Institutionelle Diskriminierung und feindselige öffentliche Einstellungen gegenüber trans Personen haben zu diesem starken Anstieg transphober Hassverbrechen in Nordamerika und Europa geführt.

Die Trans-Community ist heute deutlich sichtbarer als noch vor ein paar Jahren. Für die Zeit zwischen 2014 und 2019 verzeichnet die Independent Press Standards Association (IPSO) in der Berichterstattung über Trans-Themen einen Anstieg von 400 Prozent. Die zweifache Nominierung der Transgender-Schauspielerin Laverne Cox bei den Primetime Emmy Awards und die öffentlich gemachte Geschlechtsangleichung der olympischen Goldmedaillen-Gewinnerin Caitlyn Jenner waren international in den Schlagzeilen. In Fernsehserien und Kinofilmen gibt es immer mehr queere Figuren, und auch Transgender-Journalistinnen haben in einer weitgehend cisgender dominierten Branche eine Stimme gefunden. Nach einer Studie des Williams Institute an der University of California, Los Angeles, identifizieren sich 0,6 Prozent der Erwachsenen in den USA als trans. Was eine konservative Schätzung ist, denn diese Zahl schließt all diejenigen nicht mit ein, die noch nicht den Mut gefunden haben, sich als trans Person zu outen. Wenn wir dieses Verhältnis auf die gesamte Weltbevölkerung hochrechnen, dann gibt es auf der Erde schätzungsweise über 47 Millionen Transgender-Personen, das entspricht etwa der Bevölkerung Spaniens.

Aber die heute erhöhte Sichtbarkeit und stärkere Anerkennung der LGBTQ-Community als Ganzes hat auch zu einem gesellschaftlichen Backlash geführt. Das neue *»Don't Say Gay«*-Gesetz in Florida löste 2022 in den USA eine größere Kontroverse aus. Es fing damit an, dass der konservative Aktivist Christopher Rufo eine breit angelegte Kampagne startete, um Disney wegen der Veröffentlichung der dritten Staffel der Zeichentrickserie *Die Prouds* zu verklagen. In der Serie tritt ein von LGBTQ-Schauspielern gesprochenes homosexuelles Väterpaar ebenso auf wie die wiederkehrende queere Figur Michael Collins. Rufos Behauptung, *Die Prouds* würden Kinder mit radikaler sexueller Propaganda infiltrieren und eine »schwule Agenda« fördern, löste mehrere Wellen von Anti-LGBTQ-Kampagnen aus. Alte Anti-LGBTQ-Stereotype wurden mit neuen QAnon-Ideen kombiniert.

Heute sind trans Personen mit am häufigsten von rechtsextremer Gewalt betroffen. »Mehr Zwangsanpassung an die linksradikalen, cancel-culture-nahen ›Trans‹-Aktivisten«, schreibt Jim vom ›Pie and Mash Squad‹, einer rechten Gruppierung mit Verbindungen in die Fußballhooligan-Szene, und teilt einen Artikel aus der *Daily Mail*, in dem es um die anhaltenden Diskussionen über gendersensible Sprache an den Universitäten geht.

Jim ist empört darüber, wie viel Aufmerksamkeit trans Personen an den Universitäten bekommen, und bezeichnet sie als eine »extrem kleine, unbedeutende Minderheit von degenerierten, abartigen, aufmerksamkeitsheischenden, geistig kranken schwulen Männern & gelegentlich auch Frauen, die sich selbst als ›trans‹ bezeichnen«. Die »woken, linken Liberalen«, so schreibt er, gingen ja »fälschlicherweise davon aus, dass wir eine ›Phobie‹ oder irrationale Angst haben, dabei handelt es sich um rationalen Ekel. ›Britain First‹ schreibt auf Telegram: »Leg dich bloß nicht mit der allmächtigen Trans-Bewegung an. Sie haben sehr, sehr viel Macht und einen unverhältnismäßigen Einfluss auf die Gesellschaft!«

Die heutige Transphobie geht nicht nur von den gewalttätigen Rändern der extremen Rechten aus, ja noch nicht mal nur von den Rechten innerhalb des politischen Spektrums. Das Blatt habe sich gewendet, so schrieb die irische *Economist*-Journalistin Helen Joyce in ihrem Buch *Trans: When Ideology Meets Reality*. Auf den ersten Blick mögen ultrakonservative, christliche Fundamentalisten und radikale Feministinnen einigermaßen unwahrscheinliche Verbündete sein. Aber in ihrer offenen Gegnerschaft gegenüber Trans-Rechten haben sie sich zusammengetan. Aufgrund des von ihnen geteilten Gefühls, dass Transgender-Identitäten ungültig und Frauen nur von ihrer Biologie definiert werden, haben Paläokonservative und genderkritische Feministen, der so genannte ›Trans-Exclusionary Radical Feminism‹ (›Trans-ausschließender radikaler Feminismus‹, auch: TERF), eine neue Koalition geschmiedet. Es gibt zwar genügend Felder, auf denen beide Lager sehr unterschiedlicher Meinung sind – vom Recht auf Abtreibung bis hin zur ›reproduktiven Souveränität‹ von Frauen. Aber trotzdem sind Organisationen wie die radikalfeministische ›Women's Liberation Front‹ (WoLF) eine strategische Allianz eingegangen mit der konservativen Rechten: Sie treten mittlerweile häufig bei Fox News in der Nachrichtensendung *Tucker Carlson Tonight* auf und sind gefeierte Sprecherinnen bei rechten Veranstaltungen. 2019 lud die ›Heritage Foundation‹, ein konservativer Thinktank, unter der Überschrift »Die Ungleichheit des Gleichstellungsgesetzes: Bedenken der Linken« im Rahmen einer Paneldiskussion gleich mehrere feministische Aktivistinnen von WoLF ein, um über die Gefahren des Engagements für Trans-Rechte zu sprechen. Die Hauptsorge der TERFs ist es, dass ein Fortschritt bei den Trans-Rechten notgedrungen auf Kosten der Frauenrechte geht sowie eine Bedrohung darstellt für Safe Spaces für Frauen. Sheila Jeffreys, eine australische Radikalfeministin und frühere Professorin an der Universität von Melbourne, bezeichnet Transsexualität als »Schlag gegen den Feminismus«. Vor dem britischen Unterhaus verglich sie trans Personen mit Parasiten, die »die Körper der Unterdrückten besetzen«. Die Konfrontation zwischen Aktivistinnen für Transgender-Rechte und radikalen Feministinnen reicht bis in die 1970er Jahre zurück. Während der Zweiten Welle des Feminismus in den 1960er und 1970er Jahren wurden Themen wie Vergewaltigung, häusliche Gewalt und Arbeitsplatzsicherheit zu zentralen Mobilisierungsfeldern für feministischen Aktivismus. Der Fokus lag damals auf den biologischen Unterschieden und den daraus resultierenden Ungerechtigkeiten. Radikale Feministinnen spalteten sich auf in zwei unterschiedliche Gruppen: diejenigen, die trans Frauen als Teil eines weitergefassten Kampfs für Gleichstellung unterstützten, und diejenigen, die deren Kampf nicht anerkannten und ihnen vorwarfen, die Debatte über Frauenrechte zu kapern.

Deutschlands bekannteste Feministin Alice Schwarzer hat sich in der Transgender-Debatte recht eindeutig positioniert. Die mittlerweile 80-Jährige sprach davon, dass wir die Natur nicht abschaffen könnten. Gemeinsam mit der *Emma*-Redakteurin Chantal Louis veröffentlichte sie die Streitschrift »Transsexualität – Was ist eine Frau? Was ist ein Mann?«, um dem von der Bundesregierung vorgestellten Eckpunktepapier zu einem Selbstbestimmungsgesetz entgegenzutreten. Schwarzer ist gegen eine Neufassung des Transsexuellengesetzes in Deutschland, das den Geschlechtswechsel erleichtern soll. Die Bundesregierung möchte u. a. die bürokratischen Hürden beim Namenswechsel und bei Personenstandsänderungen herabsetzen. Die Feministin Schwarzer interpretiert Trans-Geschlechtlichkeit allerdings eher als eine Modeerscheinung, die man nicht fördern sollte. Doch von wissenschaftlicher Seite gilt das häufig angeführte Argument, es handle sich bei Transsexualität um einen zum Massenphänomen gewordenen gesellschaftlichen Hype, als widerlegt. Sven Lehmann, der Queer-Beauftragte der Bundesregierung, betont, dass niemand sein Geschlecht leichtfertig oder aus Spaß ändere, sondern dass die jeweiligen Beweggründe immer sehr komplex seien.

In den letzten Jahren haben sogar Untergruppen innerhalb der LGBTQ-Community angefangen, die queere Community anzugreifen. 2018 mussten sich die Organisatorinnen der Londoner Pride Parade entschuldigen, nachdem sich Anti-Trans-Protestler mit Gewalt an die Spitze des Zuges gesetzt hatten. ›Get the L Out‹ ist eine lesbisch-feministische Graswurzel-Gruppierung, die sich dafür ausspricht, dass Lesben eigene, von anderen LGBTQ-Bewegungen unabhängige Communitys bilden sollten. Sie glauben, dass eine queerfreundliche Politik und das Engagement für Transgender-Rechte politischer Misogynie und männliche Interessen priorisierenden Systemen Vorschub leisten. Auf ihrer Website verkündet die Gruppe: »Wir erleben, wie Trans-Aktivismus Lesben ausradiert sowie Lesben, die es wagen, ihre Stimme erheben, zum Schweigen bringt und dämonisiert. Aber wir lassen uns nicht zum Schweigen bringen!«

Dass Transphobie deutlich ausgedrückt wird, ist auch nicht länger auf die Alternativmedien beschränkt. Auch beim Blick auf die Berichterstattung über trans Personen in den etablierten Medien hat mich die Menge an beleidigender und dämonisierender Sprache, auf die ich gestoßen bin, geradezu schockiert. Viele Artikel in großen überregionalen Zeitungen verbreiten Desinformation über die Trans-Community und stellen trans Personen als Sexualstraftäter oder Geistesgestörte dar. Schlagzeilen beschreiben sie wahlweise als »extremistisch«, »dement« und »gefährlich«. Die britische *Daily Mail* steht hier schon seit Längerem in der ersten Reihe derjenigen, die zu Hass gegenüber der Trans-Community anstacheln. So gut wie jeder Text, über den ich in transphoben Gruppen gestolpert bin, zitiert diese Zeitung. Unter *Daily Mail*-Schlagzeilen wie »Gerade erst aus dem Gefängnis entlassener Trans-Vergewaltiger, 25, macht sich an 13-Jährige ran und fragt sie per SMS: ›Macht's dir was aus, wenn meine Hände wandern?‹ – Jetzt 100 Monate hinter Gittern« oder »EXKLUSIV: ›Wir fühlen uns in unserer eigenen Umkleide nicht wohl.‹ Mannschaftskameradin von Lia Thomas (Schwimmteam der University of Pennsylvania) erzählt: Transgender-Schwimmerin bedeckt beim

Umziehen nicht immer ihre männlichen Genitalien – Trainer ignoriert Bedenken des Teams«.

Dämonisierende Medienberichte werden dann in rechtsextremen Kanälen zitiert, und deren Mitglieder sind schnell bei der Hand, Anti-Trans-Memes zu verfertigen und Kampagnen auf die Beine zu stellen, die die Angstmacherei auf eine nächste Stufe heben. In der Alt-Right-Telegram-Gruppe ›We the Pepe‹ etwa kommentiert ein gewisser Simon: »Diese *definitiv weibliche Person* zeigt also *ihren* sehr weiblichen Penis anderen Frauen, und die Schulverwaltung hat damit überhaupt kein Problem, weil Trans👏-Frauen sind👏 ja Frauen oder👏 eben des Kaisers neue Pimmel**.«

Viele der heutigen Anti-LGBTQ-Kampagnen weisen eine typische Opfer-Täter-Verkehrung auf. Studien haben ergeben, dass Transgender-Personen mit deutlich größerer Wahrscheinlichkeit Opfer sexualisierter Übergriffe werden als Cisgender-Personen. Schwarze Transgender-Personen sind hier die vulnerabelste Gruppe und erleben am häufigsten sexuellen Missbrauch. Sexuelle Belästigung, frauenfeindlicher Missbrauch und häusliche Gewalt gehen in den meisten Fällen nicht von Mitgliedern minoritärer Communitys, sondern von weißen Cisgender-Hetero-Männern aus. Die Tatsache anzuerkennen, dass Gewalt und unsittliches Verhalten von der eigenen Gruppe verübt wird, scheint manchen schwerzufallen. Von daher scheint es eine schnelle Ausflucht zu sein, einer sowieso schon stark an den Rand gedrängten Minderheit die Schuld in die Schuhe zu schieben – seien es Transgender-Personen, Muslime oder Schwarze.

Nur wenige Tage nach der ›Acceptess-T‹-Demo in Paris steige ich in London in Covent Garden in die U-Bahn. Der mittelalte Mann im Anzug und die Frau im Smart-Casual-Kostüm mir gegenüber starren die junge trans Frau in engem Kleid und pinkfarbenem Augen-Make-up ein paar Meter weiter an. Diese fühlt sich sichtlich unwohl, als die beiden anfangen, flüsternd auf sie zu zeigen. Piccadilly Circus. Sie steigt aus.

»Hast du diese Geschichte gelesen über diesen Transgender-Häftling, der zwei Frauen vergewaltigt hat?«, fragt der Mann, laut genug, um von seinen Mitreisenden gehört zu werden. Die Geschichte von Karen White, die in einem Frauengefängnis Mithäftlinge sexuell attackiert hatte, war 2018 in den internationalen Schlagzeilen gewesen und kam den Anti-Trans-Aktivisten wie gerufen. Der Sexualstraftäter Stephen Woods war als trans Frau Karen White ins Gefängnis gekommen, rechtlich gesehen aber immer noch ein Mann und darum gar keine wirklich transgender. Der Mann in der U-Bahn fährt selbstbewusst fort: »Ich kann nicht fassen, dass wir als Frauen verkleideten Männern Zugang verschaffen zu Frauengefängnissen, Frauenduschen und Frauenzimmern in Krankenhäusern. Das ist doch eine Gefahr für die Sicherheit von Frauen. Wirklich ein Unding.« Seine Bekannte sitzt nur da und nickt. Der Mann spricht weiter: »Und jetzt diskutieren wir bei der Arbeit darüber, Pronomen zu benutzen. Du weißt schon, wir packen Pronomen in unsere Mailsignaturen und fragen unsere Kunden, wie sie adressiert werden wollen. Das ist derart lächerlich. Als ob ein alter Mann wie ich eine Frau sein könnte. Sehe ich für dich etwa wie eine Frau aus?« Sie lacht. Aus dem Augenwinkel sehe ich das neben mir sitzende Pärchen einen Blick wechseln.

Wenige Themen sind inzwischen politisch und emotional so aufgeladen wie Trans-Aktivismus. Sogar durch die Harry-Potter-Fangemeinde geht ein tiefer Riss, seitdem sich J. K. Rowling gegen die trans-inklusive Bezeichnung »Menschen, die menstruieren« ausgesprochen hat. Es hat auch nicht lange gedauert, bis die Zeile »J. K. Rowling ist eine TERF« auf Twitter trendete. Viele Leserinnen und Leser boykottierten Fanartikel, manchen konnte man auf TikTok sogar beim Verbrennen ihrer Harry-Potter-Bücher zusehen.

J. K. Rowling hat sich lange als Verbündete der LGBTQ-Community positioniert. Auf die Hogwarts-Schule, so enthüllte sie, gingen auch Schüler gänzlich unterschiedlicher sexueller Orientierung, Schulleiter Albus Dumbledore sei zudem homosexuell. Trotzdem teilte und likte sie wiederholt Tweets, die von der Trans-Community als zutiefst verletzend wahrgenommen wurden. 2018 versah sie beispielsweise einen Tweet mit einem Like, in dem trans Frauen als »Männer in Kleidern« bezeichnet wurden. Die britische Autorin und trans Frau Shon Faye reagierte mit folgendem Tweet: »Die Transkultur muss zusehen, wie die geliebte Autorin ihrer Generation einem transphoben Tweet von einem Troll-Account, der uns wiederholt als Mann bezeichnet hat, ein Like gibt.« J. K. Rowlings Roman *Der Seidenspinner*, den sie unter ihrem Pseudonym Robert Galbraith veröffentlicht hat, enthält mehrere Hinweise auf ihre Einstellung gegenüber trans Personen. In einer Szene versucht die trans Frau Pippa, den Protagonisten Cormoran Strike zu erstechen. Dass sie trans ist, wird erst später aufgedeckt, als ihr deutlich sichtbarer Adamsapfel bemerkt wird. Das Buch bedient sich klassischer Stereotypen, die trans Personen als aggressiv und instabil darstellen und sie auf diesem Weg diffamieren.

Die US-amerikanische trans Aktivistin Katelyn Burns sagt mir gegenüber: »Meine eigene Tochter vergöttert die Harry-Potter-Bücher, sieht aber auch, dass J. K. Rowling ihre Mutter nicht mag.« Sie mustert mich durch die Gläser ihrer Brille, als wolle sie herausfinden, ob sie mir vertrauen kann. Katelyn ist die erste offen trans lebende Person, die als Regierungsreporterin aus Washington berichtet. Sie beobachtet seit Jahren, wie transphobe Einstellungen immer mehr in die Mitte der Gesellschaft rücken. Nach jahrzehntelanger Unterdrückung ihrer Geschlechtsidentität hat sie sich 2016 als trans Frau geoutet. Irgendwann wusste Katelyn, dass sie nicht länger verbergen konnte, wer sie war. »Einer der Hauptantriebe für meine Angleichung war, dass ich nicht in einem Anzug begraben werden wollte«, erzählt sie mir.

Im Rückblick, sagt sie, wusste sie eigentlich schon mit sieben oder acht, dass »etwas im Busch war. Ich hatte als Kind nur nicht die richtigen Worte dafür.« Alles, was sich damals zum Thema auftreiben ließ, war ein Lexikon, in dem Transsexualität in verunglimpfender Art und Weise beschrieben und mit einem sexuellen Fetisch gleichgesetzt wurde. Sie dachte: »So bin ich nicht!« Und beschloss, ihre Identität zu verbergen, auch vor engen Freunden und ihrer katholischen Familie. Als das athletische Kind, das sie war, stürzte sie sich Hals über Kopf in den Sport, um sich nicht mit ihrer Identität auseinandersetzen zu müssen.

Als Katelyn achtzehn war, lernte sie auf dem College ihre zukünftige Ehefrau kennen. Mit dem Sex hatte sie auf die Liebe ihres Lebens gewartet. »Ich habe ihr schon ziemlich früh gesagt, dass ich manchmal gern Frauenklamotten anziehe. Aber ihre Reaktion darauf war, dass sie mir sagte, davon wolle sie nie wieder etwas hören.« Katelyn wusste, dass diese Frau die Liebe ihres Lebens war, und wollte nicht riskieren, sie zu verlieren. Also schloss sie ihre weibliche Seite weg. Die beiden heirateten, bekamen Kinder und kauften ein Haus. Von außen betrachtet führte Katelyn ein ganz normales Leben. Aber es fühlte sich eben nicht richtig an, sogar die besten Augenblicke waren irgendwie »runtergedimmt«, so, »als ob eine andere Person sie empfand«. Sie sagt: »Fünfzehn Jahre lang ist es mir gelungen, da den Stöpsel draufzuhalten.« Dann aber ging sie auf eine Reise, bei der sie ihre wahre Identität entdecken und ihr Leben verändern sollte. Irgendwann führte sie ein ehrliches Gespräch mit ihrer Frau, erzählte ihr von ihrer Geschlechtsdysphorie als Kind, ihrer unterdrückten Geschlechtsidentität und ihren Selbstmordversuchen. Die beiden trennten sich.

Heute ist Katelyn 40 und lebt mit ihren zwei Kindern und ihrer Katze in Maine. Sie hat den beliebten Twitter-Account @transscribe und schreibt für diverse Medien, darunter MSNBC, die *Washington Post*, *Vox*, *Vice*, *Elle*, *Them* und den *Playboy*. Es ist nicht einfach, über Transphobie zu berichten, vor allem nicht, wenn man selber trans ist. »Was viele Menschen an Leuten wie mir nicht verstehen, ist, dass ich über Sachen schreibe, die mich persönlich stark angehen. Jede niederschmetternde Geschichte über trans Personen ist für mich persönlich emotional niederschmetternd. Jedes böse Wort, das jemand über eine trans Person verliert, fühlt sich an wie eine gegen mich persönlich gerichtete Beleidigung.« Sie hat aufgehört, ausschließlich über Trans-Themen zu schreiben, um mental auch mal aufatmen zu können. Mittlerweile geht es in jedem zweiten von ihr verfassten Artikel um ein völlig anderes Thema. In ihrer Freizeit spielt sie Videospiele oder liest historische Sachbücher.

Katelyn ist häufig gefragt worden, ob sie ihre Geschichte nicht in Form eines Buches aufschreiben wolle, glaubt aber, danach massiv schikaniert zu werden. Einmal ist sie schon gedoxxt worden. »Wenn du dich auf dem Feld als trans Journalistin bewegst, kommt das ganz von allein.« Normalerweise lacht sie das weg, gibt mir gegenüber aber zu, Angst zu haben. Das Ausmaß und die Art der Beschimpfungen haben sich in den letzten Jahren stark verändert: »Heute kommen deutlich mehr Kommentare zu meinem Erscheinungsbild.« Weil sie sich vor den Reaktionen fürchtet, veröffentlicht sie in den sozialen Medien keine Selfies oder Bilder mehr von sich.

Es klingelt an der Tür, und Katelyn steht auf, um eine Futterlieferung für ihre Katze entgegenzunehmen, die während unseres ernsten Gesprächs ständig hungrige Laute von sich gegeben hat. Beim Zurückkommen sagt sie: »Bei der Aufmerksamkeit, die das Thema mittlerweile bekommt, mag man eine Tatsache oft gar nicht so recht glauben: An der rechtlichen Situation hat sich für trans Personen seit 2015 absolut gar nichts verändert. Obwohl sich die öffentliche Meinung gewandelt hat, sind die LGBTQ-Gesetze immer noch dieselben.« Tatsächlich hat eine Studie von YouGov kürzlich ergeben, dass die Zahl der Britinnen und Briten, die starke Zustimmung äußern zu der Aussage »Eine Transgender-Frau ist eine Frau«, im Fallen begriffen ist. Katelyn glaubt, dass sich die allgemeine Akzeptanz der Trans-Community in ihrer privaten Geschichte spiegelt. »Ich bin als offenkundig glücklich verheirateter Mann in dieses Jahrzehnt gegangen und habe versucht, mir mit unterdrückter Geschlechtsidentität ein Leben und eine Karriere aufzubauen«, schreibt sie. »In der Mitte des Jahrzehnts habe ich durch ständige Selbstbefragung mein wahres Ich gefunden. Und jetzt gehe ich aus diesem Jahrzehnt raus und habe einfach nur wahnsinnige Angst.«

2015 markiert einen Wendepunkt in der Entwicklung der Transphobie. Die »Kulturkriege« zwischen Liberalen und Konservativen gewannen im Vorfeld der Präsidentschaftswahlen in den USA 2016, die zum Sieg von Donald Trump führen sollten, deutlich an Fahrt. Überall wurden kleinere und größere Schlachten geschlagen: in den Kommunalverwaltungen, in Fernsehtalkshows, in den sozialen Medien und an den Universitäten. Im Juni 2015 urteilte der Oberste Gerichtshof, dass gleichgeschlechtlicher Geschlechtsverkehr in allen US-Bundesstaaten und -Territorien legal sein sollte. Damit hatte die konservative und religiöse Rechte ihren größten nationalen Kampf auf dem Feld der LBGTQ-Rechte verloren. Sie brauchte etwas anderes, um als Pionier voranzugehen und sich so finanzielle Unterstützung und Kampagnennetzwerke zu sichern, meint Katelyn. »Statt also einzupacken und nach Hause zu gehen, verlegten sich rechte Aktivisten einfach auf eine neue, noch vulnerablere Gruppe: trans Personen.«

Wenige Monate später gab es in Houston, Texas, ein Referendum über die Gleichstellungsverordnung der Stadt. Ziel der ›Houston Equal Rights Ordinance‹ (HERO) war es, Diskriminierung von Menschen aufgrund ihrer ethnischen Zugehörigkeit, ihres Geschlechts, ihrer sexuellen Orientierung, ihres Alters und einiger anderer Faktoren unter Straftatbestand zu stellen. In der ersten Lesung ging das Gesetz durch, aber dann kam der große Backlash, erzählt Katelyn: »Die Rechte hat sich geradezu auf das Trans-Thema gestürzt, obwohl es in der Verordnung nur teilweise darum ging.« Die rechte Kampagne war erfolgreich, die Verordnung wurde am Ende zurückgenommen. Der Slogan »Kein Mann in der Frauenumkleide!« kam erstmalig auf. Und diese Kernbotschaft wurde zu einem Testlauf für landesweite Anti-Trans-Kampagnen.

Im Jahr darauf verabschiedete North Carolina sein berühmt-berüchtigtes »Toiletten-Gesetz«, das den Zutritt von Transgender-Personen zu geschlechtergetrennten Räumlichkeiten einschränkte und es Städten, Gemeinden und Landkreisen im gesamten Bundesstaat außerdem unmöglich machte, Antidiskriminierungsgesetze auf den Weg zu bringen. Das Gesetz hatte spektakuläre Folgen: North Carolina verlor mindestens 3,76 Milliarden Dollar und 3000 Arbeitsplätze, als Unternehmen, Künstlerinnen, Fernsehproduktionsfirmen und Sportvereine anfingen, den Staat zu boykottieren. Adidas, PayPal und die Deutsche Bank legten ihre Pläne, ihre unternehmerische Präsenz in North Carolina auszubauen, auf Eis. Ringo Starr, Nick Jonas, Bruce Springsteen und Demi Lovato sagten Konzerte ab. Die NBA verlegte das All-Star-Basketballspiel von Charlotte nach New Orleans, und die NCAA suchte sich für das Basketballturnier *March Madness* ebenfalls einen alternativen Austragungsort. Trotz dieses relativ hohen finanziellen Tributs war North Carolina nicht der einzige Staat, der über Toiletten-Gesetze debattierte. Mindestens 16 weitere US-Bundesstaaten versuchten, im Laufe dieses Jahres vergleichbare Gesetze zu verabschieden, scheiterten jedoch alle.

Die britische Regierung unter der damaligen Ministerpräsidentin Theresa May wählte unterdessen den umgekehrten Weg. 2017 wurden Gesetzentwürfe für eine Reform des ›Gender Recognition Act‹ (Gesetz zur Anerkennung der Geschlechtszugehörigkeit) publik, die es ermöglichen sollte, zum bevorzugten Geschlecht eine Selbstauskunft abzugeben. Diese Reform hätte es trans Personen erlaubt, sich, statt diverse ärztliche Erklärungen, diagnostische Unterlagen zur Genderdysphorie und andere Beweisstücke beibringen zu müssen, über das eigene Geschlecht selbst zu äußern. »Eine Freundin von mir sollte sogar mal eine Liste mit ihren Lieblingspornos einreichen«, erzählt mir Katelyn.

Das Prinzip der Selbstauskunft wurde und wird massiv missverstanden. Um ihr Geschlecht offiziell zu ändern, müssen trans Personen eine eidesstattliche Erklärung darüber abgeben, dass sie planen, ihr Leben in einem anderen Geschlecht oder einer anderen Genderrolle zu leben. Anti-Trans-Aktivisten aber haben das Narrativ in diesem Kontext gänzlich verdreht und gewarnt: »Ab Dienstag kann Joe behaupten, eine Frau zu sein, wenn er einer Frau auf die Toilette folgen will.« Die Kontroverse über die Selbstauskunft löste eine Welle moralischer Panik aus und verschärfte die aggressive Anti-Trans-Agitation in den sozialen Medien. Infolgedessen ließ Großbritannien die Pläne für eine Reform des ›Gender Recognition Act‹ wieder fallen.

Während die Zahlen tödlicher Hassverbrechen gegen trans Personen in Frankreich besonders hoch sind und es in den USA einige der diskriminierendsten Gesetze gibt, liegt das Nachrichten-Epizentrum der weltweiten Anti-Trans-Bewegung bis heute im Vereinigten Königreich. Weitreichende konservative und liberale Netzwerke haben mobilisiert, um Desinformation und Verschwörungsmythen über die Trans-Community zu streuen. Die von den trans-exkludierenden Netzwerken auf der rechten und der linken Seite des politischen Spektrums gemeinsam entwickelten Botschaften werden schnell zum Futter für international gefahrene Kampagnen in Deutschland wie in den USA. »In England entwickelte Argumentationslinien finden dann plötzlich auch US-Vorstadtmütter überzeugend«, so Katelyns Beobachtung. »In Großbritannien benutzte Kommunikationsstrategien und Sprache können wir dann irgendwann immer auch in den radikalkonservativen Netzwerken der USA wiederfinden.«

Katelyn glaubt, dass einige der am meisten ins Kraut schießenden Anti-Trans-Verschwörungsmythen ihren Ursprung im Vereinigten Königreich haben. Zum Beispiel die Behauptung, trans Personen würden Transgender-Jugendliche dafür rekrutieren, präpubertäre Kinder zu belästigen. Ein anderer Verschwörungsmythos, der in den letzten Jahren immer weiter um sich gegriffen hat, geht davon aus, dass das Engagement für Trans-Themen dem robotergesteuerten Transhumanismus Tür und Tor öffnet, von dem angeblich die großen Pharma- und Technologiekonzerne finanziell profitieren würden. Diese Idee ist vor allem deshalb so lachhaft, weil längst bekannt ist, dass Künstliche Intelligenz und Tech-Algorithmen zutiefst transexkludierend funktionieren. Viele Expertinnen und Experten sehen es sehr kritisch, dass moderne Technologie ausgehend von binären, heteronormativen Auffassungen von Geschlecht designt wird, was der Diskriminierung von Transgender-Personen immer nur weiter Vorschub leistet. Manche Anhänger von Anti-Trans-Verschwörungsmythen legen auch noch eine Schicht Antisemitismus auf ihre Narrative und greifen einzelne jüdische Philanthropinnen und Philantropen an, die Kampagnen für Trans-Rechte mit Spenden unterstützt haben.

Jennifer Bilek gehört zu jenen Aktivistinnen, die die Idee propagieren, LGBTQ-Rechte seien eine »Front für den technomedizinischen Komplex«. Mir gegenüber sagt sie: »Ich halte

›Transgender‹ für ein Märchen der Konzerne, nicht für real.« Jennifer lebt in New York, hat auf Twitter mehr als 15 000 Follower und beschreibt sich selbst als investigative Journalistin, Künstlerin und besorgte Bürgerin. Ihrer Meinung nach ist die Bewegung für Trans-Rechte eine von Pharma- und Tech-Unternehmen betriebene Geheimoperation. Das Ziel dieser Operation, so behauptet sie, sei das Ankurbeln des Verkaufs von Hormonpräparaten und die Bewerbung von Transhumanismus. Die Gender-Ideologie bezeichnet sie als eine »Ideologie der Entkörperlichung«, die die Zerstörung dessen anstrebe, »was es im Kern heißt, ein Mensch zu sein: nämlich eine biologisch und sexuell dimorphe Spezies«. Jennifer vertritt die Ansicht, dass Gender nichts weiter ist als eine von Staat und Trans-Lobby vorangetriebene Verschleierung von Tatsachen. Und dass es »einen ganzen Markt gibt, der den Körper verleugnet und sich für Pharma- und Tech-Industrie öffnet, indem er ›Body Diversity‹ als Emanzipation und Empowerment bewirbt«. Sie glaubt, dass Transgender-Personen den Pfad ebnen zur Ersetzung des Menschen durch Roboter. »Es ist ja nur noch ein Katzensprung hin zu Chip-Implantaten, Mensch-KI-Interfaces und Firmen, die Gedanken lesen können etc. ›Transgender‹ macht uns weich und empfänglich für diese Veränderungen an der gesamten Menschheit.«

Große Tech-Plattformen wie Twitter, Facebook und Instagram haben im Laufe der Jahre zumindest ansatzweise begonnen, gegen trans Personen gerichteten Hass zu bekämpfen. Doch die Übernahme von Twitter durch Elon Musk könnte diese kleinen Fortschritte wieder rückgängig machen. Der Tesla-Gründer ist zwar kein ausgesprochener Anti-Trans-Aktivist, hat aber durch seine Worte und Taten klare Zeichen gegen die

Queer-Community gesendet. Die Übernahme der Plattform mit ihren über 360 Milionen Nutzerinnen und Nutzern begründete er mit einer Kampfansage gegen die liberale, *woke* Twitter-Kultur. Wenige Stunden nachdem er »Twitter sucks« geschrieben hatte, schrieb er auch schon »Pronouns suck« – womit er sich über die Angabe von Pronomen in der E-Mail-Signatur mokierte. Dass der reichste Mann der Welt Twitter gekauft hat, geht vermutlich auf Kosten der Trans-Community.

Das Leben von Trystan Reese hat zwei eindeutig voneinander getrennte Teile: bevor und nachdem er 2017 weltweit als ›der schwangere Mann‹ berühmt wurde. Als überall auf dem Globus die Schlagzeilen von seiner Schwangerschaft kündeten, gab es kein Zurück mehr zu einer irgendwie gearteten Normalität. Reese ist ein in Kanada aufgewachsener trans Mann, der heute in Portland lebt. Er und sein Ehemann Biff Chaplow beschreiben sich selbst als »die zufällig schwulen Eltern«. Als sie erst ein Jahr zusammen waren, wurden sie die Sorgeberechtigten für Biffs dreijährigen Neffen und seine einjährige Nichte, die vom Jugendamt aus ihrer Familie genommen wurden und ansonsten in ein Kinderheim gesteckt worden wären. Wenige Jahre später brachte Trystan Reese Leo zur Welt.

Das war fast zwanzig Jahre nachdem er als 19-Jähriger sein Coming-out hatte. Damals gab es noch wenig Verständnis für Trans-Identitäten. Er sorgte bei vielen für Verwirrung. In seiner Autobiografie *How We Do Family* schreibt er: »Ich war ein Mädchen, das sagte, es sei ein Junge, aber weiterhin wie ein Mädchen aussah und auch so klang – und dann auch noch auf andere Jungs stand.« Reese wusste, dass er ein schwuler Mann war. Aber oft hörte er: »Aber bist du dann eigentlich nicht doch eine Heterofrau?« Heute ist das Bewusstsein und auch die Akzeptanz von Trans-Rechten in der Gesellschaft größer. Aber mit jedem Schritt in Richtung Fortschritt gab es Gegenwind.

»Es ist ein zweischneidiges Schwert«, erklärt mir Trystan Reese. »Wenn die Leute mehr über uns erfahren, kommt es zwangsläufig auch zu Gegenreaktionen.« Mit der Veröffentlichung seiner queeren Familiengeschichte wollte er ein Beispiel geben und seinen Teil zur Erziehung der Öffentlichkeit beitragen. »Doch mit der Exponiertheit kamen auch die Angriffe und der Widerstand.« Er hat schon viel Zeit darauf verwendet, ihm unbekannte homophobe Menschen über LGBTQ-Rechte aufzuklären, aber was er erleben musste, als die Bilder seines schwangeren Bauches viral gingen, war dann doch die nächste Stufe. »Aus hin und wieder bei mir eintreffenden Messages, in denen mir unbekannte Menschen ihren Ekel bekundeten, wurde schnell ein reißender Strom aus Negativität«, schreibt er in seinem Buch. »Mit jedem Vibrieren meines Handys kam ein neues Level von Gemeinheit und Boshaftigkeit.« Manche beleidigten ihn als »ein verf*cktes Krebsgeschwür auf diesem Planeten« und eine »widerliche Zirkus-Missgeburt«. Andere verlautbarten, sein Baby würde sicherlich entstellt auf die Welt kommen. Wieder andere drohten ihm sogar und kündigten an, das Jugendamt zu rufen, damit ihm seine Kinder weggenommen würden.

Trystan Reese hat gelernt, sein Publikum zu verstehen. Er hat begriffen, dass seine Story am besten bei Menschen funktioniert, die kein Verständnis haben von Trans-Identitäten, gern aber mehr Verständnis hätten, die Fragen haben und die vielleicht auch ein bisschen neugierig oder verwirrt sind. Er will, dass Eltern von Transgender-Kindern oder auch Menschen, die gute Verbündete für die LGBTQ-Community sein wollen, sein Buch lesen. »Für diese Leute habe ich mir die ganze Arbeit gemacht.« Die Hoffnung, unverhohlen transphobe oder ultrakonservative Menschen zur Meinungsänderung bewegen zu können, hat er aufgegeben. »Jemand wie ich kann nie und nimmer Einfluss nehmen auf solche Leute, im Zweifelsfall treibe ich sie nur noch weiter in die Radikalisierung.«

Das Internet ist gleichzeitig das Beste und das Schlechteste, was trans Personen passieren konnte. Die sozialen Medien bieten Transgender einen Safe Space, in dem sie Gemeinschaft und schnelle Hilfe finden, was manchmal Leben retten kann. Aber das Netz hat die Trans-Community auch verwundbarer gemacht für zielgerichtete Angriffe, für Missbrauch und Desinformation. Der GLAAD Social Media Safety Index (SMSI) hat in einer 2021 durchgeführten Studie festgestellt, dass die meisten Social-Media-Plattformen für User aus dem LGBTQ-Spektrum »tatsächlich unsicher« sind. Reese sagt: »Algorithmen sind ja schon so konzipiert, dass sie Empörung fördern und belohnen. Oft sind wir am Ende ja doch nur das Schmierfett im Getriebe der sozialen Medien, also das, was die Maschine am Laufen hält. Derart benutzt zu werden, ist unglaublich schmerzhaft. Aber das wird offenbar auf absehbare Zeit nicht besser werden.«

2008 engagierte sich Reese bei der großen politischen Initiative für die Einführung der Homoehe in Kalifornien. Am Ende fehlten mehrere Millionen Stimmen und der Vorstoß scheiterte, aber die Daten zeigen, dass er erfolgreich gewesen wäre, wenn alle über 60-Jährigen nicht zur Wahl gegangen wären. Damals sagte Reese zu seinem Chef: »Warum verkriechen wir uns nicht auf Hawaii und warten, bis die Konservativen ausgestorben sind?« Woraufhin der Chef ihn daran erinnerte, dass aus jungen Liberalen alte Konservative werden.

Hinzu kommt allerdings, dass sich gerade die jüngeren Generationen zunehmend die rechtsextremen Ansichten der Alt-Right-Bewegung zu eigen machen. Studienergebnisse belegen, dass die ›Generation Z‹ (auch ›die Zoomers‹ genannt), deren Angehörige zwischen Mitte der 1990er und den frühen 2010er Jahren geboren wurden, die wahrscheinlich konservativste Generation seit Ende des Zweiten Weltkriegs ist. In einer britischen Umfrage beschrieben annähernd 60 Prozent der Befragten aus der ›Gen Z‹ ihre Haltung zu Homoehe und Transgender-Rechten als »konservativ« oder »moderat«. Die ›Generation Z‹ hat außerdem weniger Vertrauen in staatliche Institutionen sowie in die Mitmenschen als jede Generation zuvor. Eine 2018 vom Pew Research Center durchgeführte Studie ergab, dass etwa drei Viertel der unter 30-jährigen Amerikaner »wenig Vertrauende« sind.

Diese Trends bestätigt auch Katelyn: »Viele Zoomer und junge Millennials konsumieren transphoben Content, vor allem auf YouTube.« Die so genannte ›Prager University‹ (PragerU) gewinnt als Plattform für Teenager, Schülerinnen und Studenten, die die Nase voll haben von der *Political Correctness* und der *Wokeness* an ihren Schulen und Universitäten, immer mehr an Bedeutung. Die Gründer, Moderatoren, Sprecher und Milliardeninvestoren hinter PragerU haben ein Online-Imperium mit auf ein junges Publikum exakt zugeschnittenen Inhalten aufgebaut. Für sie ist YouTube eine Möglichkeit, alternative Bildungsinhalte an junge Menschen zu vermitteln und dabei die traditionellen Medien zu umgehen. Manche ihrer Videos mit Schlagzeilen wie »Fossile Kraftstoffe: Die grünste Energie von allen«, »Wo sind die gemäßigten Muslime?« und »Sind manche Kulturen besser als andere?« kommen auf mehr als eine Milliarde Views.

PragerU hat USA-weit ungefähr 6500 ›Botschafter‹, unter anderem Highschool-Schüler und College-Studierende, die sich selbst als ›die PragerForce‹ bezeichnen. Sie organisieren Treffen an ihren jeweiligen Institutionen und helfen mit, Videos zu produzieren, die viral gehen. Einer ihrer in Los Angeles ansässigen Selfmade-Videoproduzenten ist Will Witt. Er sagt, er habe das Studium an der University of Colorado, Boulder, geschmissen, weil er nicht länger indoktriniert werden wolle. Er lebt davon, junge Menschen, die aussehen, als seien sie progressiv denkende Liberale, zu trollen. Üblicherweise findet er seine Opfer, indem er auf politische Buttons, sehr weite Klamotten oder nicht konforme Haarschnitte achtet. In einem seiner Videos geht er an der Florida Gulf Coast University auf Leute zu und fragt sie: »Was ist eine Frau?« Die Antworten der überraschten und manchmal auch verwirrten Studierenden nutzt er, um sich über Liberale lustig zu machen und sich über ihre Argumente aufzuregen. Viele der PragerU-Aktivisten und -Fans stammen aus liberalen Familien. Sie sehen den Konservativismus als eine Möglichkeit zur Rebellion.

Auch hier können wir wieder das altbekannte Muster erkennen: Radikale Subkulturen vernetzen sich weltweit, um alternative Medienimperien aufzubauen und einen gesellschaftlichen Backlash auszulösen. Die Kombination aus effektivem Anti-Trans-Networking, negativer medialer Berichterstattung und viral gehenden Kampagnen hat zu einer Verlagerung der öffentlichen Meinung geführt. Eine Sprache, die die queere

Community sehr direkt verletzt und diffamiert, ist in den allgemeinen Wortschatz eingeflossen und hat Wahlentscheidungen beeinflusst.

Trystan glaubt, dass Liberale und LGBTQ-Aktivistinnen und -Aktivisten weiter engagierte Kampagnen entwickeln müssen, die bei jungen Leuten gut ankommen – sonst würden die nachwachsenden Generationen zu Opfern der Newsmache von rechts. »Nichts passiert wie von Zauberhand oder zufällig. Dinge passieren, weil Menschen sich für Veränderung einsetzen«, sagt er mir. »Und wir müssen dieser Herzschlag sein, ein Herzschlag für Akzeptanz, kulturellen Wandel und Fortschrittlichkeit. Wir dürfen nicht selbstgefällig werden, sonst verlieren wir sofort an Boden.«

Die Armee sei dafür ein gutes Beispiel. »Transgender-Personen haben seit geraumer Zeit still und leise ihren Dienst in der US-Armee getan«, sagt Trystan Reese. »Und dann kommt plötzlich ein Präsident und sagt, dass sie nicht dienen dürfen.« 2017 kündigte der damalige US-Präsident Donald Trump an, Transgender-Truppenangehörigen den offenen Militärdienst zu verbieten. »Er hatte nicht die Spur einer Ahnung, was er da tat. Die Armee war im ganzen Land der größte Arbeitgeber für Transgender-Personen.« Gerichte verhinderten, dass das Verbot in Kraft trat, und Präsident Joe Biden kippte das Verbot sofort nach seiner Amtsübernahme.

Fragen rund um die Teilnahme von trans Personen im Sport haben fast noch kontroverser und emotionaler geführte Debatten ausgelöst. Im Zuge der Olympischen Spiele 2022 gerieten trans Athletinnen ins Zentrum jeglicher Anti-LGBTQ-Schikanen. Obwohl Twitter, Facebook und Instagram die LGBTQ-Community als geschützte Gruppe eingestuft haben, die auf ihren Plattformen vor Hatespeech in Schutz genommen werden muss, mussten trans Athleten und Sportkommentatorinnen bei den Olympischen Spielen 2022 doch heftige Gegenreaktionen hinnehmen.

Hochrangige Politiker verschaffen Anti-Trans-Einstellungen eine gewisse Legitimität, indem sie selbst transphobe Sprache benutzen: Die britische Labour-Abgeordnete Rosie Duffield hat trans Frauen als »biologische Männer in einem Männerkörper« bezeichnet und einem Tweet ein Like gegeben, in dem trans Personen als »zumeist Heterosexuelle, die sich als das andere Geschlecht verkleiden« eingeordnet werden. Als der russische Präsident Wladimir Putin gebeten wurde, seine Gedanken zum Thema Geschlechtsidentität kundzutun, betonte er in seiner Antwort, wie wichtig doch die traditionellen Familienwerte seien. »Mutter ist Mutter, und Vater ist Vater.« Sarah Palin, die ehemalige Gouverneurin von Alaska, bezeichnete Lia Thomas, die trans Schwimmerin der University of Pennsylvania, als »einen Kerl«, der die Schwimmrekorde von Frauen in den Schatten stellt.

Transphober Hass beschränkt sich nicht länger auf die dunkleren Ecken auf 4Chan oder Reddit. Er findet sich in den Leserbriefen der *Daily Mail*, auf populären YouTube-Kanälen und sogar in den Diskussionsforen von *Mumsnet*, einer überaus beliebten Website für Frauen (und auch Männer) mit Kindern. Viele Eltern, die auf *Mumsnet* gehen, weil sie Informationen, Rat und Unterstützung suchen, finden sich auf einem Nährboden für Transphobie wieder. Erst kürzlich äußerte der *Mumsnet*-Nutzer Mike seine Bedenken über die zunehmende Transphobie auf der Plattform und schrieb: »Eine sehr gute Freundin von mir, die schon seit Langem hier postet, hat heute fast den ganzen Tag geweint, weil ihr diese neue Welle der Transphobie in einer Community, in der sie sich bislang immer willkommen gefühlt hat, endgültig jeden Mut nimmt.« Innerhalb weniger Stunden erhielt er ganze Kaskaden feindseliger Antworten, darunter solche: »Mike ist ein heititeiti alle mit einschließender, sich selbst als solcher ernennender Damenpenis« und »Frauen haben keine Penisse. Unsere feministischen Ahninnen würden dich anspucken, du fieser, kleiner, misogyner Mann.« Ein weiterer Post von einem User namens ›CisMyArse‹ las sich so: »Wenn deine Freundin Tränen vergießt, weil wir Frauen ihre bepenisste Existenz nicht akzeptieren, dann sag ihr, sie soll mal ihren Mann stehen und aufhören, ein scheiß Opfer zu sein.«

Längst in der Mitte der Gesellschaft angekommene Formen von Misshandlung von trans Personen sind: *Deadnaming* (eine trans Person mit ihrem Geburtsnamen und nicht mit ihrem selbstgewählten Namen ansprechen), *Misgendering* (das falsche Pronomen benutzen, um sie zu beleidigen), *Doxing* (private Details ungefragt ins Netz stellen) und *Outing* (ihre Geschlechtsidentität ohne ihre Einwilligung offenlegen). Nicht alle sich täglich ereignenden Vorfälle von verbaler Beschimpfung sind gleich offener Anti-Trans-Hass. Wie auch beim Rassismus ist verletzendes Sprechen oft die Konsequenz aus unseren Einstellungen und Ansichten, die tief verquickt sind damit, wie wir aufgewachsen sind und welche Werte an uns weitergegeben wurden. Die meisten von uns sind in einem heteronormativen Umfeld groß geworden, in dem Vorurteile, Respektlosigkeiten und manchmal sogar Ekel gegenüber der queeren Community oft gang und gäbe sind.

Der heute zu beobachtende Backlash gegen die Trans-Community gründet in weitreichenden kulturellen Annahmen darüber, was typisch männliche und was typisch weibliche Merkmale sind. Aber Gender, also die individuelle Geschlechtsidentität, ist relativ und befindet sich immer auf einem Spektrum. Unser Geschlecht wird uns bei unserer Geburt zugewiesen, obwohl oft eine Diskrepanz herrscht zwischen den chromosomalen, den anatomischen und den hormonellen Merkmalen. Es ist völlig normal, biologisch aus einer Mischung aus ›weiblichen‹ und ›männlichen‹ Zügen zu bestehen: Viele Menschen haben eine Hormonungleichheit (ein polyzystisches Ovarsyndrom zum Beispiel) oder Gynäkomastie (einen männlichen Körper, der anfängt, östrogenbasierte Hormone auszuschütten). Ungefähr 1,7 Prozent der Bevölkerung werden mit körperlichen Uneindeutigkeiten oder Intersex-Charakteristika geboren.

Darüber hinaus sind feminine und maskuline Merkmale immer fließend und können sich im Laufe eines Lebens verändern. Mit der Tanner-Klassifikation lässt sich zwar die Entwicklung primärer und sekundärer Geschlechtsmerkmale medizinisch kategorisieren, z. B. die Größe der Brüste, der Genitalien und die Entwicklung des Schamhaarwuchses. Viele Körper von Cis-Frauen allerdings erreichen das fünfte und letzte Tanner-Stadium nicht, bevor sie nicht durch eine Schwangerschaft und eine Laktationsperiode gegangen sind. Genau wie Cisgender-Frauen durchlaufen auch Transgender-Frauen die einzelnen Tanner-Entwicklungsstufen, wenn sie in Transition sind.

Hunderte Gesellschaften und Kulturen sind historisch betrachtet in ihrer Sprache und ihren kulturellen Normen über die binäre Geschlechterordnung hinausgegangen. Bei vielen indigenen Stämmen gibt es die oft weit in die Vergangenheit reichende Tradition, auch ein drittes, viertes oder sogar fünftes Geschlecht zu benutzen. So kennen beispielsweise die Navajo, Zuni und Lakota in Nordamerika, die Incas in Peru, die Xanith im Oman und die Chukchi in Sibirien mehr als zwei verschiedene Genderkategorien.

Trans-Rechte wurden und werden gegen den Feminismus ausgespielt, als ob beide sich gegenseitig ausschlössen. Aber den Fokus auf die biologischen Unterschiede zu richten, woran genderkritische Feministinnen unbedingt festhalten wollen, ist überkommen und gehört einem Feminismus der Vergangenheit an. Das, was uns antreibt, unser Charakter, unsere sexuellen und emotionalen Wünsche und beruflichen Träume sollten unabhängig sein von dem Geschlecht, das uns bei unserer Geburt zugewiesen wurde. Ein moderner Feminismus konzentriert sich nicht mehr auf einen biologischen Essenzialismus, sondern auf Diversität und Selbstausdruck. Als Feministin weigere ich mich, Annahmen unterworfen zu sein, die ausschließlich auf meinen Genitalien und Reproduktionsorganen beruhen. Als Cisgender-Frau weigere ich mich, mich von jenen Stimmen vertreten zu lassen, die Zwietracht säen wollen zwischen den feministischen und den LGBTQ-Communitys. Feministinnen sollten trans Frauen als Verbündete und nicht als Feindinnen betrachten. Schließlich ist eines ihrer gemeinsamen Ziele doch das Ende aller Formen von Unterdrückung.

Eine Politik, die Rechte für trans Personen untergräbt, geht tendenziell Hand in Hand mit einer Gesetzgebung, die gleichzeitig eine Gefahr darstellt für Frauenrechte. Ob in Polen, Russland oder Ungarn: Die Unterdrückung von Frauen und die der

LGBTQ-Community sind oft eng miteinander verbunden, denn sie sind Teil ein- und desselben Strebens danach, alte Hierarchien, Privilegien und Familienwerte aufrechtzuerhalten. Auch der Staat Texas ist hierfür ein Paradebeispiel. In Texas ist durch die Verabschiedung des ›Heartbeat Act‹ 2021 eine Abtreibung ab dem Zeitpunkt illegal, in dem sich der fötale Herzschlag feststellen lässt. Anfang 2022 rief der texanische Gouverneur Greg Abbott alle Bürgerinnen und Bürger dazu auf, Eltern von Transgender-Kindern bei den Behörden wegen »Kindesmissbrauchs« zu melden. Abbott verlautbarte, es könne strafrechtliche Konsequenzen haben, Minderjährige, die eine geschlechtsangleichende medizinische Behandlung erhielten, nicht bei den Behörden anzuzeigen.

Die Panik im Zuge des »Toiletten-Gesetzes« hatte sogar negative Auswirkungen auf Frauen, die strengen Vorstellungen darüber, wie Frauen aussehen sollten, nicht entsprachen. Der Fall der Cisgender-Frau, die auf einer Walmart-Toilette beleidigend angegangen wurde, weil eine andere Frau sie für eine trans Frau hielt, ging in den sozialen Medien viral. Kurzhaarfrisur und Baseball-Kappe reichten, um von der Fremden angeschrien zu werden: »Du bist ekelhaft!« und »Du gehörst hier nicht hin!« Diese direkte Erfahrung mit Belästigung brachten die Frau dazu, mehr über die alltägliche Lebensrealität von Transgender-Personen nachzudenken.

Eine offene Diskussion über die Zukunft von Trans-Rechten ist wichtig. Es gibt Fragen – in Bezug auf medizinische Behandlungen, auf Fairness im Sport und auf sichere Frauenräume –, die berechtigterweise gestellt werden müssen. Aber um dem sich immer weiter in der gesellschaftlichen Mitte verankernden Hass auf eine immer heftiger diffamierte Minderheit etwas entgegenzusetzen, werden wir für die davon Betroffenen bessere Schutzmechanismen einführen müssen. Als Gesamtgesellschaft sollten wir unser binäres Schubladendenken hinter uns lassen. Was bedeuten Männlichkeit und Weiblichkeit für uns? Warum empfinden so viele Wut, Ekel oder Angst, wenn sie diese Begriffe überdenken sollen? Die Existenz queerer Identitäten zu akzeptieren ist ein Prozess, der von uns allen verlangt, unsere Vorstellungen von Gender und Sexualität auf den Prüfstand und in Frage zu stellen. Vielleicht verändert sich damit sogar, wie wir unsere eigene Identität wahrnehmen und welchen Ausdruck wir in unseren Beziehungen für sie finden. Damit sich hier etwas verändert, braucht es allerdings Mut und Offenheit.

# 6 Massen überzeugen

## *In den Netzwerken der Impfgegner*

Sobald politisch signifikant große Teile der Bevölkerung anfangen, an Ideen zu glauben, die ihren Ursprung in randständigen Subkulturen haben, ist der Prozess der Massenradikalisierung abgeschlossen.

»Sie sind also überzeugt von dem Pfizer-Impfstoff?«, fragt mich die Krankenschwester.

Der Blick, mit dem ich sie daraufhin bedenke, ist sicher leicht verwirrt. Soll das witzig sein? Oder ist sie selbst eine Impfskeptikerin? Auf jeden Fall habe ich diese Frage nicht erwartet, so kurz vor meiner ersten Coronaimpfung im Hauptimpfzentrum von Wien. Ich bin gerade auf einem längeren Familienbesuch in der Stadt und habe beschlossen, mich hier impfen zu lassen, statt in London auf meinen Termin zu warten. Ich habe die Hoffnung, die Immunität an mein Baby weiterzugeben, solange ich noch stille.

»Sonst wäre ich doch nicht hier, oder?«

»Vermutlich nicht«, erwidert sie unbeeindruckt. »Die meisten kommen ja freiwillig. Manche werden aber auch von ihren Partnern oder Freunden hergeschleift.«

Mir fällt keine schlagfertige Antwort ein, ich nicke nur. In Europa und den USA ist das Zögern bei der Covid-Impfung derart verbreitet, dass die stagnierenden Impfquoten in vielen Ländern zu längeren Lockdowns geführt haben. Eine Recherche der *Financial Times* hat ergeben, dass die deutschsprachigen Länder den höchsten Anteil ungeimpfter Menschen in Westeuropa haben. Mit ein paar Prozentpunkten Abstand vor Deutschland und der Schweiz belegt Österreich den Impfgegner-Spitzenplatz. Noch Anfang 2022 ist mehr als ein Drittel der Landesbevölkerung vollständig ungeschützt vor Covid-19.

Ich habe mich kaum gesetzt, als mir die Schwester schon die Nadel in den Arm schiebt; sie zielt, ohne zu zögern, aber umsichtig und präzise. Es tut nicht weh. Doch vor lauter Erleichterung, dass ich endlich meine erste Spritze bekomme, ist mir das sowieso egal. Als ich wenige Minuten später im Warteraum stehe und der Uhr dabei zusehe, wie sie die empfohlene Viertelstunde Wartezeit verstreichen lässt, gehen mir die Worte der Schwester immer noch durch den Kopf.

Ein paar Tage zuvor hat mir eine Freundin in einem Telefonat gesagt, dass sie sich nicht impfen lassen möchte. »Ich will nicht riskieren, unfruchtbar zu werden. Hast du von den Zyklusschwankungen gehört, die der Impfstoff verursacht?« Ich höre zu und unterbreche sie nicht, während sie ohne Atem zu holen weiterredet: »Wir wissen nichts über die langfristigen Nebenwirkungen auf unseren Körper. Was, wenn der Impfstoff krebserregend ist, was, wenn wir alle in ein paar Jahren sterben? Und wer sagt mir, dass er überhaupt wirkt?«

Ich kann ihr keinen Vorwurf machen. Ich selbst war früher eine starke Hypochonderin. Erst nachdem ich ein Jahr in Peking gelebt und täglich um mein Leben gefürchtet habe – der ständige Kontakt mit unregulierten Chemikalien, die gefährlich hohe Luftverschmutzung, die wiederholten Lebensmittelvergiftungen –, wurde es bei mir besser mit der Hypochondrie. Meine Lebensqualität verbesserte sich in der Folge dramatisch.

Mein hypochondrisches Selbst war nie rational. Statistiken und Wahrscheinlichkeiten waren ihm schlichtweg egal. Es entwarf das gruseligste mögliche Szenario und spulte es ein ums andere Mal in meinem Kopf ab. 2018 reiste ich nach Minsk zu einer NATO-Konferenz, auf der ich einen Vortrag halten sollte. Nachdem ich die britischen Reisehinweise für Belarus durchgelesen hatte, wo vor kontaminiertem Wasser aus Dorfbrunnen und den Langzeitfolgen der Tschernobyl-Katastrophe in einigen Landesteilen gewarnt wurde, aß ich während der gesamten zweitägigen Konferenz nichts und kaufte nur Flaschen mit importiertem Wasser. Untergebracht waren wir im besten Hotel von Minsk, auf dem Frühstücksbüffet gab es exklusiven Kaviar, Eier in allen Variationen und frisch gemahlenen Kaffee. Als ich meinen Vortrag halten sollte, war mein Blutzuckerspiegel so niedrig, dass ich auf der Bühne fast ohnmächtig geworden wäre. In der Rückschau weiß ich natürlich, dass meine Weigerung, irgendetwas zu mir zu nehmen, absolut lächerlich war. Aber Ängste lassen sich eben nur schwer überwinden und meist auch unmöglich unterdrücken.

Die Angst meiner Freundin vor den längerfristigen Impfnebenwirkungen war also verständlich. Allerdings könnten wir mit diesem Argument nie neue Nasensprays benutzen oder genussvoll in einen neuen Schokoriegel beißen – was, wenn er krebserregend ist oder unfruchtbar macht? Theoretisch wissen wir nicht mit hundertprozentiger Sicherheit, ob die Produkte, die wir im Alltag im Supermarkt oder in der Apotheke erstehen, wirklich unschädlich sind. Wir müssen darauf vertrauen, dass Produkttests und regelmäßige Qualitätskontrollen verlässlich genug sind.

Die meisten Krankheiten sind multikausal und lassen sich

für Einzelne kaum vorhersagen. Nicht jeder starke Raucher bekommt irgendwann Lungenkrebs, und nicht jede Ungeimpfte hat einen schweren Covid-Verlauf. Wie die meisten anderen Krankheiten ist auch Corona eine extrem ungerechte, diskriminierende Krankheit, die manche tötet und andere symptomfrei davonkommen lässt. Aber genau wie beim Lungenkrebs ist es eben möglich, das Risiko zu verringern, schwer an ihr zu erkranken oder zu sterben.

»Ich glaube sowieso nicht, dass ich schwer krank werden würde. Covid ist nichts anderes als ein neuer Influenza-Stamm«, sagt meine Freundin zu mir. Es darauf ankommen zu lassen, ist ihr gutes Recht. Aber auf gesamtgesellschaftlicher Ebene ist die Impfung eben mehr als eine rein persönliche Entscheidung: Sie ist Ausdruck einer Solidarität, die die Sterberate in unseren Ländern senkt. Wenn wir unseren besten Wissenschaftlern nicht vertrauen, wem dann?

»Ich bin im Hungerstreik«, sagt Marius. »Kein Essen, nur Wasser. Seit zwölf Tagen schon.«

Er sieht mich an, ohne zu blinzeln. Seine Augen blicken müde, aber leidenschaftlich. Er selbst sieht zerbrechlich und erschöpft aus. Hinter der schwarzen Brille, die locker auf seinem schmalen Gesicht sitzt, schimmern dunkle Augenringe. Ich frage mich, ob er noch mal zwölf Tage durchhalten kann.

Marius erzählt mir, er sei in Rumänien geboren, lebe aber schon sehr lange in London. Vor der Pandemie sei er Uber-Fahrer gewesen. Jetzt verbringe er seine Zeit an diesem kleinen, umzäunten Platz von vielleicht acht Quadratmetern, den er für sich selbst im Regierungsviertel Londons, Whitehall, geschaffen habe. Abgesehen von zwei Campingstühlen und einem kleinen Klapptisch ist sein Platz voller Plakate und Fahnen, auf denen Parolen stehen wie »Corona ist eine Täuschung!«, »5G ist eine Massenvernichtungswaffe!«, »Geldhahn zu für die NASA!« und »Bill Gates entlarven!« Diese kleine Installation auf der Whitehall nennt er selbst »Wand der Wahrheit«.

In dem Moment, in dem ich mich an der ›Wand der Wahrheit‹ zu Marius geselle, besteht sein Publikum nur aus einem jungen Mann in kurzer Hose und Kapuzenpulli.

»Niemand stirbt ja zuhause. Alle sterben im Krankenhaus.« Erregt erläutert uns Marius seine diversen Schilder und Plakate. »Sie bringen uns um!«

Der junge Mann neben mir hört aufmerksam zu.

»Ich kann beweisen, dass alle in der Royal Family Reptiloide sind«, sagt Marius übergangslos im nächsten Satz.

Er sagt es laut genug, um einige Passanten auf der anderen Straßenseite aufblicken zu lassen.

»Die Queen?«, wiederhole ich, unsicher, ob ich ihn richtig verstanden habe. »Wie das?«

»Das ist eine lange Geschichte.« Marius atmet hörbar aus. »Alle bei der Polizei sind Hybride. In Großbritannien sind mehr als 85 Prozent Hybride.«

»Was meinen Sie mit ›Hybride‹?«

Als hätte ich etwas gefragt, das viel zu offensichtlich ist, um einer weiteren Ausführung zu bedürfen, sagt er beiläufig: »Sie können unsere Gedanken lesen. Sie nutzen 15 Prozent ihrer Hirnkapazität, wir aber nur 10.«

»Und wie machen sie das?«

Marius schaut in eine leere Wasserflasche. »Sie kreuzen sich mit Reptilien. Kennen Sie die Nephilim?«

»Die Riesen aus dem Alten Testament?«, frage ich.

»Ja, die Göttersöhne. Sie haben sich ja auch mit reinen Menschen gepaart. So einfach ist das.«

Ich versuche, ein Lachen zu unterdrücken, und sehe zu einer Familie, die hinter uns die Straße überquert.

»Auf der ganzen Welt stellen sie die Regierungen, und derzeit bringen sie die reinen Menschen um. Die reinen Menschen bekommen Impfstoffe von ihnen, die Hybride Placebos. Die reinen Menschen erhalten positive PCR-Tests, die Hybride negative.«

Ich wende mich an den jungen Mann neben mir. Mit seiner Baseball-Kappe, seinem weit geschnittenen Kapuzenpulli und den roten Shorts sieht er aus wie ein amerikanischer College-Student.

»Glauben Sie das?«

Der Mann nickt. Er stellt sich als Pedro aus Mexiko vor und erzählt mir, er habe Marius zwar erst vor drei Tagen kennengelernt, aber ganz ähnliche Geschichten auch schon in den Telegram-Gruppen gelesen, in denen er unterwegs sei.

»Aber woher wissen sie denn, wer Mensch ist und wer Hybride?«, frage ich Marius.

»Sie benutzen elektromagnetische Infrarotstrahlung, dann können sie deine Aura sehen.«

»Verstehe.«

»Schauen Sie mal.« Pedro zeigt in den Himmel. »Dass Flugzeuge diese weißen Linien am Himmel hinterlassen, haben Sie bestimmt schon mal gesehen, oder nicht?« Er fügt hinzu »Das sind Chemtrails. So manipulieren sie das Wetter. Es ist Gift, das auf uns niederregnet.«

Marius nickt. »Einmal pro Woche ist der Himmel komplett voll mit diesen weißen Streifen.«

Pedro klaubt etwas Staub von den Blättern eines Baums neben uns. »Man kann es sogar auf der Straße sehen, es sieht aus wie weißer Sand.«

Ein Passant mit einem Gehstock ist vor den Anti-Impf-Schildern stehengeblieben und beobachtet uns. Der elegant gekleidete ältere Mann sieht aus, als käme er direkt aus einem Businessmeeting. Auf seinem Gesicht zeigt sich deutlicher Abscheu.

Marius erwidert seinen verächtlichen Blick und geht ihn brüsk an: »Sind Sie ein Echsenmensch, ja oder nein?«

Der ältere Mann sieht gleichzeitig wütend und irritiert aus. »Ein was?«, ruft er zurück.

Marius wiederholt seine Beleidigung: »Ein Echsenmensch!«

»Keine Ahnung, wovon Sie reden.«

Marius fixiert den älteren Herrn und ruft dann: »Sie lügen!« Der Mann steht einige Meter außerhalb von Marius' Reichweite und zwischen ihnen ist der Zaun, trotzdem mache ich mich innerlich bereit, dem Mann zu Hilfe zu kommen, sollte die Situation außer Kontrolle geraten.

Glücklicherweise geht er von selbst ein paar Schritte zurück, bevor er sagt: »Ich hatte Corona und kann immer noch keine Treppe hochsteigen, ohne mehrfach Pause machen zu müssen. Sie sind eine Schande für die Menschen, die tatsächlich gestorben sind oder mit den Folgen von Long Covid kämpfen.«

Als der ältere Herr weitergeht, wendet sich Pedro an mich: »Sind Sie denn geimpft?«

Sein Gesicht ist jetzt ernst. Ich weiß, dass nur eine einzige Antwort akzeptabel ist.

»Nein, bin ich nicht«, lüge ich. »Noch nicht.«

»Meiner Meinung nach sollten Sie das auch nicht machen.

Covid-19 ist eine Grippe und nichts weiter. Tödlich sind nur die Impfstoffe.« Pedro zögert. »Was sie einem da zusammen mit dem Impfstoff spritzen, wandert langsam hoch zum Gehirn. Es macht uns außerdem magnetisch. Ich weiß nicht genau, wie es wirklich funktioniert. Dafür ist er der Experte.« Er schaut zu Marius, der sich wieder gefangen hat. »Wie funktioniert das noch mal mit dem Impfstoff? Wie ist die medizinische Erklärung dafür?«

Ich bin überrascht, dass Pedro Marius als »Experte« bezeichnet. Wäre ich auf der Suche nach medizinischer Erkenntnis, wäre ein hungerstreikender Ex-Uber-Fahrer, der ein Bewusstsein schaffen will für Reptilien im Buckingham Palace, wahrscheinlich nicht meine erste Wahl.

Auch Marius sieht Pedro überrascht an – allerdings aus einem anderen Grund als ich. »Graphenoxid modifiziert deine DNA, und wenn dann noch die 5G-Satellitenmasten dazukommen, wirst du zum Hybriden. Was gibt's denn daran nicht zu verstehen?«, fragt er und klingt fast beleidigt. Klar, was gibt's denn daran nicht zu verstehen, denke auch ich.

Mehr Menschen, als ich für möglich gehalten hätte, glauben tatsächlich, dass der Coronaimpfstoff von Pfizer/BioNTech zu 99 Prozent aus Graphenoxid besteht. Graphenoxid ist ein aus Graphit gewonnenes Nanomaterial, das in großen Mengen für den menschlichen Körper giftig ist. Der Mythos vom Graphenoxid-Impfstoff nahm seinen Anfang mit einem Aufsatz von Pablo Campra, einem Professor an der Universität im spanischen Almería. Die vielfach übersetzte Publikation ging im Juli 2021 viral und veranlasste sogar Forbes und Reuters dazu, Hintergrundartikel mit Faktenchecks zu veröffentlichen. Die Behauptung, der Impfstoff von Pfizer/BioNTech enthalte Graphenoxid, ist viele Male als falsch widerlegt worden. Die spanische Studie ist von Experten als wissenschaftlich unhaltbar zurückgewiesen worden, sie kommt laut Professor Campra selbst zu keinen schlüssigen Ergebnissen.

Des Weiteren sind Impfstoffe hochgradig reguliert: Sie durchlaufen einen mehrstufigen unabhängigen Prüfprozess, umfassende Listen mit ihren Inhaltsstoffen sind veröffentlicht worden. Auch die oft zitierte angebliche Nachweisbarkeit von durch die Impfung ausgelöstem Magnetismus ist falsch. Sogar wenn die Impfstoffe Graphenoxid enthalten würden – was sie nicht tun –, wäre es absolut unmöglich, dass deswegen Dinge aus Metall an unserem Arm haften bleiben würden.

Die Vorstellung, dass die Impfstoffe giftig sind und einen Massengenozid auslösen könnten, kursiert aber trotz aller Fakten-Checks weiter. Und das Graphenoxid ist nur ein Beispiel für gefährliche Impfmythen. Die in den USA lebende selbsterklärte Journalistin Ramola D. trat eine weitere Welle der Falschinformation über Impfstoffe los, als sie eine Übersicht über mehrere Studien veröffentlichte, die angeblich Parasiten in Impfstoffen gefunden hatten. Keiner der namentlich genannten Autoren dieser Studien ist auf dem Feld der Impfstoffforschung akademisch glaubwürdig beschlagen: Einer ist Geologe, ein anderer ein zum Impfgegner mutierter Osteopath, der Dritte der Autor des Buchs *The pH Miracle* und zu drei Jahren und acht Monaten Gefängnis verurteilt, weil er ohne Zulassung als Arzt praktiziert hat.

Marius hebt das Megafon: »Alle in der Royal Family sind Reptiloide!«

Seine Stimme hallt über die Whitehall, und ich bin versucht, mein Gesicht in den Händen zu bergen.

Sogar Pedro neben mir kichert. »Bei diesen Reptiloiden bin ich mir immer noch nicht sicher«, sagt er und zuckt mit den Schultern.

Das finde ich nun doch etwas amüsant. Pedro hat mir mittlerweile erklärt, dass Impfstoffe uns umbringen sollen, dass das Wetter manipuliert wird, dass die Chemtrails aus Gift bestehen, dass pädophile Eliten in unterirdischen Tunnelsystemen Kinderhandel betreiben und dass die Erde eine Scheibe ist. Von dieser Warte aus kommt mir der letzte Schritt – die Mitglieder der Royal Family für Echsenwesen zu halten – nicht mal mehr allzu weit hergeholt vor. Ich weiß nicht, was ich alberner finde: Die Idee, dass das Land von Reptiloiden regiert wird, oder die, dass die Erde eine Scheibe ist.

Marius' Stimme hallt die Straße hinab: »Lady Diana wollte die Queen enttarnen, wurde aber ermordet. 80 Prozent sind hybridisierte Menschen. Sie wollen die reinen Menschen auslöschen. Ihr müsst begreifen, dass eure Familien sehr wahrscheinlich von Reptiloiden im Buckingham Palace kontrolliert werden.«

Er lässt das Megafon sinken und geht auf die Knie.

»Ich kann diesen Planeten innerhalb von 24 Stunden aus der reptiloiden Herrschaft befreien – und niemand schert sich darum. Alles, was ich brauche, ist ein Anwalt. Als ich das letzte Mal am Strafgerichtshof war und mit dem Richter gesprochen habe, habe ich zu ihm gesagt: ›Sie sind ein Hybride.‹ Da hat er meinen Prozess auf nächsten März vertagt und meine anderen Anhörungen gestrichen.« Als ich ihn so ansehe, tut er mir leid. Er hat keinerlei Kontakt mehr zu seiner Familie.

»Sie sind gegen mich. Meine gesamte Familie wird kontrolliert.« Er hat Tränen in den Augen. »Sie denken, dass ich verrückt bin. Meine Ex-Freundin denkt das auch. Ich habe sie geliebt, und sie mich auch, aber sie konnte meine Gedanken lesen.« Auf einem Transparent kann ich sehen, welchen Sinn das in seiner Logik ergibt:

1. Eliten (Reptiloiden vom Clan der Illuminaten) formen die Welt und bringen
2. kontrollierbare Menschen (ihre telepathischen Sklaven) dazu,
3. normale Menschen zu heiraten, was dazu führt, dass die Normalen aussterben.

Während ich versuche, mir die auf dem Transparent umrissene apokalyptische Zombie-Welt vorzustellen, begrüßt ein Mann in neongelber Uniform Marius, der ihm darauf einen grimmigen Blick zuwirft. »Ich habe ein Problem mit der Regierung. Ich kann beweisen, dass die Queen ein Reptiloid ist.« Der Uniformierte sieht irritiert aus, er hat wahrscheinlich nicht damit gerechnet, auf seine harmlose »Alles in Ordnung bei Ihnen?«-Frage eine belehrende Antwort über Reptiloide zu bekommen. Als er erklärt, er arbeite für den Bezirk Westminster, kehrt Marius ihm den Rücken, hält sich die Ohren zu und singt: »Blah, blah, blah. Ich spreche nicht mit Ihnen.« Der Mann bleibt ruhig und versichert Marius, er gehöre nicht zur Regierung. »Ich arbeite bei der Müllabfuhr, Mann.« Marius beäugt ihn voller Argwohn: »Beweisen Sie's. Zeigen Sie mir Ihren Ausweis.« Als der Mann seinen Ausweis hervorholt, zieht Markus eine Kamera aus der Tasche und fängt an, ihn zu filmen. »Ich weiß, dass Sie lügen!!!«

Aus der anfänglichen Irritation des Müllmanns wird Ärger.

»Jetzt hören Sie mal zu. Ich mache einfach nur die Straßen sauber und will wissen, ob Sie irgendwelchen Müll haben, den ich wegwerfen kann.« Marius rechnet den Mann eindeutig den korrupten Eliten zu. Er glaubt, »Revolution« sei »die einzige Lösung«. Völlig im Ernst äußert er mir gegenüber, er würde »alle töten, alle Reptiloiden«. Ich schlucke schwer und versuche, mir nichts anmerken zu lassen. Ihm ist deutlich anzusehen, wie sehr er leidet, sein Gesicht ist eine schmerzverzerrte Grimasse, als er sagt: »Ich will ja gar nicht leben. Entweder ich vernichte sie – oder ich sterbe. Sie oder ich.«

Frust, Angst und Hirngespinste haben in großen Teilen der Bevölkerung ein gefährliches Ausmaß erreicht. Je länger die Pandemie dauerte, desto mehr Menschen fingen an zu glauben, dass Bill Gates und die internationalen Gesundheitsorganisationen einen chemischen Krieg gegen uns alle führen. Sowohl geplante als auch spontane Angriffe auf Wissenschaftlerinnen, Mitarbeiter des Gesundheitssystems und sogar Krankenhausangestellte haben zugenommen, und die stark polarisierte Diskussion über Coronaimpfstoffe und Gesichtsmasken hat zu gewaltsamen, manchmal sogar tödlichen Konfrontationen geführt. In Ostdeutschland hat ein Mann eine medizinische Fachangestellte und einen Helfer eines mobilen Impfteams attackiert, als sie sich weigerten, ihm eine Impfbescheinigung auszustellen, ohne ihn geimpft zu haben. In New York musste die Wirtin eines italienischen Restaurants ins Krankenhaus gebracht werden, nachdem sie von drei Touristen angegriffen worden war, die sie nach dem Impfnachweis gefragt hatte. Am 21. September 2021 erschoss ein Mann im rheinland-pfälzischen Idar-Oberstein den 20-jährigen Kassierer an einer Tankstelle, der ihn auf die Maskenpflicht hingewiesen hatte. Einen

Monat später stach im New Yorker Apple Store ein Kunde, der sich geweigert hatte, sich an die im Laden geltenden Maskenvorschriften zu halten, mehrfach auf einen Sicherheitsmitarbeiter ein. In Georgia endete eine Auseinandersetzung über Gesichtsmasken tödlich; der Mitarbeiter eines Lebensmittelladens starb, zwei weitere Menschen wurden verletzt.

Marius sieht mich an, als sei er sich immer noch nicht sicher, ob ich Freund bin oder Feind. Nach allem, was er weiß, kann ich ja auch ein Hybride sein oder, noch schlimmer, ein Reptil.

»Kommen Sie morgen zur Kundgebung?«, fragt er mich dann. Ich zögere. Daraufhin gibt er mir ein kleines Stück Papier mit der offiziellen Ankündigung:

> SAMSTAG, 25. SEPTEMBER – 13 UHR – HYDE PARK CORNER
> Willst du, dass sich die Regierung auf Plan B verlegt? Impfpässe, Maskenpflicht, Homeoffice etc.? Oder, noch schlimmer, auf Plan C, die Geheimoption, Lockdown? Falls nein: Geh mit uns auf die Straße und gib deine Stimme für PLAN FREE. Denn wir sind frei.

»Klar«, sage ich.

»Dann bis morgen, wir sehen uns dort.«

Karolin Schwarz hat schon persönliche Drohungen erhalten von Leuten, die sie für ein Reptiloid halten. Sie verbringt ihre Lebenszeit damit, Desinformation zu entlarven und mit Fakten zu kontern sowie Verschwörungsmythen zu widerlegen. Das hat sie zu einem beliebten Ziel für Hasskampagnen gemacht. Einmal bekam sie eine E-Mail, der ein Foto von ihrem

Kopf samt einer Analyse ihrer Gesichtszüge angehängt war, als angeblicher Beweis dafür, dass sie ein Reptiloid ist.

Die WHO warnte bereits im Frühling 2020, die Corona-Pandemie habe eine weltweite »Infodemie« ausgelöst. Desinformation über das Virus schien sich bald schneller zu verbreiten als das Virus selbst. In Deutschland haben prominente Figuren wie der Schlagersänger Michael Wendler, der ehemalige Radiomoderator Ken Jebsen und der vegane Kochbuchautor Attila Hildmann falsche oder irreführende Behauptungen über die Pandemie und die Impfstoffe an ein Massenpublikum weitergereicht.

Viele dieser Promis sind mittlerweile Fälle für den Verfassungsschutz. Zu Beginn der Pandemie war Attila Hildmann einer der reichweitenstärksten Prominenten, die auf Telegram Desinformation, Verschwörungsmythen und damit verbundene aufstachelnde Inhalte verbreiteten. Die deutsche Justiz warf dem Berliner Ex-Kochbuchautor Volksverhetzung und die öffentliche Aufforderung zu Straftaten vor. Seit Hildmann im Dezember 2020 abgetaucht ist, wird er mit einem internationalen Haftbefehl von Interpol gesucht. Ein investigatives Rechercheteam der *Stern*-Redaktion, das sich »die Hildbusters« nannte, ortete Hildmann im Herbst 2022 in der Türkei. Auf seinem privaten Telegram-Kanal mit etwa 200 zahlenden Mitgliedern bereitete er unterdessen seine Anhänger auf einen Kampf in Deutschland vor und hielt sie dazu an, mit Sport fit zu bleiben: »Eines Tages müsst ihr euch verteidigen«, schrieb er. Manche Mitglieder sprachen ihn sogar mit »mein Führer« an. Im Vergleich mit den heutigen deutschen Politikern sei Hitler »ein Segen« gewesen, schrieb Hildmann. Seine Verschwörungsmythen bringen radikalen Antisemitismus, Reichsbürgerideologien und

Covid-Leugnung zusammen: Die Juden hätten den Holocaust mitfinanziert und wollten bis heute die deutsche Rasse auslöschen, Deutschland sei kein souveräner Staat, sondern besetztes Gebiet, und hinter Covid stecke Bill Gates.

Sprachlich nicht ganz so krude propagiert auch der ehemalige Radiomoderator Ken Jebsen (ursprünglich Kayvan Soufi-Siavash) antisemitische Verschwörungsnarrative. So suggerierte er beispielsweise, die mächtigen US-amerikanischen Eliten würden von Juden gesteuert und wollten ein israelisches Großreich schaffen. Ihm zufolge war 9/11 ein Insider-Job, sämtliche Covid-Regulierungen seien ein groß angelegtes »Gehorsamsexperiment«. Sein Format beim *rbb* wurde bereits 2011 eingestellt, nachdem eine von ihm verfasste antisemitische E-Mail geleakt wurde. Doch die Pandemie gab Ken Jebsens YouTube-Kanal erheblichen Aufschwung: Nach eigenen Angaben erreichte er bis zu 500000 Views. Seine Verschwörungsmythen spinnen ein geschicktes Netz von Bill Gates über das Weltwirtschaftsforum bis hin zu Karl Lauterbach und der Impfstoffentwicklung. Jebsens Credo lautet: »Die herrschende Meinung ist immer die Meinung der Herrschenden.« In einem seiner jüngsten Videos ruft er Zuschauerinnen und Gleichgesinnte dazu auf, die Passivität hinter sich zu lassen und aktiv zu werden. Viele fragen sich: Wie kann es sein, dass ein prominenter Mensch wie Ken Jebsen, der einst mit seiner eigenen *rbb*-Radiosendung *Ken FM* bekannt wurde, so weit abdriftet und sich nur noch innerhalb der Verschwörungscommunitys bewegt?

Bei Michael Wendler werden die Verschwörungserzählungen teilweise noch absurder. Wendler behauptete zum Beispiel grundlos und fern aller virologischen Logik, die Coronaimpfungen würden Aids verursachen. Der Schlagersänger hat in seinen Online-Kanälen zudem bereits mehrfach ein Massensterben vorausgesagt. So prophezeite er seinen 150 000 Telegram-Abonnenten, dass im September 2022 »fast alle Geimpften« an dem angeblichen »Genexperiment« sterben würden. »Hurra, wir leben noch!«, kommentierte das der Faktenchecker Joscha Weber am 1. Oktober in der Deutschen Welle. Frei nach dem Motto »Dann verschieben wir eben die Apokalypse« lieferte Wendler daraufhin schnell die nächste Prognose: »!!JEDER COVID-19 GEIMPFTE WIRD INNERHALB VON 24 MONATEN STERBEN!!« Der Glaube an apokalyptische Weltuntergangsszenarien ist zutiefst menschlich und war bereits im antiken Griechenland sowie im Römischen Reich weit verbreitet. Endzeiterwartungen sind in allen abrahamitischen Religionen fest verankert: Sowohl im Islam als auch im Juden- und Christentum gibt es die Idee, die Kinder Gottes müssten einen endzeitlichen Kampf gegen jene führen, die sich vom Antichristen oder falschen Propheten leiten lassen. Es ließe sich an dieser Stelle mit Fug und Recht die Frage stellen, ob der Rückgang der Religiosität in Europa ein Vakuum geschaffen hat für unseren Wunsch nach Endzeit-Prophezeiungen, das jetzt von neuen Weltuntergangsideologien gefüllt wird.

Auch in Großbritannien gehören berühmte Gesichter zur Coronaleugner- und Impfgegnerszene, darunter Piers Corbyn (der Bruder des früheren Labour-Chefs Jeremy Corbyn) sowie die ehemalige Krankenschwester Kate Shemirani. Eine US-Untersuchung aus dem Jahr 2021 stellte fest, dass hinter 65 Prozent der im englischsprachigen Netz geteilten Anti-Impfstoff-Desinformation lediglich zwölf US-Prominente stecken. Dieses ›Desinformationsdutzend‹ (*»Disinformation Dozen«*), zu dem auch der Umweltanwalt Robert F. Kennedy Jr. (ja, der Neffe von John

F. Kennedy) sowie das Alternativ-Medizin-Unternehmerpaar Ty und Charlene Bollinger gehören, hat zusammengenommen 60 Millionen Follower in den sozialen Medien.

»Tödliche Agenda: Der Plan ist durchschaut!« Bei Traugott Ickerott ist die Vorstellung von einer Apokalypse noch ausgefeilter. Der Verschwörungsideologe, der bereits seit Mitte der 2000er Jahre Bücher über globale Manipulation, die Rituale der Illuminaten und die »Neue Weltordnung« schreibt, spricht in seinem Telegram-Kanal vor rund 20 000 Followern von der »vorsätzlichen Ausrottung eines Großteils der Weltbevölkerung bis 2030«. Auf seine Website kommt man nur, wenn man in einem Pop-up-Fenster bestätigt, nicht mehr minderjährig zu sein. Dann aber geht es weiter: »Der Sturm ist da – Liveticker«. Ickerott behauptet, die Toten in Wuhan gingen auf 5G zurück und Covid existiere nicht, ja sei nur eine leichte Erkältung. In Wahrheit seien es die Globalisten, die er mit den Illuminaten gleichsetzt, die den Menschen überwinden und bis 2045 unfruchtbar machen wollten, um dann die Menschen-Produktion in Gen-Laboren voranzutreiben. Ihr Ziel sei ein weltweiter Transhumanismus, den er als »konkreten Versuch« definiert, »den Großteil der Menschheit abzuschaffen, den Rest zu unterjochen und 0,001 Prozent der Weltbevölkerung für immer an die Spitze der Pyramide zu stellen«. »Klima-Panik, Gender-Homo-Propaganda und mRNA-Injektionen« seien alle Teil dieses angeblichen Versuchs, die Menschheit in Richtung Transhumanismus zu treiben. Er führt Themen wie »Mord, Satanismus, Kannibalismus, Pädophilie« und eine mysteriöse »Alien-Agenda« zusammen. Für die Illuminaten sei dies »die letzte Chance, die Neue Weltordnung einzuführen«. Laut Ickerott stehen sich zwei Mächte im unausweichlichen Kampf gegenüber:

Der weltweit agierende Tiefe Staat (der *Deep State*) und die so genannten ›Lichtkräfte‹.

Für Karolin Schwarz hat die Infodemie schon lange vor Corona begonnen. Ihrer Ansicht nach war das Jahr 2015 global ein Wendepunkt, was die Relevanz von Desinformation und Verschwörungsmythen anbelangt: »Damals änderte sich die Art der Falschinformationen. Mit den sozialen Medien wurden sie politischer und ansteckender.« Im Zentrum der politischen Auseinandersetzung standen damals der US-Präsidentschaftswahlkampf, der zu Trumps Wahlsieg führte, das Brexit-Referendum in Großbritannien und die so genannte Flüchtlings- und Migrationskrise in Deutschland. Zu dieser Zeit arbeitete Schwarz noch für die *Leipziger Volkszeitung* und begriff, welchen Schaden Falschinformationen und Halbwahrheiten auf lokaler Ebene anrichten können. Fehlerhafte Berichterstattung und unwissenschaftliche Auseinandersetzung waren ihr schon immer ein Dorn im Auge. Aber damals schwante ihr, wie zerstörerisch sich systematische Desinformation auf unsere Demokratien auswirken kann. »Ich entwickelte dieses starke Bedürfnis danach, dass wir uns alle auf eine grundlegende, nicht ständig unter Beschuss stehende Realität einigen können.« Sie beschloss, das Projekt ›Hoaxmap‹ aufzusetzen, eine Website, die Fact-Checking anbietet zu Artikeln über Migration und migrantische Kriminalität.

Eine Community aus verschwörungstheoretischen Hardlinern wirbt oft nicht mit alternativen Fakten neue Mitglieder, sondern lockt mit dem Angebot einer alternativen Identität, eines alternativen Zugehörigkeitsgefühls.

»Warum glauben Leute an Verschwörungstheorien?«, frage ich Karolin Schwarz.

»Viele Menschen, die Verschwörungstheorien anhängen, fühlen sich als etwas Besonderes, weil sie zu den ›Erweckten‹ gehören. Sie glauben, dass sie zu den wenigen Bürgerinnen und Bürgern gehören, die wissen, was wirklich vor sich geht. Die eigene Identität kann von dieser Idee abhängig werden.«

Der größte Indikator dafür, ob jemand die Tendenz hat, einer Verschwörungstheorie anzuhängen, ist, wenn diese Person bereits an andere Verschwörungstheorien glaubt. Die Psychologie spricht von einer »Verschwörungsmentalität«, die manche Menschen mit höherer Wahrscheinlichkeit an konspirativen Darstellungen festhalten lässt, auch wenn diese unbegründet, unlogisch oder in sich widersprüchlich sind.

Psychologisch betrachtet gibt es viele Gründe dafür, warum jemand an Verschwörungsmythen glaubt: Manche dieser Narrative füllen ein Informationsvakuum, andere besiegen Ängste, Unsicherheiten und Ohnmachtsgefühle, finden ein Gegenmittel für allgemeine Perspektivlosigkeit, bieten Opfergruppen ein Zugehörigkeitsgefühl oder einen Sündenbock, der Schuld hat an allem, was nicht gut und richtig läuft. All diese Gründe wiegen schwerer während einer globalen Pandemie, die uns allen eine Extraportion an Unsicherheit und Einsamkeit sowie diverse andere persönliche Herausforderungen beschert hat.

Karolin Schwarz hält den Medien vor, denjenigen, die unwissenschaftliche Ansichten vertreten, viel zu lange eine Plattform geboten zu haben, ohne deren Behauptungen zu entkräften. »Stark vorurteilsbehaftete und durch die Faktenlage nicht begründbare Realitäten wurden in manchen Debatten als gleichermaßen gültige Standpunkte präsentiert, was sehr gefährlich ist. Wenn wir über die NASA berichten, fragen wir ja auch nicht zuerst diejenigen nach ihrer Meinung, die glauben, dass die Erde eine Scheibe ist.« Sie hält kurz inne, um diese Vorstellung sacken zu lassen, und fährt dann fort: »Die Vielfalt der Meinungen darüber, wie mit dem Klimawandel oder der Corona-Pandemie umzugehen ist, ist groß genug. Grundsätzlich anzuzweifeln, dass es das eine oder das andere überhaupt gibt, ist aber etwas gänzlich anderes.«

Die systematische Verbreitung von Desinformation und Verschwörungsmythen hat die Impfskepsis auf der ganzen Welt verstärkt. Die Social-Media-Analyse, die ich am ISD durchgeführt habe, hat gezeigt, dass Anti-Impf-Desinformation vor allem in den sich überschneidenden Netzwerken der Neuen Rechten, der rechtspopulistischen Parteien wie der deutschen AfD und der österreichischen FPÖ sowie von prominenten Verschwörungstheoretikern verbreitet wird. In Deutschland und Österreich haben sich sogar eigene Coronaleugnerparteien gegründet, die gegen Lockdowns, Masken und Impfstoffe zu Felde ziehen. Wie aber sollen wir vorgehen gegen antidemokratische Bewegungen, die behaupten, die Demokratie zu verteidigen? Wie schützen wir die Freiheit ihrer Anhängerinnen und Anhänger, auch wenn sie durch unverantwortliches Verhalten die Freiheiten anderer Menschen beschneiden?

Sich über sie lustig zu machen ist vielleicht nicht der richtige Weg. Karolin Schwarz glaubt, dass Hashtag-Kampagnen wie #Covidioten kontraproduktiv sind: »Es ist ein großer Fehler, sich über Menschen, die Desinformation konsumieren und die anfällig sind für Verschwörungserzählungen, lustig zu machen oder zu mokieren. Wenn sie sich ungehört oder sogar gedemütigt fühlen, werden sie eher noch stärker zu den verschwörungstheoretischen Inhalten getrieben.«

In der Ferne höre ich Trommeln und Trillerpfeifen. Die Luft riecht nach Rauch, und die Menge aus tausenden Demonstrierenden ist von Männern und Frauen in Polizeiuniformen umstellt. Die hohe Polizeipräsenz habe ich erwartet. Bei der vorigen ›Unite for Freedom‹-Demo ist es zu gewaltsamen Ausschreitungen gekommen: Acht Polizeibeamte sind durch Flaschenwürfe von Demo-Teilnehmern verletzt worden.

In ganz Europa sowie in den Vereinigten Staaten sehen sich Polizei und Medienvertreterinnen bei Protestkundgebungen von Impfgegnern und Anti-Lockdown-Demonstrantinnen zunehmender Bedrohung, Belästigung und körperlichen Angriffen ausgesetzt. Die Gewalt gegen Journalisten hat eine Dimension erreicht, die von vielen Reportern als »untragbar« bezeichnet wird. In Berlin hat ein ARD-Kameramann bei einer gegen den Corona-Lockdown gerichteten Demonstration im Frühjahr 2020 einen Schlag auf den Kopf bekommen, ein Tonassistent wurde vorsätzlich angegriffen. In Slowenien brachen Anti-Lockdown-Protestierende im September 2021 in die öffentliche Sendeanstalt RTV Slovenija ein. Im selben Monat wurde in dem nordenglischen Küstenort Scarborough ein Nachrichtenteam der BBC von einer Gruppe aus mindestens acht Demonstranten bedrängt und bedroht. Die Kamera lief, als die Protestler schrien: »Ihr werdet hängen für das, was ihr diesem Land angetan habt!« Und: »Die Schlingen sind schon vorbereitet!«

Die psychische Belastung für Opfer derartiger Drohungen ist enorm. Die österreichische Ärztin Lisa-Maria Kellermayr, die monatelang Drohungen und Hassnachrichten von Impfgegnern und Covid-Leugnern erhielt, ist ein bedrückendes Beispiel für die potenziellen Konsequenzen. Die Landärztin mit Praxis in Seewalchen am Attersee sprach sich öffentlich für die Covid-Impfungen aus und wurde bald zur ultimativen Hassfigur für österreichische und deutsche Impfgegner und Imfgegnerinnen. Es folgten zahlreiche konkrete Drohungen und Besuche von »Patienten«, die ihre Praxis mit Butterflymessern betreten wollten. Drohungen wie diese landeten in ihrer Inbox:

> *Betreff: Ich werde dich hinrichten. Hallo, du dummes Stück Scheiße, du kannst mir gerne mit Anwälten drohen, aber kriegen werdet ihr mich sowieso nicht. Stattdessen habe ich nun beschlossen, dich zu kriegen. Wenn ich schon einmal dabei bin werde ich selbstverständlich alle Mitarbeiter deiner Praxis auch abschlachten. Ich bin bewaffnet und habe eine Schrotflinte …*

Kellermayr hatte bereits 100 000 Euro für Sicherheitsvorkehrungen ausgegeben, als sie die Praxis aufgrund der untragbaren finanziellen Kosten schloss. Einige Wochen nachdem sie angekündigt hatte, die Praxis wiedereröffnen zu wollen, wurde sie am 29. Juli 2022 tot in ihrer Praxis aufgefunden. Die Polizei fand keine Hinweise auf Fremdverschulden, jedoch einige Abschiedsbriefe, weswegen ihr Tod als Suizid dokumentiert wurde. Ein Blick in die einschlägigen Gruppen auf Telegram zeigt, dass die tote Ärztin hier weiterhin für Hass und Hohn herhalten muss. »Dieser Hass muss endlich aufhören«, schrieb der österreichische Gesundheitsminister Johannes Rauch in Reaktion auf Kellermayrs Tod. Er weiß, wie sich solche Drohungen anfühlen. Seine beiden Vorgänger sind wegen der massiven Anfeindungen und Drohungen gegen sich und ihre Familien durch Impfgegner und Coronaleugnerinnen zurückgetreten.

Paul Pelosi ahnte nichts, als er am 28. Oktober 2022 in seinem Haus in San Francisco zu Bett ging. Mitten in der Nacht wurde er von einem Mann geweckt, der mit zwei Hämmern bewaffnet war und rief: »Wo ist Nancy?« Pelosis Ehefrau war in Begleitung ihres Sicherheitspersonals in Washington, D.C. »Wo ist Nancy?« war auch jener Satz, den die Trump-Anhänger am 6. Januar 2021 riefen, als sie Stock für Stock, Zimmer für Zimmer das Kapitol nach Parlamentschefin Nancy Pelosi absuchten. Der Hass gegen die US-amerikanische Spitzenpolitikerin war bereits damals groß. Der Angreifer David P. wollte Paul Pelosi fesseln, bis seine Ehefrau zurückkäme. Er verprügelte den 82-Jährigen, schlug mit dem Hammer auf seinen Kopf ein und verletzte ihn dabei schwer. Als die Polizei eintraf und den Täter verhaftete, musste Pelosi notoperiert werden. Er hatte einen Schädelbruch und schwere Verletzungen am rechten Arm und an den Händen davongetragen. Der Angreifer war ein QAnon-Anhänger, er glaubte an Wahlbetrugsnarrative, Kindesmissbrauchsnetzwerke und tödliche Covid-Impfungen. David P. gab zu Protokoll, sein Angriff sei eine »Selbstmordmission« gewesen mit dem Ziel, Nancy Pelosi zu entführen und zu foltern. Er hatte ihr die Kniescheiben zertrümmern wollen, damit sie im Rollstuhl ins Parlament fahren müsse. Weitere Politiker und ein Professor standen auf seiner Opferliste.

Gleich am Eingang zum Hyde Park drückt mir eine Frau einen Flyer in die Hand, auf dem steht: »Gut gemacht … Du gehörst zur Minderheit derjenigen, die erwacht sind und sich von der globalen Tyrannei des Bösen nicht hinters Licht führen lassen!« Eine andere Demonstrantin drückt mir das von Pastor Bill Hughes verfasste Buch mit dem Titel *Covid 19 und der Rest der Geschichte* sowie das »Free Forever«-Album der Folk- und Gospelband Deep Persuasion als CD in die Hand.

Instinktiv ist mir bewusst, dass ich in Sicherheit bin, solange mich die Demonstrierenden nicht als »Mainstream-Journalistin« identifizieren. Anders als bei meinen vorigen Undercover-Aktionen muss ich mir diesmal keine Sorgen um mein Erscheinungsbild machen. Die versammelte Menge ist denkbar bunt gemischt. Ich stehe zwischen einer Frau mit Dreadlocks und Baggy-Jeans, einem völlig durchschnittlich aussehenden älteren Mann im Rollstuhl, einem Mann mit Fascho-Tattoos und rasiertem Schädel sowie einer Frau mit elegantem Retro-Kleid und breitkrempigem Kentucky-Derby-Hut. Die Demo hat eine große Bandbreite von Menschen angezogen: von harten Verschwörungstheoretikern und Neonazi-Skinheads über Alternativmedizin-Esoterikerinnen bis hin zu christlichen Fundamentalisten und besorgten Eltern. Ich treffe auf Teilnehmer im Alter zwischen knapp 90 Jahren und sechs Monaten, die im Buggy durch die Gegend geschoben werden.

Während ich die Schilder und Transparente betrachte, die vor mir in die Höhe gehalten werden – »Die Neue Weltordnung zerschlagen!«, »Kinder sterben an der Spritze«, »Kein Geld mehr für die BBC!« und »Was wird hier mehr gewaschen: Hände oder Hirne?« –, überlege ich, ob ich nicht das Gespräch mit den Protestierenden suchen sollte. Viele Leute scheinen mit Freunden oder Familienangehörigen da zu sein, nur ich gehe ganz allein mit ihnen mit.

Drei Männer in Trump-T-Shirts marschieren direkt vor mir. Als sie sich umdrehen und mich mit einem Anflug von Skepsis betrachten, beschließe ich, mich mit einer Frage in die Vorwärtsverteidigung zu stürzen.

»Sind Sie aus Amerika?«

Aber es stellt sich heraus, dass Johnny Engländer ist, in Essex lebt und extra für die Demo nach London gekommen ist. »Man kann auch ohne amerikanischen Pass ein Trump-Fan sein. Ich finde, wir brauchen auch in diesem Land einen Trump«, erklärt er und erzählt mir dann, dass er darüber nachdenken würde, in die USA umzusiedeln. Auch seine drei Söhne würden lieber dort leben.

Ich nötige mir ein zustimmendes Geräusch ab, auch wenn meine zugeschnürte Kehle kaum eines durchlassen mag.

Er mustert mich. »Woher in den Staaten sind Sie genau?«

»Ich komme aus Kanada«, lüge ich und bin mir nicht sicher, ob mein Akzent es zulässt, dass ich mich nicht als Zuwanderin aus der EU verkaufe. Ich hoffe, er lässt mich als Frankokanadierin durchgehen.

»Oh, das tut mir leid«, so sein Kommentar. Anschließend zieht er über Kanadas Premierminister Justin Trudeau und dessen liberale Politik her.

Ein Mann vor uns ruft: »Macht die BBC dicht!«, woraufhin mein Gesprächspartner sofort das Thema wechselt, zu einem anderen Sündenbock nämlich: den »Mainstream-Medien«.

Er ereifert sich: »Man kann sich ja nichts von dem anhören, was in den Medien verlautbart wird. Ich selbst bin ja auf Telegram. Da sollten Sie auch hin. Ist ganz einfach. Man tritt einem Kanal bei und bekommt dann sofort Links zu weiteren. So baut man sich dann mit der Zeit ein ganz neues Informationssystem zusammen.«

Er holt sein Handy hervor. »Hier, sehen Sie sich diese Kanäle an.« Als er nach unten scrollt, sehe ich Namen wie ›Q News‹, ›Flat Earth‹, ›QAnon Global‹ oder ›The Great Awakening‹. »Ich bekomme meine Informationen jetzt von hier. Keine Lügenpresse mehr für mich.«

Ich beschließe, mich zu verabschieden und ein paar Minuten lang einfach nur die Menge um mich herum zu betrachten. Dutzende Protestierende kommen mit selbstbedruckten T-Shirts an mir vorbei, darauf gängige Slogans wie »Rettet die Kinder!« und »PLANDEMIC«, die Bezug nehmen auf die Verschwörungsvorstellung von einer geplanten Pandemie.

Als ich wieder genug Mut beisammenhabe, gehe ich hinüber zu einem leger gekleideten Schwarzen, der ein Schild mit der Aufschrift »Stoppt die Pädos! Lasst unsere Babys in Ruhe!« hochhält. Interessant, hier eine Schwarze Person Seite an Seite mit einem ausländerfeindlichen Trump-Anhänger marschieren zu sehen.

»Was genau hat es mit den Babys auf sich?«, frage ich ihn.

»Sie töten Babys, um ihnen Adrenochrom abzuzapfen.«

»Was ist Adrenochrom?«

»Ist Ihnen Adrenalin ein Begriff? Adrenochrom ist konzentriertes Adrenalin. Es ist deutlich gehaltvoller als Adrenalin und kann zur Droge werden. Sie zapfen es Babys und Kindern ab.«

»Wie?«

»Wenn sie gefoltert werden, setzen Babys Adrenochrom frei.«

Es fällt mir schwer, Worte zu finden. »Aber wer macht denn so etwas?«

»Alle Prominenten und die Royal Family. Sie wollen jung und gesund bleiben.« Er starrt geradeaus ins Unbestimmte. »Es ist grauenvoll. Haben Sie diese Doku-Reihe nicht gesehen, in der es darum geht, was bei der Königsfamilie hinter den Kulissen passiert und wie die Familienmitglieder sich vom Blut der Babys ernähren?«

Aha, das britische Königshaus mal wieder. Ich setze in Gedanken das Bild zusammen: Die Mitglieder der Royal Family sind also satanistische Reptiloide, die das Blut von Babys trinken, um jung zu bleiben. Klingt irgendwie altbekannt? Mag daran liegen, dass diese Verschwörungstheorie Jahrhunderte alt ist. Die Vorstellung, dass Juden das Blut christlicher Kinder ›ernten‹, um es dann für religiöse Rituale zu verwenden, war im Mittelalter weitverbreitet. Heute ist dieser Ritualmordmythos als moderne Mutation wieder auf den Plan getreten und versammelt mehr Anhänger hinter sich, als man für möglich halten würde. Mindestens 24 Kandidatinnen und Kandidaten für höhere politische Ämter in den USA haben öffentlich die Ansicht vertreten, dass die globalen Eliten blutsaugende Satanisten sind.

Ich starre auf den Buckingham Palace vor uns und frage mich, ob wir mittlerweile im »Digitalen Mittelalter« angekommen sind. Vor meinem geistigen Auge erscheint das Gesicht des Terroristen Tobias Rathjen, der im Frühjahr 2020 im deutschen Hanau das Feuer eröffnete und neun Menschen, seine Mutter und sich selbst tötete. Auch er hatte an im Geheimen operierende Kräfte geglaubt, die in unterirdischen Militärbasen kleine Kinder foltern.

Ich merke, dass ich den Kopf schüttele, und sage nur: »Entsetzlich.«

Nichts an dieser Geschichte scheint auch nur den geringsten Sinn zu ergeben. Trotzdem stelle ich dem Demoteilnehmer weiter Fragen und bin ihm dankbar für seine Offenheit: »Wie kommen sie denn an die Kinder?«

»Das ist alles institutionalisiert«, sagt er mir.

»Kennen Sie denn jemanden, dem das Kind weggenommen wurde?«

»Ja, einen Engländer, der in Portugal lebt. Die Institutionen haben ihm sein einziges Kind weggenommen.«

Ich kann es mir eigentlich nicht anders vorstellen, als dass das Jugendamt eingeschritten ist, um ein Kind vor Missbrauch in einer Familie zu bewahren, die unter klinischer Paranoia leidet.

»Was hat Sie denn hierhergebracht?«, will der Mann von mir wissen. Er selbst ist schon bei vielen Demos gewesen.

»Freiheit!!!«, ruft ein Demonstrant neben uns in ein Megafon. »Nein zu den Impfstoffen!«

Ich zögere kurz. »Die Impfpässe.« Und um weiteren Nachfragen zuvorzukommen, frage ich schnell: »Und wie heißen Sie?«

»Earth G. Und Sie?«

»Was für ein cooler Name«, sage ich. »Claire.«

Er streckt mir die Hand entgegen. Ich nehme sie und versuche, mir nicht anmerken zu lassen, wie viel lieber ich den Ellbogen-Gruß gemacht hätte.

Earth G hat ein nettes Lächeln. »Freut mich, Sie kennenzulernen. Darf ich Ihnen meine Frau Kate vorstellen, sie kommt aus Schweden.« Eine blonde Frau schüttelt mir ebenfalls die Hand.

»Ich muss los und meinen Freund wiederfinden«, sage ich zu dem Paar und verschwinde um die Ecke, um mir schnell die Hände zu desinfizieren, meine Aufnahme zu beenden und meinem Kopf eine kurze Erholungspause zu gönnen.

»Spike kann dich töten. Dieser Impfstoff ist eine Biowaffe. Pass bloß auf.«

Ein paar Tage später googelt sich Claire, mein patriotisch eingestelltes Alter Ego, durch Bilder von angeblichen Impfnebenwirkungen und sucht im Netz Schaubilder zu den behaupteten Netzwerken der »globalen Eliten«.

Ich muss mir diese Telegram-Kanäle ansehen, die Pedro und Johnny empfohlen haben. Für viele wissenschaftsfeindliche Aktivisten scheinen sie die Quelle der Radikalisierung und Desinformation zu sein. Und wohin ich auch blicke: Im Zentrum fast aller Kanäle steht die Verschwörungserzählung von QAnon.

Ich bin QAnon in verdeckter Mission schon beigetreten, bevor es zum weltweit größten verschwörungstheoretischen Netzwerk wurde. Als ich 2017 erstmalig Mitglied wurde, war die Bewegung mit ihrer Behauptung, die Clinton-Familie betreibe im Untergrund von Washington, D.C., ein Netzwerk zur Ausbeutung von Kindern, noch eine kuriose, auf die USA begrenzte Randerscheinung. Aber innerhalb nur weniger Jahre ist dieses verschwörungstheoretische Netzwerk deutlich größer geworden und hat sich über die ganze Welt ausgebreitet. Überall haben sich Ableger gegründet, von den Niederlanden bis nach Australien. Virale Kampagnen und gamifiziert-spielerische Ermittlungen, um »der Wahrheit« auf die Spur zu kommen, werden durchgeführt, um neue Mitglieder zu gewinnen. Eine Recherche des *Guardian* fand heraus, dass QAnon 2020 in den sozialen Medien mehr als 4,5 Millionen Follower aus mindestens 15 verschiedenen Ländern hatte.

Die Covid-19-Pandemie hat das globale Erstarken von QAnon beschleunigt: Coronaleugner, Impf- und Lockdowngegner sowie traditionelle Verschwörungstheoretiker haben sich hier in ihrem Frust, ihrer Angst und ihrer Wut zusammengetan. Sehr bald schon ging es bei QAnon nur noch um die »Plandemie« und die »hochgefährlichen Impfstoffe«.

Hier bin ich also ein weiteres Mal und sehe mir an, wie sich die selbst stilisierten Rechercheure von QAnon immer tiefer in den QAnon-Kaninchenbau graben. Die QAnon-Mitglieder sammeln so genannte »Brotkrumen«, um daraus »den Teig« zu backen – was im Grunde nichts anderes bedeutet als: ihre Version der Realität. Es fühlt sich an, als stecke man mitten in einem Buch von Dan Brown, in dem es unterschiedliche Rätsel und Mysterien zu lösen gilt. Mit dem Unterschied, dass die Informationen, die hier von der Crowd zusammengetragen werden, oft keine zuverlässigen Quellen haben und dass Verbindungen zwischen unterschiedlichen Dingen, Personen und Situationen tendenziell sehr willkürlich hergestellt werden. Nichts darf mehr Zufall sein, sogar die Initialen oder Geburtsdaten von Politikerinnen haben plötzlich eine tiefere Bedeutung.

Es gibt in den sozialen Medien Hunderte, wenn nicht Tausende von Kanälen mit QAnon-Bezug. Einer der größten auf Telegram ist ›Qnews‹ mit seinen 120 000 Abonnenten, die alle glauben, dass der »Kommunismus die letzte Corona-Variante ist«. Zum Vergleich: Der Scheibenerde-Kanal auf Telegram zählt nur knapp 44 000 Follower.

Angesichts von Corona haben die meisten althergebrachten verschwörungstheoretischen Communitys ihre Aufmerksamkeit auf die Pandemie gerichtet. Sogar die Scheibenerdler haben ihre Gesprächsthemen neu gewichtet und tauschen sich heute mehrheitlich über Covid-Verschwörungen aus. »Jeder einzelne Aspekt von Covid ist jüdisch«, schreibt mir einer von ihnen und schickt mir ein Schaubild, das angeblich zeigt, wie sehr jüdische CEOs, Politiker und Wissenschaftlerinnen in die Impfstoffentwicklung und die Coronapolitik verstrickt sind.

›Anti-Vaxx Worldwide‹ ist eine etwas kleinere Gruppe mit nur ein paar hundert Mitgliedern. Sie glauben, dass »der CORONA-IMPFSTOFF die eigentliche KRANKHEIT ist«. Einer aus dieser Gruppe sagt mir, ich solle mich »vor den Geimpften in Acht nehmen«, denn sie seien »jetzt zu Superspreadern geworden«. Es stimmt ja, dass Ungeimpfte sich an Geimpften anstecken können, die einen Corona-Durchbruch haben. Trotzdem aber sind andere Ungeimpfte das bei Weitem größte Risiko für Ungeimpfte. Eine von Forscherinnen und Forschern der Universität Oxford durchgeführte Studie konnte belegen, dass geimpfte Menschen die Delta-Variante mit weniger hoher Wahrscheinlichkeit weitergeben als ungeimpfte. Bei der Bestimmung der Viruslast fanden Wissenschaftler aus Singapur heraus, dass Geimpfte mit der Delta-Variante weniger lange ansteckend sind.

Für einen Monat gehörte es zu meiner täglichen Routine, alle Kanäle von Impfgegnern und Verschwörungstheoretikern zu checken, zu denen ich Zugang hatte. Wenn ich dann durch meinen Telegram-Feed voller Desinformation scrollte und dazu meinen Morgenkaffee trank, fiel es mir schwer zu glauben, wie viele Gruppierungen immer noch die schiere Existenz des Virus leugnen. »Covid 19 gibt es nicht, und bei der Impfung geht's nicht um Impfstoff«, las ich bei Dutzenden von Usern. Und wir waren immerhin schon lange im zweiten Jahr der Pandemie angekommen, weltweit hatte es über 250 Millionen Coronafälle gegeben, über fünf Millionen Menschen waren gestorben. Sogar prominente Coronaleugner hatten sich mittlerweile mit dem Virus angesteckt: Der US-Musiker Landon Spradlin, der Covid-19 als »Massenhysterie« bezeichnet hatte, war genauso an dem Virus gestorben wie der britische Coronaleugner Gary Matthews. Der Covid-Skeptiker Tony Green, der die Pandemie als vorsätzliche Täuschung bezeichnet hatte, gelangte zu Berühmtheit, weil er ein Familienfest feierte, das zu einem Superspreader-Event wurde, nach dem mehrere seiner Verwandten der Krankheit zum Opfer fielen. In Norwegen starb der Organisator einer illegalen Coronaskeptiker-Veranstaltung, nachdem er sich das Virus höchstwahrscheinlich bei seiner eigenen Veranstaltung eingefangen hatte. Wie viele Beweise brauchten die Coronaleugner denn noch?

Aber bei einer Polarisierung geht es selten um die Fakten, sondern meist um die Identität. Meine Recherchen ergaben, dass die Zirkel der Impfgegner und Verschwörungstheoretiker große Schnittmengen haben mit der Szene der Rassisten, der Rechtsextremen und der Klimawissenschaftsgegner. Sogar Antifeminismus und Anti-Transgender-Aktivismus scheinen in vielen Kanälen durchaus eine Rolle zu spielen. Die rassistische Gruppe ›World Elite‹ führte auf Telegram eine Umfrage durch: »Kann man als Geimpfter Nationalist sein?« Die meisten Antwortenden fanden, das ginge nicht beides zusammen. Die Narrative der Ultranationalisten und Impfgegner sind zu einer kohärenten Verschwörungstheorie zusammengebacken. Ein weißer Nationalist schrieb: »Wir haben es hier mit einem neuen Grippevirusstamm zu tun, wie er jedes Jahr auftritt, COIVID 19 gibt es nicht, ist erfunden.« Und fügte hinzu: »Ich glaube, dass China und die Globalisten diesen COIVID-Betrug inszeniert haben (eine als neuartiges Virus getarnte Grippe), um eine weltweite Tyrannei samt totalitärem Polizei-Überwachungsstaat zu errichten, und zu diesem Plan gehört eben auch massiver Wahlbetrug.«

Die anknüpfende Frage eines anderen Users formulierte exakt, was den Sicherheits- und Geheimdiensten vieler Länder längst Kopfzerbrechen bereitet: »Und was tun wir als Nächstes? Hocken wir rum und posten nur Zeug über Satanisten – oder denken wir nach und werden aktiv?«

Im Dezember 2021 sagte Piers Corbyn zu mehreren hundert Versammelten vor Downing Street Nr. 10, sie sollten doch »den verlogenen Abgeordneten« ruhig »ein bisschen mehr zu Leibe rücken«, und rief seine Anhänger dazu auf: »Diesen Abschaum, der beschlossen hat, einen neuen Faschismus einzuführen, zu Tode zu hämmern [...] Wir müssen uns eine Liste besorgen mit ihren Namen [...], und wenn eure Abgeordneten auf dieser Liste stehen, dann geht ihr zu ihren Büros und, tja, ich würde empfehlen, ihr brennt sie nieder, ok. Aber im Fernsehen kann ich das so nicht sagen.«

Im Folgemonat kam eine verdeckte Recherche der *Daily Mail* einer 200-köpfigen Gruppe von Impfgegner-Hardlinern auf die Spur, die sich in einem Park in Staffordshire trafen, um zu üben, wie man Polizeiketten zerschlägt und wie man sich auf einen »Krieg« gegen die Regierung vorbereitet. Der Anführer dieser Gruppe mit dem Namen ›Alpha Men Assemble‹ (AMA) war Danny Glass, ein ehemaliger Angehöriger eines britischen Infanterie-Regiments, der den anderen die Grundlagen der militärischen Kampfausbildung vermittelte. »Wir müssen Impfzentren, Schulen, Schulleiter, Universitäten, Stadträte, Polizisten und Leitungspersonal der Gesundheitsversorgung treffen, und zwar überall«, rief eine der anwesenden

Frauen. »Niemand von uns lässt sich diese Scheiße spritzen, unsere Familien auch nicht!«

Viele Verschwörungstheoretiker haben die Nase voll von der Situation. Ihre Version der Wahrheit ist ihnen dabei behilflich, Bösewichter ausfindig zu machen. Die ihrer Meinung nach auch bestraft werden dürfen. Während ich ihre Diskussionen im Netz sehr genau verfolgte, konnte ich in Echtzeit beobachten, wie die Sprache in vielen von ihren Kanälen von Tag zu Tag aggressiver wurde. Die Anhängerinnen und Anhänger wollten den Worten Taten folgen lassen. Allein in den USA haben bis Ende 2021 79 QAnon-Follower ideologisch motivierte Straftaten begangen. Eine der zentralen Herausforderungen für die Sicherheitskräfte ist die Vervielfältigung der potenziellen Ziele von Gewalttaten: Wissenschaftler, Pharmaunternehmen, Politikerinnen, Journalisten, Minderheitengruppen, sogar Hollywood-Schauspielerinnen und Prominente – sie alle sind in der Welt von QAnon Teil einer monströs komplexen Verschwörung. Es gibt keine klar umrissene feindliche Gruppe, weswegen der Schutz potenzieller Anschlagsziele zu einem Ding der Unmöglichkeit geworden ist.

Während manche der wissenschaftsfeindlichen Aktivisten klar für den Einsatz von Gewalt werben, sprechen sich andere eher für eine friedliche Revolution aus. Sie wollen Teil eines Insider-Netzwerks von Gleichgesinnten sein, denen es um radikale Veränderung geht. Um zwischen den Anhängern von Verschwörungstheorien innige Bande zu knüpfen und außerdem für Unterhaltung zu sorgen, kommt der Popkultur eine Schlüsselfunktion zu.

Beim Hören der Musik von J.T. Wilde ertappe ich mich dabei, wie ich mit dem Kopf nicke und wie mein Fuß im Takt wippt. Der Song ist tatsächlich gut, obwohl der Text abstrus ist:

> Sie nennen uns die Bedauerlichen, und wir mögen den Namen
> Sie stecken mit ihrem ganzen Körper im Dreck und brauchen jemanden, dem sie die Schuld dafür geben können
> Sie haben ein Faible für Gier und Sparen
> Ihre Dollars legen sie ins Staatssäckel, ihre Lügen blasen sie in den Äther
> Wo einer von uns hingeht, gehen wir alle
> Ich werde dich nicht zu Boden stoßen, du lässt mich nicht fallen
> Eines Tages stehen wir groß da, denn wo einer von uns hingeht, gehen wir alle!
> Wir sind die Patrioten, wir vertrauen dem Plan
> Denn wir haben alles, und ihr Schicksal liegt in unseren Händen
> Sie wollten uns aus gutem Grund verarschen, aber wir schlucken den Köder nicht
> Sie wollen uns in die Hölle schicken, aber wir stehen bewaffnet am Tor.

J. T. Wilde klingt nicht nur wie ein echter Rocker, er sieht auch so aus. Seine langen Haare fallen auf sein weites, schwarzes T-Shirt herab. Sein Zimmer ist voll von musikalischem Gerät: Gitarren, Schlagzeug, Mikrofone. Bei unserem Gespräch trägt er ein professionelles Headset. An den Wänden hängt zeitgenössische Kunst – neben der amerikanischen Flagge.

»Die Bewegung hat mir so richtig Bock gebracht«, erzählt

er mit seiner rauen Stimme. ›Die Bewegung‹, damit meint er QAnon. »Ich habe echt Spaß gehabt bislang. Es ist wie ein wunderschönes, lustiges Spiel.« Als er das sagt, sehe ich die Begeisterung in seinen Augen. »Ich betrachte die Dinge aus einem spirituellen Blickwinkel. Es war wie in einer Dichotomie … Sieh dir das an und das und das.« Der Singer-Songwriter schaut hoch zur Zimmerdecke, ist für ein paar Sekunden in Gedanken versunken, richtet seine Aufmerksamkeit dann wieder auf mich und sagt: »QAnon hat mir aber auch eine Höllenangst gemacht. Und mich dazu gebracht, ein paar wirklich coole Lieder zu schreiben.« J. T. Wilde ist in Florida aufgewachsen und hat früher die Sex Pistols und Ozzy Osbourne gehört, war ein Abtreibungsgegner und für LGBTQ-Rechte. Er wollte Vegetarier werden. Sich selbst bezeichnet er als fiskalisch konservativen Sozialliberalen.

Das Beispiel von J. T. Wilde zeigt, dass sich QAnon nicht in eine politische Kategorie einordnen lässt. Auch wenn die Bewegung einen klar pro-trumpistischen, patriotischen und antiliberalen Standpunkt eingenommen hat, hat sie gleichzeitig Menschen aus der Linken, der Rechten und aus der Mitte für sich gewonnen. War J. T. Wilde schon immer an Politik interessiert? »Nein, früher war ich ein sehr spiritueller Mensch«, sagt er und erzählt, dass er damals auf seinem YouTube-Kanal über Spiritualität und Meditation gesprochen habe. Heute jedoch sei er überzeugt davon, dass »das politische System eine Revolution braucht«.

J. T. Wilde kam 2019 zu QAnon. »Ohne Zusammenbruch kein Durchbruch. Wir müssen das System völlig neu aufbauen«, äußert er mir gegenüber. QAnon machte ihm Hoffnung, dass sich ein radikaler Wandel herbeiführen lässt, und in den anderen Anons fand er eine neue Familie. Aber viele seiner alten Freunde hat er auch verloren; sie waren von seinen politischen Ansichten und seinen verschwörungstheoretischen Gedanken schockiert. Er mustert mich intensiv, bevor er mit Nachdruck sagt: »Ich bin aber doch immer noch der Alte.« Ich kann seiner Stimme den Frust anhören.

Bei QAnon-Anhängern sind die Songs von J. T. Wilde mittlerweile derart beliebt, dass sie bei vielen Demonstrationen zu hören sind. Laut eigener Aussage ist sein Album *Enjoy the Show* »ein Konzeptalbum für die Q-Bewegung, ein Album, auf dem es thematisch um Patriotismus, Zusammenhalt und die Ausrottung der Korruption in unserer Regierung und in unserem Medienestablishment geht.« Er sagt, es gebe einen echten Wissensdurst, was die inwendigen Funktionsmechanismen der Regierung anbelangt. »Q hat diese Leerstelle in vielerlei Hinsicht gefüllt.« J. T. Wilde ist überzeugt, dass Präsident Joe Biden für die demokratischen Grundfesten der USA eine massive Bedrohung darstellt. »Noch nie war unsere Verfassung so gefährdet wie heute, unter der jetzigen Verwaltung«, sagt er mir gegenüber.

Die Ironie dabei ist, dass QAnon als Bewegung ein zutiefst antidemokratisches Verhalten an den Tag gelegt hat und außerdem von ›souveränen‹ Bürgern sowie Milizen unterstützt wird, die den Rechtsstaat nicht akzeptieren. Hat der Mob der Trump-Unterstützer seinen Song gespielt, als er im Januar 2021 das Kapitol stürmte? »Möglich«, räumt er ein, glaubt aber trotzdem, dass dieser ganze Vorgang eine von den Sicherheitskräften oder den Clintons inszenierte Falle war, um die Bewegung als bedrohlich darstellen zu können. Seine Musik ist bei Spotify und Soundcloud nicht mehr zu bekommen –

aber er rechnet diese Plattformen sowieso der Verschwörung zu.

Genau wie bei Marius, Pedro, Johnny und Earth G ist auch bei Wilde die Liste der Staatsorgane, Medienunternehmen, Wissenschaftsinstitutionen und Privatkonzerne, denen er nicht über den Weg traut, lang. Ganz oben stehen bei ihm die Pharmaindustrie und die Wissenschaftler, die an der Entwicklung des Coronaimpfstoffs beteiligt waren. Er glaubt, dass die Impfstoffe ein Versuch sind, die Bevölkerung genetisch zu manipulieren und zu kontrollieren. »Nanobot-Technologie«, sagt er raunend, kann mir aber nicht erklären, wie diese Technologie genau funktionieren soll. »Man könnte sie als neues Experiment in Sachen Weltherrschaft interpretieren, genau wie das CIA-Projekt MKULTRA im Kalten Krieg.« Als ich versuche, weitere Details aus ihm herauszulocken, räumt er ein, das alles sei nichts als reine Spekulation.

Trotz des offensichtlichen Mangels an Beweisen hat er jedoch eindeutig Angst vor der Coronaimpfung: »Ich habe nicht vor, mich impfen zu lassen, da müssen sie mich schon festhalten und mir die Spritze in den Arm jagen.«

Ich nicke und frage: »Und wer sind jetzt *sie?*« Er lacht. »Ha, diese Frage kommt immer zuerst. *Sie* sind diejenigen, die hier den Laden schmeißen.« Und dann erzählt er mir von der Megastruktur unserer Welt. »Die Leute, die vor 100 Jahren hinter dem großen Geld steckten, stecken immer noch hinter dem großen Geld. Sie beherrschen die ganze Welt.« In meiner Arbeit mit Sicherheitskräften und Geheimdiensten habe ich mehrfach erlebt, wie diese Form von Rhetorik zu Hass und Gewalt gegen diejenigen aufstacheln kann, die in Verschwörungserzählungen am allerhäufigsten zum Sündenbock gemacht werden: die Juden. Wie White Lives Matter bedient sich auch QAnon bei antisemitischen Stereotypen, darunter an der Idee einer globalen Elite in Form einer blutsaugenden Kinderschänder-Clique – die implizit als jüdisch konturiert wird.

Im Laufe des vergangenen Jahres sind die Zahlen der QAnon-Follower in eindeutiger Parallelität mit antisemitischen Hassverbrechen gestiegen. Seit Ausbruch der Pandemie erlebt der Antisemitismus weltweit sowohl on- als auch offline einen starken Ausschlag nach oben. In Deutschland gab es in den letzten Jahren einen klaren Aufwärtstrend bei polizeilich erfassten antisemitischen Strafdelikten. Laut BMI wurden im Jahr 2021 3027 Straftaten gemeldet, darunter 64 Gewaltdelikte. Aber J. T. Wilde positioniert sich ganz klar gegen Gewalt. Die extremeren Teile der Bewegung sind ihm nicht ganz geheuer: »Es gab Dinge, die mir an der Bewegung echt nicht gefallen haben, weswegen ich heute auch nicht mehr aktiv dabei bin.« Er fügt scherzhaft hinzu: »Und das sage ich, als der extremste Rocker Amerikas, als Verschwörungstheorie-Rocker.«

Es ist oft nicht einfach festzustellen, ab welchem Zeitpunkt eine Gruppe gefährlich wird und die nationale Sicherheit bedroht. In einer Studie, die ich mit Kolleginnen und Kollegen an der Oxford University durchgeführt habe, konnten wir zeigen, dass QAnon-Gruppen in Deutschland, Frankreich und den USA untereinander häufig konkrete Gewaltandrohungen und Mordfantasien teilen:

> »Wir müssen diese kranken pädo-satanistischen Hunde umbringen«
> »Hängt diese Monster«
> »Diese verdammten Ratten sollen brennen«

»Ich werde mich definitiv nicht dagegen einsetzen, dass diesen Pädophilen in den Kopf geschossen wird.«

»Schickt sie zurück in den tiefsten Höllenschlund.«

Explizite Gewaltdrohungen werden nicht jedes Mal in die Tat umgesetzt. Umgekehrt geht tatsächlichen Gewalttaten nicht immer eine verbale Androhung voraus. Dennoch fand unsere linguistische Analyse soziopsychologische Elemente, die charakteristisch für die Sprache von Terroristen sind. Wir hatten zuvor eine umfangreiche Analyse durchgeführt, in der wir die Sprache in Terrormanifesten systematisch mit nicht gewaltvollen, ideologisch moderaten und extremen Manifesten verglichen haben, um Muster für eine Gewaltprognose herauszufiltern.

Identitätsfusion – die Verschmelzung von individueller Identität und Gruppenidentität – ist ein wesentlicher Faktor für Gewaltbereitschaft, insbesondere in Kombination mit einer als existenziell wahrgenommenen Bedrohung für die eigene Gruppe. Sprachlich erkennt man Identitätsfusion daran, dass anderen Gruppenmitgliedern Merkmale biologischer Familie zugeschrieben werden. Bei QAnon fanden wir zahlreiche Beispiele: »Q-Familie«, »Anon Brüder und Schwestern«, »Geschwister des Erwachens«. In der deutschen Gruppe »Q-Kingdom Family« schrieb ein Mitglied: »Ich liebe euch alle, liebe Lichtgeschwister. Wir haben es bald geschafft, liebe Brüder und Schwestern.«

Mitglieder der deutschen QAnon-Gruppe »QFaktor Germany die Echtzeit Analyse« wurden dazu ermutigt, auf Gott, die Q-Familie, den Plan und das Militär zu vertrauen. »Seht, wo wir sind, Brüder und Schwestern ... Wer hätte gedacht, dass wir es bis hierher schaffen und dass wir den Wandel zum Guten miterleben werden? Was für eine ZEIT, um am LEBEN zu sein!!!« Auch QAnon-Anhänger in anderen Ländern werden als Teil der Familie gesehen: Ein Nutzer in einer deutschen QAnon-Gruppe schrieb: »Wir brauchen die Aufmerksamkeit unserer Brüder hier in den Vereinigten Staaten und im Ausland.« Und QAnon Austria verkündete: »Unsere Französischen Brüder und Schwestern sind in Berlin angekommen.«

Zwischen den Anhängern von Verschwörungsmythen entstehen teils tiefe Verbindungen, die echte Familiensysteme ersetzen können. Ein deutscher QAnon-Fan schrieb: »Fühl mich jeden Tag zutiefst gerührt wenn ich Eure Sprachnachrichten und Nachrichten höre und lese! Ewige Verbindung Brüder/Schwestern.« Die eigene Gruppe wird glorifiziert, Feindgruppen werden dämonisiert und dehumanisiert. So setzte der Administrator von QAnon Austria etwa den »Feind« mit Ratten gleich und bezeichnete seine Follower als »Kämpfer und Kämpferinnen«. Im deutschen ›Dark to Light‹-Kanal hieß es: »Viele von uns in der Freiheitsbewegung verstehen die Eigenschaften des globalistischen Parasiten sehr gut, und das macht es viel einfacher für uns vorherzusagen, was sie tun werden.« Der Konflikt mit dem Feind wird nahezu überall prophezeit: »Seid stark Patrioten und ANONS für den härtesten Teil des KOMMENDEN KRIEGES, wenn die Hoffnung verloren scheint.«

Bei der Bekämpfung von Desinformation in Großbritannien steht Will Moy an vorderster Front. Er ist Betreiber der Faktencheck-Website ›Full Fact‹ und wird dadurch sehr häufig zum Ziel von Beschimpfungen und Beleidigungen durch Corona-Verschwörungstheoretiker.

»Die Dimension der Wut ist merklich größer geworden«, sagt Moy. »Die schiere Menge an Aufmerksamkeit, die bislang in Behauptungen und Gegenbehauptungen über die Pandemie geflossen ist, ist enorm, Wut und Beschimpfungen sind damit einhergegangen.« Es hat ernstzunehmende Angriffe auf Mitarbeitende von ›Full Fact‹ gegeben, insbesondere auf Frauen, weswegen aktiv daran gearbeitet wurde, Mobbing und den Internethass auf Angestellte zu reduzieren. »Wir bekommen natürlich auch vernünftiges Feedback«, erklärt mir Moy. »Wir dürfen nicht alle, die uns eine Rückmeldung geben, in einen Topf werfen, aber in vielen Fällen handelt es sich wirklich um Belästigung und massive Schikane. Viele Leute da draußen wären froh, wenn es uns nicht gäbe.«

In den zehn Jahren, seit es ›Full Fact‹ gibt, haben in Großbritannien vier Parlamentswahlen, drei Referenden, mehrere Anschlagsserien, der Brexit und die Pandemie stattgefunden. »Im Grunde genommen ist das Land, seitdem ›Full Fact‹ existiert, meistens im Krisenmodus gewesen«, sagt Will Moy. »Die Frage, wie Normalität aussehen könnte, ist interessant. Ich freue mich schon darauf, sie irgendwann beantworten zu können.«

Die Krisenserie, die wir als Gesamtgesellschaft im vergangenen Jahrzehnt miterlebt haben – von der so genannten Migrationskrise bis zum heutigen Krieg gegen die Ukraine –, hat uns in einen Zustand ständiger Ungewissheit versetzt, was uns kollektiv anfälliger macht für Verschwörungserzählungen. Ein Blick in die Geschichte zeigt, dass Krisenzeiten immer Blütezeiten für Falschinformationen und Verschwörungsmythen waren. Im 14. Jahrhundert wurde den Juden die Schuld für die Pest in die Schuhe geschoben; man hielt ihnen vor, die Brunnen vergiftet zu haben. Zur Zeit der Cholera im 19. Jahrhundert verbreitete sich die Legende, Ärzte hätten die Krankheit erschaffen, um den Körpern der Toten Blut abzapfen zu können.

Aber nicht nur Gesundheitskrisen führen zu Infodemien. In der Vergangenheit haben auch Wirtschafts- und Sicherheitskrisen ähnliche kollektive Coping-Strategien befördert: Sowohl die Weltwirtschaftskrise von 1929 als auch die Finanzkrise von 2008 haben antisemitischen Verschwörungserzählungen Vorschub geleistet. Und auch verschwörungstheoretisch grundierte Erzählungen über den 11. September feiern immer noch fröhliche Urständ, ja wurden mittlerweile in den hochkomplexen Großverschwörungsmythos von QAnon eingemeindet.

Mit Corona allerdings hat Desinformation ein neues Level erreicht. Die gleichzeitige Gesundheits- und Wirtschaftskrise hat sich auf unseren Alltag stärker ausgewirkt als alles, was den meisten von uns zeit ihres Lebens je widerfahren ist. Die Pandemie hat uns abverlangt, unseren Lebensstil zu ändern, weswegen sie als Bedrohung des Privatlebens wahrgenommen wurde. Viele Menschen finden es von daher bequemer, alles, was so passiert, einfach zu leugnen. Überflüssig zu sagen: Kollektive Leugnung ist im digitalen Zeitalter einfacher geworden als zu Zeiten von Pest oder Cholera. Auch während der Finanzkrise vor gut zehn Jahren war das noch nicht ganz so leicht.

›Full Fact‹ ging 2009 in einer Zeit heftiger politischer Meinungsmache an den Start. Überall meldeten sich Bedenken, machte man sich Sorgen über Politiker, die die Öffentlichkeit in die Irre führen, und schlechten Journalismus, vor allem in den Diskussionen über den Irakkrieg und die Finanzkrise. »Allerdings war das Internet für den Informationskonsum damals noch nicht so bedeutend wie heute«, stellt Will Moy fest. »Heute gehört Facebook zu den Top-3-Nachrichtenquellen, während das berühmte Nachrichtenradio BBC Radio4 auf der Liste nur auf Platz 20 steht.«

Für einen Fact-Checker hat Will Moy einen etwas ungewöhnlichen Hintergrund. Die meisten Fact-Checker kommen aus dem Journalismus. Moy aber hat für einen blinden Abgeordneten im britischen Oberhaus gearbeitet, für den unparteiischen Lord Colin Low of Dalston. Er erzählt: »Weil er blind war, habe ich ihm alle Sitzungsunterlagen vorgelesen, und manche davon waren wirklich der reinste Müll.« Und fügt hinzu: »Auf Grundlage dieses Mülls wurden wichtige Entscheidungen darüber getroffen, wie unser Land regiert wird.« Zusehen zu müssen, wie Lobbyisten die Politik auf falsche Fährten führten, und dabei zu denken, dass man ihnen das so nicht durchgehen lassen dürfte, brachte ihn dazu, ›Full Fact‹ zu gründen.

Schon zu Beginn der Pandemie stellte sich heraus: Die absurdesten Empfehlungen oder Spekulationen gingen am schnellsten viral – sei es der gefährliche Rat, bei einer Coronaerkrankung Bleichmittel zu schlucken, oder die These, Bill Gates beginne mit den Impfstoffen ein internationales Experiment zur Überwachung der Bevölkerung.

In Krisenzeiten treibt der so genannte Dunning-Kruger-Effekt die Verbreitung von Desinformation. Die Dunning-Kruger-Kurve weist nach, dass wir genau dann besonders stark in unser Wissen und unsere Urteilsfähigkeit vertrauen, wenn wir über ein Thema nur wenig wissen. Dieser Zustand ungerechtfertigten Selbstvertrauens wird als ›Mount Stupid‹ (›Berg der Dummheit‹) bezeichnet. Zu Beginn von Covid wussten wir alle nur sehr wenig über die Pandemie und waren deswegen besonders anfällig für Verschwörungsmythen und unwissenschaftliche Erklärungen.

Will Moy ist überzeugt davon, dass Faktenchecks dabei helfen können, der anhaltenden Infodemie die Stirn zu bieten. »Bestimmten Bevölkerungsgruppen, die aus ganz spezifischen Gründen zögern, muss einfach zugehört werden«, meint er. Zu den Gruppen, die oft unschlüssig sind, gehören beispielsweise Minderheitencommunitys, die den Eindruck haben, dass manche wissenschaftlichen Testreihen demografisch nicht divers genug sind. Wie sollen sich Schwarze Menschen, die in einer Studie über einen bestimmten Impfstoff nicht ausreichend repräsentiert sind, mit diesem Impfstoff sicher fühlen?

»Das ist eine berechtigte Sorge, die man ernst nehmen muss«, so Moy.

Gleichermaßen erwähnt er schwangere Frauen: »Bei ihnen häufen sich die Bedenken, denn sie haben in den vergangenen zwölf Monaten einen Ratschlag nach dem anderen bekommen.«

Wissenschaft sei nie eindeutig, so Moy: »So gut wie jede Information, mit der sich etwas anfangen lässt, ist komplexer als eine glasklare Aussage.« Der Job eines Fact-Checkers sei es ja gerade, die Welt nicht nur in Schwarz-Weiß zu malen. Er sagt es so: »Es geht darum, der Welt an den Stellen, wo Kampagnen-Führer sie schwarz-weiß pinseln, wieder Grautöne hinzuzufügen. Sehr häufig gehört es zentral zu unserer Arbeit, der Zweideutigkeit und der Ambiguität zu ihrem Recht zu verhelfen.«

Jüngste Forschungen haben ergeben, dass Faktenchecks funktionieren. Eine Studie der National Academy of Sciences, die die Wirkung von Fact-Checking auf Öffentlichkeiten in

Argentinien, Südafrika und Großbritannien überprüft hat, kam zu dem Ergebnis, dass noch zwei Wochen später positive Effekte feststellbar waren. Dabei geht es beim Fact-Checking nicht darum, die Weltanschauung der Leute vollkommen zu verändern.

»Weltanschauungen sind ja keine Akkumulationen einzelner, atomisierter Fakten«, sagt Moy. »Wenn du überzeugt davon bist, dass im Buckingham Palace Reptiloide regieren, dann muss man dir auf der Ebene dieses Narrativs begegnen und dir nicht mit Faktenchecks kommen, ob der Impfstoff von Pfizer Graphenoxid enthält oder nicht.« Er räumt ein, dass es eine extrem hartnäckige Minderheit gibt, »die zutiefst überzeugt davon ist, dass die medizinische Beweislage falsch ist oder falsifiziert wurde, ja dass wir schlichtweg belogen werden«. Diejenigen mit einer sehr festen Meinung sind für Faktenchecker im Normalfall am schwersten zu erreichen. Wer sowohl offiziellen medizinischen als auch staatlichen Informationen mit tiefem Misstrauen begegnet, ändert wegen eines Faktenchecks nur sehr, sehr unwahrscheinlich seine Meinung.

Die Aufgabe eines Faktencheckers sei es also nicht, die Leute davon zu überzeugen, dass die Impfstoffe sicher sind, erklärt mir Will Moy. Sie bestehe vielmehr darin, die Leute auf eine gute Grundlage zu stellen, um sich eine eigene Meinung bilden zu können. »Wir machen ja keine Werbekampagnen fürs Gesundheitssystem. Und wir versuchen nicht, irgendwen zu irgendetwas zu überreden.«

Er ist ein Verfechter der freien Meinungsäußerung. Er ist überzeugt, dass sie die beste und nachhaltigste Garantie für gute Informationen in öffentlichen Debatten ist. »Nur kurzfristig ist es so etwas unübersichtlicher«, sagt er mir gegenüber. Seiner Ansicht nach müsste allerdings die Schwelle, die Menschen von der Äußerung bestimmter Dinge abhält, höher gesetzt werden als derzeit. Die Behauptung falscher Tatsachen allein sollte nicht kriminalisiert werden, es sollten vielmehr auch die Intention und Konsequenzen des Verbreitens von Desinformation mitbedacht werden. »Wer zur Feuerwehr läuft und behauptet, dass es brennt, obwohl das gar nicht stimmt, begeht eine Straftat – nicht weil er die Unwahrheit sagt, sondern weil er die Feuerwehrleute davon abhält, zu einem realen Brand zu fahren.«

Er findet nicht, dass irreführender Content aus dem Netz entfernt, sondern stattdessen toxisches Verhalten reguliert werden sollte. Koordinierte, systematische Desinformationskampagnen seien eine Form von Machtmissbrauch. Indem man die eigene Intention und Identität im Internet verschleiere, könne man Leute darüber täuschen, wer man sei und welche Ziele man verfolge.

Ein echter Wendepunkt im heutigen Online-Informationssystem ist, wie einfach und wie kostengünstig man mittlerweile große Öffentlichkeiten erreichen kann, ohne dass es gleich ersichtlich ist. »Wer noch vor zehn Jahren einer Million Menschen etwas sagen wollte, musste das Interesse einer Tageszeitung gewinnen oder Werbefläche kaufen«, sagt Moy. »Dann hat das aber auch wirklich jeder mitbekommen. Heutzutage kann man eine Million Menschen erreichen und dabei trotzdem unter dem Radar fliegen.«

Die Größenordnungen im Internet sind eine erhebliche Herausforderung. Will Moy hat beobachtet, wie sich manche Behauptungen von einem Land zum nächsten ausgebreitet haben. »Das schiere Volumen dessen, was da tagtäglich an Online-

Content generiert wird, liegt jenseits des menschlichen Fassungsvermögens«, sagt er. »Fragmentierte Öffentlichkeiten bringen es mit sich, dass es nicht mehr möglich ist zu wissen, welche zentralen Thesen die öffentliche Meinung überhaupt prägen.«

›Full Fact‹ hat in Künstliche-Intelligenz-Teams investiert, die das Monitoring und in manchen Fällen sogar den Faktencheck automatisieren und die aufmerksam werden, wenn unwahre Behauptungen wiederholt geäußert werden. Aber während sich langsam bessere Lösungen für die Zukunft abzeichnen, wird es mit den Problemen möglicherweise immer noch schlimmer: Die Technologien der Zukunft werden das Fact-Checking und das Aufdecken von Lügen und Verschwörungsmythen ziemlich sicher vor ständig neue Herausforderungen stellen. *Deep Fakes* und *Natural Language Generation* (natürlichsprachige Textgenerierung) werden es noch schwerer machen, die Urheberschaft hinter einem Stück Content zu identifizieren. Moy glaubt, dass wir »am Ende Vertrauensketten aufbauen müssen, die von dem Punkt, wo etwas ursprünglich produziert wird, bis zu dem Punkt reichen, wo es schließlich sichtbar wird«.

Für die nahe Zukunft ist er pessimistisch, auf lange Sicht aber optimistisch: »Eine offene Gesellschaft ist abhängig von der offenen Diskussion. Ich glaube, bislang haben wir noch keine richtige Idee davon, wie wir trotz zunehmend fragmentierter Netzöffentlichkeiten die offene Diskussion aufrechterhalten können.«

In den ersten Kapiteln dieses Buchs habe ich mich mit den seit Langem bestehenden Bruchlinien zwischen Liberalen und Konservativen befasst, die sich vor allem auf den Feldern von Feminismus, LGBTQ-Rechten und Rassengerechtigkeit zeigen.

Außerdem habe ich mir angesehen, wie die Umweltdiskussion ein neues Gefäß für alte, konservative Impulse zur Verfügung gestellt hat. Dieses Kapitel nun hat gezeigt, dass aktuelle wissenschaftsfeindliche Bewegungen wie QAnon den Trennstrich zwischen links und rechts und sogar zwischen liberal und konservativ verschoben haben. Heute scheint die Grenze eher zwischen ›verrückt‹ und ›nicht ganz so verrückt‹ zu verlaufen.

QAnon hat es von einer Randerscheinung mit nur wenigen tausend Mitgliedern in den USA im Jahr 2017 zu einer einflussreichen weltweiten Bewegung gebracht, der viele Millionen Menschen anhängen. Diese drastischsten Entwicklungen der Jetztzeit stellen eine ernsthafte Bedrohung dar für wissenschaftliche Einrichtungen, die faktenbasierte mediale Berichterstattung sowie die Demokratie. Wir sollten uns an dieser Stelle folgende Fragen stellen: Was sagt uns der Aufstieg von QAnon über unsere Gesellschaft? Wie naiv und leichtgläubig sind wir? Und: Wie kann jeder und jede von uns einen Teil dazu beitragen, dass sich wieder ein Konsens etabliert?

# 7 Stellvertreterkriege führen

## *Russlands Kampf gegen eine freiheitliche Welt*

Die Zeit vergeht ganz anders. Ein Tag fühlt sich an wie zwei, ein Monat wie vier.
Der Gedanke, dass schon ein Monat vorbei ist, lässt dich nicht mehr zittern. Niemand hier weiß, wann der Krieg vorbei sein wird. Aber schon jetzt gibt es eingespielte Routinen und eine neue Art zu sein.
Der Schmerz, die Angst und vor allem die Liebe, die du bei jedem Klingeln, jedem Sirenenton und jeder ankommenden Nachricht empfindest, werden stärker. In diesem so extrem langen und gnadenlosen Monat haben wir viele, viele Menschen verloren, aber leider ist jetzt noch keine Zeit, um sie zu betrauern.
Die, an die zu denken ich euch jetzt anhalten möchte, sind diejenigen, die wir schon vor dem Krieg verloren glaubten, verloren nicht an den Tod, sondern verloren in hitzigen Diskussionen. Es sind diejenigen, zu denen unsere Beziehungen während des Kriegs stärker, sorgsamer und liebevoller geworden sind als jemals zuvor. Diejenigen, die uns vergeben haben und denen wir vergeben haben. An die wir im Laufe eines Tages denken und die wir zehn Mal täglich fragen, ob sie etwas gegessen haben.
Dieser Monat hat uns zu viel genommen, uns aber auch etwas zurückgegeben, was wir vorher nicht hatten, und das wäre ohne den Krieg nicht passiert.

> Wichtig ist jetzt, dass wir uns gegenseitig davor bewahren zu vergessen, dass der Krieg weder der Normalzustand ist noch eine Art zu leben.
> Erträumt euch zusammen, was ihr nach dem Krieg tun werdet, schmiedet Pläne für euer gemeinsames Leben nach dem Krieg, zögert nicht und geizt nicht mit den Worten »Ich liebe dich und vermisse dich so sehr«.
>
> Den Kubriak, ukrainischer Soldat, April 2022

Sechs Wochen nach der russischen Invasion in die Ukraine schaltet sich Den Kubriak via Signal aus Kiew zu. Ich sehe einen großen, 33 Jahre alten Mann mit Vollbart. Während wir uns vorstellen, zieht er seine Armeejacke aus. Als ich ihn frage, wie es ihm geht, lächelt er und zeigt auf seinen kahlen Kopf. »Das ist das Schlimmste, was mir bislang passiert ist.« Seinen Humor hat er noch nicht verloren.

Als Vater von drei kleinen Kindern hätte Kubriak den Militärdienst verweigern können, als der Krieg ausbrach. Aber er ist ohne zu zögern der Armee beigetreten. »Es ging alles sehr schnell. Niemand hatte wirklich Zeit, sich darauf vorzubereiten«, erzählt er mir in hervorragendem Englisch. Seine Frau und die Kinder waren schon in Europa. Sobald die US-Geheimdienste im Februar konkret vor einer kurz bevorstehenden russischen Invasion warnten, beschloss er, seine Familie außer Landes zu bringen. Er war sich sicher, dass es zu spät sein würde, wenn der erste Schuss gefallen war.

Vor dem Krieg hat er ein ganz normales Leben geführt. »Das Leben war großartig«, erzählt er mir mit einem breiten Lächeln auf dem Gesicht. »Ich hatte so richtig mit dem Laufen angefangen und bin regelmäßig ins Ausland gefahren, um an

Zehn-Kilometer-Läufen in der Natur teilzunehmen. Und am nächsten Tag dann zurück zur Familie.« An einem durchschnittlichen Tag machte er die Kinder für die Schule fertig, brachte sie dort hin, ging zur Arbeit und holte sie wieder ab. Seine Eltern betrieben einen Radiosender in der Ukraine, wie er mir erzählt. Auch er selbst arbeitete vor dem Krieg in der Kommunikationsbranche. »Ich hatte eine eigene Firma für digitales Marketing«, sagt er. »Theoretisch gehört sie mir immer noch. Aber die Geschäfte ruhen derzeit ein bisschen.«

Als ukrainischer Journalist hat Den Kubriak eine militärische Kampfausbildung erhalten. Doch mit echten Gefechten hatte er keinerlei Erfahrung und ganz sicher nicht vor, seine Ausbildung eines Tages in einem Krieg anzuwenden. »Das war bei so gut wie allen hier gleich. Ein paar Angehörige der Armee hatten schon im Donbass gekämpft, aber das war's dann auch. Wir alle hatten nur wenig oder gar keine Erfahrung.« Aber für ihn stand zu viel auf dem Spiel, als dass er untätig bleiben konnte. Er ist nicht aus Heldenmut zur ukrainischen Armee gegangen, sondern aus Liebe, wie er mir sagt. »Ich habe so viele Ängste: Ich habe Angst vor dem Wasser und ich habe Höhenangst. Aber als die Russen einmarschiert sind, habe ich nicht eine Sekunde darüber nachgedacht, ob ich kämpfen soll oder nicht.«

Während wir uns unterhalten, warnen die US-Geheimdienste vor dem Plan der Russen, in Kiew Chemiewaffen zum Einsatz zu bringen. In Mariupol sollen sie das angeblich bereits getan haben. Kubriak hat keine Angst vor dem Tod. »Das hat hier niemand«, sagt er und zeigt mir seine Gasmaske. »Auf so was wie Chemiewaffen kannst du dich ja nicht vorbereiten. Sie dringen über die Haut in den Körper ein.« Er nimmt einen tiefen Zug von seiner E-Zigarette. »Putin kann machen, was er will. Er ist isoliert, begreift die Dynamik seines Krieges nicht in ihrem ganzen Umfang und kennt moralisch keine Grenzen.« Er atmet einen ganzen Mund voll Dampf aus. »Wir müssen also akzeptieren, dass sie wieder Chemiewaffen einsetzen werden, vielleicht sogar Atomwaffen. Dann sind wir immerhin nicht überrascht.«

Für Den Kubriak wäre ein Sieg in diesem Krieg kein Sieg über Russland. »Die kommen doch in zwei, drei Jahren wieder«, sagt er. Putin werde weitermachen mit seiner Aggression gegenüber der Ukraine, gegenüber Georgien und den baltischen Ländern. Er ist überzeugt, dass es in dem Krieg, den er kämpft, nicht nur um die Ukraine geht. »Unser Sieg wird nicht nur ein Sieg für die Ukraine sein, sondern ein Sieg für ganz Europa.« Hier passiere ein ganz fundamentaler Clash der Werte. Der Kreml führe Krieg gegen Minderheiten, die Meinungsfreiheit und liberal-progressive Werte. »Auch in der Ukraine machen wir manchmal politisch nicht korrekte Witze. Aber Russland meint solche Witze ernst.«

Im Vorfeld des russischen Angriffs hatten US-Geheimdienste auch davor gewarnt, dass ukrainische LGBTQ-Aktivist*innen zum Ziel russischer Truppen werden könnten, dass es Morde, Entführungen und Verhaftungen geben könnte. Die Biden-Administration war geradezu überrascht, wie formalisiert die Tötungslisten der russischen Geheimdienste GRU und FSB waren. Kubriak bestätigt: »In Butscha und anderen Städten haben wir ausgedruckte Listen mit Namen von Leuten gefunden, die erschossen werden sollten.« Er berichtet mir, auf diesen Listen hätten alle gestanden, die irgendwie oppositionell gegenüber der russischen Agenda und den russischen Werten gewesen seien: Journalistinnen und Lehrer, aber auch diejenigen, die sich in einer progressiven Bewegung oder einer Minderheiten-Community engagiert hätten, außerdem im ukrainischen Exil lebende russische und belarussische Dissidentinnen und Dissidenten. In der ostukrainischen Stadt Luhansk, die seit 2014 unter russischer Besatzung steht, ist Homosexualität strafbar. Schon vor der Invasion im Frühjahr 2022 wurden in der Ostukraine lebende Mitglieder von Pride-Gruppen verhört und genötigt, andere LGBTQ-Aktivist*innen zu melden.

Als Putin von den angeblichen Bemühungen des Westens sprach, die russische Kultur »auszulöschen«, stellte er diesen Plan in einen Zusammenhang mit dem groß angelegten Krieg gegen traditionelle Werte. Als er gegen die westliche »Cancel Culture« wetterte, ließ er sogar den Namen J.K. Rowling fallen und behauptete, sie sei »gecancelt« worden, weil die Fans der so genannten Gender-Freiheit sie eben nicht mögen würden. Aber die Harry-Potter-Autorin reagierte schnell und schrieb in einem Tweet: »Kritik an der westlichen Cancel Culture sollte besser nicht von denjenigen geübt werden, die zurzeit Zivilisten für das ›Verbrechen‹ hinschlachten, Widerstand zu leisten, und die ihre Kritiker ins Gefängnis werfen und vergiften.«

Russische Verbindungen zu Anti-LGBTQ-Aktivismus in Europa und den USA haben eine lange Tradition. Die christlich-fundamentalistische US-Einrichtung »World Congress of Families« pflegt enge Verbindungen zur russisch-orthodoxen Kirche. Insbesondere die Oligarchen Wladimir Jakunin und Konstantin Malofejew waren in der Vergangenheit eine wichtige Brücke zwischen russischen Geldquellen und anti-liberalen Kampagnen gegen gleichgeschlechtliche Ehe, Abtreibung und Transgender-Rechte in Europa und Amerika.

Putin hat die progressive Politik und die »soziokulturellen Unruhen« im Westen wiederholt attackiert. 2019 behauptete der russische Präsident, der Liberalismus sei inzwischen »obsolet«, und 2021 bezeichnete er es als »Verbrechen gegen die Menschlichkeit«, Kindern im Unterricht etwas über Genderfluidität zu erzählen. Ezra Klein, Kolumnist bei der *New York Times*, schrieb: »Putin versucht, all jene aufzuwiegeln, die sich nach der Gewissheit früherer Zeiten sehnen und die gekränkt sind von der beständigen Instabilität der liberalen Gegenwart.« Die Logik, nach der die heutige Ukraine zu Russland gehöre, so Klein, sei vergleichbar mit einer Logik, die die gesellschaftlichen Hierarchien der Vergangenheit verteidige.

Das Wetter rechtfertigt eigentlich weder eine Sonnenbrille noch eine Wintermütze. Die Sonne scheint noch nicht stark genug, die Kälte ist aber auch nicht mehr beißend. Als die Kameras an diesem Frühlingstag in der Frankfurter Innenstadt auf mich zoomen, bin ich trotzdem froh, dass ich beides trage, so, wie ich da inmitten hunderter, russische und deutsche Flaggen schwenkender Demonstranten stehe. Eine Maske wäre auch praktisch gewesen, aber mein Bauchgefühl sagt mir, dass das zu viele in der Menge nicht so gut finden würden.

Es ist ein Uhr mittags, und die prorussische Protestkundgebung auf dem Frankfurter Opernplatz nimmt langsam Gestalt an. Noch nie habe ich bei einer Demo mehr Polizeiautos gesehen. Niemand will eine Wiederholung vom vergangenen Wochenende, als in Berlin ein Konvoi von circa 700 Fahrzeugen seine Unterstützung für die russische Invasion in die Ukraine bekundet hat. Mit russischen Kriegssymbolen ausstaffierte Autos trafen auf gegen Masken- und Impfpflicht gerichtete Querdenker-Slogans. Die heutige Protestkundgebung unterliegt deswegen strengen Auflagen, unter anderem sind russische Propagandasymbole wie ›Z‹, ›V‹, die Sowjet-Flagge, das St.-Georgs-Kreuz und das St.-Georgs-Band verboten.

Zunächst läuft die Kundgebung so wie erwartet: Es werden Reden gehalten über das angebliche Mobbing von russischen Kindern an deutschen Schulen, gefolgt von den Nationalhymnen Russlands und Deutschlands. Über die Köpfe der Polizisten hinweg, die die pro-russischen Demo-Teilnehmer und die pro-ukrainischen Gegendemonstranten auseinanderhalten sollen, finden wütende verbale Auseinandersetzungen statt. Und dann bewegt sich der Zug der Demonstrierenden mit den um den Körper gewickelten russischen Fahnen und mit den auf die Wangen gemalten blau-weiß-roten Strichen in Richtung Hauptfriedhof.

Einer der Ersten, mit denen ich bei der Demo ins Gespräch komme, ist Gabriel. Ich weiß so gut wie sofort, wo Gabriel politisch steht. Vielleicht ist es sein wilder Undercut in Kombination mit dem exakt rasierten Bart. Vielleicht ist es aber auch die Guy-Fawkes-Maske, die hinten auf seinem Rücken baumelt. Das Symbolbild des *Gunpowder Plots*, der so genannten ›Pulververschwörung‹, ist in den vergangenen Jahren von rechtsextremen und verschwörungstheoretischen Gruppierungen gekapert worden. Im Jahr 1605 versuchten englische Katholiken aus der Provinz, das britische Oberhaus in London in die Luft zu jagen. Ich halte Gabriel also gleich für einen Querdenker. Die deutsche Querdenken-Bewegung entstand mit Beginn der Pandemie und zählt heute hunderttausende Sympathisanten, die sich in Gruppen-Chats im Netz austauschen und bei Demos gegen Coronamaßnahmen auftauchen, wobei sie oft T-Shirts,

Schilder und Fahnen tragen, auf denen QAnon-Narrative, -Slogans und -Symbole zu sehen sind. Die Querdenker-Szene ist eine bunte Mischung aus Rechtsradikalen, traditionell eher links verorteten Impfgegnern, Verschwörungstheoretikern der alten Schule, neugeborenen Coronaleugnern und knallharten Reichsbürgern.

Ich beschließe, es einfach drauf ankommen zu lassen. »Wann bist du aufgewacht?«, frage ich ihn und bediene mich der Sprache von QAnon und der Impfgegner-Szene. Es funktioniert. »Ich bin schon vor Covid aufgewacht.« Er erzählt mir, er sei bereits vor den ersten pandemiebedingten Lockdowns misstrauisch gegenüber der Regierung gewesen. »Mit der ganzen Scheiße und den Lügen, die uns erzählt wurden, hab ich schon geahnt, dass irgendwas passieren wird.« Als er sich selbst mit Corona infiziert, habe er fast seine Meinung geändert, erzählt er mir. »Ich hatte Delta. Mir ging's so schlecht. Ich hab mir geschworen, mich impfen zu lassen, weil's so schlimm war. Ich wär fast draufgegangen.« Er legt eine Pause ein, mustert mich eingehend und sagt dann: »Zum Glück hatte ich sechs Monate Zeit, da hab ich erst gesehen, was die Impfung wirklich ist.«

»Warst du auch gestern bei der Coronademo?«, fragt er mich. Ich schüttele den Kopf und erkläre, ich sei nur übers Wochenende hier. Noch vor der Demo habe ich mir eine Geschichte ausgedacht: Ich heiße Mary, komme aus Bayern und bin russischer Abstammung. Aber als ich ihm von meiner Reise nach Frankfurt erzähle, hört er mir sowieso nur noch mit halbem Ohr zu. »Russland! Bestes Land! Russland! Bestes Land!«, ruft er im Sprechchor. Gelegentlich macht er aus »Russland« auch »Serbien«.

Ab und zu bleibt er stehen und winkt Leuten zu, die auf ihrem Balkon stehen oder sich aus dem Fenster lehnen, um sich das ganze Spektakel anzusehen. Manche winken zurück, andere schimpfen zurück. Ein Beifall klatschender Mann trägt lediglich einen Bademantel. »Komm runter und schließ dich an!«, ruft ihm Gabriel über die im Hintergrund laufende russische Musik hinweg zu. Es ist nicht schwer, Gabriel als einen hypersozialen Menschen wahrzunehmen. Umstandslos spricht er sofort alle an und verteilt großzügig sein Lächeln. Ich kann mir vorstellen, wie der Lockdown für ihn gewesen sein muss.

Um mit seinen langen Schritten mitzuhalten, jogge ich noch ein paar Minuten mehr oder weniger neben ihm her und erfahre, dass er mehrere Telegram-Gruppen betreibt. Er zeigt sie mir auf seinem Handy. »Richtig geil, wir wachsen mehr und mehr. Wir haben noch andere Gruppen.« Innerhalb weniger Monate habe einer seiner Kanäle mehr als 350 Mitglieder gewonnen. Er erzählt, wie sehr sie miteinander in Verbindung stünden, hauptsächlich übers Posten von pro-russischen und Impfgegner-Aktivitäten. »Willst du beitreten?«, fragt er und gibt mir seine Telefonnummer. »Wir sind privat. Aber ich kann dich reinlassen, wenn du mir eine Nachricht schreibst.« Wir vereinbaren, nach der Demo noch mal Kontakt aufzunehmen.

Krude verschwörungstheoretische Telegram-Gruppen sind offenbar das Bindeglied für viele der Deutschen, die heute hier erschienen sind, um ihre Unterstützung für den russischen Krieg zu bekunden. Ich treffe noch auf einige andere Demonstrierende, die Telegram als die Informations- und Mobilisationsquelle ihrer Wahl benennen: ein deutscher Mann mit seiner russischen Frau, ein kurdischer Sozialarbeiter mit einer radikal pro-russischen Freundin und eine Frau mittleren Alters, die sich über die Kriegsberichterstattung aufregt.

»Es ist krank, wie viele Polizeiautos hier sind!« Der Mann vor mir spricht leidenschaftlich in das Mikrofon an seinem Profi-Headset, das auf seinem ergrauten Kopf sitzt. »Die würde man nie bei einer Schwuchteln-Demo sehen.« Das homophobe Schimpfwort macht mich hellhörig. Als der Mann einige Augenblicke nichts sagt, nutze ich die Gelegenheit: »Machen Sie einen Livestream?« Er lacht laut auf und schüttelt den Kopf. »Nein, ich telefoniere nur.«

Im Weitergehen unterhalten wir uns über die Demo, wobei wir die lauten Sprechchöre neben uns ignorieren. »Ich hoffe, Russland wird sein Bestreben umsetzen können. Ich hoffe auf einen russischen Sieg«, sagt der Mann mir gegenüber. Es dauert nicht lange, bis ich weiß, dass er nicht nur für Russland, sondern auch gegen sämtliche Corona-Maßnahmen, alternative Energieträger und das Abschalten von Kohlekraftwerken ist. Noch ein Querdenker, schlussfolgere ich. Als er anfängt, sich über die angeblich von den Vereinten Nationen verbreiteten »Lügenmärchen« und die »globalen Ausführungseliten« zu beschweren, stellt sich uns ein anderer Teilnehmer mit französisch anmutender Brille vor, als Martin, freier Journalist.

Ohne Vorwarnung fängt Martin an, uns mit seinem iPhone zu filmen. Mich überrascht sein forscher Auftritt, aber von der Community der pro-russischen Demonstranten scheint er halb gehasst und halb akzeptiert zu sein. Der Grauhaarige reagiert freundlich, er findet es gut, dass eine Kamera auf sein Gesicht gerichtet ist. »Darf ich Sie fragen, wofür Sie heute demonstrieren?«, fragt ihn Martin, die Kamera nur ein paar Zentimeter von seinen Nasenlöchern entfernt. Diese Perspektive kann nicht besonders vorteilhaft sein, denke ich und warte auf seine Antwort. »Ich demonstriere für die Meinungsfreiheit im weitesten Sinne. Die Berichterstattung über alle möglichen Themen ist in der letzten Zeit immer einseitiger geworden, vor allem in den homogenisierten Leitmedien. Und damit meine ich nicht nur die Öffentlich-Rechtlichen, sondern auch die Privaten. Da gibt es nur ganz wenige Ausnahmen.«

Auf die Frage, welche Medien er denn stattdessen zur Information nutze, ist der Querdenker bestens vorbereitet und antwortet, ohne zu zögern: »Deutsche Welle und HR Info« – zwei durchaus verlässliche deutsche Nachrichtenquellen, die Verschwörungstheoretiker ansonsten meist despektierlich zu den ›Mainstream-Medien‹ zählen. Und fügt hinzu: »Die *Junge Freiheit*, *Cato* und das Internet.« Das klingt schon eher danach, denke ich, als er diese bei der Neuen Rechten beliebten Publikationen nennt.

Homophobie ist eines der Erkennungsmerkmale von glühenden Putin-Unterstützern. Das gilt für Frauenfeindlichkeit gleichermaßen. »Wie finden Sie es, dass Putin seine Frau schlägt?«, fragt Martin den Mann und bezieht sich damit auf Quellen des deutschen Nachrichtendienstes BND, die Putin häusliche Gewalt vorwerfen. Es entsteht eine kurze Pause, während der Mann über seine Antwort nachdenkt. »Wer schlägt nicht seine Frau? Oder wie oft kommt das vor? Ist das jetzt ein Qualitätskriterium?«

Martin wendet sich an mich und fragt: »Darf ich Sie auch interviewen?«

»Lieber nicht«, sage ich und schaue extraschüchtern auf den Boden.

»Ja, so ist das: Viele wollen ihr Gesicht nicht in die Kamera halten. Und was sagt das über uns aus?«, grätscht der Grauhaarige dazwischen.

»Warum wollen Sie nicht vor der Kamera sprechen?«, hakt Martin nach.

Als ich sicher bin, dass die Russland-Fans außer Hörweite sind, erkläre ich ihm, dass ich auch zu Recherchezwecken auf der Demo bin. Als ich ihm meinen Namen sage, ruft er: »Ach, ich kenne Sie, Sie haben doch *Wut* geschrieben!« Ich lege mir den Finger an die Lippen, um ihn dazu zu bringen, weniger laut zu sprechen, und sehe mich nervös um.

Ein kleiner Mann mit rasiertem Schädel kommt auf uns zu und ruft: »Die NATO will diesen Krieg! Das ist doch genau wie beim Krieg gegen den Terror. Man muss sich doch nur ansehen, wo die Terroranschläge passieren. Das ist doch alles inszeniert!« Aus den Augen des Mannes blitzt Wut, als er in Richtung der Polizeikette auf dem Bürgersteig neben uns gestikuliert. »Dann haben sie die Pandemie erfunden und den Krieg gegen das eigene Volk. Jetzt ist das eigene Volk aufgewacht, und weil das eigene Volk aufgewacht ist, brauchen sie eine weitere Krise.«

Doch wenn man genau hinschaut, dann waren es vor allem die Verschwörungstheoretiker selbst, die eine neue Krise brauchten. Nachdem die Corona-Vorschriften graduell gelockert wurden und die prophezeiten massenhaften Impftoten auf sich warten ließen, war der Krieg ein gefundenes Fressen für die Coronaleugner, die schon zuvor russische Propandamedien konsumierten. Auf Telegram und den Alt-Tech-Plattformen konnte man ab dem Tag der russischen Invasion in die Ukraine in Echtzeit beobachten, wie deutsche und österreichische Anti-Covid-Aktivisten ihren Fokus auf den Krieg verlagerten. So verbreitete der prominente deutsche Verschwörungstheoretiker und HNO-Arzt Bodo Schiffmann die Idee, die

Pandemie würde durch den Krieg abgelöst, um das übergeordnete Ziel eines *›Great Reset‹* zu verschleiern. Er glaubt, ein möglicher Atomkrieg würde denjenigen in die Hände spielen, die sowieso »glauben, dass 90 Prozent der Menschen überflüssig sind«. Auch die österreichische Corona-Querfront rund um den verurteilten Neonazi Gottfried Küssel und den Coronademo-Organisator Martin Putter, der Österreich als »Schoßhündchen von Great Reset und EU/USA/NATO« beschreibt, sind Beispiele für Aktivisten, die an diesen beiden Fronten der Desinformation aktiv sind: Covid und Ukraine.

Wie viele andere Querdenker ist auch der 37-jährige Ulmer Rechtsanwalt Markus Haintz nicht nur selbsternannter Virologe, sondern seit Neuestem auch Weltpolitik-Experte. Er wurde bereits bei einer gegen die Coronamaßnahmen gerichteten Großdemonstration in Berlin im Sommer 2020 von der Polizei in Gewahrsam genommen. Heute postet er nicht mehr nur zur »Fake-Pandemie« sondern auch zum angeblichen »Fake-Krieg«. In seinem erfolgreichen Telegram-Kanal »We the People – Wir sind der Souverän« teilt er vor allem Ideen rund um den *›Great Reset‹*-Mythos. Ihm zufolge wollen die NATO und die Medien mit Berichten über die Situation in der Ukraine den Dritten Weltkrieg auslösen. Ganz offensichtlich basieren die von ihm verbreiteten Nachrichten nicht auf Expertise, und doch stoßen sie bei seiner rasant wachsenden Zielgruppe, den desillusionierten Elitengegnern, auf viel Gegenliebe. Wie sehr er es seinen fast 100 000 Abonnenten und Abonnentinnen recht machen will, zeigt unter anderem sein expliziter Versuch, niemanden zu verärgern. In einer geposteten Umfrage durften seine Fans die Frage beantworten, welche Personen er nicht mehr kritisieren solle. Auf der Liste standen Politiker wie Donald Trump und Wladimir Putin, doch auch Elon Musk und Szene-Influencer wie Bodo Schiffmann und Michael Ballweg.

Am Abend des gleichen Tages gehe ich auf Telegram und füge Gabriels Nummer hinzu.

In seinen Profilinfos steht nur ein Wort: »ungespritzt«.

Als ich durch seine Profilbilder scrolle, begegnet mir eine bunte Mischung aus Putin-Zitaten, die den westlichen Satanismus anprangern, Memes, die Geimpfte als Zombies zeigen, und selbstbekundetem Interesse für »Singles ungeimpft«.

Eines der Zitate lässt mich kurz darüber nachdenken, ob es wirklich eine gute Idee ist, Gabriel zu kontaktieren: »An alle Pädagogen, Politiker, Journalisten, Impfärzte, Polizisten und weitere Unterstützer die immer noch mitspielen. Fahrt zur Hölle.«

Ich tippe meine Nachricht ein. Sie ist kurz und bündig: »Hey Gabriel, hier ist Mary (Maria) von der Demo heute. Würd mich freuen, wenn ich bei deiner Gruppe dabei sein darf.« Abschicken.

»Heyyyy«. Seine Antwort kommt umgehend und freundlich, so, wie ich ihn von der Demo in Erinnerung habe. »Na klar darfst du.« Zwinkersmiley.

Seine Herzlichkeit beeindruckt mich. Sie steht in starkem Kontrast zu dem tiefen Hass und dem Misstrauen, das er der Welt gegenüber äußert: »DIESE WELT WIDERT MICH AN. ICH KANN MICH NICHT EINMAL DARAUF VERLASSEN WAS ICH ESSE, SEHE, TRINKE, HÖRE, ODER ATME. ALLES IST VOM SYSTEM VERGIFTET.«

In einer anderen, unpolitischen Welt hätten wir Freunde sein können.

Ich trete also Gabriels geschlossener Telegram-Gruppe ›T3chno4Fr33dom Spirit‹ bei.

Die erste Nachricht, die mich hier erreicht, lautet: »Guten Morgen! Putin war von Anfang an gegen diese Satanisten NWO!« Die Abkürzung ›NWO‹ steht für ›New World Order‹ und bezieht sich auf einen Verschwörungsmythos, der in den 1990er Jahren erstmalig aufkam und seit Ausbruch der Pandemie massiv an Dynamik gewonnen hat. Die Anhänger dieses Mythos glauben, dass die Welt von einem Geheimzirkel regiert wird, von einer tyrannischen, global operierenden Elite, die Terroranschläge verübt, Krankheiten wie Corona künstlich erzeugt, um ihre repressive Politik durchzusetzen, und darüber hinaus hunderte Konzentrationslager errichtet hat, um Dissidenten in den USA wegzusperren.

Einen Tag später schickt Gabriel mir einen Screenshot von seinem Instagram-Account, wo er ein neues Video von der prorussischen Kundgebung am Vortag hochgeladen hat. »Gestern reingestellt schon über 10.8K«, schreibt er dazu. Egal, ob sie sich um die Ukraine oder um Corona drehen: Seine Kampagnen in den sozialen Medien sind erfolgreich. Auf Telegram fordert er seine Follower dazu auf, sich an einer großen, koordinierten Kampagne gegen die Impfpflicht in Deutschland zu beteiligen: »Weiter machen müssen wir sowieso, auch wenn wir gegen diese Impfpflicht etc. gewinnen. Es geht trotzdem noch weiter... Bis diese Satanisten ihre Verdiente Gerechte Strafe bekommen und es (hoffentlich) zu Neu Wahlen kommt mit der AfD als Sieger.« Ein anderes Mitglied pflichtet ihm bei: »Kein Grund aufzuhören! Dieses Terrorregime muss weg!«

Die Überschneidungen zwischen der QAnon-Community, der Querdenker-Szene und den pro-russischen Gruppen fallen ins Auge. Eine Erhebung der Universität Erfurt kam zu dem Ergebnis, dass 43 Prozent der Ungeimpften in Deutschland glauben, dass der Ukrainekrieg nur ein Manöver ist, um von der Pandemie abzulenken. Laut einer anderen, vom Center für Monitoring, Analyse und Strategie (CeMAS) durchgeführten Studie liegt der Prozentsatz der Deutschen, die im Zusammenhang mit dem Krieg an Verschwörungstheorien glauben, sogar noch höher: bei 56 Prozent. Ich selbst konnte regelmäßig beobachten, wie QAnon-Posts in pro-russischen Gruppen geteilt wurden und andersherum. »WWG1WGA [*Where We Go One We Go All*]. Corona dient dazu alles zu hinterfragen, von der Maske bis hin zu unserer Geschichte«, erklärt ein Mitglied von Gabriels Gruppe. »Corona ist ein Intelligenz Test.« Manche Mitglieder glauben, über Spielfilme wie *Matrix*, *Die Truman Show* oder *Inception* darauf vorbereitet worden zu sein. Der Post geht weiter: »Der Q-Plan next Level. Das große Erwachen. Befreiung der Menschheit.«

Seit Jahren spielt russische Propaganda und Desinformation eine Schlüsselrolle für den starken Aufwind, den rechtsextreme und verschwörungstheoretische Kanäle im Westen haben. Zwischen 2015 und 2017 gab es mehr als 700 russische Desinformationskampagnen mit dem Ziel, schon bestehende gesellschaftliche Spannungen in Deutschland zu verschärfen. Meine Recherchen zeigen: Das deutsche System zur Verbreitung von Desinformation ist durch ein besonders effektives Zusammenspiel von russischen Staatsmedien, ortsansässigen Influencern und Influencerinnen sowie Alternativmedien gekennzeichnet. In keinem anderen Land, das ich analysiere, funktionieren die Synergieeffekte zwischen Pro-Kreml-Propaganda und rechten Botschaften so gut wie in Deutschland.

Gabriels Kanal ist da nur ein Beispiel für ein deutlich größeres Phänomen. Gruppierungen wie die ostdeutschen ›Freien Sachsen‹ haben regierungskritische Protestkundgebungen organisiert, die auf vom Kreml gestreuten Verschwörungserzählungen basieren. Ihr stark an (Nicht-)Zugehörigkeit orientiertes Denken verbindet alte mit neuen Feindbildern. Den jüdischen Milliardärsfamilien Soros und Rothschild wird vorgeworfen, aus Covid und dem Ukrainekrieg Profit zu schlagen. Der ukrainische Präsident Wolodymyr Selenskyj wird als Marionette des Westens dargestellt, der im Sinne der Interessen von NATO und der ›NWO‹ handelt.

Alina Lipp ist eine der bekanntesten kremlnahen Influencerinnen in Deutschland. Die 29-Jährige, die früher Mitglied der Hannoveraner Grünen war, hat eine deutsche Mutter und einen russischen Vater. Sie ist gleichermaßen in Talkshows im russischen Staatsfernsehen aufgetreten wie bei von Querdenkern organisierten Impfdemos in Berlin. Ihr Telegram-Kanal ›Neues aus Russland‹ mit seinen 180 000 Followern streut Zweifel an russischen Gräueltaten gegen die ukrainische Zivilbevölkerung und stellt sie als westliche Undercover-Operationen dar. In einem ihrer Videos behauptet sie: »Der Westen will einfach diesen Krieg um jeden Preis und sucht nach irgendeiner traurigen, schrecklichen Geschichte, womit sie einen Angriff rechtfertigen können.« Alina Lipp ist bei weitem nicht die einzige selbsterklärte ›Journalistin‹, die in ihrem Land russische Kriegspropaganda und antidemokratische Ansichten verbreitet. Patrick Lancaster ist für die USA, was Alina Lipp für Deutschland ist. Der 39-jährige Marinenachrichtendienstveteran aus Missouri macht eine zweite Karriere im crowdfinanzierten Journalismus. Er hat sowohl russische Kriegspropaganda verbreitet als auch mit den Anhängern prominenter Verschwörungstheoretiker wie Alex Jones geflirtet.

Ich gehe wieder zurück in Gabriels Gruppe, wo fröhliche Stimmung herrscht, nachdem die deutsche Regierung ihre Pläne für eine Impfpflicht fallengelassen hat. Aber die Dämonisierung von allen, die auch nur in loser Verbindung stehen mit Regierung, Pharmaindustrie oder ›Mainstream-Journalismus‹, geht weiter. »Impflicht gescheitert«, schreibt Gabriel. »Aber wer sind die überhaupt, das die über Menschen-Würde bestimmen dürfen ... diese Satanisten. Die werden es NIEMALS schaffen bei den Nicht-Geimpften, Gesunden Normaldenkenden. Koste es was es wolle.«

Eines der Hauptziele für Hass und Verschwörungsmythen ist der deutsche Gesundheitsminister Karl Lauterbach. Eine schnelle Suche nach »Verbrecher« und »Lauterbach« auf Telegram zeigt, wie standardmäßig diese beiden Wörter in rechtsextremen und verschwörungstheoretischen Zirkeln in Deutschland quasi synonym benutzt werden. In Gabriels Gruppe ist es eine Vanessa, die über »diesen Verbrecher Lauterbach« zu schimpfen beginnt. Vor der Maske warnt sie als ›Sklavenmaske‹ und vor Impfungen als ›tödlichen Injektionen‹. Sie schreibt, Covid sei nichts weiter als eine starke Grippe und wir steckten längst mittendrin im dritten Weltkrieg. Wir »werden nur verarscht! Raff es endlich!« Pegida-Gründer Lutz Bachmann bezeichnet Lauterbach in einem seiner Posts sogar als »Massenmörder«.

Wie in den vorigen Kapiteln bereits ausgeführt, haben diese im Netz verbreiteten Lügen Konsequenzen für die reale Welt. Während ich noch durch die Vorwürfe gegen Lauterbach scrolle, wird publik, dass die deutsche Polizei ein Terrornetzwerk aufgedeckt und verhaftet hat, das einen Staatsstreich geplant hatte. Die zwölf Männer und Frauen wollten einen landesweiten Stromausfall provozieren, Lauterbach entführen, sein Sicherheitspersonal, falls nötig, umbringen und die Regierung stürzen. Die selbsternannten Patrioten hatten via Telegram kommuniziert, sich aber auch realiter getroffen, um Details ihrer Anschlagspläne zu besprechen. Ihre Ideologie setzt sich zusammen aus rechtsextremem, apokalyptischem Preppertum und den Gedankenwelten der Coronaleugner. Sie hatten sich darüber ausgetauscht, wie man Gift herstellt, Waffen organisiert und Anschläge auf Politiker vorbereitet.

Just in dem Moment, als ich die letzten Zeilen von *Massenradikalisierung* schreibe, wird klar: Die Energie- und Inflationskrise, mit der wir seit Herbst 2022 konfrontiert sind, hat die Spannungen in Deutschland noch weiter verschärft. Der sogenannte »Wutwinter« kündigt sich bereits im Herbst mit Protesten gegen die Sozial-, Energie- und Russlandpolitik in ganz Deutschland an.

So beispielsweise in der Frankfurter Innenstadt, wo sich im Oktober eine Mischung aus Querdenkern, rechten und linken Aktivisten und Russland-Befürwortern unter der Bezeichnung »Europeans United« versammelt. Am angespanntesten ist die Situation im Osten des Landes, wo wiederholt radikale Demos gegen die Maßnahmen der Bundesregierung stattfinden. Laut einer MDR-Umfrage befürchten mehr als die Hälfte der Deutschen eine Radikalisierung der Energieproteste.

Der Dezember 2022 zeigte: Manche Deutsche sind durchaus bereit, nicht nur zu Anti-Regierungsdemos zu gehen, sondern ihren Aktivismus deutlich radikaler zu gestalten. In einem der umfangreichsten Polizeieinsätze gegen eine terroristische Vereinigung in der Geschichte der Bundesrepublik wurden Ende 2022 in mehreren deutschen Bundesländern 25 Menschen festgenommen. Sie hatten mutmaßlich einen gewaltvollen Umsturz der Regierung geplant und wollten das Deutsche Reich in den Grenzen von 1871 wiedererrichten. Der Plan für ihren »Tag X« war, zunächst den Bundestag in Berlin zu stürmen, Abgeordnete in Handschellen abzuführen, dann durch Anschläge Stromausfälle im ganzen Land hervorzurufen und am Ende die Regierung zu übernehmen. Sie hatten sogar bereits intern Ministerposten für die anvisierte Regierung vergeben. Das Netzwerk bestand aus Menschen, die man sich nicht unbedingt als Terroristen vorstellt, darunter ein 72-jähriges Mitglied eines früheren Adelshauses, eine ehemalige AfD-Bundestagsabgeordnete und Ex-Elitesoldaten der Bundeswehr. Die Gesinnung der Gruppe basierte auf einer Mischung aus alten Ideen der Reichsbürgerszene und neueren Querdenker- und QAnon-Verschwörungsmythen. Der von seiner Familie losgesagte Aristokrat und mutmaßliche Leiter des Netzwerks, Heinrich XIII. Prinz Reuß, soll auch Russland kontaktiert und um Unterstützung gebeten haben.

»Die Putin-Sympathisanten in Deutschland bestehen aus einer Mischung von Querdenker-Impfgegnern, Verschwörungstheoretikern, AfD-Wählern und Deutschrussen«, sagt mir Bogdan Rackow. Der 29 Jahre alte Ukrainer ist schockiert darüber, in welchem Ausmaß Teile der Bevölkerung Europas der russischen Propaganda glauben. Die ersten 17 Jahre seines Lebens hat er in Kiew verbracht. Er selbst lebt heute in Berlin, hat aber einige Freunde und Verwandte, die an der Front kämpfen oder sich in ukrainischen Bunkern versteckt halten. Mit Beginn der russischen Invasion startete Bogdan seine eigene Modemarke, die in Zusammenarbeit mit ukrainischen Designerinnen Artikel mit Antikriegsmotiven entwirft. Die Gewinne werden für Schutzbekleidung ausgegeben, im Krieg eine Überlebenshilfe für ukrainische Zivilisten.

Bogdan erzählt mir: »Für viele Menschen in der Ukraine ist der Krieg jetzt nur eine Fortsetzung eines schon sehr viel länger dauernden Kampfes gegen die russische Vorherrschaft.« Seine Eltern waren Wahlbeobachter in den frühen 2000er Jahren. Rund um die Wahlen in der Ukraine lösten russische Interventionen und Wahlbetrugsvorwürfe 2004 die Orangene Revolution aus. Keine zehn Jahre später gingen die Ukrainerinnen und Ukrainer bei den Maidan-Protesten von 2013 erneut auf die Straße. Diese Proteste mündeten dann in der so genannten ›Revolution der Würde‹, einem vom Volk ausgehenden Aufschrei gegen die Entscheidung von Präsident Janukowytsch, aus dem bereits vereinbarten Assoziierungsabkommen mit der EU auszusteigen. Die darauffolgende russische Invasion in die Ostukraine und die Annexion der Halbinsel Krim im Jahr 2014 trugen bereits die Spuren des heutigen Wertekonflikts. »Die im Donbass kämpfenden Russen hatten nicht nur etwas gegen die Maidan-Bewegung«, sagt Bogdan. »Sie waren grundsätzlich gegen alles Westliche. Sie fanden das besser, wofür Putin steht.«

Es klingelt an der Tür, Bogdan springt auf. Er lässt seine neuen Couchsurfer herein, ein russisch-ukrainisches Pärchen, das bei Kriegsausbruch gerade Urlaub machte und seitdem nicht mehr nach Hause – nach Moskau und Kiew – zurückgekehrt ist. Bogdan hat gegenüber den Menschen in Russland nie Abneigung gehegt. Seine Großmutter war Russin, und er hat immer noch viele russische Freunde. »Meine emotionale Kraft reicht gar nicht für Hass gegen Russen im Moment«, sagt er. »Aber ich frage mich, wie es sich anfühlt, wenn der Krieg erst mal vorbei ist.« In den sozialen Medien haben ihn viele Putin-treue Russen angegriffen. Wie tief die Gräben sind, hat er auf TikTok in den Reaktionen auf seine recht unumwundene Marke ›FCK Putin‹ gemerkt. »Soziale Medien haben diesen Krieg geprägt wie noch keinen anderen«, stellt er fest. »Sie verschärfen schon existierende Polarisierungen, und zwar global.«

Bogdan bemüht sich, in diesem Krieg beide Seiten zu verstehen. Er hat sich auch die Dokumentationen und das Propagandamaterial angesehen, das in Pro-Putin-Kreisen im Netz zirkuliert. »Besonders schockiert haben mich Putins Äußerungen zum Thema Denazifizierung.« Er ist in Kiew aufgewachsen und sagt, ihm sei dort nie auch nur ein einziger Neonazi über den Weg gelaufen. »Es gibt in der Ukraine einen kleinen Prozentsatz von Rechtsextremisten und Neonazis, wie in jedem anderen europäischen Land auch. Aber Rechtsradikalismus habe ich immer eher mit Russland in Verbindung gebracht.« Alexander Ritzmann von der Europäischen Stiftung für Demokratie stützt diese Einschätzung: »Wenn man behauptet, es gäbe in der Ukraine besonders viele Neonazis, ist das auf jeden Fall Propaganda«, erklärt er, »schließlich gibt es in Russland viel mehr Neonazis als in der Ukraine.«

An den Frontlinien haben Rechtsextremisten auf beiden Seiten dieses Krieges durchaus eine Rolle gespielt. Ein Bericht der Soufan Group hat schon 2019 davor gewarnt, der Ukrainekonflikt würde weiße Rassisten aus der ganzen Welt anziehen. Sie schlössen sich sowohl pro-russischen Separatisten als auch ukrainisch-nationalistischen Kampfeinheiten an. In gewisser

Hinsicht ist der Ukrainekrieg für weiße Rassisten mittlerweile das, was der Afghanistankrieg in den 1980er Jahren für Dschihadisten war. Der gewaltsame Konflikt ist von extremistischen Gruppierungen als Gelegenheit genutzt worden, die Bewegung der ›weißen Vorherrschaft‹ weltweit größer zu machen und gleichzeitig Erfahrungen auf dem Schlachtfeld zu sammeln.

Die russische Propaganda hat sich beim Versuch, die Ukraine insgesamt zu dämonisieren, vor allem auf das Asow-Regiment konzentriert, eine Miliz, die außerhalb der ukrainischen Armee kämpft und die mit weiß-suprematistischem Gedankengut in Verbindung gebracht wurde. Während das weitgehend autonome Regiment zum Hauptprotagonisten eines Großteils der russischen Propaganda wurde, ist seine politische Wirkung in der Ukraine jedoch äußerst begrenzt. Bei den letzten Wahlen im Jahr 2019 hat die Partei ›Nationales Korps‹, der politische Arm des Asow-Regiments, gerade mal 2,15 Prozent der Stimmen geholt.

Der Kreml hingegen fördert eine ganze Reihe gewaltbereiter rechtsextremer Gruppierungen direkt. Um die 1000 Mitglieder der vom Kreml unterstützten Gruppe Wagner sind als Kämpfer für Russland im Krieg. Die zur Terrorismusbekämpfung gegründete UN-Initiative ›Tech Against Terrorism‹ kann die engen Verbindungen der Gruppe mit der rechtsextremen Szene belegen. Da ist zum Beispiel die militant-rassistische Gruppierung ›Rusitch‹, die innerhalb der Gruppe Wagner von dem Fallschirmjäger und Neonazi Alexsey Milchakov gegründet wurde. Das Logo von Rusitch zeigt das slawische Hakenkreuz, auch bekannt als ›Kolovrat‹. Milchakov selbst hat Bekanntheit erlangt für seine sadistische Praxis, die abgeschnittenen Ohren von Feinden zu sammeln. Die Miliz hat eine Karikatur veröffentlicht, auf der ein russischer Soldat zu sehen ist, der mit blutgetränkten, von Ukrainerinnen und Ukrainern gestohlenen Geschenken zu seiner Familie zurückkehrt. Unter der Zeichnung steht: »Wenn du ein echter Mann und Russe bist, dann schließ dich unseren Reihen an. Du wirst literweise Blut böser Russlandfeinde vergießen und dabei reich und cool werden.«

Ich will mehr wissen über diese ominöse Gruppe Wagner und ihre ideologische Ausrichtung und trete der Gruppe auf Telegram bei. Schon beim allerersten Post, den ich auf ihrem Kanal ›WAGNER Z GROUP/Z PMC WAGNER'Z‹ sehe, bekomme ich eine Gänsehaut. Zu sehen ist ein Abzeichen mit einer Teufelsfratze und dem Namenszug der Gruppe Wagner, darunter das Motto »Unser Business ist der Tod, und das Business läuft gut«. In dem Kommentar darunter: ein Totenkopf und der Satz »Wo wir sind, herrscht Frieden, W«.

In den meisten russischsprachigen Chatbeiträgen der Gruppe Wagner geht es um den Ukrainekrieg, es gibt hier regelmäßige Updates für die 19 000 Follower. Viele der Posts halten russische Soldaten dazu an, weiterzukämpfen und einander gegenüber loyal zu bleiben. Eine typische Nachricht klingt so:

Brüder ✊ Guten Morgen 🤛 An alle unsere Soldaten, die jetzt in der Schusslinie stehen 💪 An alle, die im Krieg sind: Kraft für euch und Durchhaltevermögen, 🤛 Brüder! Krieger! Kommt lebend und gesund zurück 🤛✊ Lasst uns unsere Jungs gemeinsam unterstützten ✊ Einen guten und frohgemuten Morgen, Brüder ✊ Ich wünsche euch allen einen Kampfgeist, so wie ich ihn habe 🤛👊

Aber die Mitglieder der Gruppe Wagner interessieren sich auch für Politik im Westen, sie unterstützen rechtspopulistische Kandidatinnen und Kandidaten in Europa und verherrlichen Donald Trump.

Die Gruppe Wagner ist nur eine von mehreren Gruppierungen der russischen Rechtsextremen, die in die Kämpfe in der Ukraine involviert sind. Die russischen Kampfverbände haben gleichermaßen Mitglieder der Neonazi-Partei ›Russische Nationale Einheit‹ (RNU), der ›Eurasischen Jugendunion‹, der ›Russisch-Imperialen Bewegung‹, der ›Slawischen Union‹ und der ›Bewegung gegen illegale Einwanderung‹ angezogen. Weitere rechtsextreme russische Gruppen, die schon an Kriegshandlungen beteiligt waren, sind die ›Swarozhitch‹- und die ›Ratibor‹-Bataillone, die – genau wie Rusitch – das slawische Hakenkreuz in ihrem Abzeichen haben.

Viele Netzwerke, die die US-amerikanische und die europäische Neonazi-Szene unterstützen, können nach Russland zurückverfolgt werden. Die etablierte Neonazi-Szene in Deutschland und anderen europäischen Ländern ist bekannt für ihre Verbindungen zur russischen MMA (Mixed Martial Arts)-Marke ›White Rex‹. Deren Geschäftsmodell richtet sich an der Professionalisierung der White-Power-Kampfsportszene aus, was deren Kopf Denis Kapustin bei der militanten Rechten in Europa einiges an Einfluss beschert hat. Ich bin MMA-Fightern von ›White Rex‹ zum ersten Mal 2018 begegnet, bei einer verdeckten Recherche auf dem Nazirock-Festival im sächsischen Ostritz.

Für prominente Neonazis aus dem Westen ist Russland mittlerweile zu einem sicheren Hafen geworden. Zum Beispiel für Rinaldo Nazzaro. Wie die BBC in einer investigativen Recherche aufgedeckt hat, führt der 49-jährige US-Amerikaner mittlerweile von Russland aus die gewaltbereite rassistische Gruppierung *The Base*. Nazzaro, auch bekannt als ›Norman Spear‹ und ›Roman Wolf‹, ist 2018 mit seiner Familie nach St. Petersburg gezogen. Ein Foto, auf dem er ein T-Shirt mit Putins Konterfei sowie den Worten »Russia, absolute power« trägt, dokumentiert seine Verehrung für Putin. Gegen die Gruppierung laufen umfangreiche Ermittlungen des FBI, in Großbritannien ist sie verboten, nachdem Anschlagspläne auf politische Gegner publik wurden, mit dem Ziel, einen ›Rassenkrieg‹ zu beginnen. Ich selbst stand auf einer ihrer Todeslisten.

Solche Details lässt die Kremlpropaganda außen vor. Aber Bogdan glaubt auch nicht, dass das letzten Endes eine Rolle spielen wird. »Es ist schwer, mit Fakten zu argumentieren«, sagt er abschließend. »Dieser Krieg hat mich etwas über das Wissen gelehrt: Die meisten wissen schon, wo sie stehen, bevor überhaupt etwas passiert. Und dann sind Fakten sowieso nutzlos.«

Einen Tag später sitze ich im deutschen Außenministerium, wo eine G7-Konferenz zum Thema Desinformation stattfindet. Der Fokus liegt nicht auf den andauernden physischen Kriegshandlungen, vielmehr sprechen wir über den stets mitlaufenden Informationskrieg. »Es ist die Wahrheit, die angegriffen wird«, sagt die deutsche Außenministerin Annalena Baerbock.

Russland hat einen totalen Informationskrieg begonnen. Im April 2022 warf der russische Geheimdienst FSB dem ukrainischen Geheimdienst vor, einen Terroranschlag auf den Kreml-freundlichen russischen Journalisten Wladimir Rudolfowitsch in Moskau zu planen. Sechs ukrainische Neonazis wurden verhaftet, und der FSB veröffentliche Bilder von angeblichen Beweisstücken, die bei Wohnungsdurchsuchungen gefunden wurden: Neben selbsthergestellten Sprengstoffen, Molotow-Cocktails, Schusswaffen, Munition, Drogen und gefälschten ukrainischen Pässen waren auf den Fotos auch drei Ausgaben des Spiels ›Sims 3‹ zu sehen. Der BBC-Journalist Francis Scarr twitterte: »Wer hätte gedacht, dass sie solche *Sims*-Fans sind.«

Eliot Higgins, der Gründer von *Bellingcat*, ging davon aus, dass jemand beim FSB den Auftrag erhalten haben müsse, drei SIM-Karten zu organisieren, und diese dann mit dem Computerspiel *Die Sims* verwechselt habe.

Die wichtigsten Werkzeuge der russischen Informationskriegsführung sind rechtsextreme und verschwörungstheoretische Kanäle mit Reichweite in westliche Länder. Im Laufe der letzten Jahre ist es dem Kreml gelungen, die Sender *RT* und *Sputnik* für viele Menschen in den USA und in Europa zu den vertrauenswürdigsten Nachrichtenquellen zu machen und so antidemokratische und antiliberale Bevölkerungsteile zu mobilisieren. Unsere Recherchen am Institute for Strategic Dialogue haben belegt, wie groß die Rolle russischer Staatsmedien bei der organisierten Einflussnahme auf die letzten Wahlkämpfe in Deutschland und Schweden war.

Eine überaus wichtige Rolle bei der Verbreitung russischer Propaganda in westlichen Öffentlichkeiten kommt QAnon zu. »Butscha – Wo sind die Beweise. Russland wird vorgeworfen, in der ukrainischen Stadt Butscha ca. 300 Zivilisten getötet zu haben. Doch die Beweise fehlen«, teilte QAnon Österreich seinen über 13 000 Followern auf Telegram mit. »Die Butscha-Lüge: Der Westen will den Weltkrieg. Gerade als ein Friedensabkommen zwischen Russland und der Ukraine in Reichweite schien, mischen die Ereignisse von Butscha die Weltpolitik wieder auf.« In dem QAnon-Kanal zirkulieren angeblich in Butscha aufgenommene Fotos von verwundeten Körperattrappen sowie die Behauptung, sämtliche Kriegsbilder seien von den »Mainstream-Medien« künstlich verfertigt worden. So mancher User zeigt sich überzeugt davon, dass die Bilder und Videos von russischen Gräueltaten aus Videospielen stammen oder veraltetes Bildmaterial aus anderen Konflikten sind. Eine Umfrage des CeMAS kommt zu dem Ergebnis, dass jeder fünfte Mensch in Deutschland den Krieg in der Ukraine für eine Verschwörung hält.

Ein gutes Beispiel für das Mainstreaming von radikalem Gedankengut ist der längst viral gegangene Biolabor-Verschwörungsmythos. Zunächst tauchte er in anonymen Social-Media-Accounts auf: Angeblich finanzierten die USA Biolaborprogramme in der Ukraine, um biowaffenfähige Krankheitserreger und Gifte zu erforschen. Kurz darauf sprachen auch russische Medien und Regierungsbeamte darüber, wobei sie die angeblichen Biolabore mit Hunter Biden und George Soros in Verbindung brachten. In den englischsprachigen sozialen Medien wurde diese Idee erst dann aufgegriffen, als eine nicht besonders relevante Figur aus dem QAnon-Kontext anfing, darüber zu twittern. Der frühere Restaurantmanager und Veteran der Nationalgarde – auf Twitter als @WarClandestine unterwegs – postete aus dem ländlichen Virginia: »China und Russland haben den USA indirekt (aber richtigerweise) die Schuld am Ausbruch von C19 gegeben. Und sie befürchten, dass die USA/deren Verbündete noch mehr Viren (Biowaffen) auf Lager haben, die sie loslassen könnten.« Des Weiteren behauptete er,

Russland habe die Invasion in der Ukraine nur begonnen, um die dortigen US-Biolabore zu zerstören und so eine weitere weltweite Pandemie zu verhindern. Als diese Idee sich erst mal in den QAnon-Netzwerken verbreitet hatte, fand sie auch ihren Weg in kleinere alternative US-Medien. *#USBiolabs* trendete bald darauf auf Twitter und TikTok. Zu guter Letzt brachte sogar *Fox News* die Nachricht. Über die Meinungsbeiträge bekannter Kommentatorinnen und Kommentatoren bekam sie eine Plattform, erreichte Millionen von Zuschauern und beeinflusste die öffentliche Meinung zugunsten von Russland. Die Theorie bekam weltweit Aufmerksamkeit und erreichte das Stadium massenhafter Verbreitung und Akzeptanz. Heute glauben 7 Prozent der deutschen Bevölkerung an diesen Mythos.

Der Glaube an eine Geheimverschwörung »globaler Eliten«, die hinter verschlossenen Türen die Fäden ziehen, geht in vielen westlichen Ländern Hand in Hand mit der Leugnung der Corona-Pandemie und des Ukrainekriegs. Tommy Robinson, der Gründer der ›English Defense League‹, gibt in seinem Telegram-Kanal der Idee von einem inszenierten Ukrainekonflikt einen laut hörbaren Widerhall: »Man muss doch wirklich die Frage stellen dürfen, WARUM die Invasion in die Ukraine genau zu diesem Zeitpunkt in der Geschichte der Menschheit kam. Also genau dann, als der CONVID-Impfstoff und die Wirksamkeit von Impfstoffen von breiten Schichten der Bevölkerung angezweifelt wird – was für diejenigen, die die medizinische Apartheid unterstützt und mit Gewalt umgesetzt haben, politisch gefährlich wird. Krieg lenkt immer ab. Krieg ist eine Täuschung.«

Umfragen zeigen: 30 Prozent der deutschen Bevölkerung glauben, dass die Welt von im Geheimen agierenden Kräften gelenkt wird. Besonders weit verbreitet ist diese Idee unter AfD-Wählern. Eine Erhebung von NPR/Ipsos kam 2020 zu folgendem Ergebnis: 17 Prozent aller US-Amerikanerinnen und -Amerikaner glauben, dass »eine elitäre Gruppe aus Teufelsanbetern, die einen Kindersexring betreibt, versucht, unsere Politik und die Medien zu kontrollieren.« Und auch in Großbritannien glaubt mehr als ein Drittel der Bevölkerung, dass die Eliten in Hollywood, in den Regierungen, den Medien und anderen mächtigen Zirkeln im Geheimen in weitreichende Kinderhandels- und Kindesmissbrauchsnetzwerke verstrickt sind.

An anderer Stelle haben wir längst festgestellt, was das verbindende Element ist zwischen den in London marschierenden Impfgegnern, den das US-Kapitol stürmenden Trump-Anhängern und den pro-russischen Demonstranten in Frankfurt: QAnon. Der Elefant im Raum ist also die Frage: In welchem Verhältnis stehen der Kreml und QAnon? Hier bleibt nur zu sagen: Wir müssen weiter recherchieren. Mit Sicherheit hat die Propagandamaschine des russischen Staats den Verschwörungsmythen Vorschub geleistet, die im erweiterten QAnon-Masterverschwörungsnetz kursieren. Russische Desinformation nimmt oft den direkten Weg vom Kreml zu QAnon, von wo sie dann ihr Ziel erreicht: die rechtslastigen Medien des Westens.

Wie die meisten verschwörungstheoretischen Gemeinden ist auch QAnon von einem hohen Grad an Opportunismus und ideologischer Flexibilität gekennzeichnet. Das zeigt sich beispielsweise an der Haltung zu China. Erst schlug sämtlicher QAnon-Content einen stark anti-chinesischen Tonfall an; in den bizarren Verschwörungsmythen zur »Wahrheit über Corona« wurden Zusammenhänge hergestellt zwischen chinesischer Regierung, WHO und Bill Gates – was kompatibel war mit der bedingungslosen Unterstützung für Trump und dessen China-Aversion. Als Peking im Zuge des Ukrainekrieges aber ein Verbündeter des anderen großen QAnon-Helden Wladimir Putin wurde, änderte sich die Sichtweise auf China – eine wichtige Wendung in der QAnon-Erzählung. Der chinesische Staatspräsident Xi Jinping, vormals ein übelgesinnter, konspirativer Staatenlenker mit dem Wunsch, die Welt zu beherrschen, wurde zum mysteriös-genialen Verbündeten. Wenn es darum geht, durch widersprüchliche Erklärungen zu navigieren und kognitive Dissonanzen zu überwinden, können QAnon-Anhänger sehr ideenreich sein.

Oft heißt es, das erste Opfer in einem Krieg sei die Wahrheit. Die Kreml-Strategie ist, den Menschen in der Ukraine den Mut zu nehmen und die Russen im Dunkeln tappen zu lassen. Üblicherweise sieht das Drehbuch der russischen Informationskriegsführung vor, mit massenhaft willkürlich ausgedachten Lügen den Informationsraum vollständig zu fluten. Fakten werden so lange verzerrt oder verschleiert, bis sie im Grunde nicht mehr existent sind und niemand mehr zwischen Wahrheit und Fiktion unterscheiden kann. Sogar über die Farbe des Himmels kann Streit ausbrechen.

»Nichts ist wahr und alles ist möglich«, so sagt es Peter Pomerantsev, ein russischer Propagandaexperte. Dahinter steckt die Idee, eine so nebulöse Informationslandschaft zu generieren, bis die Öffentlichkeit kein zusammenhängendes Narrativ mehr erkennen kann. Wenn die Wahrheit »unwissbar« ist, bleibt als einzig gangbare Option, »einem starken Führer zu folgen«.

Diese Taktik wird von der Alt-Right in den USA und der Neuen Rechten in Europa erfolgreich gespiegelt. Ob Trump oder Le Pen, ob AfD oder FPÖ: Auch bei rechten Pro-Putin-Politikern im Westen ist diese Strategie zum Modus Operandi geworden. Steve Bannon, früher Chef von *Breitbart News* und federführender Stratege von Donald Trump, hat sie als Erster in die westliche Politik eingeführt. Wie er 2018 sagte: »Die Demokraten sind egal. Die wahre Opposition sind die Medien. Und mit denen lässt sich nur umgehen, indem man die Zone mit Scheiße flutet.«

Alle Themen dieses Buchs laufen im Knotenpunkt der russischen Invasion in der Ukraine zusammen. Putin hat den weltweiten Kampf der extremen Rechten gegen die gefühlte Degeneration der westlichen Gesellschaften auf die Ukraine projiziert. Dieser Krieg ist in vielerlei Hinsicht eine Stellvertreter-Eskalation des großen Kulturkriegs: das autokratische, antiliberale russische Regime auf der einen und die von der EU unterstützte, liberale ukrainische Demokratie auf der anderen Seite.

Putins Hass auf liberal-progressive Ideen und Politikansätze, die die westlichen Demokratien geprägt und geformt haben, hat ihm innerhalb der amerikanischen QAnon-Kreise und der europäischen rechtsextremen Netzwerke hohe Beliebtheitswerte eingebracht. Seine staatliche Propaganda- und Desinformationsmaschinerie versucht seit Langem, Europa und Nordamerika zu destabilisieren, und zwischen dem Kreml und den radikalen Rändern des Westens existieren für beide Seiten vorteilhafte Beziehungen.

Putin signalisiert der globalen Rechten seit Jahren, dass er ihren Kampf kämpft. Weiße Nationalisten, antidemokratische Verschwörungstheoretiker und christliche Fundamentalisten des Westens haben in ihm ihren Helden gefunden. Sein Bild von einem »starken Mann« und seine Feindseligkeit gegenüber progressiver Modernität kommen bei denjenigen gut an, die in ihrer liberaldemokratischen Heimat verloren gegangen sind. Auf Telegram konnte ich gut beobachten, wie Bewegungen für die Vorherrschaft der weißen Rasse in den USA und Europa Putin und sein Russland verherrlichen. Die Gruppe ›It's Okay to Be White‹ zum Beispiel spendete Putin Beifall, weil er für Christentum, Tradition, Familie und Nationalismus steht.

Der neofaschistische russische Vordenker Alexander Dugin wird häufig als ›Putins Hirn‹ bezeichnet. Seine Philosophie und seine Visionen sollen Putins Politik inspiriert haben. In seinem jüngsten Buch von 2021, *Das Große Erwachen gegen den Great Reset*, erklärt Dugin »dem Liberalismus und der westlichen politischen Moderne, diesen beiden zwillingsgleichen Krankheiten«, den Krieg. Der Buchtitel bezieht sich auf die noch junge Verschwörungstheorie vom ›*Great Reset*‹, dem ›Großen Neustart‹, die sich rasant verbreitete, nachdem Prinz Charles auf dem Weltwirtschaftsforum 2020 eine Initiative angekündigt hatte, um die Corona-Pandemie als Gelegenheit zu begreifen, »über unsere Welt nachzudenken, sie neu zu denken und einen Neustart zu vollziehen«. Dugin drängt die Bürger des »Kernlands« zum entschlossenen Vorgehen gegen den »dementen Usurpatoren Joe Biden«, »diesen Antichristen und seine Soros-finanzierten Handlanger«, die angeblich die Menschheit vernichten und eine »transhumanistische Eine-Welt-Dystopie« erschaffen wollen. Er ruft seine Leserinnen und Leser dazu auf, »die globalen Eliten der Küstenländer, die ihre perversen, antihumanen Ideale durchsetzen wollen, indem sie die alten Kulturen und Traditionen der Völker der Welt skrupellos ausradieren, an allen theoretischen und praktischen Fronten unnachgiebig anzugreifen«.

Dieses Buch hat gezeigt: Mobilisierung gegen den Liberalismus der so genannten »globalen Eliten« bringt Aktivisten aus den unterschiedlichsten radikalen Bewegungen und aus Verschwörungstheoretiker-Gruppierungen zusammen. Ein Beispiel für das Zusammenfließen unterschiedlicher antiliberaler Strömungen ist die im Sommer 2022 von Corona-Verschwörungstheoretikern organisierte Anti-LGBTQ-Kampagne bei Lesungen von Dragqueens. Das Format »Drag Queen Story Hour« war eine Veranstaltungsreihe für Kinder und Jugendliche in öffentlichen Bibliotheken Großbritanniens. Die Kampagne wurde von Covid-Verschwörungstheoretikern gestartet, doch bald darauf bereits von der rassistischen Bewegung Patriotic Alternative übernommen.

Vielleicht ist Putins machtvollste Waffe sein tiefgreifendes Wissen darüber, wie man Zwietracht sät und die radikalen Ränder stärkt. Die Desinformationskampagnen des Kremls könnten erfolgreich an das Misstrauen dem ›Establishment‹ gegenüber andocken, das in der Pandemie bereits entstanden ist. Während die Medien *RT* und *Sputnik* in ihren russischsprachigen Ausgaben für die Impfung werben, verbreiteten sie in ihren englisch- und deutschsprachigen Nachrichtenausgaben Ängste und Zweifel in Bezug auf die Impfung. Der russische Informationskrieg nutzt das gesamte Spektrum psychologischer Operationen und macht die internen Spannungen in den westlichen Ländern zu Waffen, um radikal antiliberale, antidemokratische und wissenschaftsfeindliche Narrative in die Mitte der Gesellschaften zu tragen. Dahinter steckt das Ziel, für Chaos zu sorgen und somit einerseits den europäischen

Kontinent zu destabilisieren und andererseits die USA abzulenken.

Gut möglich, dass der Ukrainekrieg einen Wendepunkt darstellt in den weiter gefassten Kulturkriegen. Matthew Rose, Forscher beim Morningside Institute, schrieb 2021 in seinem Buch *A World After Liberalism*, der Liberalismus büße »nach drei Jahrzehnten der Dominanz seinen Einfluss auf die Köpfe im Westen ein«. Wir haben lange in der Illusion gelebt, es gebe eine unumstößliche liberale Weltordnung, deren Regeln unanfechtbar sind. Aber in der aktuellen Situation stecken wir angesichts eines autokratischen Aggressors, der rund um den Erdball radikal illiberale Stimmen verstärkt, mitten im Kampf um die Bewahrung einer freiheitlichen Welt. Und so spricht auch Wolodymyr Selenskyj über diesen Krieg: als Kampf nicht nur für die ukrainische Unabhängigkeit, sondern auch für eine progressive Moderne. Am Ende seiner Rede vor dem US-Kongress im März 2022 wechselte er ins Englische: »Today, the Ukrainian people are defending not only Ukraine, we are fighting for the values of Europe and the world, sacrificing our lives in the name of the future.«

# 8 Was steht auf dem Spiel?

## *Der Einzug der Hyperpolarisierung*

Als ich im Jahr 2015 angefangen habe, zu extremistischen Tendenzen zu forschen, haben wir noch in einer Welt gelebt, die von unserer heutigen Realität Galaxien entfernt zu sein scheint. Ich erinnere mich, dass die meisten Vertreter aus Regierungs- und Sicherheitskreisen, mit denen ich sprach, mit mir übereinstimmten, was die Gefahren durch politische Gewalt und Terrorismus anbelangt. Aber die wenigsten glaubten, dass radikale gesellschaftliche Ränder noch zu ihren Lebzeiten irgendeine echte politische Relevanz erlangen würden. Dass sie Anschläge planen und ein Risiko für die nationale Sicherheit darstellen könnten, war allen klar. Aber dass sie es schaffen würden, regelrechte Massen hinter ihren radikalen Ideen zu versammeln? Die Wahlergebnisse zugunsten von Brexit und Trump änderten diese Einschätzung fundamental.

Trotzdem waren die meisten liberal-progressiven politischen Entscheidungsträgerinnen und -träger, die ich mit Informationen versorgte, überzeugt davon, dass die Ergebnisse des EU-Referendums in Großbritannien und der US-Präsidentschaftswahl 2016 einzelne Ausbrecher waren, politische Unfälle unter außergewöhnlichen Umständen, die sich wenig wahrscheinlich zu einem größeren Muster fügen würden. Die baldige Rückkehr zur alten Normalität wurde angenommen. Aber während der letzten Jahre konnte ich – oft in Echtzeit aus dem Innersten radikaler Bewegungen heraus – beobachten, wie es manche der obskursten Ideen und extremistischsten Verschwörungsmythen in die Mitte der Gesellschaft geschafft haben.

Bei meinen Recherchen für dieses Buch habe ich, was die einzelnen Stufen des Mainstreaming-Prozesses von radikalem Gedankengut anbelangt, ein klares Muster identifiziert. Ob Incels, White Lives Matter oder QAnon: Anfänglich waren all diese Bewegungen *randständige Subkulturen* mit wenig Einfluss auf den erweiterten öffentlichen Diskurs. Größeren politischen Einfluss haben sie erst gewonnen, als sie *starke internationale Netzwerke* gebildet und eigene *alternative Mediensysteme* aufgebaut haben. Stück für Stück haben sie die öffentliche Meinung beeinflusst und *einem feindseligen gesellschaftlichen Backlash* gegen progressive Bewegungen Nahrung gegeben. So haben sie das ›Overton-Fenster‹, also das Fenster des akzeptabel Sagbaren, zu ihren Gunsten verschoben und den Weg zur *massenhaften Aneignung radikaler Ideen* geebnet. Die letzte Stufe wird von gewalttätigen Zusammenstößen zwischen liberalen und illiberalen Zukunftsvisionen charakterisiert. Ich möchte diese Stufe als *Stellvertreterkulturkriege* bezeichnen.

Das Mainstreaming von radikalem Gedankengut hat die politische Mitte nach und nach erodieren lassen. Während von Mal zu Mal extremere Stimmen in Parlamenten, bei Straßenprotesten und in Onlinediskussionen lauter werden, zerfällt unsere Gesellschaft in immer mehr Splittergruppen. Entlang der Bruchlinien Antidiskriminierung, Geschlechtergleichheit, Queer-Rechte, Klimaschutz und Impfstoffakzeptanz erleben wir das Aufkommen und Wachsen von hyperpolarisierten Communitys. Die Themen, die uns als Gesellschaft zunehmend in Lager spalten, berühren tiefgreifende Fragen zu unserer Identität und stellen eine echte Gefahr dar für den gesellschaftlichen Zusammenhalt, für unsere demokratischen Institutionen und unsere Grundwerte. Wie also werden sich die Dinge zukünftig entwickeln – und was steht auf dem Spiel?

Die Menschen, mit denen ich mich im Zuge meiner Recherchen getroffen habe, waren ganz sicher nicht alles herkömmliche Rechtsextremisten. Viele von ihnen hatten einen linken oder sogar apolitischen Hintergrund, manche waren nur besorgte Bürgerinnen und Eltern. Historisch betrachtet wiesen extremistische Bewegungen in Europa und Nordamerika bislang immer bestimmte ideologische Merkmale auf, waren definiert von spezifischen taktischen Ansätzen und hierarchischen Strukturen. Heute stehen wir vor einer neuen Realität. Der ideologische Standpunkt von Extremisten hat verschwommene Konturen, die Anhänger bilden überraschende Koalitionen und bedienen sich loser, postorganisatorischer Strukturen. Was sie unberechenbarer macht als je zuvor. Eine der relevantesten Entwicklungen hierbei ist die Fusion traditioneller Rechtsaußen-Ideen mit Corona-Verschwörungsmythen und Impfgegner-Netzwerken.

Covid hat den Rechten die Gelegenheit verschafft, ihr Gedankengut in Kreise einzuspeisen, die traditionell deutlich mittiger positioniert waren und sich jenseits ihrer Reichweite befanden. Seit Ausbruch der Pandemie haben radikale Aktivistinnen und Aktivisten ihre Bemühungen intensiviert, durch Corona entstandene Unsicherheit, Unmut und Einsamkeit für sich zu nutzen. Bewusst haben sie die gesellschaftlichen und psychologischen Nebenwirkungen der Pandemie instrumentalisiert, um Ressentiments gegenüber Minderheiten, Politikern und Wissenschaftlerinnen sowie gegenüber den so genannten

›Mainstream-Medien‹ zu schüren. Der kleinste gemeinsame Nenner hierbei ist das tiefsitzende Misstrauen gegenüber ›dem Establishment‹. Insgesamt hat das dazu geführt, dass randständige Ideologien und antidemokratische Ansichten gefährlich weit in die Mitte gewandert sind und dass wir einen deutlichen Trend hin zur Massenradikalisierung beobachten können.

Die unterschiedlichsten Aktivistengruppen haben sich so zu einer stetig wachsenden Koalition zusammengeschlossen: Klimawandelleugner, Impfgegnerinnen, Anti-LGBTQ-Vorkämpfer, Antifeministinnen und weiß-nationalistische Rassisten. Während der letzten Jahre haben wir das Zusammengehen unterschiedlicher Themenfelder gesehen. Die zentralen, eng miteinander verflochtenen Vektoren der Desinformation weisen jetzt in eine gemeinsame Richtung. Mobilisierung findet ausgehend von einem weitverbreiteten anti-elitären Diskurs statt, die Rhetorik bedient sich des Freiheitsbegriffs und effektiv Spaltung erzeugender Kulturkriegsargumente. Vor allem zwischen der Coronaleugner- und der Klimawandelleugnerszene habe ich starke Wechselwirkungen beobachten können. Eine Analyse des ISD hat beispielsweise gezeigt, wie sich die Klimaskeptiker Begriffe aus dem Covid-Kontext aneignen – »Klimalockdown« zum Beispiel –, um Ängste vor proaktivem Handeln gegen den Klimawandel zu schüren. Auch weiße Nationalisten haben ihre sich gegen Minderheiten richtenden Ideologien in größere Desinformationsnetzwerke eingespeist und so ganz neue Öffentlichkeiten mit rassistischen Verschwörungsmythen wie dem ›Großen Austausch‹ infiltrieren können. Viele der Verschwörungserzählungen und Desinformationshäppchen haben einen antisemitischen Unterton. Ein gutes Beispiel hierfür ist die Idee eine »Plandemie«, also die Vorstellung, die Corona-Pandemie sei von den so genannten »globalen jüdischen Eliten« inszeniert worden.

Mittlerweile bedienen sich die Desinformationsnetzwerke einer ausgeklügelten ›glokalen‹ Kommunikationsstrategie: Sie bauen große, miteinander verbundene globale Netzwerke aus alternativen Nachrichtenquellen auf, die untereinander Ideen, Slogans und sogar visuelle Inhalte wiederverwerten und verstärken. Das Narrativ wird dabei meist an den jeweiligen nationalen oder regionalen Kontext angepasst, woraufhin dann Aktivisten hyperlokal in Telegram-Chats und auf der Straße mobilisieren. Zentraler Knotenpunkt der Infodemie ist inzwischen QAnon. Das Netzwerk hat eine Schlüsselrolle gespielt bei der Verbreitung von Corona- und Klimawandelleugnung und Wahlbetrugsnarrativen, in jüngster Zeit auch beim breiten Streuen prorussischer Desinformation mit Bezug zum Ukrainekrieg.

»Manchmal glaube ich schon vor dem Frühstück an sechs unmögliche Dinge«, schrieb Lewis Carroll in *Alice im Wunderland*. An einem typischen Vormittag begegnen mir im Social-Media-Feed meines Avatar-Accounts noch vor dem ersten Kaffee sechs unglaubliche (ich würde sagen: unmögliche) Verschwörungsmythen. Manchmal sind sie extrem: Coronaimpfstoffe, die von einer weltweit agierenden Elite von Echsenmenschen entwickelt werden, oder Transgender-Personen, die als Brücke zum Transhumanismus fungieren. Manchmal handelt es sich auch um abgemilderte infodemische Mutationen. In Bruchstücken gelingt es der Desinformation, auf den Mainstream überzugreifen, Anziehungskraft für Millionen Menschen zu entwickeln, Wahlen zu beeinflussen und Gewalt auszulösen.

Dieses Buch hat gezeigt, wie manche der weltweit populärsten medialen Figuren radikales und gefährliches Gedankengut verbreitet haben. Der US-Moderator Joe Rogan, der mit jeder Episode seines Podcasts durchschnittlich elf Millionen Zuhörer erreicht, hat in seinen Sendungen Anti-Impf-Verschwörungsmythen gestreut, die ihren Ursprung in einigen der radikalsten Ecken des Internets haben, während Tucker Carlson den Märchen von QAnon und dem Mythos vom ›Großen Austausch‹ öffentlich Glauben geschenkt hat. In Deutschland haben Prominente wie der Schlagersänger Michael Wendler, der ehemalige Radiomoderator Ken Jebsen und der vegane Kochbuchautor Attila Hildmann für rechtsextreme und Impfgegner-Verschwörungstheorien geworben.

Im Rückblick waren der Brexit und die Trump-Wahl nur der Beginn einer neuen Ära, weit vorausgreifende Präzedenzfälle für eine völlig neue politische Kommunikationsstrategie. Eine Strategie, die auf dem Verstärken gesellschaftlicher Spannungen beruht und mit strategischer Provokation, dem Triggern heftiger emotionaler Reaktionen bei potenziellen Wählerschichten und politischen Gegnern sowie mit dem Untergraben von Vertrauen in die Institutionen arbeitet. So ist es Extremisten gelungen, ihr Gedankengut in die gesellschaftliche Mitte zu tragen. Was an den gesellschaftlichen Rändern begonnen hat – sei es als QAnon oder als Idee vom ›Großen Austausch‹ –, ist inzwischen zu einer Vielzahl weltweit vernetzter Bewegungen geworden, die von breit aufgestellten alternativen Mediensystemen mit Input versorgt werden. Deren Kampagnen haben feindselige Gegenreaktionen ausgelöst gegen jene, die an den Frontlinien des gesellschaftlichen und wissenschaftlichen Fortschritts stehen. Die Masse hat sich ursprünglich in kleinen Randgruppen entwickelte Ideen angeeignet.

Ein Ergebnis davon ist, dass der Trennstrich zwischen Extremisten und Politikern der Mitte zunehmend unkenntlich wird. Wir sehen gewählte Volksvertreterinnen, die eine Affinität zu Gruppierungen wie QAnon und den weißen Nationalisten an den Tag legen, und wir sehen ganz normale Politiker, die sich einer Sprache befleißigen, die historisch betrachtet bislang nur von Randgruppen benutzt wurde. Immer mehr Spitzenkandidaten flirten weltweit bei nationalen oder kommunalen Wahlen mit extremistischen Gruppierungen. 2020 waren 14 der zur Wahl stehenden Kandidatinnen und Kandidaten für den US-Kongress bekennende QAnon-Anhänger. Der französische Präsidentschaftskandidat Eric Zemmour hat sich hinter die Legende vom ›Großen Austausch‹ gestellt und behauptet, Einwanderung sei »Krieg«.

Der ehemalige britische Premierminister Boris Johnson warf 2022 Labour-Parteichef Keir Starmer vor, den »pädophilen Sexualstraftäter« Jimmy Savile nicht strafrechtlich verfolgt zu haben, wahrscheinlich ohne sich darüber bewusst zu sein, dass dieses Verschwörungsnarrativ seinen Ursprung in rechtsextremen Netzwerken hatte. Die ehemalige britische Innenministerin Priti Patel warnte vor »ins Land einfallenden Migrantenfluten« und war damit ein Eins-zu-eins-Echo rechtsextremer Rhetorik, die sich mit Begriffen wie der »leisen Invasion« gegen die Einwanderung über den Kanal wendet. Auf dem Regal von Michael Gove, dem ehemaligen britischen Staatssekretär für Kabinettsangelegenheiten, stehen die Bücher der französischen Identitären-Ideologen Guillaume Faye und Alain de Benoist neben *Hitlers Krieg*, einem Buch des Holocaustleugners David Irving, und dem berühmt-berüchtigten pseudowissenschaftlichen Rassismus-Buch *The Bell Curve*. Die ehemalige britische Kulturministerin Nadine Dorries hat Tweets des rechtsextremen Tommy Robinson und islamophobe Anspielungen auf den Londoner Oberbürgermeisters Sadiq Khan geteilt.

Natürlich blieb es nicht folgenlos, als der Verschwörungsmythos über Keir Starmer und die islamophoben Darstellungen von Sadiq Khan viral gingen. Beide Politiker wurden von Morddrohungen und Online-Belästigung überrollt. Desinformation und Terrorismus sind eng miteinander verquickt. Das Herauslassen zutiefst negativer Emotionen, das bei Desinformation eine große Rolle spielt, führt in erster Konsequenz oft zu zielgerichtetem Hass und Doxing. Und die Folge von Hass und Doxxing ist eben oft körperliche Gewalt.

Wenn also Verschwörungsnarrative und die Gedankenwelten radikaler gesellschaftlicher Ränder bei Politikern und prominenten Influencerinnen Widerhall finden, kann das zur Normalisierung extremistischer Sprache und zu gewaltsamen Aktionen führen. Extremistische Gruppierungen nehmen das politische Personal zunehmend als Ausführungsgehilfen für ihre politischen Ziele und radikalen Strategien wahr. In den USA haben über 50 Täter nach der Ausübung von Gewaltdelikten – sowohl Androhung von Gewalt als auch konkrete Körperverletzung – Donald Trump als Vorbild für ihre Straftaten genannt.

Die darüber hinausgehenden Effekte auf den öffentlichen Diskurs sind haarsträubend. Viele Politikerinnen, Journalisten, Künstlerinnen und Aktivisten, die an polarisierenden Themen arbeiten, zensieren sich mittlerweile selbst, manche haben ihren Beruf sogar ganz aufgegeben, um dem hasserfüllten Backlash aus dem Weg zu gehen. Der Theorie nach ziehen die Feinde des progressiven Liberalismus im Namen der freien Meinungsäußerung zu Felde. Praktisch zerstören sie aber jede offene Diskussion und ersticken diejenigen, die eine abweichende Meinung haben. Theoretisch berufen sich radikal regressive Bewegungen auf die Menschenrechte und rechtfertigen so ihre provokanten Kampagnen. In der Praxis aber heben sie auf die Aushebelung der grundlegendsten Menschenrechte ab, stellen sich also gegen die rechtliche, moralische und politische Chancengleichheit für alle Menschen, unabhängig von ethnischer Herkunft, Religion, Geschlecht und sexueller Orientierung. Theoretisch sagen sie, dass sie ihre demokratischen Rechte schützen wollen. Praktisch zerstören sie das Vertrauen in die Demokratie.

Die heutige Polarisiertheit ist nicht nur das Ergebnis einer Konkurrenz zwischen unterschiedlichen Ideologien. Diese Konflikte sind tief verquickt mit den Identitäten der Menschen. Einander gegenüberstehende Gruppen in hyperpolarisierten Diskussionen haben nicht nur unterschiedliche Weltanschauungen, sondern auch unterschiedliche Selbstwahrnehmungen. Eine Studie des ›YouGov-Cambridge Globalism Project‹ fand heraus, dass die gesellschaftlichen Gräben durch Großbritannien und andere westliche Länder stärker entlang von Identitäten als entlang von Themen laufen.

88 Prozent der britischen Labour-Wähler geben an, konservative Politiker nicht zu mögen, was 74 Prozent der Tory-Anhänger genauso über Labour-Politiker sagen. Die Feindschaft zwischen Linken und Rechten ist in den USA sogar noch ausgeprägter, wo 93 Prozent der Trump-Anhänger angeben, de-

mokratische Politikerinnen und Politiker nicht zu mögen, während 90 Prozent der Biden-Wähler dieses Gefühl gegenüber republikanischen Politikerinnen und Politikern teilen. Parteipolitische Gebundenheit im Wahlverhalten geht darüber hinaus Hand in Hand mit der Wahrscheinlichkeit, mit der Wähler sich mit Selbstbeschreibungen wie z. B. ›Feministin‹ oder ›Antirassist‹ identifizieren. Interessant ist hier allerdings die Beobachtung, dass Menschen aus verschiedenen identitätspolitischen Lagern bei bestimmten Frauenrechts- und Antidiskriminierungsfragen deutlich häufiger übereinstimmten, als dass sie unterschiedlicher Meinung waren. Anders gesagt: In vielen Fällen ist die Polarisierung völlig unnötig.

Im Herbst 2020 befragte die Dating-App OkCupid weltweit fünf Millionen ihrer User, ob sie Menschen daten würden, die politisch eindeutig andere Ansichten hätten als sie selbst. 60 Prozent antworteten mit einem klaren »Niemals!«. Die heutige Polarisierung verringert also nicht nur die Chancen für identitätsüberschreitende Freundschaften oder Liebesbeziehungen, sondern ist auch Ursache für die offene Feindschaft zwischen den unterschiedlichen Lagern im Kulturkrieg. Expertinnen und Experten sprechen hier von einer »affektiven Polarisierung«, die eine stark ausgeprägte »Wir gegen sie«-Mentalität schaffe und oft zu aggressivem Verhalten gegenüber der nicht-eigenen Gruppe führe.

Machtvolle Identitätsdynamiken laufen als roter Faden durch hyperpolarisierte Communitys. Radikale Bewegungen schaffen es, ein Gefühl der Exklusivität zu erzeugen, und Exklusivität kann bei Einzelnen ein nochmal verstärktes Zugehörigkeitsgefühl generieren. Für viele ist es dann kein großer Schritt mehr, ihre private Identität vollständig in der kollektiven aufgehen zu lassen – ein Phänomen, das auch als ›Identitätsfusion‹ bezeichnet wird.

Ich habe mich im Rahmen meiner Doktorarbeit an der Universität Oxford eingehender mit dieser ›Identitätsfusion‹ beschäftigt. Ältere Studien sind zu dem Ergebnis gekommen, dass individuelle Identitäten mit einer Gruppenidentität verschmelzen können, wenn die Gruppenmitglieder negative Erfahrungen teilen. So entwickeln zum Beispiel Armeeveteranen, Fußballfans und Mitglieder von Studentenverbindungen vor allem dann ein Gefühl des Einsseins mit anderen Gruppenangehörigen, wenn sie intensive gemeinsame Erfahrungen wie Kriegstraumatisierung, demütigende Niederlagen oder harte Initiationsriten gemacht haben. Was, so die Forschungsergebnisse, genauso auf ideologisch radikalisierte Gruppen wie Trump-Anhänger, religiöse Fundamentalisten oder Revolutionskommandos zutrifft. Identitätsfusion könnte in extremistischen Gruppierungen beispielsweise dann ausgelöst werden, wenn Mitglieder in tätliche Auseinandersetzungen mit politischen Gegnern geraten oder sich von der Regierung ihrer Rechte beraubt sehen.

Dieser Identitätsfusionseffekt macht es wahrscheinlicher, dass eine Gruppe zur Selbstaufopferung oder zur Gewaltanwendung neigt, denn jeder Angriff auf die Gruppe wird von ihren Mitgliedern persönlich genommen, was wiederum die Bereitschaft, für die Sicherheit der Gruppe zu kämpfen oder sogar zu sterben, drastisch erhöht. Fälle, in denen Mitglieder von Studentenverbindungen nach tödlich verlaufenden Einführungsritualen wegen Totschlags verurteilt oder Fußballfans gewalttätig wurden, wie z. B. die englischen Fans nach der Niederlage im Finale der Europameisterschaft 2020 auf den

Straßen Londons, zeigen: Gewalt ist Folge einer Gruppendynamik, die nicht nur bei extremistischen, randständigen Gruppierungen auftritt. Um Gruppengewalt zu entfesseln, reicht oft schon eine gemeinsame Identität, eine starke, verbindende Erfahrung und ein von allen identifizierter Gegner.

Das Coronavirus hat Spuren in unseren Identitäten hinterlassen. Die plötzliche Unterbrechung des normalen Lebens und die Monate der Selbstisolation haben tiefe Traumata in unseren Gesellschaften produziert, die die Polarisierungstendenzen womöglich noch weiter verschärft haben. Auch wenn diese Krise die Globalisierung wahrscheinlich verlangsamt hat: Die Digitalisierung wurde ganz sicher beschleunigt. Anfang 2020 waren soziale Interaktion und berufliche Transaktionen über Nacht auf die digitale Welt beschränkt. Das so plötzliche Fehlen persönlicher Kontakte zu Freundinnen, Verwandten und Kollegen hinterließ ein Vakuum, das die alternativen Angebote der radikalen Bewegungen geschickt gefüllt haben. Steigende Unsicherheit und Komplexität sowie die Informationsüberflutung im Nachrichtenzyklus hat bei vielen von uns das starke, menschliche Bedürfnis geweckt, ordnende Muster in dem zu erkennen, was in der Welt so passiert – ein Phänomen, das in der Psychologie ›Apophänie‹ heißt. Wir stecken mittendrin in einer unbekannten kollektiven Identitätskrise. Diese gesamtgesellschaftliche Krise wird aller Wahrscheinlichkeit nach noch sehr lange andauern. Was aber können wir tun, um ihre Auswirkungen auf das rechtliche, politische und gesellschaftliche Gefüge abzumildern, das unsere liberalen Demokratien zusammenhält?

# 9 Was können wir tun?

## *5 Experten, 15 Lösungsansätze*

Wenn Extremismus erst mal in der Mitte der Gesellschaft angekommen ist, können wir uns nicht mehr auf bewährte Ansätze verlassen, um mit ihm umzugehen und ihn zu bekämpfen. Cynthia Miller-Idris, US-amerikanische Expertin für Extremismusbekämpfung, formuliert es so: »Die von den Behörden benutzten Werkzeuge beim Kampf gegen Extremisten taugen immer weniger, wenn der Rand und die Mitte nicht mehr klar voneinander zu trennen sind und verschwimmen.« Politische Entscheidungsträgerinnen, Geheimdienste, Strafverfolgungsbehörden und Technologieunternehmen brauchen eine grundsätzlich neue Strategie. Und wir alle müssen Teil dieser Strategie werden, denn wir sind die politische Mitte bzw. das, was von ihr übrig ist.

Es gibt viele Wege, um sich dem Mainstreaming radikal rückwärtsgewandten Gedankenguts und der Etablierung hyperpolarisierter Communitys entgegenzustellen. Viel lässt sich lernen aus den schon seit Längerem unternommenen Versuchen, Terroranschläge zu verhindern und Volksaufständen entgegenzuwirken. Wir können Einsichten gewinnen aus der Arbeit von Abteilungen der strategischen Kommunikation und aus erfolgreich durchgeführten Deradikalisierungsprogrammen. Aber letzten Endes müssen wir uns doch eingestehen, dass wir vor einer Herausforderung stehen, die sowohl in ihrem Ausmaß als auch in ihrer Art völlig neuartig ist. Viele der Politiker und Sicherheitsmitarbeiterinnen, mit denen ich in den letzten Jahren zu tun hatte, werden geradezu überrollt von der Geschwindigkeit, mit der sich Veränderungen in der Bedrohungslandschaft ergeben. Die meisten der Entscheidungsträger, die Desinformation, Hass und Polarisierung entgegenwirkende Maßnahmen planen und umsetzen, sind digitale Migranten. Manche von ihnen haben TikTok oder 4Chan noch nie benutzt, und nur wenige verstehen, was in den Köpfen junger Digital Natives vor sich geht. Und trotzdem steht es in ihrer Verantwortung, passgenaue Lösungen zur Regulierung des Cyberspace zu entwickeln.

Dieses Neuartige an der multidimensionalen Bedrohung bedeutet: Wir sind gezwungen, uns auf eine experimentelle Phase einzulassen. Wenn wir etwas aus früheren Ansätzen der Extremismus- und Radikalisierungsbekämpfung gelernt haben, dann, dass wir aufhören müssen, nur die Symptome zu behandeln, und uns um die dahinterliegenden strukturellen und psychologischen Ursachen kümmern sollten. Um sich der wachsenden Hyperpolarisierung und dem Verschwinden der politischen Mitte entgegenzustellen, müssten sich politische Entscheidungsträger und -trägerinnen folgende Frage stellen: Wer läuft – vor allem im Licht der sozioökonomischen und psychischen Auswirkungen der Coronakrise und des Ukrainekriegs betrachtet – am ehesten Gefahr, von radikalen Gruppierungen angesprochen und verführt zu werden? Die Technologieunternehmen sollten sich fragen: Wie verstärken unsere Algorithmen die radikalsten Stimmen und was können wir tun, um diejenigen zu unterstützen, die sich bei den am kontroversesten diskutierten Themen für Konsens und Dialog einsetzen? Und wir alle sollten uns fragen: Wann habe ich zuletzt mit der

Freundin gesprochen, die beim Thema Impfen anderer Meinung war?

Ich habe mich für dieses Kapitel mit fünf ans Institute for Strategic Dialogue angegliederten Experten und Expertinnen unterhalten, deren Spezialgebiete breit gefächert sind: von pädagogischen und zivilgesellschaftlichen Maßnahmen bis hin zur Zukunft der Technologie. Gemeinsam haben wir 15 Empfehlungen entwickelt, um dem Mainstreaming extremistischen Gedankenguts entgegenzuwirken.

### *Bei den Berührungspunkten ansetzen*

*Der psychologische Berührungspunkt*

Radikalisierung beginnt meistens dann, wenn eine Verkettung von Missständen auftritt. Die Corona-Pandemie hat das Mainstreaming von extremem Gedankengut beschleunigt, weil wachsende Einsamkeit, Ungewissheit und Langeweile ein Einfallstor für extremistische Netzwerke waren. »Wir brauchen bessere Tools, um weitverbreitete Ängste, Frustrationen und Problemlagen in Echtzeit nachvollziehen und analysieren zu können«, sagt Sasha Havlicek, Gründungsdirektorin und CEO am Institute for Strategic Dialogue. Sie kommt aus der Konfliktlösungsforschung und hat innovative Ansätze entwickelt, um in die Mitte der Gesellschaft getragene Formen von Extremismus besser einschätzen und ihnen entgegenwirken zu können.

Zu eng gefasste Präventionsansätze sind nicht mehr zweckmäßig, wenn die Missstände gleichzeitig immer komplexer und mehrdimensionaler werden. Wir erleben das Aufkommen hybrider Ideologien wie Öko-Faschismus, satanistischem Frauenhass und QAnon-inspiriertem Nationalismus; sie alle bedienen sich gleich mehrerer psychologischer Berührungspunkte. Es hat eine Verschiebung stattgefunden von traditionell zentral gesteuerter Propaganda wie der von Al-Qaida und dem IS, hin zu nutzergeneriertem und crowdgesourctem Content. Seit Extremisten auf Plattformen wie Telegram ihren eigenen Content kuratieren, gibt es so viele ideologische Strömungen wie Extremisten selbst. »Wir müssen auf neue, selbstorganisierte, post-organisatorische Formen von Extremismus reagieren können«, meint Sasha.

Nur wenn wir die subkutanen emotionalen Beweggründe für und den psychologischen Zweck von extremem Gedankengut und Verschwörungsmythen kennen, können wir maßgeschneiderte Lösungen entwickeln. Fragen, die sich etwa politische Entscheidungsträger, Forscherinnen und Sozialarbeiter stellen sollten, wären folgende: Welcher Missstand wird jetzt wieder ausgeschlachtet, um neue Anhängerschaften zu gewinnen? Welche Teile der Bevölkerung sind am meisten betroffen von den fortdauernden sozioökonomischen und psychologischen Nebenwirkungen der Pandemie und des russischen Angriffskriegs auf die Ukraine?

Lösungsansätze, die solche Schieflagen mit einbeziehen, könnten von finanzieller Unterstützung über psychotherapeutische Hilfen bis hin zu alternativen Unterhaltungsprogrammen für Bedürftige reichen. Ein gänzlich neuer Ansatz könnte auch sein, extremistische Communitys zu »entschärfen«, indem man radikalisierten Einzelnen vor Augen führt, dass nicht alle Mitglieder der jeweiligen Gruppierung ihre persönlichen Erfahrungen teilen. Das könnte behilflich dabei sein, Identitätsfusion und ihre radikalisierenden Effekte rückgängig zu machen.

*Der soziale Berührungspunkt*

Extremisten machen sich Gamifizierung und Entertainmentstrategien zunutze, um Menschen auf sich aufmerksam zu machen, die eigentlich gar nicht politisch oder ideologisch motiviert sind. Im Laufe der letzten zehn Jahre sind eine ganze Reihe von Hobby-Communitys und Netzkulturen von radikalen Weltanschauungen und Verschwörungserzählungen gekapert worden – angefangen bei den Anime-Boards auf 4Chan bis hin zu den Gaming-Kanälen auf Discord. Sollte es nicht unsere Aufgabe sein, diese Räume zurückzuerobern?

»Gar nicht so einfach«, meint Jacob Davey, Leiter der Abteilung ›Recherche und Politik – Rechtsextremismus und Hass‹ am ISD. Der Autor des Berichts *Gamers Who Hate* hat früher selbst ganze Nächte durchgezockt und war auf den entsprechenden Foren unterwegs. Seine Erfahrung hat ihn gelehrt, dass wir die Radikalisierung von Hobby-Communitys im Netz nicht als unidirektionalen Prozess betrachten sollten, in dem sich Extremisten wehrlose Menschen gefügig machen. »Natürlich machen sich viele Extremisten ganz bewusst jugendkulturelle Ausdrucksformen zu eigen, um ihre Attraktivität zu steigern«, sagt er mir gegenüber. »Aber die Netzkultur ist eben die Jugendkultur des Mainstreams. Schon allein dadurch, dass sie im Netz unterwegs und online sind, sind die meisten Mitglieder digitaler extremistischer Subkulturen längst auch in andere Subkulturen im Netz involviert« – seien es Gamer, Anime-Fans, Prankster oder Fitness-Freaks.

Die digitale Kultur zählt Millionen von Communitys. Weltweit sind zum Beispiel mindestens 2,81 Milliarden Menschen Teil der Gaming-Community. Nicht jeder Gamer ist ein Extremist und nicht jeder Extremist ist ein Gamer. »Wir müssen einen differenzierteren Weg finden, um zu verstehen, wie sich innerhalb dieser Communitys Identität herausbildet und wie parallel dazu Radikalisierung stattfindet«, schließt Jacob Davey. Er schlägt vor, zunächst die kulturellen Schnittmengen und die Dynamiken des Community-Buildings im Netz zu kartieren. »Wenn wir ein Mengendiagramm des extremistischen Ökosystems im Internet zeichnen würden, könnten wir klare Überschneidungen feststellen zwischen den Gaming-, den Trolling- und anderen Netzsubkulturen.«

Was aber bedeutet das für die Interventionsmöglichkeiten? »Die Tatsache, dass es so viele Überschneidungen und Verschmelzungen mit anderen Online-Communitys gibt, verschafft uns mehr Möglichkeiten, mit radikalisierten Individuen in Kontakt zu kommen«, meint Jacob Davey. »Denn das heißt: Es gibt vielfältige Ansatzpunkte für eine Intervention.« Wir müssen also kreativer nachdenken über das, was möglich ist. Okay, Extremisten nutzen Nischen-Plattformen. Wie also könnte eine Intervention auf Discord, Steam oder 4Chan aussehen?

Dafür brauchen wir als Allererstes glaubwürdige Influencer, die die Sprache der jeweiligen risikobehafteten Community sprechen und auch deren kulturelle Andockpunkte kennen. Diese Influencer sollten dann mit dem Wissen und den Tools ausgerüstet werden, die es braucht, um Konversationen, die in ihrer jeweiligen Internetsubkultur zu Hass aufrufen oder Desinformation verbreiten, zu entlarven, zu entkräften und so ins Leere laufen zu lassen. »Kreative Überlegungen der Branche, was noch getan werden könnte, würde ich sehr begrüßen«, sagt Davey mir. »Aber wir müssen mit aller gebotenen Vorsicht vorgehen und uns darum kümmern, dass solche Interventionen sicher und ethisch korrekt ablaufen.«

*Der technologische Berührungspunkt*
Russische Dissidenten und internationale Aktivistinnen haben kreative Wege gefunden, um die vom Kreml kontrollierten sozialen Medien zu umgehen und ihre Botschaften ins Land zu bringen. Sie hinterlassen beispielsweise Kommentare in Google-Bewertungen, kommunizieren über Emojis oder schmuggeln versteckte Nachrichten auf oder in Handelswaren. Das alles sind positive Beispiele dafür, wie Innovation helfen kann, Zensur zu umgehen. Allerdings sind diejenigen, die extremistisches Gedankengut und Desinformation verbreiten, mittlerweile ähnlich erfindungsreich, um ihre Inhalte öffentlich zu machen, ohne vorher von den Behörden entfernt zu werden.

Gewaltsamer und schädlicher Content muss aus den sozialen Medien entfernt werden. Und diejenigen, die gewaltförmige Radikalisierung vorantreiben und ihren Aktivismus gegen Minderheiten richten, müssen von den Plattformen verwiesen werden. Aber letzten Endes wird eine aufs Entfernen und Löschen angelegte Politik immer nur ein Katz-und-Maus-Spiel bleiben, das wenig gegen die subalternen, die menschliche Natur ausnutzenden Verbreitungsstrategien unternimmt. »Wir müssen das gesamte Informationssystem und seine Regelungsmechanismen in den Blick bekommen«, sagt Sasha Havlicek. Seit fast zehn Jahren gehe es allen politischen Ansätzen darum, schädlichen Content zu entfernen, zu moderieren, zu depriorisieren oder ihm andere Inhalte entgegenzusetzen. Ein Ergebnis dieser Politik des Löschens sei es, dass extremistische Akteure ihre Sprache sehr geschickt an die Regeln angepasst hätten und auf den Plattformen die Grenzen des Erlaubten und Akzeptablen austesteten.

»Leute in politischer Verantwortung begreifen langsam,

dass das Ausmaß des Radikalisierungsproblems im Internet nicht nur mit den Inhalten zu tun hat, sondern dass auch das Kuratierungssystem dieser Plattformen, das wiederum Ergebnis ihres Geschäftsmodells ist, eine Rolle spielt«, erklärt Havlicek. Die Algorithmen seien so programmiert, dass sie unsere Aufmerksamkeit halten. »Im Kern verbreiten sie eben vor allem solche Inhalte, die positive und negative Gefühle kombinieren, und das tun sie zielgerichtet für jene Wählerschichten, die emotional am labilsten und von daher am empfänglichsten sind.« Investigative Recherchen am ISD haben ergeben, dass sensationsheischender und radikaler Content durchgehend den wahrheitsnahen und gemäßigten Content hinter sich lässt, was die Klickzahlen anbelangt. »Wenn das Spielfeld nicht eben ist, kippt die Balance zugunsten der radikalen Akteure.« Dieses System lässt die großen Tech-Plattformen längst nicht mehr als neutrale Player in Erscheinung treten. Sie mögen sich für politisch unparteiisch halten, aber neutral sind sie nicht, denn sie sind so gestrickt, dass sie die extremsten Inhalte favorisieren. »Genau das ist der Kern des Mainstreamings von radikalem Gedankengut«, meint Sasha Havlicek. »Als Allererstes müssen wir also dieser ›Empörungsmaschine‹ etwas entgegensetzen.«

Algorithmen sind menschengemacht; sie können von Menschen verändert werden. Sasha Havlicek blickt zuversichtlich auf die weitere Entwicklung: »Die europäischen Regierungen sind längst dabei, stärker regulierende Mechanismen einzuführen, die die algorithmische Verzerrung ins Visier nehmen, und in den USA konzentriert man sich darauf, auf den Social-Media-Plattformen für mehr Transparenz und Verantwortlichkeit zu sorgen.« Während autoritäre Regime also mit Zensur und Löschung reagieren, ist der liberaldemokratische Ansatz Transparenz und mehr Verantwortlichkeit rund um das gesamte mediale System. »Wir dürfen einfach nie die Menschenrechtsperspektive aufgeben, die den Kern jener Werte ausmacht, für die wir uns einsetzen«, sagt Havlicek. Das *sine qua non* ist Transparenz bei den Entscheidungsprozessen, beim Produktdesign und bei den algorithmischen Prozessen sowie genügend Datenmaterial, um die algorithmischen Auswirkungen der Plattformen überprüfen zu können.

Die Maßnahmen sollten auch über die großen Social-Media-Plattformen wie Facebook, Instagram, Twitter, YouTube und TikTok hinausgehen. Denn das Feld der alternativen sozialen Medien entwickelt sich schnell. Von Extremisten, Verschwörungstheoretikerinnen und Ultralibertären gern genutzte Alt-Tech-Plattformen sind Parler, Gab, Truth Social, Gettr, Bit Chute, Substack und Odysee. Diese verstehen sich als sichere Häfen für die Meinungsfreiheit. Verschlüsselte Messaging-Apps nach Art von Telegram, Discord und WhatsApp werden hier genutzt, um Sicherheitsdienste zu umgehen und im stillen Kämmerlein Kampagnen zu koordinieren.

## Interessengruppen zusammenbringen

*Aktionsbündnisse schmieden*

Rassismus, Frauenhass, Anti-LGBTQ-Aktivismus, die Leugnung des Klimawandels und die Verbreitung von Desinformation über Corona und den Krieg gegen die Ukraine sind alle Teil des gleichen Großtrends. Die Reihen der Rechtsextremisten und Ultrakonservativen sind für ihren Kampf gegen »das liberale Establishment« und die »woken« Eliten gut aufgestellt und vernetzt. Ihre Kampagnen und Mobilisierungsanstrengungen sind deswegen so erfolgreich, weil sie unwahrscheinliche Allianzen geschmiedet haben. Trotzdem ist bislang nur in Einzelfällen versucht worden, gegen diese miteinander verbundenen Phänomene vorzugehen. Antirassisten, Feministinnen, LGBTQ-Vorkämpfer, Umweltschützerinnen und Faktenchecker haben je ihren eigenen Kampf ausgefochten.

»Obwohl die Extremisten größere Zusammenhänge gebildet haben, haben wir immer noch keine Idee davon, wie wir die Gräben zwischen den unterschiedlichen aktivistischen Fronten überbrücken und die Synergien unserer Netzwerke nutzen könnten«, sagt Havlicek und weist darauf hin, dass es einen klaren Rahmen dafür braucht, wie sich gemeinsam Energie in eine liberal-demokratische Zukunft stecken ließe. Wenn wir verhindern wollen, dass die an so vielen Fronten längst erkämpften gesellschaftlichen und wissenschaftlichen Fortschritte wieder zurückgedreht werden, »müssen wir unsere Ressourcen in einen Topf werfen und unsere Reaktionen koordinieren, also die Teilbereiche Klimaaktivismus, Migrationspolitik, Menschenrechtsaktivismus, Desinformationsanalyse und Radikalisierungsprävention zusammenbringen.«

*Auf globaler und lokaler Ebene Menschen aus der Praxis vernetzen*

Die Extremisten haben die Strategie entwickelt, globale Vernetzung und das Teilen von Informationen mit hyperlokaler Mobilisierung zu kombinieren. Im Marketing würde man das als eine ›glokale Strategie‹ bezeichnen. Internationale Meme-Datenbanken werden an politische Kontexte vor Ort angepasst, aufs Regionale konzentrierte Kampagnen werden von

Sympathisanten auf der ganzen Welt weiterverbreitet und gehen so viral.

Um auf diesen Wettbewerbsvorteil der Extremisten zu reagieren, gibt es nur einen Weg: Wir müssen besser werden in der ›glokalen‹ Zusammenarbeit bei der Radikalisierungsbekämpfung, und zwar gleichermaßen auf politischer wie auf interventionistischer Ebene. Das ›Strong Cities Network‹ (SCN) ist eine Initiative, die genau das macht. Das Netzwerk hat Bürgermeister und politische Entscheidungsträgerinnen aus den Regierungen von 140 Metropolen, Bundesstaaten, Landkreisen und Gemeinden miteinander in Kontakt gebracht, um ihre Erkenntnisse auf dem Feld der Extremismusprävention und über global und lokal zu beobachtende Muster zu teilen.

»Unsere Recherchen haben gezeigt, dass die sozialen Kontakte und Missstände, die Radikalisierung befördern, oft einen hyperlokalen Charakter haben«, erzählt mir Jakob Guhl. Er ist Experte für Desinformation und Extremismus in der ›Digital Research Unit‹ am ISD und hat viele radikale Ideen dabei beobachtet, wie sie ihren Weg bis in die Mitte der Gesellschaft nehmen. »Aber auch bei ganz konkreten lokalen Ereignissen gewonnene Erkenntnisse können hochgradig relevant sein für Communitys in ganz anderen geographischen Settings, sogar in anderen Ländern.« Das SCN zum Beispiel hat einen Werkzeugkasten für die akute Reaktion auf einen Terroranschlag entwickelt; dieser wurde nach dem Anschlag im neuseeländischen Christchurch als Best-Practice-Vorlage in der politischen Kommunikationsstrategie benutzt.

Das vom deutschen Innenministerium finanzierte Programm »MoDeRad: Modellkommune Deradikalisierung« ist ein weiteres Beispiel dafür, wie an konkreten Orten gemachte

Erfahrungen und durchgeführte Pilotprojekte auch in gänzlich anderen Zusammenhängen für die Entwicklung von Präventions- und Interventionsansätzen nutzbar werden können. Bei einem Projekt in Essen wurde beispielsweise erfolgreich eine Parkour-Laufgruppe ins Leben gerufen, die jungen Menschen eine abenteuerliche, körperlich anspruchsvolle Alternative zu den von extremistischen Bewegungen wie den örtlichen rechtsextremen ›Steeler Jungs‹ organisierten sportlichen Aktivitäten bot. Dieses Projekt verweist auf den großen Bedarf, den es gibt, um mit den von lokalen Extremistenszenen organisierten Freizeit- und Community-Building-Angeboten mithalten zu können.

Es sind ganz konkrete lokale Orte, wo Menschen den Großteil ihrer Zeit verbringen: der Arbeitsplatz, religiöse Gruppen, der Sportverein oder andere Freizeiteinrichtungen. Als Umfeld mit hohem Vertrauenswert sind solche Orte in einer guten Ausgangsposition, um mit Einzelnen, die vielleicht auf dem Weg in die Radikalisierung sind, in Kontakt zu kommen. »In den eigenen Arbeitgeber setzen Angestellte oft großes Vertrauen«, sagt Guhl. Das ›Business Council for Democracy‹ (BC4D) ist ein gemeinsam von der Hertie Stiftung, der Robert Bosch Stiftung und dem ISD Deutschland entwickelter innovativer Ansatz, um einzelne Angestellte, aber auch ganze Belegschaften in mündiger Digitalbürgerschaft zu schulen. In Zusammenarbeit mit der Bundesvereinigung der Deutschen Arbeitgeberverbände e.V. (BDA) sind die BC4D-Kurse in sechs deutschen Unternehmen erprobt worden, darunter Volkswagen und die in Recycling-Dienstleistungen führende ALBA-Gruppe. Was uns noch allgemeiner zur Rolle der Privatwirtschaft bringt.

*Die Wirtschaft einbinden*

Extremisten haben ihre ganz eigene Geschichte mit dem Kapern von Modemarken für ihre radikalen Kampagnen. Beispiele für Marken, die schon von Rassisten und Neonazis vereinnahmt wurden, sind die Turnschuhe von New Balance und die Polo-Shirts von Fred Perry. Für die meisten Bekleidungsfirmen bedeutet der Missbrauch durch Extremisten zunächst eine PR-Krise. Es müssen Maßnahmen ergriffen werden, um sich von den rassistischen Provokateuren zu distanzieren.

Viele Unternehmen stehen jedoch deutlich weniger sichtbar in irgendeiner Verbindung zu extremistischen Kampagnen, als es bei gekaperten Modemarken der Fall ist. Zum Beispiel dann, wenn sie der Finanzierung von Extremisten Zahlungsdienste zur Verfügung stellen, deren Web-Auftritt hosten oder über Online-Anzeigen deren Aktivitäten querfinanzieren. »Wir müssen Firmen, die extremistische Propaganda oder Desinformationskampagnen unterstützen, stärker zur Verantwortung ziehen«, meint Sasha Havlicek.

In der Privatwirtschaft stehen mittlerweile ›ESG‹-Kriterien (für *Enviromental, Social, Governance*) hoch im Kurs. Unternehmen richten ihren Fokus immer stärker darauf, Investoren mit einem gesellschaftspolitischen Bewusstsein sowohl auf umweltschutztechnischer und sozialer Ebene als auch auf der Ebene der Unternehmensführung zufriedenzustellen.

Umweltaktivismus hat das Nachhaltigkeitsbewusstsein der Konsumenten erhöht, was im Umkehrschluss positive Bewegung in die unterschiedlichsten Branchen gebracht hat, weil sie unter Druck geraten sind, ihre Anstrengungen zur Minimierung ihres $CO_2$-Fußabdrucks zu forcieren. »Wenn sie keine deutlich spürbare Rufschädigung in Kauf nehmen wollen, dürfen sich Unternehmen heute keinen nachlässigen Umgang mit dem ›E‹ mehr leisten«, merkt Havlicek an. »Aber beim ›S‹ und beim ›G‹ kann noch einiges getan werden.«

Um die Auswirkung einer Investition auf die Demokratie zu begreifen, brauchen wir bessere Auswertungsmodelle. So, wie wir den $CO_2$-Fußabdruck eines Produkts oder einer Dienstleistung messen können, braucht es auch eine Formel, um demokratische Verantwortung bewerten zu können. »Kein Privatunternehmen wird glücklich darüber sein, wenn unsere liberalen, demokratischen Gesellschaften in autokratische Regierungsstrukturen abdriften«, so Havlicek. Die Wirtschaft habe also ein Interesse daran, in eine Zukunft zu investieren, die weder Ausschlussmechanismen generiere noch autokratisch funktioniere. Sie glaubt, dass »wir damit anfangen sollten, über öffentlichkeitswirksame Kampagnen ein erhöhtes Bewusstsein für demokratische Verantwortung zu schaffen, damit die Konsumentinnen und Konsumenten wissen, wie sehr sich ihre Kaufentscheidungen auf die Art der Unternehmensführung auswirken.« Dann sei es nur noch eine Frage der Zeit, bis Investoren und Unternehmen sich anpassten.

## Alle Generationen ansprechen

### *Generation Alpha*

»Um die jungen Generationen resilient zu machen, ist es ausschlaggebend, sich auf die Schnittstelle von Psychologie und Medienkompetenz zu konzentrieren«, sagt Jennie King, die Leiterin der Abteilung Bürgerschaftliches Engagement und Bildung beim ISD. Sie hat das ›Be Internet Citizens‹-Programm mitentwickelt, das darauf abzielt, bei Teenagern die Resilienz gegen Hass und Desinformation im Internet zu stärken. Das daraus entstandene Lernmittelpaket wurde für britische Schulen und Jugendzentren offiziell zugelassen.

»Wir wollten, dass junge Menschen einen Rahmen zur Verfügung gestellt bekommen, innerhalb dessen sie ihre eigenen Vorurteile befragen können«, sagt King. Die Jugendlichen sollen dazu ermutigt werden, sich mit folgenden Fragen auseinanderzusetzen: Wie schafft es die Architektur des Internets, dich politisch in eine radikale Richtung zu pushen? Wie kommt es, dass jemand empfänglich wird für hasserfüllte und radikale Inhalte? Wie kannst du dich kritisch mit deiner eigenen instinktiven Reaktion auf einen bestimmten Content auseinandersetzen?

Es ist im pädagogisch-schulischen Kontext wichtig, bei bestimmten Verschwörungstheorien nicht ins Detail zu gehen, denn genau das können junge Menschen zunächst besonders spannend finden. »Was mit Faszination beginnt, kann sehr schnell zu einem Problem werden«, meint Jennie King. Kinder und Jugendliche könnten so überhaupt erst dazu angeregt werden, im Netz bestimmten Verschwörungsmythen nachzugehen. »Der Fokus sollte also vielmehr auf Kompetenzen und Fähigkeiten gelegt werden, die niemandem mehr zu nehmen sind und die dann von Trend zu Trend immer wieder angewandt werden können.«

Im Bildungssektor herrscht eine Vertrauenskrise. »Viele Lehrerinnen und Lehrer fühlen sich nicht gerüstet, um die heutige digitale Medienlandschaft zu verstehen«, sagt King. Dabei sind viele Kompetenzen, die fürs Digitale benötigt werden, gar nichts anderes als schon bekannte Fertigkeiten: kritisches Denken, Querlesen, Selbstbewusstsein und emotionale Intelligenz. »Wir versuchen, genau das zu betonen, um die Einstiegshürde für Pädagogen, sich mit diesem Feld auseinanderzusetzen, zu senken.« Der wichtigste Beitrag, den Lehrerinnen und Eltern leisten könnten, sei, Kindern und Jugendlichen dabei zu helfen, wiederkehrende Muster in Radikalisierungsnarrativen und Manipulationstaktiken zu erkennen.

Eine andere Möglichkeit, innerhalb der Generation Alpha Resilienz zu stärken, ist der Fokus auf die menschliche Dynamik von Interaktion. Das heißt: Menschen sollten schon von früh an mit unterschiedlichen sozioökonomischen, kulturellen und ethnischen Hintergründen konfrontiert werden. Das könne so aussehen, sagt King, dass Schulen aus demografisch unterschiedlich aufgestellten Wohngegenden zusammengebracht und divers aufgestellte Teams gebildet würden, die dann in Projektgruppen zu ihnen wichtigen gesellschaftlichen Themen arbeiteten. »Junge Menschen zu ermutigen, bei einem sozial engagierten Projekt ihrer Wahl zusammenzuarbeiten, ist eine gute Möglichkeit, um Vielfalt zu vermitteln, und zwar nicht als ein ständig nur formuliertes Projektziel, sondern einfach als Nebenprodukt des gemeinsamen Tuns.« Für die Schaffung von emotionalen Bindungen sowie eines zwischenmenschlichen und interkulturellen Bewusstseins sei es viel effektiver, Dinge gemeinsam zu entwickeln und zu gestalten, als theoretische Vorträge über Diversität zu hören.

*Generation Z*

Die Generation Z wird manchmal auch als ›Mem-Generation‹ bezeichnet. Lange Texte bekommen von ihr nur wenig Aufmerksamkeit, für die meisten *Digital Natives* ist visuelle Ästhetik ausschlaggebend. Laut einer Studie von Microsoft greifen

77 Prozent der 16- bis 24-Jährigen automatisch zu ihrem Handy, wenn gerade nichts anderes ihre Aufmerksamkeit bindet. Von den Über-65-Jährigen haben verglichen damit nur zehn Prozent den gleichen Impuls. Angehörige der *Gen Z* sind es gewöhnt, dass eine Vielzahl visueller, auditiver und kinästhetischer Stimuli um ihre Aufmerksamkeit buhlt. Die Aufmerksamkeitsspanne von uns allen ist insgesamt betrachtet schon auf acht Sekunden gesunken – eine Sekunde kürzer als die eines Goldfischs.

Extremisten waren schnell bei der Hand, diesen Trend zu sehen und zu nutzen. Während der IS noch visuell markantes Propagandamaterial erstellte, um der Generation Z zu gefallen, war es doch die Alt-Right, die sich als Erste strategisch und zu Radikalisierungszwecken der Memes bediente. Nachdem sie gesehen hatten, wie erfolgreich die Alt-Right-Bewegung damit bei den jüngeren Generationen war, haben mittlerweile extremistische Bewegungen auf der ganzen Welt damit begonnen, ihre Ästhetik zu kopieren – angefangen bei salafistischen Dschihadisten und rechtsextremen Wahlkämpfern in Brasilien bis hin zu indischen Ultranationalisten, ägyptischen Neonazis und marokkanischen Monarchisten. »Es scheint ein universelles Bedürfnis nach und eine starke Faszination durch die Internetkultur zu geben«, erklärt Jakob Guhl. »Wir müssen in diesem Sinne besser werden, um das noch junge Zielpublikum ebenfalls zu erreichen.«

Das wiederum wirft die Frage auf: Wie können wir mit trollenden Salafisten und Neonazis um die Herzen und Köpfe junger Menschen buhlen? Die extremistischen Communitys von heute funktionieren so, dass sie sich über jeden ernsthaften Versuch, sich in ihre kulturelle Dynamik einzumischen, lustig machen. Deswegen bleibt uns vielleicht nur ein einziger Weg: Wir müssen kreativ werden und so lustig sein, dass junge Menschen Lust bekommen, sich mit uns zu beschäftigen. Guhl schlug einen *Writer's Room* für Comedy-Autoren vor, in dem Comedians und viralen Content generierende, in ihren Communitys glaubwürdige Influencer und Influencerinnen zusammenkommen. Studien zeigen, dass prominente Influencer es effektiv schaffen können, Hass und Vorurteile ihrer Community gegenüber zu reduzieren. Als der muslimische Top-Fußballer Mohamed Salah zum FC Liverpool wechselte, gingen antimuslimische Hassverbrechen im Großraum Liverpool merklich zurück, und Fans des Clubs posteten 50 Prozent weniger islamfeindlichen Content auf Twitter.

›Facts for Friends‹ vertreten einen ganz ähnlichen Ansatz: Das Ziel dieses Start-ups ist es, das Checken von Fakten sexy zu machen. Das Unternehmen überbrückt die klaffende Lücke zwischen den Fakten-Checkern und den Social-Media-Plattformen, indem es der ›Mem-Generation‹ visuell ansprechende, lustige »Fact Snacks« anbietet. Die Initiative arbeitet mit jungen Influencern, so genannten »Factfluencern«, zusammen, um die von offiziellen Fact-Checking-Websites wie Full Fact in Großbritannien oder Correctiv in Deutschland zur Verfügung gestellten Informationen in Posts zu übersetzen, die sich auf Instagram teilen lassen.

*Digitale Migranten*

Davon auszugehen, dass radikal manipulative Kampagnen nur um die Jüngsten werben, wäre ein Fehler. Eine 2022 in Deutschland durchgeführte Studie hat ergeben, dass Telegram-Nutzerinnen und -Nutzer zwischen 30 und 50 am empfänglichsten sind für pro-russische Propaganda und Verschwörungserzählungen. Bei den Präsidentschaftswahlen in den USA 2016 waren es erwachsene Menschen über 50, die als ›Desinformations-Supersharer‹ bezeichnet wurden, weil sie für 80 Prozent der geteilten Fake News verantwortlich waren. Eine andere Studie fand heraus, dass Facebook-Nutzerinnen und -Nutzer über 65 im Durchschnitt sieben Mal mehr Links zu Fake-Nachrichtenseiten teilen als jüngere User.

Kognitiver Verfall und Einsamkeit liefern nicht ausreichend Erklärungen dafür, warum ältere Menschen überdurchschnittlich viel Desinformation im Netz teilen. Es gibt also recht eindeutig die Notwendigkeit, sich um die digitalen Kompetenzlücken bei den älteren Generationen mehr zu kümmern. Viele ihrer Angehörigen sind technisch versiert genug, um einen Social-Media-Post oder einen Artikel zu liken oder zu teilen, häufig aber fehlt ihnen die Fähigkeit, zwischen glaubwürdigen und informationsverzerrten digitalen Medieninhalten zu unterscheiden. Wir können sie nur bitten, sich mit Fragen wie den folgenden auseinanderzusetzen: Wie kommt es, dass Menschen in Zeiten, in denen sie sich unsicher fühlen, nach Mustern suchen? Welche Indikatoren gibt es für Seriosität und Glaubwürdigkeit in den neuen Medien?

Jennie King sagt es so: »Genau wie den jungen müssen wir auch diesen Menschen helfen, die Standardmerkmale für Verschwörungsnarrative zu erkennen, Erzählungen, die in der Menschheitsgeschichte immer und immer wieder aufgetreten sind.« Um mit älteren Generationen in Kontakt zu kommen, kann es sehr zielführend sein, Hassnarrative an historischen Beispielen zu erläutern, statt sich auf ganz konkrete Verschwörungserzählungen zu fixieren. Allerdings sollten solche Interventionen auch die sich verschiebenden sozialen Zielsetzungen dieser Generationen auf dem Schirm haben sowie deren psychologische Motivatoren kennen. Jennie King meint, wir sollten »Verständnis aufbringen für die Tatsache, dass es uns allen passieren kann, beeinflusst, umworben oder manipuliert zu werden.« Emotionale Empathie an den Tag zu legen und den jedem Verschwörungsmythos zugrundeliegenden psychologischen Zweck ausfindig zu machen, sei für jede Intervention ein wichtiger Ausgangspunkt.

### *Die Trendwende herbeiführen*

*Die Sprache zurückerobern*

In den vergangenen Jahren haben Extremisten etwas Grundlegendes mit unserer Sprache bzw. unserer Wahrnehmung von Sprache gemacht. Sie haben Begriffe wie ›Freiheit‹, ›Demokratie‹ und ›Menschenrechte‹ besetzt und sie an ihre eigenen politischen Zielsetzungen angepasst. Gleichzeitig haben sie es geschafft, eigentlich linksliberale Begriffe wie ›Diversität‹, ›Liberalismus‹ und ›Multikulturalität‹ in einen negativen Hallraum zu stellen, um den politischen Gegner zu desavouieren. Zusätzlich haben sie ursprünglich mit Corona in Zusammenhang stehende Wörter wie ›Lockdown‹, ›Alarmismus‹ und ›Elitarismus‹ im Kontext von thematisch ganz anders gelagerten Kampagnen eingesetzt, um tiefsitzende, an die Pandemie gekoppelte Ängste und Frustrationen zu schüren.

»Das, was gesagt wird, bedeutet mittlerweile manchmal etwas anderes«, sagt Sasha Havlicek und empfiehlt, auf Sprachmanipulation laut und deutlich hinzuweisen, wenn sie denn passiert. »Die Ukraine bietet uns eine Gelegenheit, das Blatt zu wenden.« Als Erstes sollten die Widersprüche und die Heuchelei aufgezeigt werden, die der vom Kreml finanzierten Propaganda und deren Fan-Gemeinden innerhalb der Alt-Right-Bewegung innewohnen. Dem stimmt Davey zu: »Wir müssen die offensichtliche Doppelzüngigkeit von Gruppierungen öffentlich machen, die zwar die Demokratie- und Menschenrechtssprache kapern, aber für nichts anderes stehen als für autoritäre Ideen und die Missachtung der Menschenrechte.«

Dinge falsch zu etikettieren oder in einen ganz anderen Kontext zu verschieben sind potente Werkzeuge geworden, um Keile in Gemeinschaften zu treiben. Und das passiert nicht nur in Nischen-Communitys. Jacob Davey erklärt mir, dass die strategische Aneignung und Verzerrung von Sprache zu einer beliebten Waffe im laufenden Kulturkrieg geworden ist. Die ›Critical Race Theory‹ ist ein gutes Beispiel für einen Begriff, der von rechtsgerichteten Aktivisten so verdreht worden ist, dass er mittlerweile weit über seine originäre Bedeutung hinausreicht. Davey sagt: »Der Begriff wird heute als ein politisches Instrument der Linken wahrgenommen und nicht mehr als ein interdisziplinärer Bildungsansatz zur Geschichte der ethnischen Diskriminierung.« Auch die Bezeichnung *»Grooming«* (also: ein auf einen intendierten Missbrauch abzielendes Heranziehen bzw. Gefügigmachen von Kindern) in Bezug auf den schulischen Unterricht zu sexueller Orientierung und Vielfalt ist zu einem machtvollen verbalen Werkzeug von konservativem und rechtsextremem Aktivismus geworden und soll liberale Politik in Misskredit bringen.

Um Sprachmanipulation aufzudecken – wo auch immer auf dem politischen Spektrum sie passiert – müssen wir mit Linguisten zusammenarbeiten. Davey meint, dass ein positives

Framing von demokratischen, liberalen und Menschenrechtsbegrifflichkeiten eine starke Führungsrolle von Politik und Zivilgesellschaft braucht. »Wir müssen fragen: Wem nimmt man wirklich ab, dass er oder sie sich für diese Dinge einsetzt?« Eine Möglichkeit, um besetzte und verdrehte Begriffe zurückzuholen, wäre die Kooperation mit charismatischen Figuren sowohl von der progressiven als auch von der konservativen Seite des politischen Spektrums sowie mit Influencerinnen, die lagerübergreifend gut gefunden werden, zum Beispiel Menschen aus Militär, Religion und Sport.

*Opportunismus zur Anzeige bringen*

Es ist kein Geheimnis, dass die radikalen Ränder zutiefst opportunistisch sind. Doppeldenk ist in vielen extremistischen und verschwörungstheoretischen Communitys ein integraler Bestandteil des Modus Operandi. Verschwörungsnetzwerke wie QAnon verlagern und verformen ihre Narrative so, wie es der Fortgang der politischen Ereignisse bzw. die Veränderung gesellschaftlicher Dynamiken gerade erfordert. Jedes neue Beweisstück wird in die schon existierende Gesamtmythologie der Bewegung integriert. QAnon und seinesgleichen sind ideologisch durch eine hohe Flexibilität gekennzeichnet, was für Deradikalisierungs- und Interventionsmaßnahmen durchaus eine Herausforderung sein kann. Aber dieser Opportunismus kann auch eine Chance sein.

Wir können ganz explizit auf die Punkte hinweisen, die voller kognitiver Dissonanzen sind, sowie die Versuche herausstellen, eigene Narrative stark zu beugen. Jacob Davey sagt es so: »Extremistischen Opportunismus und widersprüchliches Denken zu entlarven, birgt das Potenzial, manchen Leuten, die Gefahr laufen, Anhänger radikaler Ideen zu werden, die Augen zu öffnen – vor allem jenen, die noch nicht ganz in eine Bewegung hineingesaugt wurden, sondern noch damit liebäugeln.« Es sei nicht allzu hilfreich, die extremsten Ränder zu entradikalisieren, aber es könne doch gewisse Mainstreaming-Effekte auf die Gesamtgesellschaft abbremsen. Hierfür müssten wir mit zuverlässigen, auf dem Feld der Desinformation beschlagenen Experten mit verschiedensten Hintergründen kollaborieren und deren Botschaften über mediale Formate auf TikTok, Instagram oder Netflix verbreiten.

*Desinformation frühzeitig entlarven*

Falschinformation hat etwas Grundlegendes mit Medizin gemeinsam: Vorbeugen ist besser als heilen. Ist ein Stück Desinformation erst mal in der Welt, ist der Schaden schon passiert. Studien zeigen, dass Faktenchecks ex post nur wenig ausrichten können, wenn es darum geht, die Auswirkung unwahrer Geschichten zurückzunehmen. Entlarvungen im Nachhinein erreichen weniger Menschen als die Desinformation selbst und verbreiten sich nicht annähernd so schnell wie die Lügen, die sie enttarnen wollen.

Entlarvung im Vorfeld, das ist erwiesen, ist also deutlich effektiver als der Falschheitsnachweis im Nachhinein. So genannte *›Pre-Bunks‹*, also das proaktive Gegensteuern gegen Desinformation, sollen Menschen in die Lage versetzen, ein Faktenverständnis zu entwickeln und Versuche der Tatsachenverzerrung umgehend zu erkennen. Das führende US-Anti-Desinformationsprojekt ›First Draft‹ unterscheidet zwischen drei verschiedenen Arten des *Pre-Bunkings*: das faktenbasierte, das logikbasierte und das quellenbasierte. Die von diesem Projekt entwickelten Leitfäden helfen Journalistinnen, Faktencheckern, Regierungen und Forschungsinstituten, Schritt für Schritt und proaktiv das Wirklichkeitsbewusstsein auf Gebieten zu stärken, wo Desinformationswellen zu erwarten sind.

Denn Expertinnen können oft voraussagen, wo die nächste Desinformationswelle auftreten wird. Im Ukrainekrieg ist effektives ›*Pre-Bunking*‹ betrieben worden, um Kreml-naher Desinformation frühzeitig entgegenzutreten. Auf der Basis von konzertierter Arbeit der NATO-Geheimdienste und einem fundierten Wissen über die russischen Propagandastrategien waren westliche Journalisten regelmäßig einen Schritt weiter und publizierten Fakten schon, bevor Russland sie verzerrt darstellen konnte. Das war beispielsweise der Fall bei Putins Versuch, die Ukraine als ein Land voller Nazis zu zeichnen, um seinen Aggressionskrieg zu rechtfertigen.

Wie es hier geklappt hat, könnte auch für künftige Versuche, frühzeitig das Bewusstsein für die Faktenlage zu schärfen, eine gute Vorlage sein. Jacob Davey schlägt vor: »Warum nicht mit Journalistinnen und Geopolitik-Experten zusammenarbeiten und eine Voraussage treffen, was mit relativer Sicherheit als Nächstes durch den Nachrichtenzyklus läuft – und wie groß das Potenzial ist, dass damit in Zusammenhang stehende Desinformation und Verschwörungserzählungen aufkommen werden. So könnten wir besser vorbereitet sein auf die Themen, auf die Extremisten wahrscheinlich als Nächstes aufspringen.«

### *In Zukunft*

*Vertrauen neu aufbauen*

»Ist das Vertrauen vielleicht deswegen so stark beschädigt, weil wir keine öffentlichen Plätze mehr haben?«, will Sasha Havlicek wissen. Wir haben heute ein völlig fragmentiertes Informationssystem. Den einen Ort, an dem Debatten geführt werden, gibt es nicht mehr. Auf dem öffentlichen Platz musste man um das Rederecht noch wetteifern. Heute reden (oder twittern) wir wann wir wollen, aber meist nur unter Gleichgesinnten. Jenseits der eigenen politischen Blase gibt es kaum mehr die Erfahrung des Zusammentragens von Informationen und des Ideenaustauschs. Havlicek ist überzeugt, dass »wir neue Wege finden müssen, um den öffentlichen Platz wieder einzurichten und Vertrauen neu aufzubauen.«

Sie sagt: »Die radikalen Randgruppen haben sich in ihren Kampagnen strategisch für den langfristigen Ansatz entschieden, während die politische Mitte nicht über die größeren kulturellen Verschiebungen nachdenkt, weil sie nur in Wahlzyklen denken kann.« Wir hätten noch nicht verstanden, sagt sie, dass Vertrauen in die Wissenschaft zunächst den kulturellen Kontext brauche. Vertrauen sei viel zu emotional und habe viel zu viel mit Identität zu tun, als dass es hierbei vor allem um Tatsachen gehe. »Die Extremisten haben das verstanden«, warnt sie. »Und Russland auch.« Beide triggerten etwas zutiefst Instinktives und Emotionales und wendeten sich nicht nur an den Intellekt der Leute. Auch wir müssten über rein faktenbasierte Kampagnen hinauskommen und Content erstellen, der Gefühle auslöse.

Ein weiterer ganz wichtiger Baustein bei der Wiederherstellung von Vertrauen sind seriöse Medien. Eine Idee hierzu wäre, eine unabhängige, neutrale Institution zu gründen, die Lizenzen an vertrauenswürdige Nachrichtenquellen vergibt. Viele Unternehmen, vom Restaurant über den Friseursalon bis hin zur Arztpraxis, brauchen Lizenzen für ihren Betrieb. Um Kunden die Haare schneiden, Gästen Essen und Alkohol servieren oder Patientinnen behandeln zu dürfen, braucht es eine offizielle Zulassung. Warum also wird nicht auch etwas so Grundlegendes wie die Informationsweitergabe von einer unabhängigen Qualitätssicherung reguliert? Wir könnten ein System etablieren, das für Journalisten und Medienunternehmen ganz ähnlich funktioniert. Lizenzen müssten dann vielleicht nach unterschiedlichen journalistischen Formaten vergeben werden, von Live-Berichterstattung und politischer Analyse hin zur herkömmlichen Reportage und dem meinungsbasierten Kommentar. Auch Neueinsteiger müssten diese Lizenzen bekommen können, die Vergabe müsste einfach nur einem transparenten, in sich konsistenten und vorurteilsfreien Reglement folgen.

*Forschung in Echtzeit*

»Wirkungsorientierte Forschung ist ausschlaggebend, wenn man Politik und Verhalten verändern will«, meint Davey. Extremisten seien im Hinblick auf Technologien und Jugendkulturen *Early Adopter*. »Weil sich sowohl die Technik-Trends als auch die Netzkultur mit derart hoher Geschwindigkeit weiterentwickeln, müssen wir einfach pausenlos dranbleiben, wenn wir verstehen wollen, wie sich die Taktik von Extremisten verändert.« Wolle man nicht immer einen Schritt hinterherhängen, sei Echtzeit-Forschung zentral. Um mit der sich ständig ändernden Bedrohungslandschaft Schritt zu halten, stellt Jacob Davey sich ein Monitoring-System auf vier Pfeilern vor: 1. plattformübergreifende Big-Data-Analysen mit Material von Mainstream- als auch von Subkulturplattformen, um die übergreifenden Trends bei extremistischer Mobilisierung verfolgen zu können, 2. ethnografische Tiefenanalysen aus der Forschung, um die Narrative, die Sprache, die Memes, die ästhetischen Stile und die Ereignisse nachvollziehen zu können, die extremistische Gruppierungen motivieren, 3. geheimdienstliche Open-Source-Recherchen (OSCINT), die einen genauen Blick werfen auf die Finanzierung und die technische Infrastruktur bestimmter Gruppierungen, und 4. Datensammlungen, die Informationen der Crowd zusammentragen und wo Nutzer Hass- und Desinformationskampagnen melden können, die genauer betrachtet werden sollten.

»Es ist unmöglich, eine Strategie auszuarbeiten, wenn man nichts weiß über Umfang, Art und Genese des Problems«, meint Davey. Der ISD-Bericht »Hosting the Holohoax« ist ein gutes Beispiel dafür, wie kontinuierliche Echtzeit-Begleitung zu einem Politikwandel führen kann. Das Forschungsprojekt, in dem Holocaust-Leugnung im Internet verfolgt wurde, war Bestandteil einer größer angelegten gemeinsamen Kampagne von Denkfabriken und NGOs, die Facebook und Twitter so weit unter Druck setzen sollte, damit die Unternehmen ihre ungeeigneten Nutzungsbedingungen so anpassen, dass sich Antisemitismus auf ihren Plattformen ahnden lässt. Die an dieser Kampagne Beteiligten konnten weitgehende Belege dafür vorlegen, dass die Nutzungsbedingungen auf den Plattformen ineffektiv und inkohärent sind. Das zeitigte den Erfolg, dass erst Facebook und schließlich auch Twitter neue Nutzungsbedingungen einführten. Ein vielleicht noch haptischeres Beispiel war die so genannte ›Bankrolling Bigotry‹-Recherche, die zur Finanzierungs- und Spendenstruktur von US-Hassgruppen im Internet gearbeitet und über 50 verschiedene Finanzierungsmodelle ausfindig gemacht hat. »Infolge der Publikation des abschließenden Berichts kündigten über ein Dutzend Plattformen die Accounts von extremistischen Gruppierungen«, erzählt mir Jacob Davey.

Um Trends vorherzusehen, ist es zu guter Letzt ebenfalls wichtig, unterschiedliche Typologien von Hass im Netz zu verfolgen. Davey vertritt die Ansicht, dass »ein Anstieg von antimuslimischem, anti-queerem oder frauenfeindlichem Aktionismus auch ein Stellvertretersymptom dafür sein kann, dass es innerhalb einer Community zu einer stärkeren Polarisierung kommt«. Hierbei kann es hilfreich sein, die Wahrscheinlichkeit zu bestimmen, mit der Strafverfolgungsbehörden, Technologieunternehmen und Geheimdienste mehr Ressourcen auf bestimmte Präventionsmaßnahmen oder Förderprogramme für gesellschaftlichen Zusammenhalt verwenden müssen. Auch der Schutz weicher Ziele – wenn sich also die Bedrohungslage für bestimmte Minderheiten, Politikerinnen oder Aktivisten verschärft – kann so informierter und dadurch effektiver werden. Online-Überwachungsdaten sollten außerdem mit anderen Datenquellen wie Umfragedaten oder Statistiken zu Hassverbrechen abgeglichen und kombiniert werden.

*Auf Tech-Trends reagieren*

Künstliche Intelligenz ist Mainstream geworden, und das Metaversum steht schon in den Startlöchern. Es ist nur eine Frage der Zeit, bis uns die Szenerie möglicher extremistischer Bedrohungen vor ganz neue Herausforderungen stellen wird. »Regierungen waren in der Vergangenheit immer furchtbar schlecht darin, den Blick nach vorn zu wenden und die Horizontlinie zu scannen«, sagt mir Carl Miller. Er ist Mitbegründer der digitalen Forschungsstelle CASM beim Think Tank Demos und hat *The Death of the Gods* geschrieben, ein Buch, in dem er der zunehmenden Bedeutung neuer Technologien für die Machtverteilung in der Gesellschaft nachgeht.

Miller warnt: Eine der größten Herausforderungen der näheren Zukunft entstehe durch das Aufkommen digitaler autonomer Organisationen (DAOs). DAOs sind dezentralisierte Plattformen auf Blockchain-Basis, die als Mobilisierungsdrehkreuz und Anlageinstrument genutzt werden können. Sie besitzen das Potenzial, alle existierenden Regulierungsrahmen zu sprengen, da sie keine juristischen Personen sind, keine Bankkonten besitzen, die von Regulierungsbehörden gesperrt werden könnten, und keine physischen Büros haben, die lokalisiert werden könnten. In den Bitcoin-Communitys wird die Aufregung längst größer. Laut der DAO-Analyse-Website ›DeepDAO‹ gibt es tausende DAOs, die zusammengenommen über Milliarden von Dollar verfügen. Kommerzielle DAOs könnten politische und aktivistische DAOs dazu anregen, mit Ersteren gleichzuziehen. Eine »Free Julian Assange DAO« gibt es bereits. Carl sagt voraus, es sei nur eine Frage der Zeit, bis sich extremistische Gruppierungen diese neue, auf Tokenomics basierende Architektur zunutze machten: »Mit DAOs können sie auf ganz neue Art zusammenarbeiten, Geld einwerben und halten sowie ideologisch Einfluss nehmen, und zwar gänzlich außerhalb des etablierten Reaktionsrahmens für schädigendes Verhalten im Netz. Und diese neue Bedrohung tritt in einem

Moment auf, in dem wir die Regierungen – nach zehn Jahren Twittern und Bewusstwerdung – erst mal so weit haben, dass sie die Tech-Plattformen regulieren.« Er rät politischen Entscheidungsträgern eindringlich, über folgende Frage nachzudenken: Wie wollen wir DAOs regulieren? »Es bereitet mir Sorge, dass sich die Regulierungsbehörden nicht genug Sorgen machen.«

Auch KI-basierte Technologien wie *Deep Fakes* könnten unsere Desinformationskrise noch verschärfen und die Massenradikalisierung vorantreiben. Carl Miller glaubt allerdings, dass *Deep Fakes* nur Hype sind: »Auf den ersten Blick ist es schockierend, ein Deep-Fake-Video zu sehen, das glaubwürdig aussieht. Aber es gibt schon eine ganze Bandbreite an Maßnahmen, um damit umzugehen.« *Deep Fakes* zu identifizieren ist technisch möglich, die Tech-Plattformen könnten sie also einfach entfernen oder entsprechend markieren. Größere Sorgen bereiten ihm KI-basierte Sprachtools, die auf virtuelle Agenten und automatisierte Chats angewendet werden. »Wir sind jetzt sehr kurz davor, den Turing-Test zu bestehen«, sagt er. »Die Tatsache, dass wir heutzutage Maschinen bauen können, die überzeugend wie Menschen klingen, ist besorgniserregend. Haben Sie eine Vorstellung davon, was Extremisten oder Wahlkämpfer mit dieser Technologie alles anstellen könnten?«

Die Virtuelle Realität und das Metaversum bergen Waffen, die potenziell sowohl im Informationskrieg als auch für Terroranschläge eingesetzt werden können. Man stelle sich nur einen Terroranschlag vor, der in einer extra für diesen Zweck gebauten VR-Umgebung ausgeführt wird und live an sein Publikum gestreamt wird. Terror ist ja immer auch Theater. Wenn Zuschauerinnen und Zuschauer das Gefühl haben, an einem Ereignis aktiv teilzuhaben, ist Terror noch wirksamer in seiner Absicht, Angst zu schüren und Nachahmungstäter zu gewinnen. Der Attentäter von Christchurch war der Erste, der sich eines Livestreams im Egoshooter-Stil bedient hat. Er wurde seither schon von mehreren Terroristen kopiert. Alle haben ihren Zuschauern das Gefühl gegeben, in einem Live-Rollenspiel (LARP) zu sein. Das Metaversum könnte die nächste Stufe sein, auf der die Grenzen zwischen Realität und Fiktion weiter verschwimmen. Hier können sich nämlich Zehntausende in derselben virtuellen Umgebung aufhalten.

Aber auch für den Kampf gegen Radikalisierung und Desinformation birgt die Nutzung von KI und VR große Potenziale. Die Analysetools zur Früherkennung von gewaltförmiger Sprache werden immer besser. Und das ist erst der Anfang. Es gibt viele weitere Möglichkeiten der kreativen Nutzung von neuer Technologie als Präventionsinstrument. Beispielsweise könnten wir Gruppen, die das Risiko tragen, sich antisemitisch zu radikalisieren, auf Virtual-Reality-Rundgänge durch Konzentrationslager mitnehmen, um vorzubeugen, dass sie den Holocaust leugnen. Da bald die letzten Überlebenden aus der Zeit des Zweiten Weltkriegs sterben werden, könnten wir jetzt noch Holografien von Augenzeugen aufnehmen, um für kommende Generationen Berichte über die historischen Ereignisse aus erster Hand zur Verfügung stellen zu können.

Aber letzten Endes weiß niemand, wie die Politik es schaffen soll, mit der technologischen Entwicklung Schritt zu halten. Carl Miller glaubt, dass Weitblick hier genauso nötig ist wie rechtliche und politische Innovationen: »NGOs, die sich mit den verschiedenen Spielarten der Gefahren im Internet auskennen – sei es, dass sie gewaltförmigen Extremismus und die Wege der Desinformation im Netz überwachen oder im Bereich Kindersicherheit tätig sind – sollten in die Entwicklung neuer Tech-Tools einbezogen werden.« Denn das könnte hilfreich sein für die Integration von Mechanismen, die diese Technologien vor potenziellem Missbrauch für radikale politische Zwecke schützen. Mark Twain hat ja angeblich mal gesagt: »Geschichte wiederholt sich nicht, aber sie reimt sich.« Wir sollten uns also darum kümmern, dass wir die betonten Silben in unseren Reimen erkennen und eine Idee davon haben, wie es mit dem Reimschema weitergeht.

# Anmerkungen

*Einführung*

10 **Wir holen uns unser Land zurück** In einem Interview mit David Grossman, dem US-Korrespondenten der BBC-Nachrichtensendung *Newsnight*, im Netz unter: https://www.bbc.com/news/world-us-canada-56004916.

**Scheiß auf unsere Jobs** Die Originalszene ist in der Dokumentation »Insurrection« von Andres Serrano zu sehen, bei Minute 15.

11 **Aufnahmen von Körperkameras der Polizei** Ebd., bei Minute 22.

**Es gibt wehende Fahnen** Ebd. Bei Minute 27.

**Unsere Linie ist durchbrochen** »Capitol riots timeline: What happened on 6 January 2021?«, BBC, 10. Juni 2022, https://www.bbc.com/news/world-us-canada-56004916.

14 **Ich liebe dich und die Kinder** Ebd.

**Du siehst mich doch** Siehe Andres Serranos Dokumentation »Insurrection«, bei Minute 48.

15 **Überleben und dann nach Hause** »Capitol riots timeline: What happened on 6 January 2021?«, BBC, 10. Juni 2022, https://www.bbc.com/news/world-us-canada-5600 4916.

**Wir versuchen, hier ein Zeichen zu setzen** Auch diese Szene findet sich im Original in Andres Serranos Dokumentation »Insurrection«, bei Minute 01:01:00.

16 **Sie bewegt sich kaum noch** Ebd., bei Minute 01:05:00.

17 **Eine These, die allerdings von 40 Prozent** Brianna Richardson, »Axios/Momentive Poll, January 6th revisited«, in: *Survey Monkey*, 5. Januar 2022.

18 **Eine investigative Analyse** Robert A. Pape et al., »American Face of Insurrection – Analysis of Individuals Charged for Storming the US Capital on January 6, 2021«, Chicago Project on Security and Threats, 5. Januar 2022, im Netz unter: https://www.justsecurity.org/wp-content/uploads/2022/01/january-6-clearinghouse-University-of-Chicagos-Center-for-the-Study-of-Politics-and-Society-CPOST-American-Face-of-Insurrection-Analysis-of-Individuals-Charged-for-Storming-the-US-Capitol.pdf.

**Nur 7 Prozent der Verhafteten** Ebd.

**Die Randaliererinnen kamen aus 28 US-Bundesstaaten** Hilary Matfess und Davorah Margolin, »The Women of January 6th«, Publikation des Fachbereichs ›Extremismus‹ an der George Washington University, April 2022, im Netz unter: https://extremism.gwu.edu/sites/g/files/zaxdzs/f/Women-of-Jan6_Matfess-and-Margolin.pdf.

**30 Prozent der Festgenommenen** Robert A. Pape et al., »American Face of Insurrection – Analysis of Individuals Charged for Storming the US Capital on January 6, 2021«, *Chicago Project on Security and Threats*, 5. Januar 2022, im Netz unter: https://www.justsecurity.org/wp-content/uploads/2022/01/january-6-clearinghouse-University-of-Chicagos-Center-for-the-Study-of-Politics-and-Society-CPOST-

American-Face-of-Insurrection-Analysis-of-Individuals-Charged-for-Storming-the-US-Capitol.pdf.

19 **Reffitt wurde in fünf Anklagepunkten** »Guy Reffitt: First trial of US Capital riot ends with conviction«, BBC, 9. März 2022, im Netz unter: https://www.bbc.co.uk/news/world-us-canada-60670105.

**Sein eigener Sohn** Fortesa Latifi, »January 6 Insurrection: One Year Later Families Are Still Divided«, in: *Teen Vogue*, 4. Januar 2022, im Netz unter: https://www.teenvogue.com/story/january-6-insurrection-families.

**Ich will nicht um mein Leben fürchten** »Teen Says He's in Hiding After Turning in Dad Guy Reffitt for Alleged Role in Capitol Riots«, in *Inside Edition*, 25. Januar 2021, im Netz unter: https://www.insideedition.com/teen-says-hes-in-hiding-after-turning-in-dad-guy-reffitt-for-alleged-role-in-capitol-riots-64511.

**Er hat mir beigebracht** Fortesa Latifi, »January 6 Insurrection: One Year Later Families Are Still Divided«, in: *Teen Vogue*, 4. Januar 2022, im Netz unter: https://www.teenvogue.com/story/january-6-insurrection-families.

21 **Barbara Walter – eine der weltweit renommiertesten Bürgerkriegsexpertinnen** Barbara F. Walter, *How Civil Wars Start: And How to Stop Them*, New York 2022 (Viking).

**Was in den USA einer Menge von 23 Millionen** Robert Pape, »Deep, Destructive and Disturbing: What We Know About the Today's American Insurrectionist Movement«, CPOST (NORC) an der University of Chicago, 2021. Im Netz unter: https://d3qioqp55mx5f5.cloudfront.net/cpost/i/docs/Pape_AmericanInsurrectionistMovement_2021-08-06.pdf?mtime=1628600204.

22 **Umfragen haben ergeben** Ebd.

23 **Im Dezember 2022** M. Götschenberg, H. Schmidt und F. Bräutigam, »Razzia wegen geplanten Staatsstreichs«, Tagesschau, 7. Dezember 2022. Im Netz unter: https://www.tagesschau.de/investigativ/razzia-reichsbuerger-staatsstreich-101.html

## *1 Mainstreaming*

29 **71 Prozent der Deutschen** Die repräsentative Umfrage wurde vom Meinungsforschungsinstitut Forsa im Auftrag der KKH Kaufmännische Krankenkasse in Hannover durchgeführt. Siehe »Umfrage: Corona sorgt für Familienzoff«, Süddeutsche Zeitung, 22. Dezember 2021, im Netz unter: https://www.sueddeutsche.de/leben/gesellschaft-umfrage-corona-sorgt-fuer-familienzoff-dpa.urn-newsml-dpa-com-20090101-211222-99-473790

**Fast ein Viertel der Deutschen** Yann Rees und Michael Papendick, »Misstrauen gegenüber Medien zwischen Populismus, Rechtspopulismus und Rechtsextremismus«, in: Andreas Zick und Beate Küpper, *Die geforderte Mitte.* Rechtsextreme und demokratiegefährdende Einstellungen in Deutschland 2020/21, Bonn 2021 (J. H. W. Dietz Nachf.), S. 125.

30 **etwa 16 Prozent sind der Ansicht** Beate Küppper, Wilhelm Berghan, Andreas Zick und Maike Rump, »Volkes Stimme – antidemokratische und populistische Einstellungen«, in: ebd., S. 53.

**16 Prozent befürworten sogar** Andreas Zick, »Menschenfeindlicher Rassismus und Ungleichwertigkeitszuschreibungen«, in: Andreas Zick und Beate Küpper, ebd., S. 152.

**Auch Muslimfeindlichkeit, Antisemitismus** Oliver Decker, Johannes Kiess, Ayline Heller und Elmar Bräher, »Autoritäre Dynamiken in unsicheren Zeiten: Neue Herausforderungen – alte Reaktionen«, in: Leipziger Autoritarismus-Studie 2022. Leipzig 2022 (Psychosozial-Verlag).

**In Deutschland wie in anderen Ländern ist Misstrauen** Edelman-Bericht, »2022 Edelman Trust Barometer: The Cycle of Distrust«, im Netz unter: https://www.edelman.com/trust/2022-trust-barometer.

31 **In Bratislava wurde im Oktober 2022** Sona Otajovicova, »Doppelmord in Bratislava – Angriff auf die LGBTQ-Community in der Slowakei«, *Deutsche Welle*, 25. Oktober 2022, im Netz unter: https://www.dw.com/de/doppelmord-in-bratislava-angriff-auf-die-lgbtq-community-in-der-slowakei/a-63552798.

32 **Der beinahe tödliche Angriff** »What We Know About the Attack on Nancy Pelosi's Husband«, in: *The New York Times*, 31. Oktober 2022, im Netz unter: https://www.nytimes.com/2022/10/28/us/politics/nancy-pelosi-husband-assaulted.html

## *2 Subkulturen etablieren*

37 **Zu den anderen häufig angeführten Vorfällen** Julie Posetti, Nabeelah Shabbir et al., »The Chilling: Global trends in online violence against women journalists«, UNESCO, April 2021, im Netz unter: https://en.unesco.org/sites/default/files/the-chilling.pdf.

40 **Allein die Incels haben** Stefan Stijelja, »The Psychosocial Profile of Involuntary Celibates (Incels): A Review of Empirical Evidence«, Centre for Research and Intervention on Suicide, Ethical Issues and End of Life Practices, Université du Québec in Montréal, September 2020.

41 **Die Incel-Community ist** Schottische Regierung, »Misogyny – A Human Rights Issue. The Working Group on Misogyny and Criminal Justice's independent report on their findings and recommendations«, 8. März 2022. Im Netz unter: https://www.gov.scot/publications/misogyny-human-rights-issue/pages/4/.

44 **Studien belegen, dass *Lookism*** Hyemin Lee, Inseo Son, Jaehong Yoon und Seung-Sup Kim, »Lookism hurts: Appearance discrimination and self-rated health in South Korea«, in: *International Journal for Equity in Health*, 16(1), Artikel Nr. 204, 2017. Veröffentlicht am 25. November 2017. https://equityhealthj.biomedcentral.com/articles/10.1186/s12939-017-0678-8.

**Es ist Stand der Forschung** Daniel Hamermesh, *Beauty Pays: Why Attractive People are More Successful*. Princeton University Press 2013. Und Shahani-Denning, C., »Physical attractiveness bias in hiring: What is beautiful is good«, in: *Hofstra Horizons* 2003, S. 15-18.

**Je attraktiver der Delinquent** Rod Hollier, *Physical Attractiveness Bias in the Legal System*. The Law Project, 2021, im Netz unter: https://www.thelawproject.com.au/insights/attractiveness-bias-in-the-legal-system.

48 **Diverse Festnahmen innerhalb** Jacob Ware, »The incel threat«, in: *IPS Journal*, Democracy and Society, 26. November 2021.

**Er behauptete, es an die Spitze** Liam Casey, »Alek Minassian wanted to kill 100 people, but ›satisfied‹ with 10 deaths, court hears«, in: *The Canadian Press*, 9. Dezember 2020. Im Netz unter: https://www.cp24.com/news/alek-minassian-wanted-to-kill-100-people-but-satisfied-with-10-deaths-court-hears-1.5223076?cache=xuafaggwnsf%3FclipId%3D89530.

49 **Anderen Männern haben Mädchen** »YouTube Video: Retribution«, in: *The New York Times*, 24. Mai 2014, im Netz unter: https://www.nytimes.com/video/us/100000002900707/youtube-video-retribution.html.

**So gesehen bei dem norwegischen Antidschihadisten** Greta Jasser, Megan Kelly, Ann-Kathrin Rothermel: »Male Supremacism and the Hanau Terrorist Attack: Between Online Misogyny and Far-Right Violence«, ICCT (International Center for Counter-Terrorism), im Netz unter: https://icct.nl/publication/male-supremacism-and-the-hanau-terrorist-attack-between-online-misogyny-and-far-right-violence/.

**Im Liedtext finden sich Zeilen wie** Basierend auf der Analyse von Primärquellen durch die Autorin.

50 **Die dahinterstehende Idee war** Harry Farley, »Danyal Hussein: A teenage murderer with far-right links«, BBC, 6. Juli 2021, Im Netz unter: https://www.bbc.com/news/uk-england-london-57722035.

**In nur neun Monaten** Tom Ball, »Massive rise in use of incel sites that call for women to be raped«, in: *The Times*, 3. Januar 2022, im Netz unter: ttps://www.thetimes.co.uk/article/massive-rise-in-use-of-incel-sites-that-call-for-women-to-be-raped-hddbq5mgc.

**Während der Pandemie** Jacob Ware, »The incel threat«, in: *IPS Journal*, Democracy and Society, 26. November 2021.

**Im Laufe der vergangenen Jahre** Consuelo Corradi, »Femicide, its causes and recent trends: What do we know?«, Europäisches Parlament, aus einem vom Unterausschuss für Menschenrechte angefragten Papier, November 2021.

51 **Das Jahr 2022 brachte einen TikTok-Trend** Emily Lefroy, »Horrifying TikTok trend shows men ›fantasising‹ how they'd kill women«, *Yahoo News*, 22. März 2022.

**Zeitgleich berichteten Lehrerinnen** Aus Interviews, die die Autorin sowohl mit britischen Lehrerinnen und Lehrern, die lieber unerkannt bleiben wollen, als auch mit Jeannie King, Head of Civic Action and Education am ISD (Institute for Strategic Dialogue), geführt hat.

**Eine aktuelle Studie vom Centre** Chris Vallance, »Rape posts every half-hour found on online incel forum«, BBC, 23. September 2022, im Netz unter: https://www.bbc.co.uk/news/technology-62908601.

**Zudem sprechen sich mehr als die Hälfte** Sian Norris, »More than Half of Incels Support Paedophilia«, in: *Byline Times*, 29. September 2022, im Netz unter: https://bylinetimes.com/2022/09/29/more-than-half-of-incels-support-paedophilia-finds-new-report/.

**Zu begreifen, dass der Hass auf Frauen** Eviane Leiding, »Why Terrorism Studies

Miss the Mark When It Comes to Incels«, ICCT Publication, 31. August 2021, im Netz: https://icct.nl/publication/why-terrorism-studies-miss-the-mark-when-it-comes-to-incels/.

**Auch wenn frauenfeindliche Incels** Megan Kelly, Alex DiBranco und Dr. Julia R. De-Cook, »Misogynist Incels and Male Supremacism«, in: *New America*, 18. Februar 2021, Im Netz: https://www.newamerica.org/political-reform/reports/misogynist-incels-and-male-supremacism/executive-summary/.

54 **Eine Studie der in Großbritannien** Rosie Carter, »Young People in the Time of COVID-19: A Fear and Hope Study of 16-24 Year Olds«, Hope not Hate, Juli 2020, im Netz unter: https://www.hopenothate.org.uk/.

55 **eine Umfrage aus dem Jahr 2021** Anne-Kathrin Sonnenberg, »Knapp jeder siebte Deutsche bezeichnet sich als Feminist«, Yougov, 27. Dezember 2021. Im Netz unter: https://yougov.de/topics/lifestyle/articles-reports/2021/12/27/knapp-jeder-siebte-deutsche-bezeichnet-sich-als-fe

**Er war der Erste, der** Chelsea Rudman, »›Feminazi‹: The History of Limbaugh's Trademark Slur Against Women«, auf: *Media Matters for America*, 3. Dezember 2012, im Netz unter: https://www.mediamatters.org/rush-limbaugh/feminazi-history-limbaughs-trademark-slur-against-women.

56 **Er gibt an, vor allem mit Frauen** Im Januar 2023 wurde Andrew Tate in Rumänien wegen mutmaßlicher Vergewaltigung und Menschenhandel verhaftet.

**Im Laufe der letzten Jahre** Siehe zum Beispiel Jane Dudman, »Far from empowering young women, the internet silences their voices«, in: *The Guardian*, 24. Oktober 2018, im Netz unter: https://www.theguardian.com/society/2018/oct/23/empowering-young-women-internet-abuse-harassment. Und Mona Lena Krook, »How sexist abuse of women in Congress amounts to political violence – and undermines American democracy«, in: *The Conversation*, 21. Oktober 2020.

57 **Das heißt, dass ihre privaten Daten** Nathan Rott, »#Gamergate Controversy Fuels Debate on Women and Video Games«, NPR, 24. September 2014.

**Herkömmliche Hasskampagnen** Britt Paris und Joan Donovan, »Deepfakes and Cheap Fakes: The Manipulation of Audio and Visual Evidence«, Data & Society, 18. September 2019. Im Netz unter: https://datasociety.net/library/deepfakes-and-cheap-fakes/.

**Vorfälle von Frauenhass** Siehe zum Beispiel: Megan Specia, »Britain's Parliament Is Rocked by Sexist Episodes Again«, in: *The New York Times*, 3. Mai 2022, im Netz unter: https://www.nytimes.com/2022/05/03/world/europe/britain-parliament-sexual-harassment.html. Und Kathrin Wesolowski, »Frauen als Feindbild: Wie mit Falschmeldungen Hass gegen Politikerinnen geschürt wird«, in: *Correctiv*, 15. Dezember 2020, im Netz unter: https://correctiv.org/faktencheck/hintergrund/2020/12/15/frauen-als-feindbild-wie-mit-falschmeldungen-hass-gegen-politikerinnen-geschuert-wird/.

**Viele prominente Politikerinnen** Maya Oppenheim, »General election: Women MPs standing down over ›horrific abuse‹, campaigners warn«, in: *Independent*, 31. Oktober 2019, im Netz unter: https://www.independent.co.uk/news/uk/politics/general-election-woman-mps-step-down-abuse-harassment-a9179906.html.

58 **Im deutschen Bundestagswahlkampf** Julia Smirnova, Anneli Ahonen, Nora Mathelemuse, Helena Schwertheim und Hannah Winter, »Bundestagswahl 2021: Digitale Bedrohungen und ihre Folgen«, ISD Global, Februar 2022, im Netz unter: https://www.isdglobal.org/wp-content/uploads/2022/02/ISD_digitale-bedrohung.pdf.

**Im April 2022 wurde Sigi Maurer** »Grünen-Klubchefin Maurer von Corona-Maßnahmen-Gegner angegriffen«, in: *Der Standard*, 7. April 2022, im Netz unter: https://www.derstandard.at/story/2000134774936/gruenen-klubchefinsigrid-maurer-von-corona-massnahmengegner-angegriffen.

**Nur wenige Jahre zuvor** Emily Crocket, »After the killing of a British MP, it's time to admit violence has a misogyny problem«, Vox, 17. Juni 2016, im Netz unter: https://www.vox.com/2016/6/17/11962932/jo-cox-british-mp-assassination-murder-misogyny-violence.

**Schließlich offenbarte der von dem britischen Polizeibeamten Wayne** Nick Lowles, Nick Ryan und Joe Mulhall, »State of Hate 2022: On the March Again«, in: *Hope not Hate*, März 2022, im Netz unter: https://hopenothate.org.uk/wp-content/uploads/2022/03/state-of-hate-2022-v1_17-March-update.pdf.

59 **Trotz alldem haben die meisten Länder** »Boris Johnson does not support making misogyny a hate crime«, BBC, 5. Oktober 2021, im Netz unter: https://www.bbc.com/news/uk-politics-58800328.

**Was aber das Schicksal** Simone de Beauvoir, *Das andere Geschlecht. Sitte und Sexus der Frau*, Reinbek bei Hamburg 1968 (Rowohlt), S. 434.

60 **Bis zum heutigen Tag teilen sich** Gaby Hinsliff, »Why on earth are the chore wars not done and dusted?«, in: *The Guardian*, 29. November 2019, https://www.theguardian.com/commentisfree/2019/nov/29/chore-wars-couples-women-housework.

**Sogar in Beziehungen, in denen** Daniel Schneider, »Market earnings and household work: New tests of gender performance theory«, in: *Journal of Marriage and Family*, 15. Juli 2011, 73(4), S. 845-60.

**Eine Studie kam zu dem Ergebnis** »How big is the wage penalty for mothers?«, in: *The Economist*, 28. Januar 2019, im Netz unter: https://www.economist.com/graphic-detail/2019/01/28/how-big-is-the-wage-penalty-for-mothers.

**Nur 18 Prozent der Frauen** Deborah Amos, »Few German Mothers Go Back to Work Full Time. These Are The Challenges They Face«, NPR, 28. Juli 2019, im Netz unter: https://www.npr.org/2019/07/28/742751365/few-german-mothers-go-back-to-work-full-time-these-are-the-challenges-they-face.

**In diesem Punkt haben wir** Kate Davidson, »In 18 Nations, Women Cannot Get a Job Without Their Husband's Permission«, in: *Wall Street Journal*, 9. September 2015, im Netz unter: https://www.wsj.com/articles/BL-REB-34010.

61 **Dreizehn US-Bundesstaaten** Caroline Kitchener, Kevin Schaul, N. Kirkpatrick, Daniela Santamarina und Lauren Tierney, »Abortion is now banned in these states. Others will follow«, in: *The Washington Post*, 26. Juni 2022.

**In Polen sind Frauen** Tiffany Fillon, »Poland: Where ›women pay a high price‹ for populist laws«, France24, 19. Februar 2022.

**In Ungarn spiegelt sich** Balázs Pivarnyik, »Family and Gender in Orbán's Hungary«,

Heinrich-Böll-Stiftung, 4. Juli 2018, im Netz unter: https://www.boell.de/en/2018/07/04/family-and-gender-viktor-orbans-hungary.

62 **Die Entscheidung im Fall** Arj Singh, »Roe v Wade reversal shows women's rights are ›never guaranteed‹ and must be protected globally, senior MPs say«, *inews*, 3. Mai 2022, im Netz: https://inews.co.uk/news/politics/reversal-roe-v-wade-shows-rights-never-guaranteed-must-protected-globally-senior-mps-say-1609093.

**In Deutschland will die AfD** Siehe Programm der Alternative für Deutschland für die Wahl zum 20. Deutschen Bundestag, 2021.

63 **Sie hat mit eigenen Ohren** Advance Pro Bono, »Prevalence and reporting of sexual harassment in UK public spaces: A report by the APPG for UN Women«, UN Women, März 2021, im Netz: https://www.unwomenuk.org/site/wp-content/uploads/2021/03/APPG-UN-Women_Sexual-Harassment-Report_2021.pdf.

**dass 42 Prozent aller Frauen** Amanda Barroso und Anna Brown, »Gender pay gap in U.S. held steady in 2020«, Pew Research, Mai 2021, im Netz: https://www.pewresearch.org/fact-tank/2021/05/25/gender-pay-gap-facts/ft_2021-05-25_paygap_01/#.

**Privilegien sind unsichtbar** Fiona Smith, »›Privilege is invisible to those who have it‹: engaging men in workplace equality«, in: *The Guardian*, 8. Juni 2016, im Netz: https://www.theguardian.com/sustainable-business/2016/jun/08/workplace-gender-equality-invisible-privilege.

**Eine im Jahr 2020 durchgeführte Studie** Melissa Dancy et al., »Undergraduates' awareness of White and male privilege in STEM«, in: *International Journal of STEM Education*, Vol 7 (52), Oktober 2020, im Netz: https://stemeducationjournal.springeropen.com/articles/10.1186/s40594-020-00250-3.

64 **Oder beides** Jeanine Prime und Corinne A Moss-Racusin, »Engaging Men in Gender Initiatives: What Change Agents Need to Know (Report)«, in: *Catalyst*, 4. Mai 2009, im Netz: https://www.catalyst.org/research/engaging-men-in-gender-initiatives-what-change-agents-need-to-know/.

**An Frauen werden doch heutzutage** Siehe zum Beispiel: The Sociology Show, »A critique of Feminism with Judith Charpentier«, in: *Spreaker*, im Netz unter: https://www.spreaker.com/user/thesociologyshow/judithcha?autoplay=1.

65 **Hallo, Pauline** Die Original-Nachricht auf Französisch lautete: »Bonjour Pauline, j'espère que tu vas mourir et si je te croise tu verras.«

68 **Andere wissenschaftliche Studien** Yanna J. Weisberg, Colin G. DeYoung und Jacob B. Hirsh, »Gender Differences in Personality across the Ten Aspects of the Big Five«, in: *Frontiers in Psychology* 2 (178), Mai 2011, im Netz unter: https://www.ncbi.nlm.nih.gov/pmc/articles/PMC3149680/. Sowie Leonora Risse, Lisa Farrell und Tim R. L. Fry, »Personality and pay: do gender gaps in confidence explain gender gaps in wages?«, in: *Oxford Economic Papers* Vol. 70 (4), Oktober 2018, S. 919-949, im Netz unter: https://academic.oup.com/oep/article/70/4/919/5046671. Außerdem: Christian Jarrett, »Do men and women really have different personalities?«, BBC, 12. Oktober 2016, im Netz unter: https://www.bbc.com/future/article/20161011-do-men-and-women-really-have-different-personalities.

**Wissenschaftlerinnen und Wissenschaftler sind zu der Erkenntnis** Marco Del Giudice, Tom Booth und Paul Irwing, »The Distance Betweeen Mars and Venus: Measuring Global Sex Differences in Personality«, in: *Plos One* 7 (1), Januar 2012, im Netz unter: https://journals.plos.org/plosone/article/comment?id=info%3Adoi/10.1371/annotation/2aa4d091-db7a-4789-95ae-b47be9480338.

71 **In linguistischen Analysen** Alessia Tranchese und Lisa Sugiura, »›I Don't Hate All Women, Just Those Stuck-Up Bitches‹: How Incels and Mainstream Pornography Speak the Same *Extreme* Language of Misogyny«, in: *Violence Against Women* Vol. 27, Nr. 14 (2021): S. 2709-2734.

**Diese Regel besagt** Erica Chenoweth und Maria J. Stephan, *Why Civil Resistance Works*, New York 2011 (Columbia University Press).

## *3 Netzwerke aufbauen*

73 **Beide arbeiten daran** Zach Boren und Damian Kahya, »German far right targets Greta Thunberg in anti-climate push«, in: *Unearthed*, 14. Mai 2019, im Netz unter: https://unearthed.greenpeace.org/2019/05/14/germany-climate-denial-populist-eike-afd/.

74 **Italiens damaliger Innenminister** https://news.un.org/en/story/2019/06/1040291.

**Rackete fürchtete** »Italy migrant boat: Captain says she disobeyed orders due to suicide fears«, BBC, 1. Juli 2019, im Netz unter: https://www.bbc.com/news/world-europe-48818696.

**Salvini bezeichnete ihr Manöver** »Italy's Salvini slams Sea-Watch incident as ›an act of war‹«, Deutsche Welle, 29. Juni 2019, im Netz unter: https://www.dw.com/en/italys-salvini-slams-sea-watch-incident-as-an-act-of-war/a-49415160.

**Die Untersuchungsrichterin entschied** Im Netz unter: https://www.spiegel.de/politik/ausland/sea-watch-kapitaenin-carola-rackete-kommt-frei-a-1275407.html.

77 **Der damalige NASA-Wissenschaftler** Oliver Milman, »Ex-Nasa scientist: 30 years on, world is failing ›miserably‹ to address climate change«, in: *The Guardian*, 19. Juni 2018, im Netz unter: https://www.theguardian.com/environment/2018/jun/19/james-hansen-nasa-scientist-climate-change-warning.

79 **In Großbritannien legten sie** Extinction Rebellion, *This is Not a Drill: An Extinction Rebellion Handbook*, Penguin 2019.

83 **Roger Hallam, einer der Gründer** Kate Connolly und Matthew Taylor, »Extinction Rebellion founder's Holocaust remarks spark fury«, in: *The Guardian*, 20. November 2019, im Netz unter: https://www.theguardian.com/environment/2019/nov/20/extinction-rebellion-founders-holocaust-remarks-spark-fury.

**Videoaufnahmen zeigen** Damien Gayle und Ben Quinn, »Extinction Rebellion rush-hour protest sparks clash on London Underground«, in: *The Guardian*, 17. Oktober 2019, im Netz unter: https://www.theguardian.com/environment/2019/oct/17/extinction-rebellion-activists-london-underground.

84 **Zu diesem Buch hält er** Siehe zum Beispiel: https://www.rationaloptimist.com/blog/how-global-warming-can-be-good/ sowie https://www.chartwellspeakers.com/matt-ridley-climate-change-good-harm/.

86 **der am kontroversesten diskutierte Graph** Chris Mooney, »The Hockey Stick: The

Most Controversial Chart in Science, Explained«, in: *The Atlantic*, 10. Mai 2013, im Netz unter: https://www.theatlantic.com/technology/archive/2013/05/the-hockey-stick-the-most-controversial-chart-in-science-explained/275753/.

87 **An keiner Stelle wurden Beweise** Vgl. »UK ›Climategate‹ inquiry largely clears scientists«, 31. März 2010, im Netz unter: https://www.deccanherald.com/content/61233/uk-climategate-inquiry-largely-clears.html.

89 **In einer Umfrage im Jahr 2021** Adam Forrest, »One in 15 Conservative MPs believe climate change is a ›myth‹, poll finds«, in: *The Independent*, 6. November 2021, im Netz unter: https://www.independent.co.uk/climate-change/news/climate-change-myth-conservative-mps-b1952290.html.

90 **Eine ganze Reihe weit rechts** Susanne Götze und Annika Joeres, »Koalition der Klimawandelleugner«, in: *Der Spiegel*, 25. Januar 2020, im Netz unter: https://www.spiegel.de/wissenschaft/mensch/koalition-der-klimawandelleugner-a-c1a03be4-8921-4898-a4f3-a11a1c814008. Sowie Quarks Science Cops, »Der Fall EIKE: So dreist tricksen Klimawandel-Leugner:innen«, in: *Quarks*, 13. November 2021, Online-Podcast: https://www.quarks.de/podcast/quarks-science-cops-der-fall-eike-so-dreist-tricksen-klimawandel-verharmloser/.

**Umfragen zeigten, dass** Forschungsgruppe Wahlen, »Politbarometer September III 2021«, 17. September 2021, im Netz unter: https://www.forschungsgruppe.de/Umfragen/Politbarometer/Archiv/Politbarometer_2021/September_III_2021.

**Die Anti-Klimaschutz-Tweets** Paula Matlach und Łukasz Janulewicz, »Kalter Wind von Rechts: Wie rechte Parteien und Akteur:innen die Klimakrise zu ihren Gunsten missbrauchen. Eine Analyse über falsche Fakten, Feindbilder und Desinformationsnarrative im Umfeld der Bundestagswahl 2021«, ISD, Dezember 2021, im Netz unter: https://www.isdglobal.org/wp-content/uploads/2021/12/ISD_Analyse_Kalter-Wind-Klimadebatte-2021.pdf.

**Lockvögel, Trickbetrüger** Damian Carrington, »The four types of climate denier, and why you should ignore them all«, in: *The Guardian*, 30. Juli 2020, im Netz unter: https://www.theguardian.com/commentisfree/2020/jul/30/climate-denier-shill-global-debate.

91 **erreichte Millionen von Menschen** Eisha Maharasingam-Shah und Pierre Vaux, »›Climate Lockdown‹ and the Culture Wars: How Covid-19 sparked a new narrative against climate action«, ISD, Oktober 2021. Im Netz unter: https://www.isdglobal.org/wp-content/uploads/2021/10/20211014-ISDG-25-Climate-Lockdown-Part-1-V92.pdf.

92 **Er war einer der ersten** Ebd.

**Seine Unterstützer nennen Marc** Adam Houser, »CFACT's Morano: King of the skeptics«, Website von CFACT, 17. Dezember 2009, im Netz unter: https://www.cfact.org/2009/12/17/cfacts-morano-king-of-the-skeptics.

**Verbrecher gegen die Menschheit** Adam Sacks, »We have met the deniers and they are us«, in: *Grist*, 11. November 2009, im Netz unter: https://grist.org/article/2009-11-10-we-have-met-the-deniers-and-they-are-us/.

93 **Die mittlere globale Meeresspiegelhöhe** Siehe auch: NASA »Global Climate Change: Vital Signs of the Planet«, im Netz unter: https://climate.nasa.gov/vital-signs/sea-level/.

**die Zuwachsrate der Meereshöhe** Nobuo Mimura, »Sea-level rise caused by climate change and its implications for society«, Proc Jpn Acad Ser B Phys Biol Sci. 2013; 89 (7):281-301, im Netz unter: https://pubmed.ncbi.nlm.nih.gov/23883609/.

**Eine Studie im Jahr 2019 verdreifachte** Scott A. Kulp, Benjamin H. Strauss, »New elevation data triple estimates of global vulnerability to sea-level rise and coastal flooding«, in: *Nature Communication* 10, Artikel-Nr. 4844 (2019). Im Netz unter: https://www.nature.com/articles/s41467-019-12808-z.

**der größte Schwindel** »Climate Change Update: Senate Floor Statement by U.S. Sen. James M. Inhofe (R-Okla)«, *inhofe.senate.gov*, 4. Januar 2005. Archiviert im März 2011 2011. Im Online-Archiv unter: https://archive.is/daqGZ, https://www.cbsnews.com/news/warmed-over/.

94 **In den letzten Jahrzehnten** Statista, »Risk index of natural disasters in Indonesia for mid 2021, by type«, Mai 2021, im Netz unter: https://www.statista.com/statistics/920857/indonesia-risk-index-for-natural-disasters/.

95 **Naturkatastrophen als Anzeichen für das Ende** Greg Fealy, »Apocalyptic Thought, Conspiracism and Jihad in Indonesia« in: *Contemporary Southeast Asia*, Vol. 41, No. 1, Special Issue, April 2019, S. 63-85, im Netz unter: https://www.jstor.org/stable/26664205.

**Recherchen haben jedoch ergeben** Simon Bowers, »Climate-sceptic US senator given funds by BP political action committee«, in: *The Guardian*, 22. März 2015, im Netz unter: https://www.theguardian.com/us-news/2015/mar/22/climate-sceptic-us-politician-jim-inhofe-bp-political-action-committee. Siehe auch: Hauptadressaten von Spendengeldern, recherchiert von Open Secrets, im Netz unter: http://www.opensecrets.org/industries/recips.php?ind=E01&cycle=2002&recipdetail=S&mem=Y&sortorder=U.

98 **Es ist mehr ein Lobby-Netzwerk** Sebastian Haupt, »Zitierkartelle und Lobbyisten. Vergleichende Perspektiven auf die Klimawandelleugner«, in: Forschungsjournal Soziale Bewegungen, Band 33, Nr. 1, 2020, S. 170-184.

99 **Auch EIKE äußert** Susanne Götze, Annika Joeres: »Leugnerkabinett. Viele Klimaskeptiker bezweifeln auch die Coronagefahren.« In: Heike Kleffner, Matthias Meisner (Hrsg.): *Fehlender Mindestabstand. Die Coronakrise und die Netzwerke der Demokratiefeinde.* Freiburg 2021 (Herder), S. 135.

**Die Konferenz wird vom Heartland** Kate Connolly, »Germany's AfD turns on Greta Thunberg as it embraces climate denial«, in: *The Guardian*, 14. Mai 2019, im Netz unter: https://www.theguardian.com/environment/2019/may/14/germanys-afd-attacks-greta-thunberg-as-it-embraces-climate-denial.

100 **Der gelernte Elektrotechniker** »Zoff um Promotion an Leipzigs Uni: Klimaskeptiker fühlt sich kaltgestellt«, in: *Leipziger Volkszeitung*, 25. April 2016, im Netz unter: https://www.genios.de/presse-archiv/artikel/LVZ/20160426/klimaskeptiker-fuehlt-sich-bei-prom/69F87EB73AF168710FC2CF9E73153EBC.html.

**Michael Limburg leugnet** Quarks Science Cops, »Der Fall EIKE: So dreist tricksen Klimawandel-Leugner:innen«, in: *Quarks*, 13. November 2021, Online-Podcast: https://www.quarks.de/podcast/quarks-science-cops-der-fall-eike-so-dreist-tricksen-klimawandel-verharmloser/.

101 **Alles in allem sind die Bärenpopulationen** »Polar Bear Population: How many polar bears are there?«, von der Website des Arctic WWF, im Netz unter: https://arcticwwf.org/species/polar-bear/population/.

**Es gibt sicher vom Klimawandel** Siehe auch das Artenlexikon des WWF: https://www.wwf.de/themen-projekte/artenlexikon.

102 **Die wissenschaftliche Beforschung** Damian Carrington, »Earth has lost half of its wildlife in the past 40 years, says WWF«, in: *The Guardian*, 30. September 2014, im Net unter: https://www.theguardian.com/environment/2014/sep/29/earth-lost-50-wildlife-in-40-years-wwf. Und Michael Greshko, »What are mass extinctions, and what causes them?«, in: *National Geographic*, 26. September 2019, im Netz unter: https://www.nationalgeographic.com/science/article/mass-extinction.

**fast die Hälfte der 177** Gerado Ceballos, Paul R. Ehrlich und Rodolfo Dirzi, »Biological annihilation via the ongoing sixth mass extinction signaled by vertebrate population losses and declines«, in: *PNAS* 114 (30), Juli 2017, Im Netz unter: https://www.pnas.org/content/114/30/E6089.

**Sogar in den konservativsten Schätzungen** Gerado Ceballos et al., »Accelerated modern human–induced species losses: Entering the sixth mass extinction«, in: *Science Advances* Vol 1 (5), Juni 2015, im Netz unter: https://advances.sciencemag.org/content/1/5/e1400253.

**Artenschützerinnen und Artenschützer warnen davor** Ian Sample, »Human activity is driving Earth's sixth great extinction event«, in: *The Guardian*, 28. Juli 2009, im Netz unter: https://www.theguardian.com/environment/2009/jul/28/species-extinction-hotspots-australia.

103 **Denn genau über diesen Weg** »Die Heartland Lobby«, in: *Correctiv*, 2. April 2020, im Netz unter: https://correctiv.org/top-stories/2020/02/04/die-heartland-lobby-2/.

**Zwischen 2016 und 2020** Christian Esser, Manka Heise, Katarina Huth und Jean Peters, »Undercover bei Klimawandelleugnern«, ZDF, *Frontal21*, 4. Februar 2020, Minute 5 des Beitrags, im Netz unter: https://www.zdf.de/politik/frontal/undercover-bei-klimawandel-leugnern-100.html.

**Eine Umfrage im Jahr 2020** Statista, »Countries with biggest share of climate change deniers«, im Netz unter: https://www.statista.com/chart/19449/countries-with-biggest-share-of-climate-change-deniers/.

104 **beispiellose Zunahme** William J. Ripple, Christopher Wolf, Thomas M. Newsome, Jillian W. Gregg, Timothy M. Lenton, Ignacio Palomo, Jasper A.J. Eikelboom, Beverly E. Law, Saleemul Huq, Philip B. Duffy, Johan Rockström, »World Scientists' Warning of a Climate Emergency 2021«, in: BioScience, Volume 71, Issue 9, September 2021, S. 894-898, https://doi.org/10.1093/biosci/biab079.

**Während James Taylor spricht** »World leaders meet for ›last chance‹ COP26 climate talks in Glasgow«, CNN, 1. November 2021, im Netz unter: https://edition.cnn.com/world/live-news/cop-climate-summit-intl-11-01-21/index.html.

105 **Laut Greenpeace haben** Vgl. https://www.greenpeace.org/usa/ending-the-climate-crisis/climate-deniers/koch-industries/.

**Eine Analyse des Climate Accountability Institute** Matthew Taylor und Jonathan

Watts, »Revealed: the 20 firms behind a third of all carbon emissions«, in: *The Guardian*, 9. Oktober 2019, im Netz unter: https://www.theguardian.com/environment/2019/oct/09/revealed-20-firms-third-carbon-emissions.

**man solle ihre Eltern bestrafen** Quarks Science Cops, »Der Fall EIKE: So dreist tricksen Klimawandel-Leugner:innen«, in: *Quarks*, 13. November 2021, Online-Podcast: https://www.quarks.de/podcast/quarks-science-cops-der-fall-eike-so-dreist-tricksen-klimawandel-verharmloser/.

**Der ehemalige brasilianische Präsident** 2019.

**Und Donald Trump** Aylin Woodward, »As denying climate change becomes impossible, fossil-fuel interests pivot to ›carbon shaming‹«, in: *Business Insider*, 28. August 2021, im Netz unter: https://www.businessinsider.com/fossil-fuel-interests-target-climate-advocates-personally-2021-8.

106 **Einer Avaaz-Umfrage zufolge** Avaaz, »How youth climate anxiety is linked to government inaction«, 14. September 2021, im Netz unter: https://secure.avaaz.org/campaign/en/climate_anxiety_panel/.

107 **Conservative Political Action Conference** David Smith, »›Anti-Greta‹ teen activist to speak at biggest US conservatives conference«, in: *The Guardian*, 25. Februar 2020, im Netz unter: https://www.theguardian.com/us-news/2020/feb/25/anti-greta-teen-activist-cpac-conference-climate-sceptic.

108 **Eine Studie des Oxford Internet Institute** Pu Yan, Ralph Schroeder & Sebastian Stier, »Is there a link between climate change scepticism and populism? An analysis of web tracking and survey data from Europe and the US«, in: *Information, Communication & Society*, S. 1400-1439, im Internet veröffentlicht am 7. Januar 2021, DOI: 10.1080/1369118X.2020.1864005.

109 **In der thüringischen Landtagswahl** »Thüringen: AfD gewinnt vier Bundestags-Wahlkreise und wird stärkste Partei«, MDR Thüringen, 27. September 2021, im Netz unter: https://www.mdr.de/nachrichten/deutschland/wahlen/bundestagswahl/thueringen-endergebnis-afd-ullrich-maassen-100.html.

**der Begriff ›Klima‹ jedoch** NASA Climate Change, »What is the difference between weather and climate?«, 27. September 2019, im Netz unter: https://www.youtube.com/watch?v=vH298zSCQzY.

**Trotzdem erachtet ihn** Siehe auch: Die Erklärung hierfür auf der Website der NASA: https://climate.nasa.gov/causes/.

**Darüber hinaus löst die Bindungsfreudigkeit** Vgl. ebd.

**Historische Analysen weisen darauf hin** Michael Greshko, »What are mass extinctions, and what causes them?«, in: *National Geographic*, 26. September 2019, im Netz unter: https://www.nationalgeographic.com/science/article/mass-extinction.

## *4 Alternative Medien stärken*

116 **Das in die Medien gesetzte** Siehe auch Benjamin Toff, Sumitra Badrinathan, Camila Mont'Alverne, Amy R. Arguedas, Richard Fletcher und Rasmus Kleis Nielsen, »Depth and breadth: How news organisations navigate trade-offs around building

trust in news«, Reuters Institute for the Study of Journalism, Oxford University, 2. Dezember 2021, im Netz unter: https://reutersinstitute.politics.ox.ac.uk/depth-and-breadth-how-news-organisations-navigate-trade-offs-around-building-trust-news.

**nur fünf Zähler über dem Rekordtief** Megan Brenan, »Americans' Trust in Media Dips to Second Lowest on Record«, Gallup, 7. Oktober 2021, im Netz unter: https://news.gallup.com/poll/355526/americans-trust-media-dips-second-lowest-record.aspx.

**Während in Deutschland** Vgl. Johannes-Gutenberg-Universität Mainz, im Netz unter: https://medienvertrauen.uni-mainz.de/.

**an Glaubwürdigkeit eingebüßt** Norbert Schäfer, »Glaubwürdigkeit des Journalismus leidet in der Pandemie«, TU Dortmund, 22. März 2022, im Netz unter: http://www.journalismusstudie.fb15.tu-dortmund.de/die-studie/.

117 **die weiße Vorherrschaft** Nicole Hemmer, »History shows we ignore Tucker Carlson at our peril«, CCN, 15. April 2021, im Netz unter: https://edition.cnn.com/2021/04/15/opinions/tucker-carlson-replacement-theory-peter-brimelow-republican-party-hemmer/index.html.

118 **Bigotterie-Leugnungssyndrom** Eric Deggans, »I have a name for what fueled Joe Rogan's new scandal: Bigotry Denial Syndrome«, NPR, 9. Februar 2022, im Netz unter: https://www.npr.org/2022/02/09/1079271255/joe-rogan-spotify-racism-controversy.

**Er sagte zudem, Sklaverei** Benjamin Lee und Ben Beaumont-Thomas, »Kanye West on slavery ›For 400 Years? That sounds like a choice‹«, in: *The Guardian*, 2. Mai 2018, im Netz unter: https://www.theguardian.com/music/2018/may/01/kanye-west-on-slavery-for-400-years-that-sounds-like-a-choice.

**die Musikindustrie werde** Center on Extremism, »Unpacking Kanye West's Antisemitic Remarks«, Anti-Defamation League, 14. Oktober 2022, im Netz unter: https://www.adl.org/resources/blog/unpacking-kanye-wests-antisemitic-remarks und https://www.theguardian.com/us-news/2022/oct/24/los-angeles-leaders-condemn-kanye-wests-antisemitic-comments und https://www.forbes.com/sites/marisadellatto/2022/11/04/kanye-wests-anti-semitic-troubling-behavior-heres-everything-hes-said-in-recent-weeks/?sh=7c679f975e8f

**Ich bringe die jüdischen Geschäftsleute** Original: »I gotta get the Jewish business people to make the contracts fair or die trying.«

**Laut CNN beschäftigt sich** Chloe Melas, »Exclusive: Kanye West has a disturbing history of admiring Hitler, sources tell CNN«, CNN, 27. Oktober 2022, im Netz unter: https://edition.cnn.com/2022/10/27/entertainment/kanye-west-hitler-album/index.html?utm_source=twCNNi&utm_medium=social&utm_content=2022-10-27T16%3A27%3A02&utm_term=link.

119 **In L. A. wurden bald** Dani Anguiano, »Chorus of outrage against Kanye West grows as anti-Semitic incidents rattle LA«, in: *The Guardian*, 25. Oktober 2022, im Netz unter: https://www.theguardian.com/us-news/2022/oct/24/los-angeles-leaders-condemn-kanye-wests-antisemitic-comments.

120 **Die US-amerikanische Extremismusexpertin** Cynthia Miller-Idriss, *The Extreme Gone*

*Mainstream: Commercialization and Far-Right Youth Culture in Germany*, New York 2018 (Princeton University Press).

121 **Kampagnen in Presse** Julia Ebner, *Radikalisierungsmaschinen. Wie Extremisten die neuen Technologien nutzen und uns manipulieren*, Berlin 2019 (Suhrkamp).

**Eine Umfrage ebenfalls aus** Anita Snow, »1 in 3 fears immigrants influence US elections: AP-NORC Poll«, Associated Press, 10. Mai 2022, im Netz unter: https://apnews.com/article/immigration-2022-midterm-elections-covid-health-media-2ebbdca35ec76f0f91120639d9d4.

122 **Die Black-Lives-Matter-Demonstrationen** William Allchorn, »Turning Back to Biologised Racism: A Content Analysis of Patriotic Alternative UK's Online Discourse«, Global Network on Extremism & Technology, 22. Februar 2021, im Netz unter: https://gnet-research.org/2021/02/22/turning-back-to-biologised-racism-a-content-analysis-of-patriotic-alternative-uks-online-discourse/).

**Bis zum Frühjahr 2021** Siehe die globale Webseite von Black Lives Matter: https://blacklivesmatter.com/.

**Eine Analyse von über 7700** Armed Conflict Location & Event Data Project (ACLED), »Demonstrations and Political Violence in America: New Data for the Summer 2020, September 2020«, im Netz unter: https://acleddata.com/2020/09/03/demonstrations-political-violence-in-america-new-data-for-summer-2020/.

**Der konservative britische Parlamentsabgeordnete** Jon Stone, »Black Lives Matter is ›not force for good‹ says Tory MP Sajid Javid«, in: *The Independent*, 5. Oktober 2020, im Netz unter: https://www.independent.co.uk/news/uk/politics/sajid-javid-black-live-matter-blm-racism-tory-mp-b806336.html.

123 **Eine von YouGov** Arj Singh, »Britons are more likely to view Black Lives Matter as a force for good than ill, data shows«, in: *i-News*, 25. Juli 2021, im Netz unter: https://inews.co.uk/news/politics/black-lives-matter-britain-take-knee-popularity-1118702.

**Die Organisatoren der Bewegung** Robert Booth, »Black Lives Matter has increased racial tension, 55% say in UK poll«, in: *The Guardian*, 27. November 2020, im Netz unter: https://www.theguardian.com/world/2020/nov/27/black-lives-matter-has-increased-racial-tension-55-say-in-uk-poll.

124 **2020 organisierte er am** Simon Murdoch, »Patriotic Alternative: Uniting the Fascist Right«, Hope not Hate, August 2020, im Netz unter: https://www.hopenothate.org.uk/wp-content/uploads/2020/08/HnH_Patriotic-Alternative-report_2020-08-v3.pdf.

126 **in Messerstechereien oder Gangkriminalität verwickelt** Sara Haylock et al, »Risk factors associated with knife-crime in United Kingdom among young people aged 10-24 years: a systematic reviw«, in: *BMC Public Health*, Vol. 20 (1451), 2020, im Netz unter: https://bmcpublichealth.biomedcentral.com/articles/10.1186/s12889-020-09498-4.

128 **Es ist Zeit, deine Rolle** Siehe Website der Patriotic Alternative: https://www.patrioticalternative.org.uk/.

129 **mit den berühmtesten Neonazis des Landes** Siehe »The Enemy Within the Far-Right«, Channel4 News Dispatches, Mai 2022, im Netz unter: https://www.channel.com/programmes/the-enemy-within-the-far-right-dispatches/on-demand/71213-001.

**Eine verdeckte Ermittlung** Ebd.

**Aber die Gruppierung ist** William Allchorn, »Turning Back to Biologised Racism: A Content Analysis of Patriotic Alternative UK's Online Discourse«, Global Network on Extremism & Technology, 22. Februar 2021, im Netz unter: https://gnet-research.org/2021/02/22/turning-back-to-biologised-racism-a-content-analysis-of-patriotic-alternative-uks-online-discourse/.

131 **Der Lehrplan bringt Kinder** Stephanie Finnegan, »Leeds neo-Nazi Mark Collet behind far-right group Patriotic Alternative pushing ›hateful‹ home schooling with racist songs«, Leeds Live, 21. Februar 2021, im Netz unter: https://www.leeds-live.co.uk/news/leeds-news/leeds-neo-nazi-mark-collet-19882854.

132 **Die richtige Antwort** Ebd.

135 **Wir werden alles in unserer Macht** »England FA condem racist abuse aimed at Marcus Rashford, Bukayo Ska, Jadon Sancho after Euro 2020 shootout loss«, auf: ESPN, 12. Juli 2021, im Netz unter: https://www.espn.com/soccer/england-eng/story/4431389/england-fa-condemn-racist-abuse-aimed-at-rashfordsakasancho-after-euro-shootout-loss.

136 **Eine Analyse des *Economist*** »Non-white footballers played better when stadiums were empty during the pandemic«, in: *The Economist*, 10. Juni 2021, im Netz unter: https://www.economist.com/graphic-detail/2021/06/10/non-white-footballers-played-better-when-stadiums-were-empty-during-the-pandemic.

139 **die unsere Differenzen der Welt** Jamila Lyiscott, *Black Appetite, White Food. Issues of Race, Voice, and Justice Within and Beyond the Classroom*, London 2019, S. 23.

140 **Eine kürzlich an der University of California** Stephen Menendian, Samir Gambhir und Arthur Gailes, »The Roots of Structural Racism Project«, Othering and Belonging Institute, 21. Juni 2021, im Netz unter: https://belonging.berkeley.edu/roots-structural-racism.

**2014 hatten 75 Prozent** Christopher Ingraham, »Three quarters of whites don't have any non-white friends«, in: *The Washington Post*, 27. November 2014, im Netz unter: https://www.washingtonpost.com/news/wonk/wp/2014/11/27/three-quarters-of-whites-dont-have-any-non-white-friends-2/.

**Tatsächlich halten 85 Prozent** Tanya Abraham, »84 of BAME Britons think the UK is still very or somewhat racist«, auf: YouGov, 2. Juni 2020, im Netz unter: https://yougov.co.uk/topics/politics/articles-reports/2020/06/26/nine-ten-bame-britons-think-racism-exists-same-lev.

**Die Säuglingssterblichkeit** Office for Statistics, »Births and infant morality by ethnicity in England and Wales: 2007 to 2019«, im Netz unter: https://www.ons.gov.uk/peoplepopulationandcommunity/healthandsocialcare/childhealth/articles/birthsandinfantmortalitybyethnicityinenglandandwales/2007to2019.

141 **Schwarze Mütter sterben** Emma Kasprzak, »Why are black mothers at more risk of dying?«, BBC, 12. April 2019, im Netz unter: https://www.bbc.co.uk/news/uk-england-47115305.

**Schwarze Menschen sind** Britische Regierung, »Unemployment by ethnicity«, Januar 2021, im Netz unter: https://www.ethnicity-facts-figures.service.gov.uk/work-pay-

and-benefits/unemployment-and-economic-inactivity/unemployment/latest#by-ethnicity.

**von der Polizei angehalten** Britische Regierung, »Black Caribbean ethnic group: facts and figures«, 27. Juni 2019, im Netz unter: https://www.ethnicity-facts-figures.service.gov.uk/summaries/black-caribbean-ethnic-group#stop-and-search.

**Schwarze machen 3%** Nazir Afzal, »Black people dying in policy custody should surprise no one«, in: *The Guardian*, 11. Juni 2020, im Netz unter: https://www.theguardian.com/uk-news/2020/jun/11/black-deaths-in-police-custody-the-tip-of-an-iceberg-of-racist-treatment.

**Sieben von zehn Schwarzen** Tanya Abraham, »84 of BAME Britons think the UK is still very or somewhat racist«, auf: YouGov, 2. Juni 2020, im Netz unter: https://yougov.co.uk/topics/politics/articles-reports/2020/06/26/nine-ten-bame-britons-think-racism-exists-same-lev.

143 **Ungefähr ein Drittel** Angelika Schuster und Tristan Sindelgruber, »Operation Spring«, Dokumentarfilm 2005, im Netz unter: https://dok.at/film/operation-spring/.

144 **Die ›Black Panther‹-Bewegung** Jakobi Williams, »›Don't no woman have to do nothing she don't want to do‹: Gender, Activism, and the Illinois Black Panther Party«, in: *Black Women, Gender + Families*, Vol. 6, No. 2 (Herbst 2012), S. 29-54, im Netz unter: https://www.jstor.org/stable/10.5406/blacwomegendfami.6.20029.

**eine Dreifachdiskriminierung** Ashley Roach-McFarlane, »The Forgotten Legacy of Claudia Jones: a Black Communist Radical Feminist«, Blog von Verso Books, 22. März 2021, im Netz unter: https://www.versobooks.com/blogs/5030-the-forgotten-legacy-of-claudia-jones-a-black-communist-radical-feminist.

**Studien zeigen tatsächlich** ZARA, »Rassismus Report 2021: Analyse zu rassistischen Übergriffen und Strukturen in Österreich«, Zivil Courage und Anti-Rassismus-Arbeit (ZARA), März 2022, online: https://assets.zara.or.at/media/rassismusreport/ZARA-Rassismus_Report_2021.pdf und Stefanie Wagner, »Racial Profiling im Europäischen Raum«, Johannes-Kepler-Universität Linz, Mai 2022, online: https://epub.jku.at/obvulihs/download/pdf/6139153?originalFilename=true.

146 **Die meisten Kinder, die in den USA** Amnesty International, »Gun Violence – Key Facts«, 2022, im Netz unter: https://www.amnesty.org/en/what-we-do/arms-control/gun-violence/.

147 **Über den Nachrichtendienst Telegram** Jakob Guhl und Jacob Davey, »A Safe Space to Terrorism: White Supremacist Mobilisation on Telegram«, Institute for Strategic Dialogue (ISD), Juni 2020, im Internet unter: https://www.isdglobal.org/isd-publications/a-safe-space-to-hate-white-supremacist-mobilisation-on-telegram/.

148 **Im Juni 2020 fuhr** Adam Gabbatt und Jason Wilson, »Klan leader charged over driving car into Black Lives matter protesters«, in: *The Guardian*, 8. Juni 2020, im Netz unter: https://www.theguardian.com/us-news/2020/jun/08/klan-leader-charged-harry-rogers-virginia.

**Und das war nur einer von mehreren** Kenya Evelyn, »Drivers target Black Lives Matter protesters in ›horrifying‹ spate of attacks«, in: *The Guardian*, 9. Juli 2020, im Netz unter: https://www.theguardian.com/world/2020/jul/09/black-lives-matter-drivers-target-protesters-spate-of-attacks.

152 **angefangen bei der Pest** Siehe beispielsweise: https://antisemitism.adl.org/power/.

**bis heute wirkmächtig** Siehe: https://encyclopedia.ushmm.org/content/en/article/protocols-of-the-elders-of-zion.

153 **Schaubilder der Personalorganigramme** Für eine ausführlichere Analyse von antisemitischen Stereotypen und den Mythen über »die zionistisch-jüdischen Medien« siehe Matthias J. Becker und Dr Daniel Allington, »Decoding Antisemitism: An AI-driven Study on Hate Speech and Imagery Online«, Decoding Antisemitism Discourse Report, August 2021, S. 9, im Netz unter: https://kclpure.kcl.ac.uk/portal/files/157768985/TUB_Decoding_Antisemitism_EN_FIN.pdf.

## *5 Backlash provozieren*

159 **Die Dunkelziffer wird** Lesben- und Schwulenverband, »Alltag: Homophobe und transfeindliche Gewaltvorfälle in Deutschland«, fortlaufende Chronik, im Netz unter: https://www.lsvd.de/de/ct/3958-Alltag-Homophobe-und-transfeindliche-Gewaltvorfaelle-in-Deutschland. Sowie Sabrino Mainz, »Transfeindlichkeit in Deutschland: Zahl der Gewaltvorfälle steigt«, auf: *Belltower*, 31. Januar 2022. Im Netz unter: https://www.belltower.news/transfeindlichkeit-in-deutschland-zahl-der-gewaltvorfaelle-steigt-127517/.

**Am 20. November 2021** Lauren Aratani, »Biden honors transgender people killed in US: ›Each of these lives was precious‹«, in: *The Guardian*, 20. November 2021, im Netz unter: https://www.theguardian.com/us-news/2021/nov/20/biden-transgender-day-remembrance?CMP=Share_iOSApp_Other.

**Das Jahr 2021 war für nicht-binäre** Laurel Powell, »2021 Becomes Deadliest Year on Record for Transgender and Non-Binary People«, Human Rights Campaign, 9. November 2021, im Netz unter: https://www.hrc.org/press-releases/2021-becomes-deadliest-year-on-record-for-transgender-and-non-binary-people.

**In Großbritannien haben sich seit 2015** »Transphobic hate crime reports have quadrupled over the past five years in the UK«, BBC, 11. Oktober 2020, im Netz unter: https://www.bbc.com/news/av/uk-54486122.

160 **Eine von vier trans Personen** Galop, »Transphobic Hate Crime Report 2020«, im Netz unter: https://galop.org.uk/resource/transphobic-hate-crime-report-2020/.

163 **Eine im Jahr 2015 vom ›National Center** National Center for Transgender Equality, »The Report of the 2015 U.S. Transgender Survey«, Dezember 2015, im Netz unter: https://transequality.org/sites/default/files/docs/usts/USTS-Executive-Summary-Dec17.pdf.

165 **Laut einer EU-Studie** FRA – European Union Agency for Fundamental Rights, »Being Trans in the European Union: Comparative analysis of EU LGBT survey data«, 2014, im Netz unter: https://fra.europa.eu/sites/default/files/fra-2014-being-trans-eu-comparative-0_en.pdf.

**Für die Zeit zwischen 2014 und 2019** Vikki Julian, »New research on reporting trans issues shows 400% increase in coverage and varying perceptions on broader editorial standards«, IPSO, 2. Dezember 2020, im Netz unter: https://www.ipso.co.uk/news-press-releases/press-releases/new-research-on-reporting-of-trans-issues-shows-400-increase-in-coverage-and-varying-perceptions-on-broader-editorial-standards/.

**Nach einer Studie des Williams Institute** UCLA Williams Institute, »How Many Adults Identify as Transgender in the United States?«, Juni 2016, im Netz unter: https://williamsinstitute.law.ucla.edu/publications/trans-adults-united-states/.

166 **Alte Anti-LGBTQ-Stereotype** Michelle Goldberg, »The Right's Disney Freakout«, in: *The New York Times*, 1. April 2022, im Netz unter: https://www.nytimes.com/2022/04/01/opinion/disney-dont-say-gay.html.

**Heute sind trans Personen** Nick Lowles, Nick Ryan und Joe Mulhall, »State of Hate 2022: On the March Again«, Hope not Hate, März 2022, im Netz unter: https://hopenothate.org.uk/wp-content/uploads/2022/03/state-of-hate-2022-v1_17-March-update.pdf.

**Mehr Zwangsanpassung** Sanchez Manning, »Now even the word ›maternity‹ is facing a ban at Britain's ›wokest‹ university after diversity chiefs said the term was now ›problematic‹ and ›exclusionary‹«, in: *Daily Mail*, 23. Januar 2022, im Netz unter: https://www.dailymail.co.uk/news/article-10431337/Now-maternity-facing-ban-Britains-wokest-university-diversity-chiefs-ruling.html.

167 **Das Blatt habe sich gewendet** Helen Joyce, *Trans: When Ideology Meets Reality*, London 2021 (Oneworld Publications).

168 **Die Ungleichheit des Gleichstellungsgesetzes** Samantha Schmidt, »Conservatives find unlikely ally in fighting transgender rights: Radical Feminists«, in: *The Washington Post*, 7. Februar 2020, im Netz unter: https://www.washingtonpost.com/dc-md-va/2020/02/07/radical-feminists-conservatives-transgender-rights/ und https://www.nbcnews.com/feature/nbc-out/conservative-group-hosts-anti-transgender-panel-feminists-left-n964246.

**Vor dem britischen Unterhaus** Kashmira Gander, »Trans Women are Parasites for ›Occupying the Bodies of the Oppressed‹«, in: *Newsweek*, 15. März 2018, im Netz unter: https://www.newsweek.com/trans-women-are-parasites-occupying-bodies-oppressed-says-academic-846563.

169 **Sven Lehmann, der Queer-Beauftragte** Christoph Driessen: »Neufassung von Transsexuellengesetz: ›Wir können die Natur aber nicht abschaffen‹ – Alice Schwarzer gegen erleichterte Änderung des eingetragenen Geschlechts«, in: *Stern*, 28. März 2022, im Netz unter: https://www.stern.de/gesellschaft/alice-schwarzer-sagt-der--trans-mode--den-kampf-an-31738220.html.Und Alice Schwarzer, »Schwarzer über Transsexualität«, in: *Emma*, 17. Dezember 2019, im Netz unter: https://www.emma.de/artikel/anpassung-die-rolle-337403.

**2018 mussten sich die Organisatorinnen** »Pride in London Sorry After Anti-Trans Protest«, BBC, 6. Juli 2018, im Netz unter: https://www.bbc.com/news/uk-england-london-44757403.

170 **Wir erleben, wie Trans-Aktivismus** Siehe die Website https://www.gettheloutuk.com/.

**extremistisch** Trevor Phillips, »Trans extremists are putting equality at risk«, in: *The Times*, 22. Oktober 2018, im Netz unter: https://www.thetimes.co.uk/article/trans-extremists-are-putting-equality-at-risk-fjv8skwzo.

**dement** Leo McKinstry, »We must halt this transgender madness – it is hurting women and girls, blasts LEO McKINSTRY«, in: *Express*, 29. Oktober 2020, im Netz unter: https://www.express.co.uk/comment/columnists/leo-mckinstry/903140/Transgenderism-harming-women-must-be-stopped.

**gefährlich** Tim Newark, »This transgender madness is now a danger to women, says Tim Newark«, in: *Express*, 13. Oktober 2018, im Netz unter: https://www.express.co.uk/comment/expresscomment/1030959/transgender-madness-danger-women-comment-tim-newark.

**Jetzt 100 Monate hinter Gittern** Darren Boyle, »Trans rapist, 25, who groomed a 13-year-old girl asking her on text ›do you mind if my hands wander?‹ days after being released from prison is jailed for 100 months«, in: *The Daily Mail Online*, 3. Februar 2022, im Netz unter: https://www.dailymail.co.uk/news/article-10472547/Trans-rapist-25-groomed-13-year-old-girl-jailed-100-months.html.

171 **Trainer ignoriert Bedenken** Shawn Cohen, »EXCLUSIVE: ›We're uncomfortable in our own locker room.‹ Lia Thomas' UPenn teammate tells how the trans swimmer doesn't always cover up her male genitals when changing and their concerns go ignored by their coach«, in: *The Daily Mail*, 27. Januar 2022, im Netz unter: https://www.dailymail.co.uk/news/article-10445679/Lia-Thomas-UPenn-teammate-says-trans-swimmer-doesnt-cover-genitals-locker-room.html.

**Schwarze Transgender-Personen** Robert Coulter et al., »Prevalence of Past-Year Sexual Assault Victimization Among Undergraduate Students: Exploring Differences by and Intersections of Gender Identity, Sexual Identity, and Race/Ethnicity«, Society for Prevention Research, 2017. Im Netz unter: https://vaw.msu.edu/wp-content/uploads/2016/03/2-Coulter-Prev-Sci-2017.pdf.

172 **Der Sexualstraftäter Stephen Woods** Nazia Parveen, »Karen White: how ›manipulative‹ transgender inmate attacked again«, in: *The Guardian*, 11. Oktober 2018, im Netz unter: https://www.theguardian.com/society/2018/oct/11/karen-white-how-manipulative-and-controlling-offender-attacked-again-transgender-prison.

173 **Menschen, die menstruieren** Siehe Rowlings Original-Tweet unter: https://twitter.com/jk_rowling/status/1269382518362509313?lang=en.

**Die Transkultur muss zusehen** Katelyn Burns, »Is J. K. Rowling Transphobic? A Trans Woman Investigates«, in: *Them*, 28. März 2018, im Netz unter: https://www.them.us/story/is-jk-rowling-transphobic.

176 **Eine Transgender-Frau** YouGov, »How Brits Define a Transgender Woman«, 2022 Tracker, im Netz unter: https://yougov.co.uk/topics/politics/trackers/how-brits-define-a-transgender-woman.

**Und jetzt gehe ich aus diesem Jahrzehnt** Katelyn Burns, »The internet made trans people visible. It also left them more vulnerable«, in: *Vox*, 27. Dezember 2019, im Netz unter: https://www.vox.com/identities/2019/12/27/21028342/trans-visibility-backlash-internet-2010.

178 **Das Gesetz hatte spektakuläre Folgen** »Bathroom Bill to Cost North Carolina $ 3.76B AP Analysis Finds«, in: *NBC News*, 27. März 2017, im Netz unter: https://www.nbcnews.com/feature/nbc-out/bathroom-bill-cost-north-carolina-3-76b-ap-analysis-finds-n738866.

179 **Infolgedessen ließ Großbritannien** Simon Murphy und Libby Brooks, »UUK government drops gender self-identification plan for trans people«, in: *The Guardian*, 22. September 2020, im Netz unter: https://www.theguardian.com/society/2020/sep/22/uk-government-drops-gender-self-identification-plan-for-trans-people.

180 **Viele Expertinnen und Experten sehen es** Siehe zum Beispiel: Jean Linis-Dinco, »Machines, Artificial Intelligence and rising global transphobia«, Melbourne Law School, März 2021, im Netz unter: https://law.unimelb.edu.au/news/caide/machines,-artificial-intelligence-and-the-rising-global-transphobia. Und Daniel Laufer, »Computers are binary, people are not: how AI undermines LGBTQ identity«, in: Access Now, 6. April 2021, im Netz unter: https://www.accessnow.org/how-ai-systems-undermine-lgbtq-identity/.

181 **Ideologie der Entkörperlichung** Jennifer Bilek, »The agenda behind gender ideology«, auf: Women's Declaration International (WDI), 7. Dezember 2021, im Netz unter: https://www.youtube.com/watch?v=5DpRlp_3ZZQ.

**Jennifer vertritt die Ansicht** Vgl. https://twitter.com/bjportraits/status/1197507155403952128.

**›Body Diversity‹ als Emanzipation und Empowerment bewirbt** Vgl. https://twitter.com/bjportraits/status/1171413732171419648.

**›Transgender‹ macht uns weich** Vgl. ebd.

182 **Dass der reichste Mann der Welt** Seth Cohen, »Pronouns Suck? Tesla Founder Elon Musk Tweets Ugly Comment Mocking Transgender Inclusion«, Forbes, 25. Juli 2020, im Netz unter: https://www.forbes.com/sites/sethcohen/2020/07/25/tesla-founder-elon-musk-uses-twitter-to-mock-transgender-inclusion/?sh=60a40aa2647f. Und Katelyn Burns, »Twitter is a lifeline for trans people. How Elon Musk could kill it«, auf: MSNBC, 26. April 2022, im Netz unter: https://www.msnbc.com/opinion/msnbc-opinion/will-twitter-elon-musk-sale-delete-trans-twitter-n1294822.

183 **Wieder andere drohten** Trystan Reese, *How We Do Family*, New York 2021 (The Experiment), S. 147-148.

184 **Der GLAAD Social Media Safety Index** GLAAD, »Social Media Safety Index«, Mai 2021, im Netz unter: https://www.glaad.org/sites/default/files/images/202105/GLAAD%20SOCIAL%20MEDIA%20SAFETY%20INDEX_0.pdf.

185 **In einer britischen Umfrage** Ashley Stahl, »Why Democrats Should Be Losing Sleep Over Generation Z«, Forbes, 11. August 2017, im Netz unter: https://www.forbes.com/sites/ashleystahl/2017/08/11/why-democrats-should-be-losing-sleep-over-generation-z/?sh=162371f77878.

**Eine 2018 vom Pew Research Center** John Gramlich, »Young Americans are less trusting of other people – and key institutions – than their elders«, Pew Research,

6. August 2019, im Netz unter: https://www.pewresearch.org/fact-tank/2019/08/06/young-americans-are-less-trusting-of-other-people-and-key-institutions-than-their-elders/.

**Die so genannte ›Prager University‹** https://www.prageru.com.

186 **Viele der PragerU-Aktivisten** Nellie Bowles, »Right-Wing Views for Generation Z, Five Minutes at a Time«, in: *The New York Times*, 4. Januar 2020, im Netz unter: https://www.nytimes.com/2020/01/04/us/politics/dennis-prager-university.html.

188 **mussten trans Athleten und Sportkommentatorinnen** 240 »A Snapshot of Anti-Trans Hatred in Debates around Transgender Athletes«, Institute for Strategic Dialogue, 20. Januar 2022, im Netz unter: https://www.isdglobal.org/digital_dispatches/anti-trans-hatred-against-athletes-highlights-policy-failures-facebook-twitter/?mc_cid=d3f575d23e&mc_eid=1dcda307.

**Die britische Labour-Abgeordnete Rosie** Harriet Williamson, »Rosie Duffield's views on transgender people should have no place in the labour party«, in: *The Independent*, 20. September 2021, im Netz unter: https://www.independent.co.uk/voices/rosie-duffield-labour-transgender-debate-b1923307.html.

**Sarah Palin, die ehemalige Gouverneurin** Alana Mastrangelo, »Exclusive – Sarah Palin on Trans Athletes: ›He is a dude‹ beating women's swimming records«, auf: *Breitbart*, 27. Dezember 2021, im Netz unter: https://www.breitbart.com/politics/2021/12/27/exclusive-sarah-palin-on-trans-athletes-he-is-a-dude-beating-womens-swimming-records/.

189 **Wenn deine Freundin Tränen** Vgl. https://www.mumsnet.com/Talk/womens_rights/3159058-Disgusted-by-all-the-transphobia-here?pg=13.

**Formen von Misshandlung von trans Personen** Cerys Bradley, »Transphobic Hate Crime Report 2020«, Galop, 2020, Online: https://galop.org.uk/wp-content/uploads/2021/06/Trans-Hate-Crime-Report-2020.pdf.

190 **Ungefähr 1,7 Prozent** »It's Intersex Awareness Day – here are 5 myths we need to shatter«, Amnesty International, 26. Oktober 2018, im Netz unter: https://www.amnesty.org/en/latest/news/2018/10/its-intersex-awareness-day-here-are-5-myths-we-need-to-shatter/#:~:text=Myth%202%3A%20Being%20intersex%20is,intersex%20people%20are%20massively%20underrepresented.

192 **Anfang 2022 rief der texanische Gouverneur** Jo Yurcaba, »Texas governor calls on citizens to report parents of transgender kids for abuse«, in: *NBC News*, 23. Februar 2022, im Netz unter: https://www.nbcnews.com/nbc-out/out-politics-and-policy/texas-governor-calls-citizens-report-parents-transgender-kids-abuse-rcna455.

**Diese direkte Erfahrung mit Belästigung** German Lopez, »Women are getting harassed in bathrooms because of anti-transgender hysteria«, auf: Vox, 18. Mai 2016, im Netz unter: https://www.vox.com/2016/5/18/11690234/women-bathrooms-harassment.

## *6 Massen überzeugen*

196 **Noch Anfang 2022** Sam Jones und Guy Chazan, »›Nein Danke‹: the resistance to Covid-19 vaccines in German-speaking Europe«, in: *Financial Times*, 10. November 2021,

im Netz unter: https://www.ft.com/content/f04ac67b-92e4-4bab-8c23-817cc0483df5.

202 **Die vielfach übersetzte Publikation** Bruce Y. Lee, »Graphene Oxide In Pfizer Covid-19 Vaccines? Here Are the Latest Unsupported Claims«, Forbes, 10. Juli 2021, im Netz unter: https://www.forbes.com/sites/brucelee/2021/07/10/graphene-oxide-in-pfizer-covid-19-vaccines-here-are-the-latest-unsupported-claims/?sh=7c01e64274d7. Und vgl. ›Reuters Fact Check‹, »Fact Check- COVID-19 vaccines do not contain graphene oxide«, Reuters, 23. Juli 2021, im Netz unter: https://www.reuters.com/article/factcheck-grapheneoxide-vaccine-idUSL1N2OZ14F.

**Die Behauptung, der Impfstoff** »The Pfizer vaccine isn't 99% graphene oxide«, in: *Full Fact*, 14. Juli 2021, im Netz unter: https://fullfact.org/online/graphene-oxide/. Sowie ›Reuters Fact Check‹ s. o.

203 **laut Professor Campra selbst** Pablo Campra Madrid, »Detección de Oxido de Grafeno En Suspensión Acuosa«, Universidad de Almería, 28. Juni 2021, im Netz unter: https://www.docdroid.net/rNgtxyh/microscopia-de-vial-corminaty-dr-campra-firma-e-1-fusionado-pdf#page=16.

**Sogar wenn die Impfstoffe** »Covid-19 vaccines do not make you magnetic«, in: *Full Fact*, 14. Mai 2021, im Netz unter: https://fullfact.org/online/covid-vaccine-magnet/.

**Keiner der namentlich genannten Autoren dieser Studien** Samatha Tatro, »›pH Miracle‹ Author Robert O. Young Sentenced«, NBC San Diego, 29. Juni 2017, im Netz unter: https://www.nbcsandiego.com/news/local/ph-miracle-author-robert-o-young-sentenced/19346/.

206 **In Ostdeutschland hat ein Mann** »Germany: Man refusing COVID jab attacks health workers, demands certificate«, *Deutsche Welle*, 5. September 2021, im Netz unter: https://www.dw.com/en/germany-man-refusing-covid-jab-attacks-health-workers-demands-certificate/a-59088281.

**In New York musste die Wirtin** »3 Tourists Allegedly Attacked A Hostess Who Asked For Vaccine Proof At A Restaurant«, National Public Radio (NPR), 17. September 2021, im Netz unter: https://www.npr.org/sections/coronavirus-live-updates/2021/09/17/1038392877/new-york-tourists-attack-hostess-restaurant-vaccine?t=1636114243829.

**Einen Monat später stach** Graeme Massie, »Apple store security guard stabbed multiple times over mask dispute, police say«, in: *The Independent*, 9. Oktober 2021, im Netz unter: https://www.independent.co.uk/news/world/americas/crime/apple-store-mask-stabbing-b1935476.html.

207 **In Georgia endete** »1 dead, 2 injured after dispute over mask at Georgia grocery store, sheriff says«, CNN, 15. Juni 2021, im Netz unter: https://abcnews.com/news/national-world/2021/06/15/1-dead-2-injured-after-dispute-over-mask-at-georgia-grocery-store-sheriff-says/.

208 **Die deutsche Justiz warf** »Attila Hildmann in Türkei ausfindig gemacht«, *ZDF*, 26. Oktober 2022, im Netz unter: https://www.zdf.de/nachrichten/panorama/attila-hildmann-tuerkei-gefunden-100.html

**Eines Tages müsst ihr euch verteidigen** Tina Kaiser, »Attila Hildmann bereitet seine Anhänger auf einen Kampf in Deutschland vor. Wie der stern dem Hetzer auf die Spur kam«, in: *Stern*, 1. November 2022, im Netz unter: https://www.stern.de/gesellschaft/attila-hildmann–der-stern-spuerte-den-antisemiten-in-der-tuerkei-auf-32847194.html

209 **Deutschland sei kein souveräner Staat** Sebastian Leber, »Antisemitismus im Netz«, in: *Der Tagesspiegel*, 19. Juni 2020, im Netz unter: https://www.tagesspiegel.de/gesellschaft/attila-hildmann-gibt-juden-die-schuld–und-verteidigt-hitler-4175905.html.

**ein groß angelegtes »Gehorsamsexperiment«** Sebastian Leber, »Karriere als Verschwörungsideologe: Eine Tragödie namens Ken Jebsen«, in: *Der Tagesspiegel*, 12. Juni 2021, im Netz unter: https://www.tagesspiegel.de/kultur/eine-tragodie-namens-ken-jebsen-5110270.html

**In einem seiner jüngsten Videos** Siehe Originalvideo von MMM (29. Ausgabe), April 2021: https://www.facebook.com/watch/?v=1169161723530998.

**nur noch innerhalb der Verschwörungscommunitys** Hörempfehlung: Podcast »Cui bono: WTF happened to Ken Jebsen?«, Radio Eins, online: https://www.radioeins.de/archiv/podcast/cui_bono/.

210 **Hurra, wir leben noch!** Joscha Weber, »Hurra, wir leben noch«, Deutsche Welle, 1. Oktober 2022, online: https://www.dw.com/de/glosse-hurra-wir-leben-noch/a-59356163.

**Sowohl im Islam als auch** Tom Leonhardt, »Falsche Propheten und Weltuntergang: Tagung beleuchtet Endzeiterwartungen der Vormoderne«, Martin-Luther Universität Halle-Wittenberg, 27. Juni 2018.

**Dieses ›Desinformationsdutzend‹** Center for Countering Digital Hate, »The Disinformation Dozen: Why Platforms Must Act on Twelve Leading Online Anti-Vaxxers«, Center for Countering Digital Hate (CCDH), März 2021, im Netz unter: https://counterhate.com/research/the-disinformation-dozen/.

211 **Der Sturm ist da – Liveticker** Infos von Ickerott's Telegram-Kanal und Webseite: https://traugott-ickeroth.com/liveticker/

213 **Der größte Indikator dafür** Jan-Willem van Prooijen, Karen M. Douglas, »Belief in conspiracy theories: Basic principles of an emerging research domain«, in: *European Journal of Social Psych*ology,Vol 48(7), 2018, S. 897-908, im Netz unter: https://www.ncbi.nlm.nih.gov/pmc/articles/PMC6282974/.

**Die Psychologie spricht von einer** Serge Moscovici, »The Conspiracy Mentality«, in: Carl F. Graumann and S. Moscovici (Hrsg.), *Changing Conceptions of Conspiracy*, Springer Series in Social Psychology, New York 1987 (Springer-Verlag), S. 151-169, im Netz unter: https://link.springer.com/chapter/10.1007/978-1-4612-4618-3_9.

214 **Die Social-Media-Analyse** Hannah Winter, Lea Gerster, Joschua Helmer und Till Baaken, »Überdosis Desinformation: Die Vertrauenskrise«, Institute for Strategic Dialogue (ISD), 8. Mai 2021, im Netz unter: https://www.isdglobal.org/isd-publications/uberdosis-desinformation-die-vertrauenskrise-impfskepsis-und-impfgegnerschaft-in-der-covid-19-pandemie/.

215 **Bei der vorigen ›Unite for Freedom‹** Zoe Tidman, »Eight police officers hurt after bottles thrown at anti-lockdown protest in London«, in: *The Independent*, 25. April 2021, im Netz unter: https://www.independent.co.uk/news/uk/crime/anti-lockdown-protests-london-arrests-police-b1836982.html.

**Die Gewalt gegen Journalisten** Committee to Protect Journalists, »BBC news crew threatened by COVID-19 protesters in UK«, 14. September 2021, im Netz unter: https://cpj.org/2021/09/bbc-news-crew-threatened-by-covid-19-protesters-in-uk/.

**In Berlin hat ein ARD-Kameramann** »Germany's Maas condemns anti-lockdown protesters' attack on journalists«, Deutsche Welle, 7. Mai 2020, im Netz unter: https://www.dw.com/en/germanys-maas-condemns-anti-lockdown-protesters-attack-on-journalists/a-53359614.

**In Slowenien brachen Anti-Lockdown-Protestierende** Committee to Protect Journalists, »Protesters against Slovenian COVID-19 response and vaccination storm headquarters of RTVS broadcaster«, 9. September 2021, im Netz unter: https://cpj.org/2021/09/protesters-against-slovenian-covid-19-response-and-vaccination-storm-headquarters-of-rtvs-broadcaster/.

**Ihr werdet hängen für das** Committee to Protect Journalists, »BBC news crew threatened by COVID-19 protesters in UK«, 14. September 2021, im Netz unter: https://cpj.org/2021/09/bbc-news-crew-threatened-by-covid-19-protesters-in-uk/.

216 **Ein Blick in die einschlägigen Gruppen** Wolfgang Vichtl, »Dieser Hass muss endlich aufhören«, Tagesschau, 1. August 2022, online: https://www.tagesschau.de/ausland/europa/kellermayr-corona-aerztin-tot-103.html, Anna Tillack, »Das ist nicht a bissl Shitstorm«, ARD, 31. Januar 2022, online: https://www.tagesschau.de/ausland/europa/oesterreich-impfgegner-101.html und Colette M. Schmidt, »Landärztin schließt nach Morddrohung aus Impfgegnerszene Ordination«, Der Standard, 28. Juni 2022, online: https://www.derstandard.de/consent/tcf/story/2000136994081/landaerztin-schliesst-nach-morddrohungen-aus-corona-massnahmen-und-impfgegner-szene.

**Seine beiden Vorgänger** »Persönliche Erklärung: Gesundheitsminister Mück tritt zurück«, ORF, 3. März 2022, online: https://orf.at/stories/3250792/ und Christina Traar, »Will mich nicht kaputtmachen: Anschober tritt zurück«, Kleine Zeitung, 13. April 2021, online: https://www.kleinezeitung.at/politik/innenpolitik/5964835/Emotionaler-Abschied_Will-mich-nicht-kaputtmachen_Anschober-tritt.

217 **Weitere Politiker und ein Professor** Adrienne Vogt, Matt Meyer und Meg Wagner, »Paul Pelosy, Nancy Pelosi's husband, attacked at couple's home«, CNN, 28. Oktober 2022, im Netz unter: https://edition.cnn.com/politics/live-news/nancy-pelosi-husband-paul-attack/index.html and Jasmine Aguilera and Solcyre Burga, »What We Know About the Attack on Paul Pelosi« TIME, 31. Oktober 2022, im Netz unter: https://time.com/6226378/paul-pelosi-assault-what-to-know/.

221 **Die Vorstellung, dass Juden** Brian Friedberg, »The Dark Virality of a Hollywood Blood-Harvesting Conspiracy«, in: Wired, 31. Juli 2020, im Netz unter: https://www.wired.com/story/opinion-the-dark-virality-of-a-hollywood-blood-harvesting-conspiracy/.

**Mindestens 24 Kandidatinnen** Creede Newton, »What is QAnon, the conspiracy theory spreading throughout the US«, Al Jazeera, 8. Oktober 2020, im Netz unter: https://www.aljazeera.com/news/2020/10/8/what-is-qanon-the-conspiracy-theory-spreading-throughout-the-us.

223 **Eine Recherche des *Guardian*** Julia Carrie Wong, »QAnon Facebook groups are grow-

ing at rapid pace around the world«, in: *The Guardian*, 11. August 2020, https://www.theguardian.com/us-news/2020/aug/11/qanon-facebook-groups-growing-conspiracy-theory.

225 **Bei der Bestimmung der Viruslast** Nidhi Subbaraman, »How do vaccinated people spread Delta? What the science says«, in: *Nature*, 12. August 2021, im Netz unter: https://www.nature.com/articles/d41586-021-02187-1.

226 **Der US-Musiker Landon Spradlin** Barney Davis, »›Covid denier‹ Gary Matthews dies from the virus alone day after testing positive«, in: *Evening Standard*, 28. Januar 2021, im Netz unter: https://www.standard.co.uk/news/uk/covid-denier-gary-matthews-dies-b908310.html.

**Der Covid-Skeptiker Tony Green** Steve Almasy, »Man who dismissed Covid-10 and then survived it says he is an example for doubters«, CNN, 13. Oktober 2020, im Netz unter: https://edition.cnn.com/2020/10/12/health/texas-coronavirus-skeptic-turned-survivor-guilt/index.html.

**In Norwegen starb der Organisator** Andrew Anglesey, »COVID-19 Deniers Event Leaves Host Dead, 12 Infected«, in: *Newsweek*, 14. April 2021, im Netz unter: https://www.newsweek.com/covid-19-deniers-event-leaves-host-dead-12-infected-15 83553.

227 **diesen Abschaum** Nick Lowles, Nick Ryan und Joe Mulhall, »State of Hate 2022: On the March Again«, Hope not Hate, März 2022, im Netz unter: https://hopenothate.org.uk/wp-content/uploads/2022/03/state-of-hate-2022-v1_17-March-update.pdf.

228 **Niemand von uns lässt sich** Michael Powell, »Exposed: Leader of ex-Army group that's plotting mayhem as 200 members of a sinister anti-vax group meet in a Staffordshire park to practice smashing through police lines«, in: *Daily Mail*, 9. Januar 2022, im Netz unter: https://www.dailymail.co.uk/news/article-10382723/Exposed-Leader-ex-Army-group-thats-plotting-mayhem.html. Und: »›We need to target vaccine centres, schools, and councils‹: Inside the chilling anti-vax group where ex-soldiers are teaching hundreds to wage ›war‹ on the government and preparing them for ›direct action‹«, in: *Daily Mail*, 9. Januar 2022, im Netz unter: https://www.dailymail.co.uk/news/article-10384239/Alpha-Men-Assemble-Inside-anti-vax-group-members-taught-wage-war-government.html.

**Allein in den USA haben bis Ende 2021** START, »QAnon Offenders in the United States«, aus einem START-Forschungsauftrag, Mai 2021, im Netz unter: https://www.start.umd.edu/sites/default/files/publications/local_attachments/START%20QAnon%20Research%20Brief_5_26.pdf.

231 **Seine Musik ist** James Crowley, »Artist Claims His Song Was Banned from Soundcloud for QAnon Similarities But Points Out That ›F*** Tha Police‹ Is Still Available«, in: *Newsweek*, 29. Oktober 2020, im Netz unter: https://www.newsweek.com/artist-song-removed-soundcloud-qanon-nwa-police-1543277.

233 **In einer Studie, die ich** Ebner, Julia, Christopher Kavanagh und Harvey Whitehouse, »The QAnon Security Threat: A Linguistic Fusion-Based Violence Risk Assessment«, Perspectives on Terrorism, Special Issue December 2022 (forthcoming).

234 **Muster für eine Gewaltprognose** Ebner, Julia, Christopher Kavanagh und Harvey

Whitehouse. »Is There a Language of Terrorists? A Comparative Manifesto Analysis«, Studies in Conflict and Terrorism, August 2022.

237 **Sowohl die Weltwirtschaftskrise** Anti-Defamation League (ADL), »Financial Crisis Sparks Wave of Internet Anti-Semitism«, ADL, Oktober 2009, im Netz unter: https://www.adl.org/sites/default/files/documents/assets/pdf/anti-semitism/united-states/financial-crisis-sparks-internet-anti-semitism-2008-10-24.pdf.

239 **Eine Studie der National Academy of Sciences** Jeff Grabmeier, »Fact-checking works across the globe to correct misinformation«, Phys Org, The Ohio State University, 6. September 2021, im Netz unter: https://phys.org/news/2021-09-international-fact-significantly-belief-misinformation.html.

## *7 Stellvertreterkriege führen*

248 **Die Biden-Administration war** Amy Mackinnon, Robbie Gramer und Jack Detsch, »Russia Planning Post-Invasion Arrest and Assassination Campaign in Ukraine, U.S. Officials Say«, in: *Foreign Affairs*, 18. Februar 2022, im Netz unter: https://foreignpolicy.com/2022/02/18/russia-ukraine-arrest-assassination-invasion/.

249 **In der ostukrainischen Stadt Luhansk** Vgl. ›Kharkiv Human Rights Protection Group‹, im Netz unter: https://khpg.org/en/1412628810.

**Schon vor der Invasion** »Some LGBTQ Ukrainians are fleeing Russian occupation. Others are signing up to fight«, National Public Radio (NPR), 13. März 2022, im Netz unter: https://www.npr.org/2022/03/12/1086274340/ukraine-lgbtq?t=1649154629479.

**Insbesondere die Oligarchen Wladimir Jakunin** »How the World Congress of Families serves Russian Orthodox political interests«, Southern Poverty Law Center, 16. Mai 2018, im Netz unter: https://www.splcenter.org/hatewatch/2018/05/16/how-world-congress-families-serves-russian-orthodox-political-interests.

250 **2019 behauptete der russische Präsident** Amy Cheng, »Putin slams ›cancel culture‹ and trans rights, calling teaching gender fluidity ›crime against humanity‹«, in: *The Washington Post*, 22. Oktober 2021, im Netz unter: https://www.washingtonpost.com/world/2021/10/22/putin-valdai-speech-trump-cancel-culture/.

**Die Logik, nach der die heutige** Ezra Klein, »The enemies of liberalism are showing us what it truly means«, in: *The New York Times*, International Edition, 5. April 2022.

**Mit russischen Kriegssymbolen** Live-Blog der *Morgenpost* zur Ukraine-Krise, Update von Sonntag, den 10. April 2022, im Netz unter: https://www.morgenpost.de/berlin/article4941541/berlin-ukraine-krieg-fluechtlinge-news-hauptbahnhof-aktuell-giffey.html. Und Hubert Gude, »Wie es zum ›Autokorso der Schande‹ kam«, in: *Der Spiegel*, 6. April 2022, im Netz unter: https://www.spiegel.de/panorama/gesellschaft/berlin-wie-es-zum-autokorso-der-schande-kam-a-533f7b3f-bd87-49e3-b648-713bb7d4a6b4.

254 **Mich überrascht sein forscher Auftritt** Ausschnitte unseres Gesprächs finden sich bei Minute 52:30 in Annis und Martins YouTube-Video, im Netz unter: https://www.youtube.com/watch?v=zZfVZRTIykE.

255 **Quellen des deutschen Nachrichtendienstes** Vgl. »Mensch Putin!«, ZDF-Doku, Februar 2015, im Netz unter: https://www.zdf.de/dokumentation/zdfzeit/mensch-putin-100.html.

**Wer schlägt nicht seine Frau** Live-Bilder dieser Aussage finden sich bei Minute 1:45 in Annis und Martins YouTube-Video, im Netz unter: https://www.youtube.com/watch?v=1CvlasK1_pg.

256 **Jetzt ist das eigene Volk** Der betreffende Ausschnitt dieses Gesprächs findet sich bei Minute 01:01:02 in Annis und Martins YouTube-Video, im Netz unter: https://www.youtube.com/watch?v=zZfVZRTIykE.

**Nachdem die Corona-Vorschriften** Christoph Koopmann, »Wie Wutbürger für einen ›Wutwinter‹ mobilisieren wollen«, in: *Süddeutsche Zeitung*, 19. August 2022, im Netz unter: https://www.sueddeutsche.de/politik/gaskrise-proteste-telegram-1.5641581?reduced=true.

**Auf Telegram und den Alt-Tech-Plattformen** Julia Smirnova, Paula Matlach & Francesca Arcostanzo, »Support from the Conspiracy Corner: German-Language Disinformation about the Russian Invasion of Ukraine on Telegram«, ISD, Digital Dispatches, 4. März 2022, im Netz unter: https://www.isdglobal.org/digital_dispatches/support-from-the-conspiracy-corner-german-language-disinformation-about-the-russian-invasion-of-ukraine-on-telegram/.

257 **90 Prozent der Menschen überflüssig** Amadeu Antonia Stiftung »COVID-Leugne-r:innen unterstützen Putins Infokrieg, Deutsche Nazis unterstützen ukrainische Ultranationalisten«, Amadeu Antonio Stiftung, März 2022, im Netz unter: https://www.amadeu-antonio-stiftung.de/wp-content/uploads/2022/03/analyse-papier-russland-ukraine-krieg.pdf.

**Großdemonstration in Berlin im Sommer 2020** Sven Kaufmann, »Ulmer Anwalt Markus Haintz bei Corona-Demo in Berlin festgenommen«, in: *Südwest Presse*, 4. August 2020.

259 **Die Anhänger dieses Mythos glauben** Anti-Defamation League, »New World Order«, Glossar, 26.7.2017, im Netz unter: https://www.adl.org/resources/glossary-terms/new-world-order.

260 **Eine Erhebung der Universität Erfurt** »Umfrage Ukraine-Krieg und Corona: 43 Prozent der Ungeimpften glauben an Ablenkung«, NTV, 22. März 2022, im Netz unter: https://amp.n-tv.de/panorama/43-Prozent-der-Ungeimpften-glauben-an-Ablenkung-article214090.html.

Darin wird eine von dem Gemeinschaftsprojekt COSMO durchgeführte Studie zitiert, im Netz unter: https://projekte.uni-erfurt.de/cosmo/web/about/.

**Laut einer anderen, vom Center für Monitoring** Pia Lamberty, Maheba Goedeke Tort und Corinne Heuer, »Von der Krise zum Krieg: Verschwörungserzählungen über den Angriffskrieg gegen die Ukraine in der Gesellschaft«, CeMAS, 5. Mai 2022, im Netz unter: https://cemas.io/publikationen/von-der-krise-zum-krieg-verschwoerungserzaehlungen-ueber-den-angriffskrieg-gegen-die-ukraine-in-der-gesellschaft/.

**Zwischen 2015 und 2017** Janosch Delcker, »Russische Desinformation: Was droht Deutschland im Winter?«, Deutsche Welle, 14. September 2022, im Netz unter:

https://www.dw.com/de/russische-desinformation-was-droht-deutschland-im-winter/a-63105675.

261 **Der ukrainische Präsident** Alexander Laboda, »›Querdenker‹, Verschwörungsideologien und der Krieg«: »Ein Nährboden für faschistische Agitation««, MDR Aktuell, 23. März 2022, im Netz unter: https://www.mdr.de/nachrichten/deutschland/politik/ukraine-krieg-querdenker-verschwoerungstheorien-100~amp.html.

**Sie ist gleichermaßen in Talkshows** Lars Wienand, »Putins deutsche Infokriegerin«, auf: *t-online*, 19. April 2022, im Netz unter: https://www.t-online.de/nachrichten/ausland/id_91759336/alina-lipp-auf-telegramm-einst-bei-den-gruenen-jetzt-putins-infokriegerin.html.

**Der Westen will einfach diesen Krieg** Julia Smirnova und Francesca Arcostanzo, »German Language Disinformation about Russian Invasion of Ukraine«, Institute for Strategic Dialogue, März 2022, im Netz unter: https://www.isdglobal.org/digital_dispatches/german-language-disinformation-about-the-russian-invasion-of-ukraine-on-facebook/. Video von Alina Lipp im Netz unter: https://www.wochenblick.at/welt/fake-meldung-beschossener-kindergarten-eine-false-flag-operation-der-ukrainischen-armee/#lipp-der-westen-will-einfach-diesen-krieg-um-jeden-preis.

**Er hat sowohl russische Kriegspropaganda** Jason Paladino und Anya von Wagtendonk, »Meet Patrick Lancaster: A Navy veteran from Missouri and Russia's favorite war propagandist«, auf: *Grid*, 18. April 2022, im Netz unter: https://www.grid.news/story/misinformation/2022/04/18/russias-favorite-war-propagandist-is-a-navy-veteran-from-missouri/.

263 **Sie hatten sich darüber ausgetauscht, wie man Gift** Dpa/afp, »Entführung von Lauterbach gescheitert: Rechtsextremisten planten Anschlag«, in: *taz – die tageszeitung*, 14. April 2022, im Netz unter: https://taz.de/Entfuehrung-von-Lauterbach-gescheitert/!5848838/.

**So beispielsweise in der Frankfurter Innenstadt** Ole Kaiser, »Einmal von links, einmal von rechts«, in: *Frankfurter Allgemeine Zeitung*, 22. Oktober 2022, m Netz unter: https://www.faz.net/aktuell/solidarischer-herbst-und-europeans-united-zwei-demos-in-frankfurt-am-samstag-18407184.html.

**radikale Demos gegen die Maßnahmen** »Wieder Proteste in ostdeutschen Städten«, in: *Tagesschau*, 1. November 2022, im Netz unter: https://www.tagesschau.de/inland/proteste-ostdeutschland-energiekrise-101.html.

**Laut einer MDR-Umfrage** MDRfragt-Redaktionsteam, »Mehr als die Hälfte befürchtet Radikalisierung der Energiepreis-Demos«, MDR, 18. Oktober 2022, im Netz unter: https://www.mdr.de/nachrichten/deutschland/politik/umfrage-demonstration-energiekrise-104.html

264 **Der von seiner Familie losgesagte Aristokrat** Quelle: M. Götschenberg, H. Schmidt und F. Bräutigam, »Razzia wegen geplanten Staatsstreichs«, Tagesschau, 7. Dezember 2022. Im Netz unter: https://www.tagesschau.de/investigativ/razzia-reichsbuerger-staatsstreich-101.html

266 **in Russland viel mehr Neonazis** Vgl. Beitrag »Extremismusforscher zu Putins Propa-

ganda: In Russland gibt es viel mehr Neonazis als in Ukraine«, im Deutschlandfunk, 11. März 2022, im Netz unter: https://www.deutschlandfunk.de/ritzmann-ukraine-rechtsexteme-asow-putin-propaganda-100.html.

267 **Erfahrungen auf dem Schlachtfeld** The Soufan Center, »White Supremacy Extremism: The Transnational Rise of the Violent White Supremacist Movement«, September 2019, S. 8.

**Bei den letzten Wahlen im Jahr 2019** Tara John und Tim Lister, »A far-right batallion has a key role in Ukraine's resistance. Its neo-Nazi history has been exploited by Putin«, CNN, 30. März 2022, im Netz unter: https://edition.cnn.com/2022/03/29/europe/ukraine-azov-movement-far-right-intl-cmd/index.html.

**Um die 1000 Mitglieder der vom Kreml** »Russia planning to deploy 1,000 Wagner mercenaries to eastern Ukraine, says UK's defence ministry«, Euronews mit AP, 29. März 2022, im Netz unter: https://www.euronews.com/2022/03/29/russia-planning-to-deploy-1-000-wagner-mercenaries-to-eastern-ukraine-says-uk-s-defence-mi.

**Das Logo von Rusitch** Mark Townsend, »Russian mercenaries in Ukraine linked to far-right extremists«, in: *The Guardian*, 20. März 2022, im Netz unter: https://www.theguardian.com/world/2022/mar/20/russian-mercenaries-in-ukraine-linked-to-far-right-extremists.

268 **Du wirst literweise Blut** Tom Ball, »Rusich's neo-Nazi mercenaries head for Kharkiv«, in: *The Times*, 7. April 2022, im Netz unter: https://www.thetimes.co.uk/article/rusichs-neo-nazi-mercenaries-head-for-kharkiv-prjndprl?utm_medium=Social&utm_source=Twitter#Echobox=1649340917.

270 **Gegen die Gruppierung laufen** Daniel De Simone, Andrei Soshnikov und Ali Winston, »Neo-Nazi Rinaldo Nazzaro running US militant group The Base from Russia«, BBC, 24. Januar 2020, im Netz unter: https://www.bbc.co.uk/news/world-51236915.

271 **Eliot Higgins, der Gründer** Mikhail Klimentov, »Alleged Russian sting operation uncovers ›The Sims 3‹, guns, grenade«, in: *The Washington Post*, 26. April 2022, im Netz unter: https://www.washingtonpost.com/video-games/2022/04/26/russian-assassination-sims-3/.

**Unsere Recherchen am Institute for Strategic Dialogue** Anne Applebaum, Peter Pomerantsev, Melanie Smith und Chloe Colliver, »›Make Germany Great Again‹: Kremlin, Alt-Right and International Influencers in the 2017 German Elections«, ISD, Dezember 2017. Sowie Chloe Colliver, Peter Pomerantsev, Anne Applebaum und Jonathan Birdwell, »Smearing Sweden: International Influence Campaigns in the 2018 Swedish Election«, ISD, Oktober 2018.

272 **Eine Umfrage des CeMAS** Pia Lamberty, Maheba Goedeke Tort und Corinne Heuer, »Von der Krise zum Krieg: Verschwörungserzählungen über den Angriffskrieg gegen die Ukraine in der Gesellschaft«, CeMAS, 5. Mai 2022, im Netz unter: https://cemas.io/publikationen/von-der-krise-zum-krieg-verschwoerungserzaehlungen-ueber-den-angriffskrieg-gegen-die-ukraine-in-der-gesellschaft/.

**Des Weiteren behauptete er** Anti-Defamation League, »Unmasking ›Clandestine‹, the Figure Behind the Viral ›Ukrainian Biolab‹ Conspiracy Theory«, ADL, 5. April 2022, im Netz unter: https://www.adl.org/blog/unmasking-clandestine-the-figure-behind-the-viral-ukrainian-biolab-conspiracy-theory.

273 **Über die Meinungsbeiträge bekannter** Elise Thomas, »QAnon goes to China – via Russia«, ISD Digital Dispatches, März 2022, im Netz unter: https://www.isdglobal.org/digital_dispatches/qanon-goes-to-china-via-russia/.

**Heute glauben 7 Prozent** Pia Lamberty, Maheba Goedeke Tort und Corinne Heuer, »Von der Krise zum Krieg: Verschwörungserzählungen über den Angriffskrieg gegen die Ukraine in der Gesellschaft«, CeMAS, 5. Mai 2022, im Netz unter: https://cemas.io/publikationen/von-der-krise-zum-krieg-verschwoerungserzaehlungen-ueber-den-angriffskrieg-gegen-die-ukraine-in-der-gesellschaft/.

274 **Besonders weit verbreitet ist diese Idee** V. Pawlik, »Statistiken zur Akzeptanz von und zum Umgang mit Verschwörungstheorien in Deutschland«, Statista, 10. März 2022, Online: https://de.statista.com/themen/7332/akzeptanz-von-und-umgang-mit-verschwoerungstheorien-in-deutschland/#dossierKeyfigures.

**Eine Erhebung von NPR/Ipsos** NPR/Ipsos, »Even If It's ›Bonkers‹, Poll Finds Many Believe QAnon And Other Conspiracy Theories«, 20. Dezember 2020, im Netz unter: https://www.npr.org/2020/12/30/951095644/even-if-its-bonkers-poll-finds-many-believe-qanon-andother-conspiracy-theories.

**Und auch in Großbritannien glaubt** Nick Lowles, Nick Ryan und Joe Mulhall, »State of Hate 2022: On the March Again«, Hope not Hate, März 2022, im Netz unter: https://hopenothate.org.uk/wp-content/uploads/2022/03/state-of-hate-2022-v1_17-March-update.pdf.

275 **einem starken Führer zu folgen** Sean Illing, »›Flood the zone with shit‹: How misinformation overwhelmed our democracy«, Vox, 6. Februar 2020, im Netz unter: https://www.vox.com/policy-and-politics/2020/1/16/20991816/impeachment-trial-trump-bannon-misinformation.

276 **Sein Bild von einem »starken Mann«** Sergio Olmos, »›Key to white survival‹: how Putin has morphed into a far-right savior«, in: *The Guardian*, 5. März 2022, im Netz unter: https://www.theguardian.com/us-news/2022/mar/05/putin-ukraine-invasion-white-nationalists-far-right.

277 **Seine Philosophie und seine Visionen** Ayesha Rascoe, »Russian intellectual Aleksandr Dugin is also commonly known as ›Putin's brain‹«, National Public Radio (NPR), 27. März 2022, im Netz unter: https://www.npr.org/2022/03/27/1089047787/russian-intellectual-aleksandr-dugin-is-also-commonly-known-as-putins-brain.

**diesen beiden zwillingsgleichen Krankheiten** Alexander Dugin, *Das Große Erwachen gegen den Great Reset* (Arktos Media, 2021).

**einen Neustart zu vollziehen** Siehe: Weltwirtschaftsforum, »The Great Reset«, im Netz unter: https://www.weforum.org/focus/the-great-reset sowie https://www.weforum.org/agenda/2020/06/covid-great-reset-gita-gopinath-jennifer-morgan-sharan-burrow-climate/.

**Er ruft seine Leserinnen und Leser dazu auf** Alexander Dugin, *Das Große Erwachen gegen den Great Reset* (Arktos Media, 2021).

278 **Die Kampagne wurde von** Tim Hume, »How COVID ›Truthers‹ Stirred Up a Culture War Over Drag Queen Readings«, in: *Vice*, 31. August 2022,im Netz unter: https://www.vice.com/en/article/y3p38b/drag-queen-story-hour-covid.

279 **Matthew Rose, Forscher beim** Matthew Rose, *A World after Liberalism: Philosophers of the Radical Right*, New York 2021 (Yale University Press).

**Wir haben lange in der Illusion** Anne Applebaum, »There Is No Liberal World Order«, in: *The Atlantic*, 31. März 2022, im Netz unter: https://www.theatlantic.com/magazine/archive/2022/05/autocracy-could-destroy-democracy-russia-ukraine/629363/.

**Bewahrung einer freiheitlichen Welt** Ezra Klein, »The Enemies of Liberalism Are Showing Us What It Really Means«, in: *The New York Times*, 3. April 2022, im Netz unter: https://www.nytimes.com/2022/04/03/opinion/putin-ukraine-liberalism.html.

**Today, the Ukrainian people** Auf Deutsch in etwa: »Das ukrainische Volk verteidigt heute nicht nur die Ukraine. Wir kämpfen für die Werte Europas und der Welt, wir geben unser Leben hin für die Zukunft.« Vgl. im Netz unter: https://twitter.com/AtlanticCouncil/status/1504095197185167368.

## *8 Was steht auf dem Spiel?*

284 **Eine Analyse des ISD** Vgl. im Netz unter: https://www.isdglobal.org/isd-publications/climate-lockdown-and-the-culture-wars-how-covid-19-sparked-a-new-narrative-against-climate-action/. Und: https://www.isdglobal.org/isd-publications/deutschland-und-der-angebliche-klimalockdown-wie-rechtspopulisten-und-verschworungsgruppen-die-pandemie-zur-mobilisierung-gegen-den-klimaschutz-nutzen/.

286 **Der US-Moderator Joe Rogan** Siehe beispielsweise: BBC Reality Check Team, »Joe Rogan: Four claims from his Spotify podcast fact-checked«, BBC, 31. Januar 2022, im Netz unter: https://www.bbc.com/news/60199614.

287 **2020 waren 14** Aoife Gallagher, Jacob Davey und Mackenzie Hart, »The Genesis of a Conspiracy Theory: Key trends in QAnon activity since 2017«, Institute for Strategic Dialogue (ISD), Juli 2020, im Netz unter: https://www.isdglobal.org/wp-content/uploads/2020/07/The-Genesis-of-a-Conspiracy-Theory.pdf.

**Der französische Präsidentschaftskandidat** Freddie Gray, »Immigration is War: an interview with Éric Zemmour«, in: *The Spectator*, 27. November 2021, im Netz unter: https://www.spectator.co.uk/article/immigration-is-war-an-interview-with-eric-zemmour.

**Der ehemalige britische Premierminister** Joe Mulhall, »Johnson's Savile slur isn't the first rightwing conspiracy to go mainstream«, in: *The Guardian*, 10. Februar 2022, im Netz unter: https://www.theguardian.com/commentisfree/2022/feb/10/boris-johnson-savile-slur-far-right-conspiracy.

**Die ehemalige britische Innenministerin** Rob Merrick, »Tory MPs claim migrants crossing Channel are ›invading‹ UK«, in: *The Independent*, 11. August 2020, im Netz unter: https://www.independent.co.uk/news/uk/politics/channel-crossings-migrants-tory-mps-priti-patel-asylum-seekers-a9664871.html.

**Auf dem Regal von Michael Gove** Anita Singh, »Michael Gove draws fire for owning book by Holocaust denier David Irving«, in: *The Telegraph*, 4. Mai 2020, im Netz unter: https://www.telegraph.co.uk/news/2020/05/04/michael-gove-draws-fire-owning-book-holocaust-denier-david-irving/.

**Die ehemalige britische Kulturministerin** Basit Mahmood, »Past comments on people of colour by new culture secretary Nadine Dorries cause backlash«, in: *Left Foot Forward*, 16. September 2021, im Netz unter: https://leftfootforward.org/2021/09/past-comments-on-people-of-colour-by-new-culture-secretary-nadine-dorries-cause-backlash/.

288 **Beide Politiker wurden von Morddrohungen** »Sir Keir Starmer confirms he had death threats after PM's Jimmy Savile claim«, BBC, 14. Februar 2022, im Netz unter: https://www.bbc.co.uk/news/uk-politics-60373912. Sowie: »Sadiq Khan: Police protection needed due to skin colour and religion«, BBC, 29. September 2021, im Netz unter: https://www.bbc.co.uk/news/uk-england-london-58734284.

**Donald Trump als Vorbild** Mike Levine, »›No Blame?‹ ABC News finds 54 cases invoking ›Trump‹ in connection with violence, threats and alleged assaults«, ABC News, 30. Mai 2020, im Netz unter: https://abcnews.go.com/Politics/blame-abc-news-finds-17-cases-invoking-trump/story?id=58912889.

289 **Eine Studie des ›YouGov-Cambridge** Jon Henley, »Voters in west divided more by identity than by issues, survey finds«, in: *The Guardian*, 17. November 2021, im Netz unter: https://www.theguardian.com/politics/2021/nov/17/voters-in-west-divided-more-by-identity-than-issues-survey-finds?CMP=Share_iOSApp_Other

290 **In vielen Fällen ist Polarisierung** Ebd.

**60 Prozent antworteten** »The Future of Dating«, *OkCupid*-Blog, 8. November 2020, im Netz unter: https://theblog.okcupid.com/the-future-of-dating-b6755d5011c0.

**Expertinnen und Experten sprechen hier** Jon Henley, »Voters in west divided more by identity than by issues, survey finds«, in: *The Guardian*, 17. November 2021, im Netz unter: https://www.theguardian.com/politics/2021/nov/17/voters-in-west-divided-more-by-identity-than-issues-survey-finds?CMP=Share_iOSApp_Other.

**Für viele ist es dann kein großer Schritt** Harvey Whitehouse, »Dying for the group: Towards a general theory of extreme self-sacrifice« in: *Behavioral and Brain Sciences*, Vol. 41, 2018, S 1-62; sowie: W.B. Swann, J. Jetten, A. Gómez, H. Whitehouse und B. Bastian, »When group membership gets personal: A theory of identity fusion«, in: *Psychological Review*, Vol. 119, 2012, S. 441-456. Und: W.B. Swann und M.D. Buhrmeister, »Identity Fusion«, in *Current Directions in Psychological Science*, Vol. 24, No. 1, 2015, S. 52-57.

291 **Ich habe mich im Rahmen** Ebner, Julia und Harvey Whitehouse, »Identity and Extremism: Sorting out the causal pathways to radicalization and violent self-sacrifice«, Handbook on Radicalisation and Countering Radicalisation (Abington, Routledge, 2023), Ebner, Julia, Christopher Kavanagh and Harvey Whitehouse, »The QAnon Security Threat: A Linguistic Fusion-Based Violence Risk Assessment«, *Perspectives on*

*Terrorism*, Special Issue December 2022 (forthcoming) und Ebner, Julia, Christopher Kavanagh and Harvey Whitehouse, »Is There a Language of Terrorists?« A Comparative Manifesto Analysis, Studies in Conflict and Terrorism, August 2022

**Ältere Studien sind zu dem Ergebnis** H. Whitehouse, J. Jong, M. D. Buhrmester, Á. Gómez, B. Bastian, C. M. Kavanagh, M. Newson et al., »The evolution of extreme cooperation via shared dysphoric experiences«, in: *Scientific Reports 7*, 2017, S. 1-10. Sowie: M. D. Buhrmester, W. T. Fraser, J. A. Lanman, H. Whitehouse und W. B. Swann, »When terror hits home: Identity Fused Americans who saw Boston bombing victims as ›family‹ provided aid«, in: *Self & Identity* 14, No. 3, 2014, S. 253-270.

**Was, so die Forschungsergebnisse** Harvey Whitehouse, *The Ritual Animal: Imitation and Cohesion in the Evolution of Social Complexity*, Oxford 2021 (Oxford University Press).

**Bereitschaft, für die Sicherheit der Gruppe** Vgl. ebd.

## 9 *Was können wir tun?*

293 **Cynthia Miller-Idris, US-amerikanische Expertin** Cynthia Idris-Miller, »How Extremism Went Mainstream«, in: *Foreign Affairs*, 3. Januar 2022, im Netz unter: https://www.foreignaffairs.com/articles/united-states/2022-01-03/how-extremism-went-mainstream?check_logged_in=1&utm_medium=promo_email&utm_source=lo_flows&utm_campaign=registered_user_welcome&utm_term=email_1&utm_content=20220124.

296 **Es hat eine Verschiebung stattgefunden** Milo Comerford und Sasha Havlicek, »Mainstreamed Extremism and the Future«, ISD, aus der Reihe ›The Future of Extremism‹, im Netz unter https://www.isdglobal.org/wp-content/uploads/2021/10/ISD-Mainstreamed-extremism-and-the-future-of-prevention-3.pdf.

297 **Der Autor des Berichts *Gamers*** Jacob Davey, »Gamers Who Hate: An Introduction to ISD's Gaming and Extremism Series«, ISD, September 2021, im Netz unter: https://www.isdglobal.org/isd-publications/gamers-who-hate-an-introduction-to-isds-gaming-and-extremism-series/.

303 **Das Netzwerk hat Bürgermeister** Siehe: Strong Cities Network, im Netz unter: https://strongcitiesnetwork.org/en/.

304 **Bei einem Projekt in Essen** Siehe MoDeRad, im Netz unter: https://www.bmi.bund.de/DE/themen/sicherheit/extremismus/deradikalisierung/moderad-modellkommune-deradikalisierung/moderad-node.html#doc478766bodyText.

305 **Extremisten haben ihre ganz eigene** Bond Benton und Daniela Peterka-Benton, »Hating in plain sight: The hatejacking of brands by extremist groups«, in: *Public Relations Inquiry* Vol. 9, No. 1 (2019), S. 7-26, im Netz unter: https://journals.sagepub.com/doi/10.1177/2046147X19863838.

309 **Die Aufmerksamkeitsspanne von uns** Kevin McSpadden, »You Now have a Shorter Attention Span Than a Goldfish«, in: *TIME*, 14. Mai 2015, im Netz unter: https://time.com/3858309/attention-spans-goldfish/.

**ihre Ästhetik zu kopieren** Siehe z. B. Moustafa Ayad, »Islamogram: Salafism and Alt-Right Online Subcultures«, 16. November 2021, im Netz unter: https://www.isdglobal.

org/isd-publications/islamogram-salafism-and-alt-right-online-subcultures/. Und Cristina Moreno-Almeida und Paolo Gerbaudo, »Memes and the Moroccan Far-Right«, in: *The International Journal of Press/Politics*, Vol. 26, No. 4 (2021), S. 882-906, im Netz unter: https://journals.sagepub.com/doi/pdf/10.1177/1940161221995083.

310 **Als der muslimische Top-Fußballer** Ala' Alrababa'h, William Marble, Salma Mousa und Alexandra A. Siegel, »Can Exposure to Celebrities Reduce Prejudice? The Effect of Mohamed Salah on Islamophobic Behaviors and Attitudes«, in: *American Political Science Review*, Vol. 115, No. 4 (2021), im Netz unter: https://www.cambridge.org/core/journals/american-political-science-review/article/can-exposure-to-celebrities-reduce-prejudice-the-effect-of-mohamed-salah-on-islamophobic-behaviors-and-attitudes/A1DA34F9F5BCE905850AC8FBAC78BE58.

**Das Unternehmen überbrückt** Siehe Website von Facts for Friends: https://www.factsforfriends.de/.

**Eine 2022 in Deutschland durchgeführte Studie** Pia Lamberty, Maheba Goedeke Tort und Corinne Heuer, »Von der Krise zum Krieg: Verschwörungserzählungen über den Angriffskrieg gegen die Ukraine in der Gesellschaft«, Center für Monitoring, Analyse und Strategie (CeMAS), 5. Mai 2022, im Netz unter: https://cemas.io/publikationen/von-der-krise-zum-krieg-verschwoerungserzaehlungen-ueber-den-angriffskrieg-gegen-die-ukraine-in-der-gesellschaft/.

311 **Bei den Präsidentschaftswahlen in den USA** N. Grinberg, K. Joseph, L. Friedland, S. Swire-Thompson und D. Lazer, »Fake news on Twitter during the 2016 U.S. presidential election«, in: *Science*, Vol. 363 (2019), S. 374-378.

**Eine andere Studie fand heraus** A. Guess, J. Nagler, J. Tucker, »Less than you think: Prevalence and predictors of fake news dissemination on Facebook«, in: *Science Advances*, Vol. 5 (2019).

**Es gibt also recht eindeutig die Notwendigkeit** Nadia M. Brashier und Daniel L. Schacter, »Aging in an Era of Fake News«, in: *Current Directions in Psychological Science*, Vol. 29, No. 3, 19. Mai 2020, S. 316-323, im Netz unter: https://journals.sagepub.com/doi/10.1177/0963721420915872.

315 **Studien zeigen, dass Faktenchecks** Laura Garcia und Tommy Shane, »A guide to prebunking: a promising way to inoculate against misinformation«, in: *First Draft*, 29. Juni 2021, im Netz unter: https://firstdraftnews.org/articles/a-guide-to-prebunking-a-promising-way-to-inoculate-against-misinformation/.

**Entlarvungen im Nachhinein** Carlotta Dotto, Rory Smith und Chris Looft, »The ›broadcast‹ model no longer works in an era of disinformation«, in: *First Draft*, 18. Dezember 2020, im Netz unter: https://firstdraftnews.org/articles/the-broadcast-model-no-longer-works-in-an-era-of-disinformation/.

**nicht annähernd so schnell wie die Lügen** Soroush Vosoughi, Deb Roy und Sinan Aral, »The spread of true and false news online«, in: *Science*, Vol 359, No. 6380 (2018), S. 1146-1151, im Netz unter: https://www.science.org/doi/10.1126/science.aap.

**Die von diesem Projekt entwickelten** Laura Garcia und Tommy Shane, »A guide to prebunking: a promising way to inoculate against misinformation«, in: *First Draft*,

29. Juni 2021, im Netz unter: https://firstdraftnews.org/articles/a-guide-to-prebunking-a-promising-way-to-inoculate-against-misinformation/.

319 **Das Forschungsprojekt, in dem Holocaust-Leugnung** Jakob Guhl und Jacob Davey, »Hosting the ›Holohoax‹: A Snapshot of Holocaust Denial Across Social Media«, ISD, 17. August 2020, im Netz unter: https://www.isdglobal.org/isd-publications/hosting-the-holohoax-a-snapshot-of-holocaust-denial-across-social-media/.

320 **Ein vielleicht noch haptischeres Beispiel** ISD, »Bankrolling Bigotry: An Overview of the Online Funding Strategies of American Hate Groups«, 27. Oktober 2020, im Netz unter: https://www.isdglobal.org/isd-publications/bankrolling-bigotry/.

321 **Laut der DAO-Analyse-Website** Siehe DeepDAO.io.